Markus Saur
Gelassenheit

Markus Saur

Gelassenheit

Eine Auslegung des Koheletbuches

DE GRUYTER

ISBN 978-3-11-221526-5
e-ISBN (PDF) 978-3-11-119719-7
e-ISBN (EPUB) 978-3-11-119721-0

Library of Congress Control Number: 2023938195

Bibliografische Information der Deutschen Nationalbibliothek
Die Deutsche Nationalbibliothek verzeichnet diese Publikation in der Deutschen Nationalbibliografie; detaillierte bibliografische Daten sind im Internet über http://dnb.dnb.de abrufbar.

© 2025 Walter de Gruyter GmbH, Berlin/Boston
Dieser Band ist text- und seitenidentisch mit der 2023 erschienenen gebundenen Ausgabe.
Einbandabbildung: © Markus Saur
Druck und Bindung: CPI books GmbH, Leck

www.degruyter.com

Vorwort

Dieses Buch hat eine längere Vorgeschichte. Zunächst als kurze Einführung in das Koheletbuch geplant, zeigte sich sehr bald, dass es mit der Auslegung einzelner Abschnitte nicht getan ist, wenn man dem Denken Kohelets gerecht werden möchte. So ist aus einer knappen Skizze eine Auslegung des gesamten Koheletbuches geworden, die sich aber nicht nur an Fachleute, sondern auch an ein weiteres Publikum richtet. Nicht zuletzt aus diesem Grund sind allen hebräischen Begriffen vereinfachte Umschriften beigegeben, die es möglich machen sollen, auch ohne Hebräischkenntnisse der Argumentation zu folgen.

Wesentliche Teile dieser Auslegung konnte ich im Verlauf zweier längerer Aufenthalte an der *École biblique et archéologique française* in Jerusalem entwerfen. Ich bin dankbar für diese konzentrierten Arbeitsphasen in einem inspirierenden Umfeld. Dass aus diesen Entwürfen ein Buch werden konnte, verdanke ich der *Stiftung Alfried Krupp Kolleg Greifswald*, die es mir ermöglicht hat, im Sommer 2018 für ein Semester als *Senior Fellow* am Koheletbuch weiterzuarbeiten. Dr. Christian Suhm und seinem Team, aber auch den anderen *Fellows* des Jahrgangs 2017/18 danke ich dafür, dass sie mich im April 2018 so herzlich am Wissenschaftskolleg aufgenommen haben. Zu danken habe ich zudem meiner Kollegin Prof. Dr. Judith Gärtner, die im Juli 2018 meine Greifswalder *Fellow Lecture* eingeleitet und die Diskussion moderiert hat. Dass das Greifswalder Semester zu einer so schönen Zeit wurde, verdanke ich nicht zuletzt Marc Benedict und den gemeinsamen Kaffeepausen im *Café Küstenkind*, an die ich so gern zurückdenke!

In meiner Kieler Zeit haben mich bei der Arbeit am Koheletbuch vor allem Dr. Nesina Grütter, Dr. Florian Fitschen, Dr. Ulrike Beiroth, Roberto Jürgensen, Laura Gonnermann und Maximilian Kröger unterstützt. In Bonn sind neben Dr. Ulrike Beiroth, Maximilian Kröger, Nils Alboth und Adrian Marschner meine jetzigen Mitarbeiterinnen Carina Baedorf, Anja Block, Franziska Munz und Evelyn Schomberg an vielen Stellen tätig gewesen, so dass ich die Arbeit am Koheletbuch zum Abschluss bringen konnte – dafür bin ich allen sehr dankbar. In der Schlussphase hat sich Aaron-Noel Nachtigall bei der Arbeit an den Korrekturen und der Druckvorlage große Verdienste erworben – dafür danke ich besonders herzlich!

Prof. Dr. Markus Witte und Prof. Dr. Reinhard G. Kratz haben das Manuskript gelesen und den Weg für die Publikation im Verlag *De Gruyter* gebahnt. Dafür danke ich beiden Kollegen sehr. Danken möchte ich zugleich Dr. Albrecht Döhnert und Dr. Antonia Pohl für die Aufnahme des Buches in das Programm des Verlags, für die exzellente Betreuung während der Arbeit an der Druckvorlage – und für die Geduld!

Während der Arbeit an diesem Buch sind zwei Menschen gegangen, denen ich viel zu verdanken habe: Meine Mutter Käthe Saur (1952–2021) und mein Kollege und Freund Prof. Dr. Christian Polke (1980–2023). Dass der Tod jäh in das Leben hereinbrechen kann, weiß Kohelet – und wir wissen es auch. Kohelet ruft dazu auf, die begrenzte Zeit des Lebens so zu gestalten, dass das Leben gelingen kann. Im Wissen darum, dass das Leben ein Geschenk Gottes ist, denke ich dankbar an meine Mutter und an Christian zurück. Und ich hoffe auf Leserinnen und Leser, die meiner Auslegung des Koheletbuches etwas abgewinnen können – auch für ihr eigenes Leben.

Bonn, im April 2023												Markus Saur

Inhalt

Prolog: Was ist der Mensch? —— **1**

1 Annäherungen an das Koheletbuch —— **5**
1.1 Horizonte alttestamentlicher Weisheitsliteratur —— **7**
1.2 Überschrift und Name —— **19**
1.3 Implizite Salomonisierung —— **19**
1.4 Tendenzen zur ‚Autobiographisierung' —— **22**
1.5 Sprachliche Gestalt —— **24**
1.6 Literarische Formen und Gattungen —— **25**
1.7 Aufbau und Gliederung —— **31**
1.8 Entstehung —— **38**
1.9 Außeralttestamentliche Kontexte —— **46**
1.10 Zeitgeschichtlicher Hintergrund —— **54**
1.11 Etappen der Rezeption —— **57**

2 Vertiefungen im Koheletbuch —— **64**
2.1 Koh 1,1 —— **64**
2.2 Koh 1,2–11 —— **65**
2.3 Koh 1,12–2,26 —— **72**
2.3.1 Einführung —— **75**
2.3.2 Koh 1,12–15 —— **76**
2.3.3 Koh 1,16–18 —— **77**
2.3.4 Koh 2,1f. —— **79**
2.3.5 Koh 2,3–11 —— **80**
2.3.6 Koh 2,12 —— **82**
2.3.7 Koh 2,13–17 —— **83**
2.3.8 Koh 2,18–20.21–23 —— **86**
2.3.9 Koh 2,24–26 —— **88**
2.3.10 Zusammenfassung —— **90**
2.4 Koh 3,1–9 —— **91**
2.5 Koh 3,10–15 —— **96**
2.6 Koh 3,16–22 —— **102**
2.7 Koh 4,1–3 —— **107**
2.8 Koh 4,4–6 —— **110**
2.9 Koh 4,7–12 —— **112**
2.10 Koh 4,13–16 —— **117**
2.11 Koh 4,17–5,6 —— **119**

2.12	Koh 5,7f.	**124**
2.13	Koh 5,9–16	**126**
2.14	Koh 5,17–19	**130**
2.15	Koh 6,1–6	**133**
2.16	Koh 6,7–9	**136**
2.17	Koh 6,10–12	**139**
2.18	Koh 7,1–14	**142**
2.19	Koh 7,15–22	**151**
2.20	Koh 7,23–29	**156**
2.21	Koh 8,1–9	**161**
2.22	Koh 8,10–15	**168**
2.23	Koh 8,16f.	**174**
2.24	Koh 9,1–10	**177**
2.25	Koh 9,11f.	**185**
2.26	Koh 9,13–16	**188**
2.27	Koh 9,17–10,20	**192**
2.27.1	Einführung	**193**
2.27.2	Koh 9,17–10,1	**195**
2.27.3	Koh 10,2f.	**197**
2.27.4	Koh 10,4–7	**198**
2.27.5	Koh 10,8–11	**201**
2.27.6	Koh 10,12–15	**204**
2.27.7	Koh 10,16–20	**207**
2.27.8	Zusammenfassung	**210**
2.28	Koh 11,1–6	**211**
2.29	Koh 11,7–10; 12,1–8	**217**
2.30	Koh 12,9–11.12–14	**231**
3	**Vom und zum Verstehen des Koheletbuches**	**241**
3.1	Traditionen	**242**
3.2	Denkwege	**244**
3.3	Profile	**248**
3.3.1	Vom Menschen	**250**
3.3.2	Von Gott	**252**
3.3.3	Von der Welt	**257**
3.3.4	Konstellationen und Kontextualisierungen	**258**
3.3.5	Von Mensch, Gott und Welt	**259**
3.3.6	Schluss	**260**
3.4	Hermeneutische Horizonte	**262**

Epilog: Was ist der Mensch? —— 270

Literaturverzeichnis —— 278

Stellenregister (in Auswahl) —— 287

Sachregister —— 290

Prolog: Was ist der Mensch?

Wer als Mensch nach dem Menschen fragt, tritt in ein offenes Verhältnis zu sich selbst und lässt sich auf einen Prozess der Infragestellung ein.

Die Frage nach dem Menschen ist nicht neu. Bereits in den ältesten Literaturen der Menschheit finden sich implizite anthropologische Betrachtungen und in der Hebräischen Bibel wird die Frage nach dem Menschen explizit aufgeworfen. Aus diesen Ansätzen entwickelt sich von Ägypten und Mesopotamien her über Jerusalem, Athen und Rom in Mittelalter und Neuzeit ‚Anthropologie' als Lehre vom Menschen. Die Frage nach dem Menschen wird dabei sehr unterschiedlich beantwortet. Antworten auf diese Frage entstehen nicht aus dem Nichts, sondern schließen an bereits Gedachtes und Erwogenes an, ohne dass dieser Anschluss immer bewusst und explizit reflektiert würde.

Das Entwerfen und Zeichnen der Bilder vom Menschen ist durch ein Element des Nachzeichnens und Abbildens bestimmt. Dem wohnt aber zugleich ein Moment des Konstruktiven inne, das den Modus der bloßen Rezeption verlässt und immer wieder neue Menschenbilder hervorbringt, die als Idealtypen oder auch Zerrbilder erscheinen und implizit normative Ansprüche erheben können. Die stärksten Formen solcher Konstruktionen bilden philosophische oder theologische Anthropologien, die den Menschen *an sich* und damit essentialistisch zu erfassen vorgeben. Bei genauerer Betrachtung zeigen solche essentialistischen Anthropologien aber, dass hier nicht nur der *lector in fabula*, sondern immer auch der Hermeneut als Ausleger seiner selbst mit im Spiel ist. Aufgrund der unerschöpflichen Vielfalt der Wirklichkeit kann es keine essentialistische Anthropologie mit einem umfassenden Geltungsanspruch geben. Faktisch werden in essentialistisch-anthropologischen Entwürfen ja vor allem bestimmte Menschenbilder der eigenen Zeit und Kultur gezeichnet. Diese decken aber nur einen Ausschnitt des anthropologischen Feldes ab, werden dann allerdings mit dem für den Erkenntnisgewinn fatalen Anspruch übersteigert, allgemein in Geltung zu stehen. Derartige Anthropologien, zumeist metaphysischen Zuschnitts, können sich in der Regel auch nur μετὰ φύσεις (*metá phýseis*) behaupten – und scheitern, sobald sie auf die Buntheit und Vielfalt des Menschlichen treffen.[1]

Das gilt auch und insbesondere für die Behauptung ‚anthropologischer Konstanten', mit denen zu belegen versucht wird, dass es den Menschen *an sich* nun

---

[1] Vgl. dazu die instruktive Bemerkung von H.-P. Müller, Das Ganze und seine Teile. Anschlußerörterungen zum Wirklichkeitsverständnis Kohelets, in: ZThK 97 (2000), 147–163, 152: „Der rationale Wille zu widerspruchsloser Wirklichkeitsaneignung findet an der Buntheit der Phänomene hier und dort eine Grenze."

eben doch gebe und er aufgrund solcher Konstanten, wie etwa der Geburtlichkeit, der Sterblichkeit oder der Sprachfähigkeit, eingrenzbar und definierbar sei. Das ist aber bei genauerer Betrachtung keineswegs der Fall, denn die Geburt, der Tod und die Sprache des Menschen sind gerade nicht allgemein und vor- oder außersprachlich erfassbar, sondern bedürfen in besonderer Weise der zeit- und kulturabhängigen Deutung und Versprachlichung, die dann aufgrund der sehr verschiedenen Strukturierung von Sprache und Kommunikationsbedingungen zu sehr unterschiedlichen Verständnissen dessen führt, was etwa in der deutschen Sprache mit Geburt, Tod oder Sprachfähigkeit bezeichnet wird und schon im Französischen oder Englischen ganz andere semantische Felder erschließt. Diese Differenzen werden noch deutlicher, wenn man den indogermanischen Sprachraum verlässt und die Semantisierung von Geburt, Tod oder Sprachfähigkeit etwa im Bereich der semitischen Sprachen in den Blick nimmt – und sich dabei darüber Rechenschaft ablegt, dass von ‚anthropologischen Konstanten' schon aufgrund der unterschiedlichen sprachlichen Verfasstheit der Wirklichkeitserschließung nicht die Rede sein kann.

Jede essentialistische Bestimmung des Menschen wird bereits im Augenblick ihrer Darlegung zu einem Dokument der Geschichte der Anthropologie. Sie kann zwar auf ihre normativen Ansprüche hin befragt werden, kann aber keinen Anspruch auf Vollständigkeit oder Allgemeingültigkeit erheben.

Wo Anthropologie betrieben wird, ist sie ihrem Wesen nach *historische* Anthropologie.[2] Wo immer nach dem Menschen gefragt wird, kommen in den Antworten nur Ausschnitte und Teile dessen in den Blick, wovon gehandelt wird. Anthropologie als wissenschaftliche Bemühung um den Menschen steht daher vor der Aufgabe, diese Teilaspekte und Ausschnitte als Fragmente eines größeren Kommunikationsfeldes zu verstehen und sie einander zuzuordnen. Dabei ist zu beachten, dass Teile der vorfindlichen Quellen im anthropologischen Feld einen Diskurs abbilden, innerhalb dessen unterschiedliche Stimmen in einem Kommunikationsverhältnis zueinander stehen und aufeinander Bezug nehmen. Die überlieferten schriftlichen Dokumente sind der literarische Niederschlag solcher

---

2 Vgl. C. Wulf (Hg.), Vom Menschen. Handbuch Historische Anthropologie, Weinheim/Basel 1997. Vor dem Hintergrund der philosophischen Anthropologie, der Kulturanthropologie und der Mentalitätsgeschichte skizziert Wulf in seinem Vorwort das Programm der ‚Historischen Anthropologie' folgendermaßen: „Auf dieser Basis zielt historische Anthropologie darauf, menschliche Lebens-, Ausdrucks- und Darstellungsformen zu beschreiben, Gemeinsamkeiten und Differenzen herauszuarbeiten, Ähnlichkeiten und Unterschiede in Einstellungen und Deutungen, Imaginationen und Handlungen zu analysieren und so ihre Vielfalt und Komplexität zu erforschen. Sie untersucht Fremdes und Vertrautes in bekannten und in fremden Kulturen in Vergangenheit und Gegenwart." (Wulf, Vorwort, in: Ders. [Hg.], Vom Menschen, 13 f., 13).

anthropologischen Diskurse, die sich in den gegenwärtigen anthropologischen Debatten fortsetzen. Denn auch die neuzeitlich-wissenschaftliche Bemühung um die Profilierung der Verstehenshorizonte des Menschen bildet einen Gesprächszusammenhang, in dem sich die Diskursteilnehmerinnen und Diskursteilnehmer über das in Frage stehende Thema Mensch in Beziehung setzen und damit den anthropologischen Diskurs tragen.

Eine Aufgabe in diesem Gesprächs- und Erkenntniszusammenhang besteht darin, die vorfindlichen historischen Dokumente als Bausteine eines älteren anthropologischen Diskurses wahrzunehmen und auf ihre Belastbarkeit hin zu befragen. Das Bild des Menschen, das ein antiker Text zeichnet, ist dabei zunächst einmal in besonderer Weise abständig – zum einen wegen der zeitlichen Distanz, zum anderen aber auch aufgrund der auf den ersten Blick entfernten Lebenswirklichkeiten zwischen Antike und Gegenwart. Gelingt es allerdings, dem Differenten auf den Grund zu gehen und das Abständige zu überbrücken, lassen sich Konstellationen des Menschseins freilegen,[3] die es ermöglichen, im Gespräch mit den alten Überlieferungen gegenwärtig vom Menschen zu reden – und zwar nicht normativ oder essentialistisch, sondern erkenntnisgeleitet fragmentarisch, was der faktischen Vorfindlichkeit des Menschen in seiner Vielfalt und seiner gleichzeitigen Fragilität entspricht.[4]

Wo das Ganze aufgrund der Fragilität des Erkenntnisgegenstands als solches nicht in den Blick genommen werden kann, richtet sich das Erkenntnisinteresse sinnvollerweise auf die Teile, die sich dem deutenden Zugriff nicht entziehen. Ein alter Gesprächspartner, dem die gerade skizzierten Einsichten um die Begrenzungen im Bereich des Menschlichen sehr klar vor Augen stehen, ist der Verfasser des hebräischen Koheletbuches, ein Weiser aus dem Morgenland, der im Anschluss an seine Weisheitsschrift Kohelet genannt werden soll.[5] Sein Werk soll hier in einer Auslegung erschlossen werden – nicht nur, aber doch auch mit einem besonders aufmerksamen Blick auf die Bilder des Menschen, die Kohelet zeichnet.

Eine eindeutige Antwort auf die Frage nach dem Wesen des Menschen findet sich im Koheletbuch nicht. Die alttestamentliche Weisheitsliteratur, zu der das Koheletbuch gehört, ist ihrem Wesen nach rezeptionsorientiert und damit performativ angelegt. In ihrer Grundstruktur geht es der Weisheit nicht um eine außerhalb menschlicher Erkenntnismöglichkeiten liegende Ordnung oder um die De-

---

3 Vgl. B. Janowski, Konstellative Anthropologie. Zum Begriff der Person im Alten Testament, in: Ders. (Hg.), Der ganze Mensch. Zur Anthropologie der Antike und ihrer europäischen Nachgeschichte, Berlin 2012, 109–127.
4 Mit diesem Begriff der Fragilität soll hier das Spannungsfeld zwischen potentieller Brüchigkeit und faktischer Gebrochenheit des Menschen gleichermaßen abgesteckt werden.
5 Vgl. dazu unten 1.2 und 1.3.

konstruktion bestimmter Vorstellungen durch kritische Anfragen. Weisheit hat ihren Grund zunächst vielmehr in der Erfahrung. Die alttestamentliche Weisheitsliteratur erschließt Erfahrungen in Texten durch die Einbindung der Leserinnen und Leser in den Prozess der Sinnkonstitution.[6] Interpretation ist in diesem Sinne nicht nur Arbeit am Text, sondern Mitarbeit an einem Verstehen, das grundsätzlich offen ist. Es ist aufgrund dieser Offenheit nicht sachgemäß, nach *dem* Denken oder *dem* Wirklichkeitsverständnis Kohelets zu fragen und ‚seine' Anthropologie profilieren zu wollen. Es ist vielmehr weiterführend, in einem umfassenderen Sinn nach den Absichten und Zielen der weisheitlichen Lehre Kohelets zu suchen und vor diesem Hintergrund seine Bilder vom Menschen, aber auch seinen Blick auf Gott und die Welt zu erschließen.[7] Dafür bedarf es einer Analyse aller Texte des Koheletbuches.[8]

Das Koheletbuch spricht durchaus spannungsreich vom Menschen, so dass sich die Frage erübrigt, ob hier eine essentialistische Anthropologie entworfen werde. Der Mensch wird von Kohelet gerade nicht an und für sich verstanden, sondern in unterschiedlichen Beziehungen betrachtet und dementsprechend auch differenziert profiliert. Mit der Auslegung des Koheletbuches und der Rekonstruktion seiner Menschenbilder liegt damit ein Beitrag zur historischen Anthropologie vor, die genau diese konstellativen Aspekte explizit in den Blick nimmt.

Im ersten Hauptteil „Annäherungen an das Koheletbuch" sollen im Anschluss an die bisherige Forschung Kontexte, Inhalt, Form und Aufbau, Sprache und Gattungen sowie Entstehung und zeitgeschichtlicher Hintergrund des Koheletbuches erörtert und einige Ausblicke auf seine Rezeption gegeben werden. Im zweiten Hauptteil „Vertiefungen im Koheletbuch" wird das Koheletbuch auf seiner gesamten Textfläche erschlossen und interpretiert. Im dritten Hauptteil „Vom und zum Verstehen des Koheletbuches" soll dann der Versuch unternommen werden, auf Grundlage der vorangehenden Einordnungen und Auslegungen eine Reihe thematischer Schwerpunkte herauszuarbeiten und das Problem des Verstehens, das im Koheletbuch aufgeworfen wird, genauer zu profilieren. Der diesem Prolog korrespondierende Epilog soll dann Perspektiven aufzeigen, die sich aus dem Denken Kohelets ergeben und die über Kohelet hinausgehend verfolgt und vertieft werden müssen.

---

6 Vgl. dazu unten 1.6 und 3.4.
7 Vgl. dazu unten 3.3.
8 Vgl. dazu Teil 2.

1 Annäherungen an das Koheletbuch

Das Buch Kohelet macht es seinen Leserinnen und Lesern nicht leicht. Wie alle nicht ganz leichten Texte zieht es jedoch seit der Antike eine besondere Aufmerksamkeit auf sich. Schon im antiken Judentum war das Buch umstritten. Es zählt mit dem Hohenlied zu den Texten, die nicht überall überliefert und gelesen wurden.

Die Probleme des Buches beginnen bereits auf der Ebene seines Aufbaus: Ein strukturierter Gedankengang oder eine klare Gliederung erschließen sich bei der Lektüre nicht unmittelbar. Bei genauerem Lesen lassen sich aber Markierungen innerhalb des Textes erkennen, die dabei helfen, die eher aphoristischen und assoziativen Gedankengänge Kohelets nachzuvollziehen und eine gewisse Textstruktur zur erschließen, ohne dass sich eine geschlossene Gliederung ermitteln ließe. Jede Lektüre des Koheletbuches bleibt aufgrund der gezielt gestalteten Offenheit des Textes auf der Mikro- und der Makroebene aber notwendigerweise nur ein Versuch des Verstehens. Dass sich der Prozess des Verstehens von Literatur immer innerhalb des spannungsvollen Dreiecks zwischen Autorin bzw. Autor, Text und Leserin bzw. Leser vollzieht und dass dieses Dreieck nicht immer gleichseitig erscheint, ist eine allgemeine Einsicht der Literaturwissenschaft. Man muss sich diese Einsicht im Blick auf das Koheletbuch sehr deutlich vor Augen halten, denn es ist auffällig, wie gezielt der oder die Verfasser des Buches ihre Leserschaft in den Prozess des Verstehens mit einbeziehen. Ein Text ohne Leserinnen bzw. Leser existiert insofern nicht, als jeder Text daraufhin angelegt ist, rezipiert zu werden, und seine Funktion dann nicht erfüllt, wenn er nicht gelesen und rezipiert wird. Im Koheletbuch ist diese Einsicht bis in die Details verdichtet. In fast allen Texten sieht sich der Leser und die Leserin mit Mehrdeutigkeiten und Unschärfen konfrontiert, die man in der Rezeptionsgeschichte des Buches hier und da als Unzulänglichkeiten des Verfassers bzw. der Tradentenkreise zu deuten versucht hat. Nimmt man von diesem Urteil Abstand und gesteht dem Verfasser des Buches ein gewisses Maß an literarischer Gestaltungsfähigkeit zu, was aufgrund der Sprache und Poetik des Textes sachgemäß sein dürfte, so stellt man fest, dass die Mehrdeutigkeiten und Unschärfen des Textes auf den Leser bzw. die Leserin und seine bzw. ihre Fähigkeiten zulaufen: Wenn ein Text ohne Leserin oder Leser eigentlich nicht existiert, dann gilt umgekehrt, dass ein Text dann lebendig wird, wenn er produktiv gelesen wird, wenn sich also seine Leserinnen und Leser in den Text einbringen und an seiner Deutung beteiligen. Das Maß an Offenheit eines Textes bestimmt dabei das Maß an produktiver Beteiligung der Leserin und des Lesers am Text. Manche Texte streben ein hohes Maß an Eindeutigkeit an, das Leserinnen und Lesern wenig Deutungsspielraum lässt. Eher offen gestaltete Texte beziehen Leserinnen und Leser gezielt in die Sinnkonstitution mit ein und gehen davon aus, dass sich Sinndimensionen eines

Textes erst und vor allem bei seiner Lektüre erschließen. Im ersten Fall liegt der hermeneutische Schwerpunkt eindeutig beim Text und seinem Verfasser, der einen möglichst engen Deutungsrahmen absteckt, im zweiten Fall liegt der hermeneutische Schwerpunkt bei den Leserinnen und Lesern, denen ein weiter Deutungsrahmen eröffnet wird.

Das Koheletbuch gehört zu den letztgenannten Texten. Daher kann es *die* Interpretation des Koheletbuches nicht geben. Es sind vielmehr sehr verschiedene Wege, die in das Buch hineinführen und auf denen man sich innerhalb des Buches bewegen kann. Nicht jeder Weg führt dabei in das Zentrum, wobei auch nicht jedes Buch zwingend einen Mittelpunkt hat. Möglicherweise führen die Wege des Koheletbuches seine Leserinnen und Leser häufig an den Rändern entlang, so dass der Prozess der Sinnkonstitution gewissermaßen von außen um den Text und seine Anliegen herum verläuft. Nichts Anderes wird in dem Begriff der ‚Definition' zum Ausdruck gebracht: Von den Grenzen her wird ein Gebiet abgesteckt, innerhalb dessen ein bestimmter Begriff sinnvoll verwendet oder auch eine bestimmte Sache sinnvoll verhandelt werden kann. Ähnliches gilt für Interpretationen des Koheletbuches: Von den Rändern her werden Deutungsräume abgesteckt, die dabei helfen, Interpretation und Überinterpretation voneinander zu unterscheiden[9] und damit Leseräume des Koheletbuches zu eröffnen. Um mehr als das Erschließen solcher Räume kann es im Folgenden nicht gehen.

Im Blick auf die Bilder vom Menschen tritt in das hermeneutische Dreieck von Verfasserin bzw. Verfasser, Text und Leserin bzw. Leser als weiterer Faktor der Umstand hinzu, dass der Ausleger bzw. die Auslegerin, wenn er oder sie nach dem Menschenbild eines Textes fragt, ja gewissermaßen auch sich selbst zum Thema macht und zumindest bei jeder anthropologischen Aussage des Textes in einen Deutungsprozess eintritt, innerhalb dessen sein oder ihr Menschsein in seiner konkreten Vorfindlichkeit mit dem im Text Dargestellten in Beziehung tritt und dessen Deutung bestimmt. Die Deutungsoffenheit des Koheletbuches und seine gezielte Einbindung der Leserinnen und Leser in die Sinnkonstitution potenzieren das bereits skizzierte hermeneutische Problem, das dann entsteht, wenn der Hermeneut oder die Hermeneutin als Auslegende ihrer selbst auftreten. Da das Koheletbuch zur alttestamentlichen Weisheitsliteratur mit ihrem weitreichenden Bildungsanspruch gehört, ist der Selbstdeutungsprozess, der bei der anthropologischen Erschließung des Koheletbuches in Gang kommt, aber keineswegs als ein Problem zu begreifen. Denn es geht im Koheletbuch ja nicht darum, ein

---

[9] Vgl. zu diesen Fragen U. Eco, Streit der Interpretationen (Konstanzer Bibliothek 8), Konstanz 1987, und die Diskussionsbeiträge in U. Eco, Zwischen Autor und Text. Interpretation und Überinterpretation, München 1996.

geschlossenes Menschenbild zu entwerfen, sondern Leserinnen und Leser zu einem sachgemäßen Verständnis ihrer selbst zu bringen und damit in einem umfassenden Sinn zu bilden. Bevor diese Linien wieder aufgegriffen werden, folgt hier zunächst eine literatur- und kulturgeschichtliche Einordnung der alttestamentlichen Weisheitsliteratur, um vor diesem Hintergrund dann das Koheletbuch aus seinen Kontexten heraus lesen und verstehen zu können.[10]

1.1 Horizonte alttestamentlicher Weisheitsliteratur

Das Koheletbuch gehört zur Weisheitsliteratur der Hebräischen Bibel. Neben dem Koheletbuch sind auch das Hiob- und das Proverbienbuch sowie einige Psalmen der Weisheitsliteratur zuzuordnen. Einflüsse weisheitlichen Denkens lassen sich darüber hinaus in fast allen Textbereichen der Hebräischen Bibel erkennen. Was kennzeichnet die Weisheitsliteratur und worin liegen ihre theologischen Besonderheiten?

Gerhard von Rad eröffnet sein grundlegendes Werk zur alttestamentlichen Weisheit aus dem Jahr 1970 mit folgenden Worten: „Kein Mensch würde auch nur einen Tag leben können, ohne empfindlichen Schaden zu nehmen, wenn er sich nicht von einem ausgebreiteten Erfahrungswissen steuern lassen könnte."[11] Man könnte verkürzt sagen, dass Weisheit genau dieses aus der Erfahrung gewonnene Wissen ist, mit dessen Hilfe es dem Menschen gelingt, das Leben zu bewältigen und seinen Anforderungen gerecht zu werden. Wie sehr Kohelet sein Denken auf Erfahrung gründet,[12] wird noch genauer herauszustellen sein, es sei aber schon an dieser Stelle darauf verwiesen, dass zwischen den großen Weisheitsschriften im Blick auf die grundsätzliche Bedeutung der Erfahrung kaum Unterschiede bestehen. Differenziert werden muss allerdings der jeweilige Umgang mit der Erfahrung im Horizont des Weisheitsdenkens, denn Erfahrung kann auf der einen Seite, etwa im Proverbienbuch, zu Orientierungswissen werden, auf der anderen Seite, so im Hi-

---

10 Die vermeintliche Abständigkeit des Koheletbuches, die in der Forschung immer wieder erörtert wurde und wird, ergibt sich vor allem dadurch, dass man nach diesen Kontexten kaum gefragt hat und das Koheletbuch von vornherein als eine Schrift *sui generis* gelesen hat, die sich grundsätzlich von anderen Weisheitsschriften unterscheide.
11 G. von Rad, Weisheit in Israel, Neukirchen-Vluyn 1970, 13.
12 Zur Bedeutung der Erfahrung für Kohelets Denken vgl. M.V. Fox, Qohelet and His Contradictions (JSOT.SS 71), Sheffield 1989, 85: „Qohelet's epistemology is essentially empirical." M. Leuenberger, Gott in Bewegung. Religions- und theologiegeschichtliche Beiträge zu Gottesvorstellungen im alten Israel (FAT 76), Tübingen 2011, 252–278, spricht im Blick auf Kohelets Denken von ‚konsequenter Erfahrungstheologie'.

obbuch oder bei Kohelet, zu der Einsicht führen, dass ein orientierendes Wissen für den Menschen nicht erreichbar ist – beide Positionen haben ihren Ort im weisheitlichen Denken.

Klassische Formen der Weisheit finden sich in den Sammlungen des Proverbienbuches. Die hier dokumentierten Sprüche und Sentenzen zielen auf orientierendes Alltagswissen ab und erschließen die weiten Bezugsräume weisheitlichen Denkens. Im Weisheitsspruch wird Erfahrung auf eine literarische Kurzform gebracht, die in ihrer Prägnanz lehr- und lernbar ist. Das Bildungsethos der Weisheit wird in diesen Sprüchen in seinen pädagogischen und didaktischen Dimensionen greifbar: Es geht diesem Weisheitsdenken darum, den Menschen mit einem praktischen Wissen auszurüsten, das ihn zu einem gelingenden Leben befähigt. Das Proverbienbuch kann man daher als ein Lehrbuch des antiken Israels und Judas lesen,[13] das allerdings in seiner Einleitung in Prov 1–9 und in seinen Schlusskapiteln in Prov 30f. zu erkennen gibt, dass die Verfasserkreise und Trägergruppen durchaus auch die Grenzen und Bedrohungen solchen Wissens reflektieren.[14] Dennoch ist das Proverbienbuch getragen von einem anthropologischen Ansatz, der von der Bildungsfähigkeit des Menschen ausgeht und damit rechnet, dass menschliche Erfahrungen, wenn sie weitergegeben werden, einen Gewinn an Erkenntnis und die Fähigkeit zur Bewältigung des Lebens mit sich bringen. So geht es bei der praktischen Alltagsweisheit des Proverbienbuches nicht zuerst um den Gottlosen und den Frevler in sehr allgemeiner Weise, sondern vor allem um Fleiß und Faulheit, um Verstand und Unverstand, um sittliches Handeln und unmoralisches Verhalten, um sozialen, menschlichen Einsatz und unsoziales, rücksichtsloses Agieren, wie die folgenden Beispiele zeigen:

---

13 Vgl. dazu B. U. Schipper, Sprüche (Proverbia). Teilband 1: Proverbien 1,1–15,33 (BKAT XVII/1), Göttingen 2018, 8–17, der damit rechnet, dass sich im Proverbienbuch „eine Weisheit für den Anfänger […] und eine Weisheit für Fortgeschrittene" (Schipper, Sprüche, 16) findet.

14 Dass die Frage nach dem ‚Sitz im Leben' des Proverbienbuches nicht zu schnell mit einem Verweis auf das Schul- und Bildungswesen im antiken Juda beantwortet werden sollte (vgl. dazu etwa B. Lang, Schule und Unterricht im alten Israel, in: Ders., Wie wird man Prophet in Israel? Aufsätze zum Alten Testament, Düsseldorf 1980, 104–119, 110–114), hat zuletzt J. Vayntrub, The Book of Proverbs and the Idea of Ancient Israelite Education, in: ZAW 128 (2016), 96–114, betont und die Notwendigkeit einer Beachtung der literarischen Eigenarten des Proverbienbuches, insbesondere seiner Poetizität, herausgestellt: „It is true that the biblical text does not explicitly theorize its literary culture in a manner recognizable to those inculcated in Western literary theory. However, by virtue of its participation in a wider literary tradition, the biblical text does express positions on values espoused by this tradition." (Vayntrub, Book of Proverbs, 113). Zur poetischen Struktur des Proverbienbuches und der Literarizität sowie Pragmatik des Weisheitsspruches vgl. J. Luchsinger, Poetik der alttestamentlichen Spruchweisheit (Poetologische Studien zum Alten Testament 3), Stuttgart u. a. 2010, 11–50.298–333, sowie Schipper, Sprüche, 48–52.

Wer mit träger Hand arbeitet, wird arm,
die Hand der Fleißigen aber macht reich.
(Prov 10,4)

Hass erweckt Streit,
aber Liebe verdeckt alle Vergehen.
(Prov 10,12)

Wer eine Grube gräbt, fällt hinein,
und wer einen Stein wälzt, auf den rollt er zurück.
(Prov 26,27)

Solche Sprichwörter und Sentenzen sind aus vielen Kulturen bekannt. Die diesen Einzelworten zugrundeliegenden Erfahrungen gleichen sich ja auch durchaus über Kulturräume hinweg. Das tragende Fundament dieser Weisheit ist die Annahme eines Zusammenhangs zwischen dem Tun des Einzelnen und seinem Ergehen: Der Fleißige lebt in Wohlstand, der Hassende lebt im Streit, und wer Böses plant, wird vom Bösen eingeholt. Nach Otto Kaiser ist es „eine Grundvoraussetzung menschlichen Handelns, daß jede menschliche Tat ihre Folge hat und daß sich diese Folge nicht allein auf das Objekt der Tat, sondern in irgendeiner Weise immer auch auf den Täter richtet und sein weiteres Ergehen beeinflußt."[15]

Die vielschichtige Debatte um den sogenannten Tun-Ergehen-Zusammenhang hat durchaus zu einem besseren Verständnis dieses Fundaments weisheitlichen Denkens beigetragen.[16] Hermann Gunkel erfasst den Sachzusammenhang noch mit dem Begriff der Vergeltung: „Die israelitische Religion hat den Vergeltungsglauben von Anfang an besessen. [...] So ist denn schließlich die Vergeltungslehre in allen Literaturformen Israels zum ausschlaggebenden Gedanken geworden."[17] Dass die Annahme eines Zusammenhangs von Tun und Ergehen aber keine einfache Ver-

---

15 O. Kaiser, Dike und Sedaqa. Zur Frage nach der sittlichen Weltordnung. Ein theologisches Präludium, in: Ders., Der Mensch unter dem Schicksal. Studien zur Geschichte, Theologie und Gegenwartsbedeutung der Weisheit (BZAW 161), Berlin/New York 1985, 1–23, hier: 1.
16 Vgl. dazu G. Freuling, „Wer eine Grube gräbt ...". Der Tun-Ergehen-Zusammenhang und sein Wandel in der alttestamentlichen Weisheitsliteratur (WMANT 102), Neukirchen-Vluyn 2004, 1–32. Freuling analysiert in seiner Studie nicht nur das Proverbienbuch, sondern auch die Weisheitspsalmen Ps 37; 49; 73 sowie das Hiob- und das Koheletbuch und gibt damit einen Überblick über das gesamte thematische Feld innerhalb der Hebräischen Bibel. Auf dieser Grundlage problematisiert er schließlich die Annahme einer ‚Krise der Weisheit' und fragt: „Lassen sich Hiob und Kohelet wie auch Ps 49 und 73 nicht angemessener als Vertreter einer kritischen Weisheit denn als Zeugen ihrer grundsätzlichen Krise oder gar ihres Scheiterns verstehen?!" (Freuling, Grube, 270). – Eines der Ziele der vorliegenden Auslegung des Koheletbuches liegt darin zu zeigen, dass Kohelet keineswegs als symptomatischer Vertreter einer ‚Krise der Weisheit', sondern als konstruktiver Weiser in einer als krisenhaft erlebten Zeit verstanden werden kann.
17 H. Gunkel, Art. Vergeltung im Alten Testament, in: RGG V (^{2}1931), 1529–1533, hier: 1529.1532.

geltungslehre spiegelt, hat Klaus Koch herausgearbeitet. Seiner Einschätzung nach steht hinter den einschlägigen Texten die Vorstellung, „daß *das Schicksal des Menschen durch seine Tat entschieden wird*"[18], es finde sich daher vor allem „eine Auffassung von schicksalwirkender menschlicher Tat"[19], die „Tat wird also zur machthaltigen Sphäre, die der Täter geschaffen hat und in der er nun gefangen ist"[20]; die „Auffassung von einer schicksalwirkenden Tatsphäre"[21] sieht die Verantwortung beim Menschen: Es kommt „nichts Fremdes im Ergehen auf den Menschen zu, sondern wird sein eigenes Wesen, das er sich selbst geschaffen, in Kraft gesetzt."[22] Koch spricht im Blick auf die Tatsphäre von „dinglicher Stofflichkeit"[23] und erfasst den Zusammenhang damit stark material und subjektiv-personal. Dieses Problem greift Bernd Janowski auf, wenn er bemerkt, dass in der Konzeption einer ‚schicksalwirkenden Tatsphäre' alles „in den *Binnenraum des Subjekts* verlegt"[24] wird, dass also die sozialen Aspekte menschlichen Handelns aus dem Blick geraten. Im Anschluss an Jan Assmanns Verständnis der ägyptischen *ma'at*[25] betont Janowski die sozialen Dimensionen und verweist auf die „Gegenseitigkeit/Reziprozität des Handelns"[26]. Janowski folgert daraus: „Gerechtigkeit stellt sich nicht von selbst ein, sondern sie ist angewiesen auf das Füreinander-Handeln und das Aneinander-Denken. Sie beruht auf dem Prinzip der Gegenseitigkeit und ist nicht die ‚natürliche Folge' der guten Tat, sondern eine Funktion des gesellschaftlichen Handelns."[27] Eine derart sozial- und handlungsorientierte Auffassung von Gerechtigkeit interpretiert diese von der Dynamik her, die dem zentralen hebräischen Begriff für die Erfassung der Ordnung der Welt, nämlich dem Lexem צֶדֶק (ṣædæq), zugrundeliegt.[28] Versteht man den Zusammenhang von Tun und Ergehen demzufolge nicht als einen starren Automatismus, sondern erfasst ihn in seinen

---

18 K. Koch, Gibt es ein Vergeltungsdogma im Alten Testament?, in: ZThK 52 (1955), 1–42, 7.
19 Koch, Vergeltungsdogma, 9.
20 Koch, Vergeltungsdogma, 19.
21 Koch, Vergeltungsdogma, 26.
22 Koch, Vergeltungsdogma, 32.
23 Koch, Vergeltungsdogma, 31.
24 B. Janowski, Die Tat kehrt zum Täter zurück. Offene Fragen im Umkreis des „Tun-Ergehen-Zusammenhangs", in: ZThK 91 (1994), 247–271, 256 f.
25 Vgl. J. Assmann, Ma'at. Gerechtigkeit und Unsterblichkeit im Alten Ägypten, München 1990, 237–272.
26 Janowski, Tat, 261.
27 Janowski, Tat, 261.
28 Vgl. dazu U. Beiroth, Facetten von Gerechtigkeit. Das Lexem צדק in Spr 10,1–22,16; 25–29 (WMANT 170), Göttingen 2022, 357–363, und M. Saur, ṣædæq oder von der Ordnung der Welt, in: A. Schellenberg u. a. (Hg.), Menschsein in Weisheit und Freiheit. Festschrift für Thomas Krüger (OBO 296), Leuven u. a. 2022, 379–396.

dynamischen und ausgesprochen vielschichtigen Dimensionen, gewinnt dieses Fundament weisheitlichen Denkens eine Plastizität, die sich durchaus schon bei der Interpretation einzelner Sprüche herausarbeiten lässt, die aber vor allem für die Deutung des Hiob- und Koheletbuches von besonderer Bedeutung ist.[29]

Wo der dynamisch zu verstehende Zusammenhang von Tun und Ergehen als geltend angenommen wird, ergibt sich eine gewisse Durchschaubarkeit und Berechenbarkeit der Welt, da das Tun ja vorhersehbare Folgen nach sich ziehen wird. Diese Orientierung an der Durchschaubarkeit und gewissermaßen auch Berechenbarkeit der Welt verbindet die Spruchweisheit mit einer älteren orientalischen Weisheitstradition, der sogenannten Listenwissenschaft, die die bekannten Erscheinungsformen der Wirklichkeit in Wortreihen zu bringen und so intellektuell beherrschbar zu machen versucht. Es geht dieser Weisheit ihrem Wesen nach um die Durchdringung von Welt und Wirklichkeit mit den Mitteln der ordnenden und geordneten Erfahrung. Dass aber auch diese Form der Durchdringung nicht monolinear, sondern pluriform verläuft, hat Markus Hilgert in einem grundlegenden Beitrag zur altorientalischen Listenwissenschaft gezeigt. Seiner Analyse zufolge unterliegt das in altorientalischen Listen greifbare Systematisieren und Ordnen nicht den Darstellungsmustern abendländischer Wissenschaft, sondern lässt sich am ehesten mit der „poststrukturalistischen Metapher eines *rhizomorphen Geflechts multidimensionaler Interreferenzen und Interdependenzen, das in prinzipieller Offenheit stets über sich selbst hinaus auf das verweist, was es nicht ist*"[30], beschreiben. Dieser am Beispiel altorientalischer Texte entwickelte epistemologische Ansatz hat weitreichende Implikationen für das Verständnis der Weisheitsüberlieferung, sollte sich zeigen lassen, dass mit der metaphorischen Rede von einem ‚rhizomorphen Geflecht' auch komplexe Texturen wie das Proverbien-, das Hiob- oder das Koheletbuch beschrieben werden können. Gerade vor dem Hintergrund

---

29 Legt man diesen dynamischen Charakter des Ordnungsdenkens zugrunde, kann man kaum von einer ‚fossilen Ordnungstheologie' (so H.-P. Müller, Der unheimliche Gast. Zum Denken Kohelets, in: ZThK 84 [1987], 440–464, 455) sprechen. H.-P. Müller hat allerdings recht, wenn er herausarbeitet: „Der Weisheitsspruch sondert aus dem Ganzen der Wirklichkeit eine Ordnungsparzelle aus, die für ein letztes Geordnet-Sein der Welt lediglich beispielhaft ist [...]. Selbst die unendliche Summe begriffener Ordnungsparzellen wäre noch nicht das transzendente Wirklichkeitsganze [...]." (H.-P. Müller, Gast, 458 f.). Dieses Problem wird auch innerhalb des Proverbienbuches in Prov 30,1–9 reflektiert (vgl. dazu M. Saur, Prophetie, Weisheit und Gebet. Überlegungen zu den Worten Agurs in Prov 30,1–9, in: ZAW 126 [2014], 570–583); vorgreifend sei schon an dieser Stelle darauf verwiesen, dass Kohelet dieses Problem in seiner Weisheitsschrift aufnimmt und die Einsicht in das grundlegend Begrenzte und Fragmentarische menschlicher Erkenntnis produktiv wendet.
30 M. Hilgert, Von ‚Listenwissenschaft' und ‚epistemischen Dingen'. Konzeptuelle Annäherungen an altorientalische Wissenspraktiken, in: Journal for General Philosophy of Science 40 (2009), 277–309, 305.

der gegenwärtigen Debatten um das Verständnis des Koheletbuches liegt die Annahme ‚multidimensionaler Interreferenzen und Interdependenzen', das Postulat ‚prinzipieller Offenheit' und vor allem die Beobachtung des Verweisens über sich selbst hinaus auch hier sehr nahe. Auf der Grundlage dieser Annahme ließe sich möglicherweise auch das Proverbienbuch mit seinen teilweise sehr offenen Einzelsprüchen, aber auch das Hiobbuch in seiner Pragmatik des gezielt gestalteten Nebeneinanders unterschiedlicher Umgangsformen mit der Leiderfahrung Hiobs besser verstehen. Dem angenommenen Verweischarakter und der prinzipiellen Offenheit von Texten wohnt in jedem Fall etwas Dynamisches inne, das dann auch die Grundlagen und Fundamente eines Denkens prägt, das sich so unabgeschlossen äußert. Gerade damit stützt es sich besonders deutlich auf Erfahrungen, denn Erfahrungen lassen sich letztlich nicht abgeschlossen systematisieren, ihre Erschließung erfordert vielmehr ein gewisses Maß an Plastizität, das nur um den Preis der Nivellierung des Unebenen und Widerständigen umgangen werden kann.

Dass ein Zusammenhang zwischen Tun und Ergehen und eine diesem Zusammenhang zugrundeliegende dynamische Ordnung der Welt aus den vielschichtigen Erfahrungen des Alltags erschlossen werden können, ist damit nur das eine Ergebnis weisheitlichen Denkens.[31] Denn dieser Erfahrungsorientierung ist bereits das Element des nicht bis ins Letzte Erschließbaren wesentlich. Damit folgt das andere Ergebnis weisheitlichen Denkens in gleicher Weise aus der Erfahrung und stellt das erste Ergebnis zwar nicht grundsätzlich in Frage, relativiert aber doch in gewisser Weise seinen Bezugs- und Deutungsrahmen: Dem einerseits beobachtbaren Zusammenhang zwischen Tun und Ergehen steht andererseits die Beobachtung entgegen, dass dieser Zusammenhang keine durchgehende Geltung hat, dass es vielmehr Fälle gibt, in denen Tun und Ergehen in einem eklatanten Widerspruch zueinander stehen. Hier lassen die Träger des weisheitlichen Denkens ihre Zweifel daran erkennen, die Welt unter Rückgriff auf die Erfahrung in jeder Weise durchschauen zu können. Sie scheinen vielmehr davon auszugehen, dass die Welt nur in Teilen verstanden werden kann und Erkenntnis daher prinzipiell fragmentarisch bleibt. Schon in Prov 30,1–9 werden solche Reflexionen innerhalb des Proverbienbuches greifbar, wenn der Weise seine Erkenntnisfähigkeiten grundsätzlich problematisiert und damit am Ende des Buches alles in den vorangehenden Sammlungen Verhandelte in Frage stellt.[32] Das Hiob- und das Kohelet-

---

31 Vgl. Saur, ṣædæq, 379–396.
32 Vgl. dazu Saur, Prophetie, 570–583.

buch wie auch Ps 49 und Ps 73 arbeiten sich an diesen Problemkonstellationen ab und ringen damit um die Möglichkeiten und Grenzen menschlicher Erkenntnis.[33]

Dieses Ringen macht deutlich, dass das weisheitliche Denken im antiken Israel und Juda nicht auf eine Position reduziert werden kann, sondern eine Strömung oder Bewegung darstellt,[34] die etwa durch die Debatten um die Frage nach der

---

[33] Vgl. dazu grundlegend A. Schellenberg, Erkenntnis als Problem. Qohelet und die alttestamentliche Diskussion um das menschliche Erkennen (OBO 188), Freiburg Schweiz/Göttingen 2002. Im Blick auf die Weisheitspsalmen vgl. M. Saur, Die Weisheitspsalmen Ps 49 und Ps 73 und ihre Bedeutung für die theologische Architektur des Psalters, in: M. Saur (Hg.), Die kleine Biblia. Beiträge zur Theologie der Psalmen und des Psalters (BThSt 148), Neukirchen-Vluyn 2014, 121–149, sowie M. Saur, Frevler und Gerechte. Überlegungen zum theologischen Ort von Psalm 37, in: H. Jenni/M. Saur (Hg.), Nächstenliebe und Gottesfurcht. Beiträge aus alttestamentlicher, semitistischer und altorientalistischer Wissenschaft für Hans-Peter Mathys zum 65. Geburtstag (AOAT 439), Münster 2016, 375–392, und M. Saur, Beständige Gerechtigkeit. Zum Zusammenhang von Theologie, Anthropologie und Weisheit in Psalm 111–112, in: S. Grätz u. a. (Hg.), Ein Freund des Wortes. Festschrift Udo Rüterswörden, Göttingen 2019, 263–285. Zur Rekonstruktion der Denklinien im Hiobbuch vgl. M. Witte, Das Buch Hiob (ATD 13), Göttingen 2021, 26–34. Im Blick auf Kohelet vgl. Freuling, Grube, 276: „So scheint der Tun-Ergehen-Zusammenhang aus der Sicht Kohelets problematisiert, jedoch nicht grundsätzlich aufgehoben, sondern *relativiert.*"

[34] Ob man im Blick auf die Weisheit innerhalb der Hebräischen Bibel von einer Tradition sprechen sollte, wird gegenwärtig intensiv diskutiert, vgl. dazu nur M. Sneed, Is the „Wisdom Tradition" a Tradition?, in: CBQ 73 (2011), 50–71, sowie die verschiedenen Beiträge in: M. Sneed (Hg.), Was There a Wisdom Tradition? New Prospects in Israelite Wisdom Studies (Ancient Israel and Its Literature 23), Atlanta 2015. Sneed selber plädiert dafür, hinsichtlich der Weisheit von einem ‚Literaturmodus' zu sprechen: „Hebrew wisdom literature should be described as a mode of literature and not strictly a genre. Mode is a broader category than genre, a higher level of abstraction." (Sneed, Wisdom, 57). Soziohistorisch gewendet bedeutet das für Sneed: „Thus, the wisdom literature is a mode of literature that complements the other modes in the Hebrew Bible. It is not an alternative to Yahwism; it is not anti-revelatory. Members of the scribal group might have simultaneously been priests, been closely related to prophets, or might have served as sages or courtiers. What united them was their common training as scribes and their role as teachers/scholars, thus, as literary sages." (Sneed, Wisdom, 71). Eine unproblematisierte Rede von einer oder gar *der* ‚alttestamentlichen Weisheitstradition' kann daher nicht angemessen sein, weil hinter ‚der Weisheit' keineswegs eine einheitliche Trägergruppe mit einem festen Themenbestand steht, sondern sehr unterschiedliche weisheitliche Themen und Fragestellungen weite Teile der *literati* des antiken Judas beschäftigen. Von einer Tradition sollte man hier daher weniger im Blick auf die Inhalte und eher hinsichtlich der Haltung oder des Berufsethos der Schreibergruppen sprechen – beides wird in der Ausbildung weitergegeben bzw. tradiert und ist damit Teil einer Tradition. Ein solches Verständnis von ‚Weisheitstradition' unterscheidet sich aber erheblich von dem, was in der exegetischen Methodenlehre als ‚Tradition' bezeichnet wird (vgl. dazu exemplarisch U. Becker, Exegese des Alten Testaments. Ein Methoden- und Arbeitsbuch [UTB 2664], Tübingen ⁵2021, 133–149). Ob es in diesem Zusammenhang bereits Zeit für Nachrufe ist, bleibt eine offene Frage. W. Kynes, An Orbituary for „Wisdom Literature". The Birth, Death, and Intertextual Reintegration of a Biblical Corpus, Oxford 2019, plädiert allerdings zu Recht nachdrücklich dafür, von der Weisheitsliteratur und damit auch von der

Ordnung der Welt und um das Problem des Verstehens der Wirklichkeit bestimmt war. Während die Spruchweisheit jedoch von einer Ordnung der Welt ausgeht und diese Ordnung aus zahlreichen Perspektiven umreißt, wird die Annahme einer geordneten Wirklichkeit von den Trägergruppen des Hiob- und des Koheletbuches, aber auch von einzelnen Stimmen im Proverbienbuch und im Psalter problematisiert.[35] An diesen Spannungen innerhalb der Weisheitsschriften und zwischen den einzelnen Textbereichen der Weisheitsliteratur lässt sich erkennen, dass das weisheitliche Denken im antiken Israel und Juda nicht linear von der älteren (Spruch-)Weisheit zu einer jüngeren Form problematisierender Weisheit verläuft, sondern dass man davon ausgehen muss, dass hier unterschiedliche Optionen weisheitlichen Denkens zur mehr oder weniger gleichen Zeit literarisch verdichtet und gezielt nebeneinander gestellt wurden. Das wird nicht nur an den genannten Texten deutlich, sondern auch daran erkennbar, dass in die Geschichte der Weisheitsliteratur einzubeziehende Texte wie das Sirachbuch oder die Sapientia Salomonis diese Gleichzeitigkeit unterschiedlicher Positionen für die hellenistische Zeit eindrucksvoll dokumentieren. Die neueren Arbeiten zur Entstehung der Weisheitsschriften, die wesentliche Formationsphasen der Bücher in der nachexilischen Zeit verorten und damit nahe aneinanderrücken, führen notwendigerweise zu einem stärker soziologisch ausgerichteten Interpretationsmodell. Man sollte daher weniger von linearen Entwicklungen und eher von gezielt gestalteten Differenzpositionen innerhalb der Weisheit ausgehen. Diese differenten Positionen, die die Texte überliefern, können als Elemente eines alttestamentlichen Weisheitsdiskurses interpretiert werden.[36] Dieser Weisheitsdiskurs lässt sich besonders gut an den

---

Weisheitstradition nicht mit der Absicht zu sprechen, die einschlägigen Texte und Textbereiche von anderen Literaturbereichen der Hebräischen Bibel scharf abzugrenzen, sondern die intertextuellen Verflechtungen innerhalb der gesamten Hebräischen Bibel genauer zu untersuchen. Kynes selber spricht im Blick auf die Weisheit von einem ‚Konzept' und erläutert, welche Vorteile das seiner Meinung nach mit sich bringt: „Treating wisdom as a concept instead of a genre would also avoid vexing questions regarding the point at which content associated with wisdom in a text tips the balance and makes something a ‚Wisdom text,' since this taxonomic classification would no longer exist." (Kynes, Orbituary, 253). – Beiträge wie die von Sneed und Kynes zeigen, dass die Arbeit hier keineswegs abgeschlossen ist. Es scheint vielmehr, als gebe es weiteren Klärungsbedarf im Blick auf das Wesen und die soziohistorischen Hintergründe dessen, was auch in dieser Studie durchaus unscharf und gewissermaßen behelfsmäßig als ‚Weisheit' bzw. ‚Weisheitstradition' bezeichnet wird.
35 Im Blick auf Kohelet bemerkt überaus treffend B. Lang, Ist der Mensch hilflos? Das Buch Kohelet, in: Ders., Wie wird man Prophet in Israel? Aufsätze zum Alten Testament, Düsseldorf 1980, 120–136, 134: „Kohelet ist das Gegengift gegen alle Theorie, die aus dem Leben auswandert. Er ist der Antipode einer dogmatisch korrekten, subjektlosen Theologie ohne Eigenschaften."
36 Vgl. dazu M. Saur, Sapientia discursiva. Die alttestamentliche Weisheitsliteratur als theologischer Diskurs, in: ZAW 123 (2011), 236–249, und L. Schwienhorst-Schönberger, Alttestamentliche Weisheit im Diskurs, in: ZAW 125 (2013), 118–142, sowie Schipper, Sprüche, 17, der im Blick auf das Prover-

Stellen rekonstruieren, wo redaktions- oder kompositionsgeschichtlich zu differenzierende Textbereiche in den einzelnen Büchern erkennbar sind, da diese Fortschreibungen vorliegenden literarischen Materials den hinter den Texten liegenden Diskussionsprozess bzw. Diskurs als einen Gesprächszusammenhang spiegeln, innerhalb dessen unterschiedliche Positionen vertreten und auf der literarischen Ebene dokumentiert werden. Zu diesen Fortschreibungen gehört etwa die Verteidigung oder Absicherung der Positionen der Spruchweisheit, die in den Einleitungskapiteln des Proverbienbuches in Prov 1–9 gezielt vorangestellt wurde. Dazu gehören aber auch die literarischen Ausgestaltungen des Hiobbuches, etwa in den Reden Elihus in Hi 32–37 oder im Lied auf die Weisheit in Hi 28, die beide in unterschiedlicher Weise auf das Scheitern der Kommunikation Hiobs mit seinen Freunden, das die Kapitel Hi 4–27 spiegeln, reagieren.[37] Und dazu gehören im Koheletbuch die beiden Nachworte, die in Koh 12,9–11 und Koh 12,12–14 einen eigenen Interpretationsrahmen für das Buch zu etablieren versuchen, der es überhaupt erst ermöglicht haben wird, das Buch als in Geltung stehend zu überliefern und später zu kanonisieren.[38]

Im Blick auf die Erschließung der Bedeutung weisheitlichen Denkens hat sich in den letzten Jahrzehnten ein deutlicher Wandel vollzogen, der allerdings an ältere Forschungsbeiträge anknüpfen konnte. Schon Walther Zimmerli hat in seinem grundlegenden Aufsatz „Zur Struktur der alttestamentlichen Weisheit" von 1933 auf Leistungsfähigkeit und Potential weisheitlichen Denkens aufmerksam gemacht. Zentral ist für Zimmerli der anthropologische Horizont der Weisheit. Er unterscheidet innerhalb des Proverbienbuches das Mahnwort mit direkter Anrede an den Menschen von einem reinen Aussagewort. Die Mahnworte mit ihrer direkten Wendung *ad hominem* hält Zimmerli für eine spätere Stufe, die sich aus den älteren Aussageworten entwickelt habe, denen in den meisten Fällen eine unausgesprochene Mahnung innewohne, die in den vorliegenden Mahnworten lediglich expliziert werde. Daraus zieht Zimmerli einen gewichtigen Schluss: „Von Weisheits*gebot* im strengen Sinn kann nicht geredet werden. Der autoritäre Charakter fehlt der Weisheitsmahnung, ihre Legitimation geschieht nicht durch Berufung auf irgendeine Autorität."[39] Während im Gebot der unbedingte Gehorsam gefordert werde, gebe die Weisheit Rat(schläge): „Hier zielt alles darauf ab, daß der Mensch in

---

bienbuch ausführt: „Insofern ist das Proverbienbuch nicht nur mehr als die Summe seiner Teile, sondern einem Diskurs über weisheitliches Wissen verpflichtet, der das Buch überschreitet und zu den Literaturwerken hinführt, denen das Proverbienbuch in manchem nahesteht: den Büchern Hiob, Kohelet und Jesus Sirach."
37 Zur Entstehung des Hiobbuches vgl. Witte, Hiob, 45–59.
38 Vgl. dazu unten 2.30.
39 W. Zimmerli, Zur Struktur der alttestamentlichen Weisheit, in: ZAW 51 (1933), 177–204, 187.

Freiheit die Beziehung zum inneren Sinn des ‚Gebotes' findet."⁴⁰ Es ist ausgesprochen bemerkenswert, dass Zimmerli in dieser Form der Weisheit den Menschen auf einen Weg der Suche nach seiner ‚Beziehung zum inneren Sinn' gewiesen sieht. Zimmerli plädiert damit für einen rezeptionsorientierten Deutungsansatz der Weisheitsworte, die ‚in Freiheit' gelesen und verstanden werden mögen.

Neben dem anthropologischen Akzent, den Zimmerli setzt, hat Hans Heinrich Schmid in seiner Studie „Gerechtigkeit als Weltordnung" von 1968 auf die kosmologischen Dimensionen des Weisheitsdenkens aufmerksam gemacht: Wie die ägyptische *ma'at*⁴¹ und das akkadische Binom *kittu(m) / mīšaru(m)*⁴² stehe das hebräische Lexem צֶדֶק (*ṣædæq*) für die Vorstellung einer Ordnung, die der Welt als ganzer zugrundeliege.⁴³ Schmid ordnet das Weisheitsdenken des antiken Israels und Judas damit in den Horizont der altorientalischen Traditionen ein und versteht die hier greifbare Annahme einer Ordnung des Kosmos als das Fundament weisheitlichen Denkens.

In der gegenwärtigen Debatte erschließen sich sowohl Zimmerlis anthropologische Entfaltung als auch Schmids kosmologische Verortung des Weisheitsdenkens unmittelbar. In ihrer Entstehungszeit konnten die beiden Denkanstöße aber nicht dazu beitragen, die Weisheitsliteratur aus ihrer Randposition innerhalb der Wissenschaft vom Alten Testament zu befreien und die Weisheit stärker ins Zentrum theologischer Arbeit am Alten Testament zu führen.

Kaum zu überschätzen ist vor diesem Hintergrund die Bedeutung des bereits genannten epochalen Entwurfs „Weisheit in Israel" von Gerhard von Rad, mit dem er 1970 ein Verständnis der alttestamentlichen Weisheit vorgelegt hat, das sich im Verhältnis zu seinen Ausführungen zur Weisheit im ersten Band seiner „Theologie des Alten Testaments"⁴⁴ von 1957 erkennbar weiter entwickelt hat. Von Rad misst in der Studie „Weisheit in Israel" dem weisheitlichen Denken gegenüber den Ausführungen in seiner „Theologie des Alten Testaments", die ganz von seinem heilsgeschichtlichen Ansatz bestimmt ist, eine andere und tiefere Bedeutung zu und gelangt zu Formulierungen, die zu einem offenbarungstheologischen Ansatz in

---

40 Zimmerli, Struktur, 187.
41 Vgl. Assmann, Ma'at, 15 – 39.273 – 288.
42 Vgl. dazu G. Pfeifer, Rechtsgeschichte, in: M. Witte (Hg.), Gerechtigkeit (Themen der Theologie 6), Tübingen 2012, 15 – 35, besonders 17, und S. M. Maul, Der assyrische König – Hüter der Weltordnung, in: Jan Assmann u. a. (Hg.), Gerechtigkeit. Richten und Retten in der abendländischen Tradition und ihren altorientalischen Ursprüngen, München 1998, 65 – 77.
43 Vgl. H. H. Schmid, Gerechtigkeit als Weltordnung. Hintergrund und Geschichte des alttestamentlichen Gerechtigkeitsbegriffes (BHTh 40), Tübingen 1968, 13 – 77.166 – 173.
44 Vgl. G. von Rad, Theologie des Alten Testaments. Band I. Die Theologie der geschichtlichen Überlieferungen Israels, München 1957, 368 – 457.

Spannung stehen. So kommt von Rad unter der Überschrift „Die Selbstoffenbarung der Schöpfung"[45] vor dem Hintergrund der Weisheitsreden des Proverbienbuches und der Gottesreden des Hiobbuches zu der Einsicht: „Die Schöpfung hat nicht nur ein Sein, sie entläßt auch Wahrheit!"[46] Daraus zieht von Rad die Konsequenz: „Der Adressat dieser Offenbarung ist also nicht das durch ein Bundesverhältnis zu Jahwe gerufene Israel – Israel als eine theologische Größe ist hier nirgends sichtbar –, sondern der Mensch schlechthin (vgl. Prov 8,15 f.)."[47] Der solchermaßen adressierte Mensch ist aber zugleich auch Leser der Welt, wenn sie sich ihm erschließt: „Die Schöpfung – der Überzeugung waren die Lehrer – hat für den Menschen eine Aussage. Es ist durchaus nicht unmöglich, in ihren Spuren zu lesen."[48] Wie vor ihm bereits Zimmerli entfaltet von Rad die Weisheitstradition hier stark anthropologisch und setzt damit einen wichtigen und wirkmächtigen Akzent.

Trotz des Gewichts der genannten Beiträge und ihrer differenzierten Positionierungen wird in zahlreichen Publikationen dieser Forschungsperiode das weisheitliche Denken in einen Gegensatz zu anderen, vermeintlich zentraleren theologischen Ansätzen und Positionen gebracht und damit faktisch in seinem Eigenwert nicht sachgemäß erschlossen. Ein besonders eindrückliches Beispiel bietet die 1987 erschienene „Einführung in die alttestamentliche Weisheitsliteratur" von Horst Dietrich Preuß, der im Schlussabschnitt seiner Darstellung auf die grundlegende Problematik der Weisheit eingeht, deren Scheitern er für unvermeidlich hält, da die Weisheit vom Menschen ausgehe und diesen im Blick habe, ohne Jhwh wesenhaft einzubeziehen: „Dieses Scheitern aber ist vor allem das Scheitern der Grundvoraussetzung weisheitlichen Denkens, nämlich des Denkens und Glaubens im Tun-Ergehen-Zusammenhang, der durch Gott/JHWH als ein funktionierender gestiftet und erhalten wird. [...] Der wahre JHWH ließ und lässt sich nicht in weisheitliches Ordnungsdenken einfangen."[49] Anthropologie und Theologie werden hier in einen Gegensatz gebracht – und die anthropologisch profilierte Weisheit wird so zu einem Fremdkörper: „Die Weisheitsliteratur des Alten Testaments erweist gerade auch darin ihre Bedeutung für die Gegenwart, daß sie verdeutlichen hilft, was und wie Glaube sein kann oder auch nicht sein darf."[50] Auch wenn Preuß die einzelnen Weisheitsschriften differenziert darstellt und ihre unterschiedlichen Positionen herausarbeitet, bleibt sein Verständnis der Weisheit doch erstaunlich verkürzt. Denn die zitierten Interpretationslinien beachten voll-

---

45 Von Rad, Weisheit, 189.
46 Von Rad, Weisheit, 215.
47 Von Rad, Weisheit, 228.
48 Von Rad, Weisheit, 384.
49 H. D. Preuß, Einführung in die alttestamentliche Weisheitsliteratur, Stuttgart 1987, 175 f.
50 Preuß, Einführung, 197.

kommen unzureichend, dass die Weisheitsliteratur bereits vielstimmig ist, Problematisierungen selber erkennen lässt und damit letztlich ein Kommunikationsmodell spiegelt, das in seiner Bedeutung für die Gegenwart nicht unterbestimmt werden darf.[51] Innerhalb des alttestamentlichen Weisheitsdiskurses wird die Möglichkeit des Nebeneinanders von Unterschieden und Differenzen durchaus produktiv und konstruktiv erschlossen. Hier wird man zumindest aus der gegenwärtigen Debatte heraus die Frage an Preuß richten müssen, ob in der Weisheitsliteratur nicht auch ein außerordentlich leistungsfähiges Modell theologischen und vor allem anthropologischen Redens überliefert ist. Das hatte von Rad bereits gesehen, wenn er vor allem die humanisierende Seite der Weisheit hervorhebt: Im weisheitlichen Denken und Leben wird der Mensch gemäßigt und gebildet, erlangt Kultur als Ordnung und entwickelt sich damit zu einem gemeinschaftsfähigen Wesen.[52]

Die Weisheitstradition stellt im antiken Israel und Juda keinen Fremdkörper dar, sondern überliefert in ihrer literarischen Form einen diskursiven Zugang zur Welt und zum Menschen, der in seiner Grundstruktur und davon ausgehend auch in seinen Beziehungen zu anderen Überlieferungen aus dem antiken Israel und Juda erschlossen werden muss, um ihn sachgemäß einordnen zu können.[53] Für die Frage nach dem Menschen ist es dabei bedeutsam, dass die Weisheitsliteratur eigene schöpfungstheologische Vorstellungen entwickelt, die in Beziehung zu entsprechenden Ansätzen in Gen 1–3 oder auch den Schöpfungspsalmen stehen, im Kontext der weisheitlichen Schriften aber doch einen eigenen Bedeutungsraum eröffnen. Der Mensch als Teil dieser Schöpfung kommt dabei in einer besonderen Perspektive in den Blick, vor allem dann, wenn nicht von der Welt und der Schöpfung des Menschen am Anfang der Welt, sondern von der bleibenden und erhaltenen Geschöpflichkeit des Menschen die Rede ist. Setzte man hier eine Position eines einzelnen Textes absolut, käme man geradezu zu essentialistischen anthropologischen Aussagen. Das unterliefe aber die innere Struktur der Weisheitsliteratur, die sich nicht erschließt, wenn man einzelne Passagen herausgreift und isoliert interpretiert, sondern erst dann umfassend erfasst wird, wenn man die Einsprüche und Infragestellungen, die Problematisierungen und Brüche innerhalb der Texte und Bücher mit in die Interpretation einbezieht, aufgrund dieser Diskursivität Einzelpositionen relativiert und in solcher Weise den Deutungsraum weit und offen absteckt – immer in dem Bewusstsein, hier prinzipiell unabgeschlossen

---

51 Vgl. Schwienhorst-Schönberger, Weisheit, 125–128.
52 Vgl. dazu von Rad, Weisheit, 398.
53 Vgl. dazu Kynes, Orbituary, 107–254.

vorgehen zu müssen, aufgrund dieser Offenheit aber ein hohes Maß an Anschlussfähigkeit erzielen zu können.

1.2 Überschrift und Name

Das in hebräischer Sprache verfasste Buch Kohelet wird in Koh 1,1 folgendermaßen eröffnet:

1   Die Worte Kohelets, des Sohnes Davids, des Königs in Jerusalem.

Dieser Überschrift zufolge finden sich in dem folgenden, insgesamt 12 Kapitel umfassenden Text Worte eines Kohelet (קֹהֶלֶת [qohælæt]), der als Sohn Davids, des Königs in Jerusalem, vorgestellt wird. Das hebräische קֹהֶלֶת (qohælæt) ist eine feminine Partizipialform im Singular des Grundstammes Qal, abgeleitet von der Wurzel קהל (qhl), die in dieser Form nur in Koh 1,1f.12; 7,27; 12,8–10 belegt ist. Im Reflexivstamm Nif'al bedeutet das Verb ‚sich versammeln', im Kausativstamm Hif'il ‚versammeln' oder ‚einberufen'. Das Primärnomen קָהָל (qāhāl) ist wohl am ehesten mit ‚Versammlung' oder ‚Gemeinde' zu übersetzen. Wie ähnlich gebildete Formen in Esr 2,55.57 und Neh 7,57.59 könnte die feminine Partizipialform auch im Koheletbuch ein Amt bzw. einen Amtsträger bezeichnen. קֹהֶלֶת (qohælæt) wäre dann am ehesten mit ‚Versammler', ‚Versammlungsleiter' oder vielleicht auch ‚öffentlicher Redner' wiederzugeben.[54] Die Septuaginta übersetzt קֹהֶלֶת (qohælæt) mit Ἐκκλησιαστής ('ekklesiastés) und folgt damit der Grundbedeutung von קהל (qhl). In der Vulgata findet sich die Übersetzung mit concionator, was dann in der Tradition der Lutherbibel zu der Übersetzung mit ‚Prediger' führt.[55]

1.3 Implizite Salomonisierung

Von Salomo als dem Sohn Davids ist in Koh 1,1 namentlich nicht die Rede. Der Text scheint vielmehr gezielt auf Salomo anzuspielen, ohne ihn aber explizit nennen zu wollen. Hier ist bereits etwas von der Offenheit des Buches zu greifen, das die Dinge nicht bis ins Letzte benennt, sondern seine Leserinnen und Leser in die Sinnkon-

---

54 Vgl. zur Form קֹהֶלֶת (qohælæt) und ihrer Bedeutung ausführlich S. Weeks, Ecclesiastes and Scepticism (LHB.OTS 541), New York u. a. 2012, 180–196.
55 Vgl. dazu auch unten 2.1.

stitution mit einbindet. Wer der Sohn Davids und der König in Jerusalem nur sein kann, steht ja deutlich vor Augen – das zu explizieren, wäre aber bereits eine vereindeutigende Interpretation, die die Offenheit der Überschrift unterliefe. In der jüdischen und christlichen Tradition wurde das Buch aufgrund seiner Überschrift und ihrer Interpretation mit dem paradigmatisch weisen König Salomo in Verbindung gebracht.[56] Es handelt sich bei der Zuschreibung des Buches an Salomo aber um eine Fiktion,[57] die von der Auslegungsgeschichte des Buches fortgeschrieben wird. Das hat durchaus seine Berechtigung, muss dann allerdings auch ausdrücklich reflektiert werden.[58] Dass das Proverbien- und das Koheletbuch implizit demselben Weisen zugeschrieben wurden, ist angesichts der inhaltlichen Differenzen zwischen beiden Büchern zunächst sehr erstaunlich und wird noch bemerkenswerter, wenn man die Reihe der Schriften, die sich der Autorität Salomos unterordnen, vollständig betrachtet und das Hohelied Salomos, die Psalmen Salomos und die Sapientia Salomonis[59] mit einbezieht. Ob dieses literarische Ensemble als ein zusammenhängendes *corpus salomonicum* gelesen werden kann und soll,[60]

---

56 Vgl. S. Holm-Nielsen, The Book of Ecclesiastes and the Interpretation of it in Jewish and Christian Theology, in: ASTI 10 (1975/76), 38–96, und ders., On the Interpretation of Qoheleth in Early Christianity, in: VT 24 (1974), 168–177.
57 Vgl. A. Reinert, Die Salomofiktion. Studien zu Struktur und Komposition des Koheletbuches (WMANT 126), Neukirchen-Vluyn 2010, 182–184. Im Kontext seiner Analyse des Salomonischen im Proverbienbuch führt M. Winkler, Das Salomonische des Sprichwörterbuchs. Intertextuelle Verbindungen zwischen 1Kön 1–11 und dem Sprichwörterbuch (HBS 87), Freiburg im Breisgau u. a. 2017, aus: „Ein salomonischer Beispielfall ist das Buch Kohelet, das von der Tradition Salomo zugeschrieben und als salomonisches Buch angesehen wird, auch wenn der Name ‚Salomo' selbst nicht in ihm begegnet. Aufgrund von markanten internen Eigenschaften der Stimme des Buches (z. B. in Koh 1,1.12; 1,12–2,26) liegt eine Identifikation der Stimme mit Salomo nahe, bzw. muss man nochmals präzisieren: Die Stimme spielt auf Salomonisches an – eine klare Identifikation unterbleibt." (Winkler, Das Salomonische, 55).
58 Vgl. dazu 2.30.
59 Nach F. Delitzsch, Hoheslied und Koheleth (BCAT IV/4), Leipzig 1875, 219 f., hat die Sapientia Salomonis „wirklich den Anschein eines Antiekklesiastes, eines Seitenstücks zum B. Kohelet, welches dieses theils zu widerlegen theils zu überbieten bezweckt, indem es dem über den irdischen Genuß mit dem Aber der Gottesfurcht nicht hinauskommenden Kohelet einen idealeren geistlicheren Salomo entgegenstellt."
60 Vgl. Krüger, Kohelet, 365 (mit Verweis auf N. Lohfink, Les épilogues du livre de Qohélet et les débuts du canon, in: P. Bovati/R. Meynet [Hg.], Ouvrir les écritures. Mélanges offerts à Paul Beauchamp à l'occasion de ses soixante-dix ans [LeDiv 162], Paris 1995, 77–96) und M. Gilbert, Les cinq livres des Sages. Proverbes – Job – Qohélet – Ben Sira – Sagesse (Lire la Bible 129), Paris 2003, 10–16, sowie K. J. Dell, Solomon and the Solomonic Collection, in: W. Kynes (Ed.), The Oxford Handbook of Wisdom and the Bible, Oxford 2021, 321–335, 328–333; Dell verweist auf die unbestreitbare Bedeutung Salomos, führt aber aus: „This presentation and the references to him link the family of

bleibt angesichts der Spannweite der unterschiedlichen Texte eine offene Frage. Mit einem weit gefassten Verständnis von ‚salomonischer Weisheit' könnte man zwar alle genannten Schriften unter einem solchen Dach versammeln – die Weite des Verständnisses trägt dabei aber nicht zur Profilschärfe bei.[61]

Im Koheletbuch selber kann neben der Überschrift in Koh 1,1 auch die Passage in Koh 1,12–2,26 auf Salomo hin gelesen werden, ohne dass Salomo hier namentlich genannt würde.[62] Darüber hinaus ist die Rede von dem ‚einen Hirten' am Ende des ersten Nachwortes in Koh 12,11 transparent auf Salomo hin.[63] Das steht in Korrespondenz mit Koh 1,1 und schafft einen implizit-salomonischen Rahmen, mit dem das Buch möglicherweise vor der Ergänzung des zweiten Nachwortes in Koh 12,12–14 eingefasst war.

Die zahlreichen nicht nur inhaltlichen, sondern auch formalen Bezüge des Koheletbuches auf das Proverbienbuch[64] weisen in jedem Fall auf eine gezielt gestaltete Nähe zwischen den beiden Schriften hin, die sich auch in den korrespondierenden Überschriften der Bücher zeigt, wenngleich in Prov 1,1 Salomo als Sohn Davids und König Israels explizit genannt wird, wohingegen in Koh 1,1 vom ‚Sohn Davids' und dem ‚König in Jerusalem' gesprochen wird. Dahinter steht möglicherweise auch das Wissen der Trägergruppen der Bücher um die Literargeschichte der beiden Schriften: Während sich im Proverbienbuch tatsächlich literarische Überlieferungen bis in die mittlere Königszeit hinein zurückverfolgen lassen und das Buch eine über Jahrhunderte gewachsene Sammlung weisheitlicher Texte bietet,[65] liegt mit dem Koheletbuch ein literarisch weitgehend geschlossener Entwurf vor, der nur in der Überschrift und den Nachworten editorische Arbeit erkennen lässt. Die Trägerkreise des Koheletbuches haben an der perserzeitlich-hellenistischen Stilisierung Salomos als eines paradigmatisch weisen Königs mitgewirkt, wissen aber genau, dass das Koheletbuch nicht auf den historischen König Salomo zurückgeführt werden kann – und sie behaupten es daher auch nicht.

Wisdom books together, and yet it is not a grouping that corresponds directly to ‚Wisdom Literature' [...] because it does not include Job." (Dell, Solomon, 332).
61 Vor dem Hintergrund des Hohenliedes als einem Stück altorientalischer Liebeslyrik und der Psalmen Salomos, die in der Tradition der ‚messianisch' fortgeschriebenen Königspsalmen stehen, stellt sich hier die Frage nach dem heuristischen Wert eines weiten, zugleich aber doch auch entleerten Verständnisses von ‚salomonischer Weisheit'; vgl. zu diesem grundsätzlichen Problem Kynes, Orbituary, 25–59.
62 Vgl. dazu unten 2.3.
63 Vgl. dazu unten 2.30.
64 Vgl. dazu M. Saur, Qohelet as a Reader of Proverbs, in: K. Dell/W. Kynes (Hg.), Reading Proverbs Intertextually (LHB/OTS 629), London/New York 2019, 129–138.
65 Vgl. dazu M. Sæbø, Sprüche (ATD 16,1), Göttingen 2012, 17–23, und K. Schmid, Literaturgeschichte des Alten Testaments. Eine Einführung, Darmstadt ²2014, 79 f.180–183.

1.4 Tendenzen zur ‚Autobiographisierung'

Das Koheletbuch wendet sich aus der Perspektive der 1. Person an seine Leserinnen und Leser. Zahlreiche Reflexionen Kohelets werden mit Wendungen wie ‚ich erkannte' (יָדַעְתִּי [jāda'tī]), ‚ich sah' (רָאִיתִי [rā'ītī]) oder ‚ich sprach' (אָמַרְתִּי ['āmartī]) eröffnet und geben dem Text damit ein stark auf das reflektierende Ich ausgerichtetes Profil. Trotz dieser Prägung sollten die Texte aber nicht so verstanden werden, als sei in ihnen die *ipsissima vox* eines namentlich bekannten Weisen Kohelet zu greifen. Es ist vielmehr zu beachten, dass קֹהֶלֶת (*qohælæt*) kein Name ist, sondern eine Funktionsbezeichnung zu sein scheint,[66] und dass das Buch auch im Blick auf die Annäherung Kohelets an Salomo gezielt im Ungefähren und Angedeuteten stehen bleibt und Eindeutigkeit offensichtlich vermeiden will.[67] Wenn also von Kohelet oder dem Koheletbuch die Rede ist, so verweist das auf eine Leerstelle, die sich hinter der hebräischen Form קֹהֶלֶת (*qohælæt*) verbirgt. Diese Leerstelle macht es nicht möglich, mit letzter Gewissheit zu sagen, ob das Buch einen Verfasser oder – wie zahlreiche andere alttestamentliche Texte auch – mehrere Verfasser hatte und, vor allem, um wen es sich dabei handelt.[68] Man sollte es daher eher vermeiden, von der Frage nach der vermeintlichen ‚Person' hinter dem Buch ausgehend die Interpretation des Koheletbuches lenken zu lassen. Kohelet ist eine *persona* im eigentlichen Sinne des lateinischen Wortes: Seine Worte gelangen wie durch eine Maske zu ihren Leserinnen und Lesern – und diese Maske trägt in das Buch ein Profil ein, das nicht zu schnell mit dem Verfasser des Buches gleichgesetzt werden darf.[69]

Das Buch selber erleichtert die Sorgfalt im Blick auf das Reden von Kohelet als vermeintlicher Person und postuliertem Verfasser nicht. Die Sprechrichtung aus der Perspektive der 1. Person birgt für Auslegerinnen und Ausleger das Risiko, sich immer wieder von der im Buch angelegten Fiktion eines Sprechers oder Verfassers Kohelet leiten zu lassen. Das wird insbesondere durch einen großen Textabschnitt zu Beginn des Buches befördert, der gewissermaßen ‚autobiographische' Züge[70]

---

66 Vgl. 1.2.
67 Vgl. 1.3.
68 Vgl. dazu S. Weeks, Ecclesiastes. Volume 1. Introduction and Commentary on Ecclesiastes 1.1–5.6 (ICC), London u. a. 2020, 8 f.: „What we hear in the book, therefore, is never strictly the voice of the author, as such, but separate voices or identities adopted by the author."
69 Vgl. M. V. Fox, A Time to Tear Down and a Time to Build Up. A Rereading of Ecclesiastes, Eugene 1999, 372: „Qoheleth is, and is meant to be recognized as, a persona based on a historical character, Solomon. If there was an actual sage in the background, he is lost behind the fictional character. After all, there *was* no king called Qohelet, so the face we are shown must be a literary construct."
70 Vgl. zur Problematik der Begrifflichkeit J. van Oorschot, König und Mensch. Biografie und Autobiografie bei Kohelet und in der alttestamentlichen Literaturgeschichte, in: A. Berlejung/R. Heckl

trägt und damit den Leserinnen und Lesern eine stilisierte Einzelpersönlichkeit vor Augen stellt: In Koh 1,12–2,26 gibt sich der Sprecher bzw. Absender des Textes als König aus.[71] In den Einleitungsversen dieses Abschnitts in Koh 1,12–14 ist zu lesen:

12   Ich, Kohelet, wurde König über Israel in Jerusalem.
13   Da nahm ich mir vor, mit Weisheit alles zu erforschen und zu erkunden, was unter dem Himmel getan wird.
     Das ist eine leidige Mühe. Gott hat es den Menschen gegeben, um sich damit abzumühen.
14   Ich betrachtete alle Werke, die unter der Sonne getan wurden,
     und siehe, alles war nichtig und ein Greifen nach Wind.

Kohelet bezieht mit der Königsperspektive eine Position, von der aus alles möglich sein müsste, und er wendet sich aus dieser Position der Erforschung der Wirklichkeit zu. Am Ende steht jedoch in Koh 2,26 dasselbe, was zu Beginn bereits offensichtlich war, dass nämlich alles nichtig sei:

26   Gewiss, einem Menschen, der ihm gefällt, gibt er Weisheit und Erkenntnis und Freude.
     Den aber, dessen Leben verfehlt ist, lässt er sammeln und anhäufen, um es dann dem zu geben, der Gott gefällt. Auch das ist nichtig und ein Greifen nach Wind.

(Hg.), Mensch und König. Studien zur Anthropologie des Alten Testaments. Rüdiger Lux zum 60. Geburtstag (HBS 53), Freiburg im Breisgau u. a. 2008, 109–122, 118–121; nach van Oorschot verwendet der „Verfasser des Buches [...] Stilmittel und Motive fiktiver Selbstmitteilungen, jedoch keine Autobiografie. [...] Begriff und Konzept der Autobiografie tragen hier Vorstellungen ein, die den Befund verstellen." (van Oorschot, König, 120). Anders votiert Tremper Longman III, The Book of Ecclesiastes (NICOT), Grand Rapids/Cambridge 1998, der Koh 1,12–12,7 vor dem Hintergrund altorientalischer Texte versteht: „Qohelet's speech in the body of the book of Ecclesiastes thus employs the same pattern of autobiography as that which appears in Mesopotamian literary tradition." (Longman, Ecclesiastes, 19 f.). Longman folgert aus diesen Parallelen: „Qohelet's ,autobiography' (1:12–12:7) [...] is a separate and complete literary unit. The frame (1:1–11 and 12:8–14), therefore, was composed secondarily, introducing and then guiding the reader's interpretation of the autobiography [...]." (Longman, Ecclesiastes, 21). Die Verbindungen zwischen Koh 1,2–11 und den weiteren Reflexionen Kohelets lassen es allerdings wenig wahrscheinlich erscheinen, dass Koh 1,2–11 nicht vom selben Verfasser stammen wie die folgenden Passagen. Und auch wenn man Koh 1,12–2,26 als ,autobiographischen' Abschnitt verstehen möchte, sind die inhaltlichen und formalen Differenzen zwischen Koh 1,12–2,26 und Koh 3,1–12,7 nicht zu übersehen, was einem Verständnis von Koh 1,12–12,7 als ,autobiography' eher widerrät.
71 Vgl. dazu 2.3.

Der Textabschnitt Koh 1,12–2,26 wird in der Forschung zumeist als Königstravestie oder auch Königsfiktion bestimmt, was aber nicht als Gattungsbezeichnung missverstanden werden darf, da es in der Hebräischen Bibel keine weiteren Exemplare dieser literarischen Form gibt und man daher nicht von einer literarischen Gattung sprechen kann. Koh 1,12–2,26 belegen vielmehr einen literarischen Kunstgriff, der in der Form der Verhüllung und Verkleidung Kohelets fiktives Königsamt ausgestaltet und ihn damit auf literarischer Ebene in die Lage versetzt, einmal alles tun zu können, was ihm wichtig erscheint. Dieser fiktive ‚König Kohelet' wendet sich gezielt der Forschung und Untersuchung der Welt zu – und tut damit genau das, was auch das weitere Buch jenseits von Koh 1,12–2,26 bestimmt. Die Königstravestie dient damit vorrangig dazu, von einem denkbar hohen Punkt ausgehend auf das hinzuführen, was den literarisch gestalteten Weisen Kohelet auch unterhalb der Ebene des Königtums auszeichnet, nämlich sein Interesse und sein Drang zur forschenden Durchdringung der Welt. Das Element der ‚Autobiographisierung', das in Koh 1,12–2,26 zu fassen ist und das sich mit der das Buch prägenden Perspektive der 1. Person verbindet, wird damit dem eigentlichen Anliegen Kohelets zugeordnet, nämlich dem Verstehen der Welt.

1.5 Sprachliche Gestalt

Sprachlich ist das Koheletbuch von zahlreichen Aramaismen durchsetzt und verwendet in Koh 2,5 das persische Lehnwort פַּרְדֵּסִים (pardesīm) für ‚Gärten' sowie in Koh 8,11 das persische Lehnwort פִּתְגָם (pitgām) für ‚Bescheid'[72]. Dass das Koheletbuch ein fortgeschrittenes Stadium des biblischen Hebräisch spiegelt, zeigt bereits eine Zusammenstellung der „Hapaxlegomena und jüngerer Sprachzeit angehörigen Wörter und Formen im B. Koheleth"[73], die Franz Delitzsch 1875 vorlegt.[74] Er folgert für das Koheletbuch, „daß wir darin ein Produkt der nachexilischen Zeit und frühestens der ezra-nehemianischen vor uns haben"[75]. Delitzsch bemerkt zu Recht: „Wenn das B. Koheleth altsalomonisch wäre, so gäbe es keine Geschichte der hebräischen Sprache."[76] In jüngerer Zeit hat Antoon Schoors die Sprache des Kohe-

---

[72] Vgl. dazu Ges[18], 1075.1089, und zu den Schlüssen aus diesen Belegen C. L. Seow, Ecclesiastes. A New Translation with Introduction and Commentary (AncB 18C), New York 1997, 12.
[73] Delitzsch, Koheleth, 197.
[74] Delitzsch, Koheleth, 197–206.
[75] Delitzsch, Koheleth, 206.
[76] Delitzsch, Koheleth, 197.

letbuches in zwei minutiösen und grundlegenden Studien analysiert.[77] Schoors verweist in seinen grammatischen Analysen auf zahlreiche sprachliche Besonderheiten des Koheletbuches[78] und kommt zu dem Schluss: „The language of Qoh is definitely late in the development of BH and belongs to what scholars recently have called Late Biblical Hebrew (LBH)."[79]

1.6 Literarische Formen und Gattungen

Das Proverbien- und das Koheletbuch nehmen unterschiedliche Perspektiven auf die Deutung der Welt und des Menschen ein. Diese Differenzen sollten allerdings nicht vorschnell als grundsätzliche Widersprüche gedeutet werden, sie sind vielmehr vor dem Hintergrund der Entstehungskontexte der beiden Schriften zu verstehen und einzuordnen: Das Proverbienbuch ist als Traditionsliteratur zu bestimmen und dokumentiert einen längeren Prozess der Erkenntnisbindung in Form der Weisheitssprüche, die generationenübergreifende Erfahrungen bündeln und zusammenfassen. Dagegen lässt sich das Koheletbuch als Autorenliteratur verstehen und Kohelet[80] tritt innerhalb des Buches als ein Weiser entgegen, der seine eigenen Erfahrungen durchdenkt und damit eine stilisiert individuellere Form von Weisheit entwickelt, als das innerhalb des Proverbienbuches der Fall ist. Vergleicht man allerdings die Sprachformen und weisheitlichen Gattungen des Proverbienbuches mit denen Kohelets, so wird sehr schnell deutlich, dass Kohelet sich in seinen Ausdrucksmustern keineswegs von der Weisheitstradition absetzt, sondern an der gesamten Breite weisheitlicher Sprachformen partizipiert, diese aber zum Teil in sehr eigentümlicher Weise weiterentwickelt, wie sich das ja auch schon im Proverbienbuch selber beobachten lässt, wenn man etwa die literarischen Gattungen in Prov 10–29* mit denen in Prov 1–9 oder Prov 30 f. vergleicht. Der kurze

---

77 A. Schoors, The Preacher Sought to Find Pleasing Words. A Study of the Language of Qoheleth. Part I. Grammar (OLA 41), Leuven 1992, und ders., The Preacher Sought to Find Pleasing Words. A Study of the Language of Qoheleth. Part II. Vocabulary (OLA 143), Leuven u. a. 2004.
78 Schoors, Preacher I, 221 f. Schoors verweist in diesem Zusammenhang auf das Problem der Aramaismen: „But with all due caution, it seems that some of the later traits […] can be accepted as Aramaisms, e. g. a larger usage of nouns ending in ות-; nouns of the $q^eṭāl$ type; the particle אֲלּוּ; the more frequent use of אשר/ש as a conjunction, which is a calque of Aramaic די; the high concentration of composite conjunctions, such as בשל אשר (Aram. בדיל די) or על־דברת ש (Aram. על דברת די)." (Schoors, Preacher I, 223).
79 Schoors, Preacher I, 221; vgl. dazu Seow, Ecclesiastes, 11–21, und Krüger, Kohelet, 62–64, sowie Weeks, Ecclesiastes, 57–72.
80 Wenn von hier an nun von Kohelet gesprochen wird, ist damit der Verfasser von Koh 1,2–12,8 gemeint, der hinter der Chiffre ‚Kohelet' (vgl. Koh 1,1; 12,9 f.) zu vermuten ist (vgl. dazu oben 1.2–4).

und prägnante Weisheitsspruch fällt hier zwar nicht weg, ihm werden aber längere Reflexionen und Erörterungen an die Seite gestellt, die – neben der Generationen übergreifenden Form der Weisheit, die sich in den Einzelsprüchen dokumentiert – die Suche der Weisen nach einem tieferen Verständnis der Welt erkennen lassen, was literarisch nicht in der knappen Form des Spruches erreicht werden kann, sondern ein höheres Maß an Ausführlichkeit erfordert. Während die Einzelsprüche sich auf den einzelnen Menschen und seine einzelnen Handlungsfelder richten und damit ihren Bezugsrahmen eng abstecken, auch wenn sie in ihrer Exemplarizität durchaus verallgemeinernd Wirklichkeit für den jeweils Einzelnen erfassen, lässt sich in den größeren literarischen Zusammenhängen ein Bestreben nach umfassender Einsicht über einen engen Bezugsrahmen hinaus beobachten. Die temporale Transversalität des Einzelspruches, der als das Kondensat Jahrhunderte umfassenden Erfahrungswissens verstanden werden kann, dabei aber keinen Anspruch auf umfassende Wirklichkeitsdeutung erhebt, wird in den breiter ausgestalteten Reflexionen zu einer kognitiven Transversalität umgestaltet: Weisheitliche Erkenntnisse stützen sich hier nicht auf die Erfahrung von Generationen, sondern sind in der zeitlich begrenzten Form der jeweiligen Gegenwart verortet, zielen dabei aber auf eine Breite der Erkenntnis ab, die am Ende mit universalem Anspruch auftritt und sich in dieser Hinsicht signifikant vom begrenzten Anspruchsradius der Weisheit des Einzelspruchs unterscheidet.

Das Koheletbuch dokumentiert diese Breite weisheitlicher Wirklichkeitserschließung in seinen Sprachformen, die vom Einzelspruch bis hin zur umfassenden Reflexion reichen. Wie andere weisheitliche Texte zielt das Buch zunächst auf eine umfassende Erkenntnis der Wirklichkeit ab, dokumentiert dann aber die Einsicht in die Unmöglichkeit dieses Unternehmens und benennt von daher die Grenzen menschlicher Erkenntnis in einer neuen Weise, die in ihrer erkenntnistheoretischen Tiefenstruktur aber durchaus an die Spruchweisheit anschließt, die mit ihrem Blick auf die einzelnen Situationen und Handlungsfelder des Menschen implizit ebenfalls dessen Grenzen in den Blick nimmt.

Zunächst einmal fallen die *Einzelsprüche* oder *Aussageworte* ins Auge, die sich eng mit dem verbinden, was auch im Proverbienbuch überliefert ist.[81]

So liest man in Koh 2,14a:

14a Der Weise hat seine Augen in seinem Kopf, aber der Tor tappt im Dunkeln.

---

[81] Vgl. dazu Saur, Qohelet, 129–138, und T. L. Forti, Ecclesiastes, in: W. Kynes (Hg.), The Oxford Handbook of Wisdom and the Bible, Oxford 2021, 515–532, 519 f.

Dieser Spruch arbeitet mit der aus der Spruchweisheit bekannten Gegenüberstellung von Weisen und Toren und spielt zudem im zweiten Teil des Spruches implizit die Lichtmetaphorik ein: Vor dem Hintergrund der Dunkelheit, in der der Tor sich bewegt, ergibt sich aus der Parallelität des Spruches im Auslegungsvorgang eine Assoziation von Weisem und Licht, was durch das Bild der Augen im Kopf vorbereitet wird.[82]

In Koh 11,4 heißt es:

4   Wer auf Wind achtet, sät nicht,
    und wer auf Wolken blickt, erntet nicht.

Diesen Spruch charakterisiert keine Gegensatzbildung, sondern eine inhaltliche Parallelität, deren Bedeutungshorizont denkbar weit ist. Denn mit Wind und Wolken ist letztlich der Himmel und damit der unbekannte, aber zugleich auch faszinierende Teil des Kosmos im Blick. In einem engeren Rahmen kann aber auch das am Himmel entstehende und für die Bearbeitung des Feldes wichtige Wetter gemeint sein, was sich durch die Korrespondenz von Säen und Ernten als Bedeutungsrahmen nahelegt. Dennoch changiert der Vers zwischen dem engeren und dem weiteren Bedeutungsrahmen. Erst in der Interpretation wird hier eine Vereindeutigung vorgenommen, wenn man den Vers etwa als Mahnung an den Bauern versteht, sich auf die Arbeit auf dem Feld zu konzentrieren und sich eben nicht im Abwägen dessen, was Wind und Wolken bringen könnten, zu verlieren. Diese Mahnung ist dann aber das Ergebnis eines Auslegungsvorgangs. Der Spruch selber kommt in der schlichten Form der Aussage daher, drängt allerdings auf Deutung hin und setzt bei seinen Leserinnen und Lesern einen Prozess der über die Aussage hinausgehenden Sinnkonstitution in Gang.

Wie im Proverbienbuch finden sich auch im Koheletbuch *Besser-als-Sprüche*, die zwei Aussagen zueinander in Beziehung setzen und durch die hebräische Präposition מִן (min) voneinander abheben. Dass diese Sprüche im Deutschen mit Komparativformulierungen übersetzt werden, ist zielsprachenorientiert vollkommen sachgemäß. Dennoch darf dabei nicht übersehen werden, dass das Hebräische keine morphologisch eigenständigen Komparativbildungen kennt, sondern mit Hilfe der Präposition מִן (min) in separativer Bedeutung den einen Sachverhalt dem anderen qualitativ vorordnet.

In Koh 4,6 ist zu lesen:

---

[82] Dass der Vers in seinem Kontext durch Kohelets Bemerkung, dass beide das gleiche Geschick trifft, noch einmal in ein eigenes Licht gerückt wird, soll an dieser Stelle lediglich vermerkt werden; s. dazu 2.3.7.

6   Besser eine Hand voll Ruhe
    als beide Hände voll Mühe – und ein Greifen nach Wind.

Wörtlich wird zunächst einmal zum Ausdruck gebracht, dass eine Hand voll Ruhe gut ist. Erst durch die folgende Formulierung wird diese Aussage, durch das separative מִן (*min*) eingeleitet, in ein Verhältnis gebracht und der Mühe und dem Greifen nach Wind vorgeordnet. Der Interpretationsrahmen wird hier enger gefasst als in den Aussagesprüchen, denn dem Ausleger wird ein ordnender Deutungshorizont vorgegeben, wenngleich die Rede von der ‚Hand voll Ruhe' und den ‚Händen voll Mühe und Greifen nach Wind' ein noch hinreichendes Maß an Offenheit mit sich bringt, das im Prozess der Auslegung jeweils begrenzt oder ausgelotet werden muss.

In Koh 10,17 findet sich der mit der Interjektion אַשְׁרֵי (*'ašrē*) eingeleitete *Glückwunsch:*

17 Wohl dir, Land, dessen König ein Edler ist
    und dessen Fürsten zur rechten Zeit tafeln – zur Stärkung und nicht zum Besäufnis!

Mit dieser Form wird in den entsprechend eingeleiteten Aussagen ein Idealzustand gepriesen, der für Leserinnen und Leser Beispiel geben soll. Wie im Besser-als-Spruch wird hier auch eine Bewertung vorgenommen, allerdings werden nicht mehrere Phänomene einander über- bzw. untergeordnet, sondern in absoluter Form zum Ausdruck gebracht, was dem glücklich Gepriesenen, in V. 17 also dem Land insgesamt, förderlich ist. Der Deutungsspielraum für die Rezipientinnen und Rezipienten ist hier nicht mehr allzu groß, wenngleich natürlich relativ offen bleibt, was mit den einzelnen Teilen der Aussage gemeint ist.[83]

Ebenfalls eng wird der Auslegungsspielraum in den *Mahnworten*, die sich wie im Proverbien-, so auch im Koheletbuch finden. Beispielhaft sei hier Koh 7,9 zitiert:

9   Werde nicht schnell verdrießlich in deinem Geist,
    denn Missmut ruht im Schoß der Toren.

Die erste Vershälfte enthält eine klare Handlungsanweisung an die Leserin bzw. den Leser, die wenig Spielraum für eine eigene Erschließung der Aussageabsicht lässt. In der zweiten Vershälfte wird die Anweisung zwar damit begründet, dass Verdruss den Toren kennzeichnet – daher, so wird man schließen müssen, ist man gut be-

---

[83] Vgl. unten 2.2.7.7.

raten, sich nicht zu schnell verdrießen zu lassen, wenn man kein Tor sein will. Es ist aber nicht zu verkennen, dass diesen Mahnworten ein den Aussagesprüchen fremdes autoritatives Moment innewohnt, das über die reine Form hinaus Konsequenzen hat. Denn einer Form von Weisheit, die ihren Rezipientinnen und Rezipienten Raum für die selbstständige Erschließung von Wissen und Erkenntnis lässt, liegt ein anderes Menschenbild zugrunde als einer Form von Weisheit, die ermahnt, anordnet und bestimmt und damit den Bildungsprozess faktisch gar nicht erst entstehen lässt, sondern das zu Erkennende und zu Befolgende von Anfang an klarstellt.

Neben einzelnen Mahnworten finden sich im Koheletbuch, wie auch in anderen weisheitlichen Schriften, Sequenzen von mehreren Mahnworten, die als *Mahnrede* bezeichnet werden können.

Als Beispiel diene Koh 9,7–10:

7   Auf, iss mit Freude dein Brot und trink mit frohem Herzen deinen Wein,
       denn längst schon hat Gott Gefallen gefunden an deinen Werken.
8   Zu aller Zeit seien deine Kleider weiß,
       und an Öl auf deinem Haupt soll es nicht fehlen.
9   Genieße das Leben mit einer Frau, die du liebst, alle Tage deines flüchtigen Lebens, die er dir gegeben hat unter der Sonne, alle deine flüchtigen Tage, denn das ist dein Anteil im Leben und bei deiner Mühe, mit der du dich abmühst unter der Sonne.
10   Alles, was deine Hand findet, zu tun mit deiner Kraft, tue!
       Denn weder Werk noch Plan, weder Erkenntnis noch Weisheit gibt es in der Totenwelt, zu der hin du unterwegs bist.

Auf diesen Text wird noch genauer einzugehen sein.[84] Hier soll nur herausgestellt werden, dass die genannten Charakteristika das Mahnwortes in der Mahnrede noch stärker verdichtet erscheinen und damit auch hier ein Menschenbild zugrunde liegt, das den Menschen eher als Adressaten der Unterweisung denn als Subjekt eines Bildungsprozesses zu verstehen scheint. Das Beispiel aus Koh 9,7–10 ist allerdings insofern eher untypisch für eine Mahnrede, als es inhaltlich gerade nicht auf die Reglementierung, sondern auf die Freude am Leben und die Realisierung des dem Menschen Möglichen abzielt. Dieses Grundanliegen Kohelets unterläuft in gewisser Weise die an anderen Stellen stärker normierende Pragmatik der weisheitlichen Mahnrede und profiliert Kohelet als einen kreativen Rezipienten seiner Bildungstradition.

---

[84] Vgl. 2.24.

Eine Verbindung von Mahnwort und Elementen des *Zahlenspruches*, für den es vor allem im Proverbienbuch zahlreiche Belege gibt, findet sich in Koh 11,2:

2   Gib Anteil an sieben oder sogar an acht,
    ja, du weißt nicht, was kommen wird für ein Unglück über die Erde.

Der Zahlenspruch in seiner klassischen Form ist durch eine Zahlenfolge *n – n+1* bestimmt, nach deren Struktur eine Reihe von Phänomenen angeführt wird, die in gewisser Weise vergleichbar sind. Der mit der Zahl *n+1* benannte Sachverhalt hebt sich allerdings von den vorangehenden Phänomenen ab und trägt den entscheidenden Akzent der Aussage. In Prov 30,18f. findet sich ein Beispiel für einen klassischen Zahlenspruch:

18 Drei Dinge sind es, die mir zu wunderbar sind, und vier, die ich nicht begreife:
19 Den Weg des Geiers am Himmel, den Weg der Schlange auf dem Felsen, den Weg des Schiffes auf hoher See und den Weg des Mannes bei der jungen Frau.

Hinter diesen Sprüchen steht wohl eine Form des Rätsels, das in diesem Beispiel mit V. 18 einsetzen könnte und in V. 19 seine Auflösung findet. In Koh 11,2 ist nur noch das Element der Zahlenabfolge, in diesem Fall *sieben – acht*, aus dem klassischen Zahlenspruch erhalten. Es lässt sich aber gerade an solchen Beispielen zeigen, wie sehr Kohelet in der weisheitlichen Sprachtradition verankert ist und mit ihren Formen umzugehen weiß.

In Koh 4,9–12 werden Elemente von Zahlensprüchen und das Grundmotiv des Besser-als-Spruches in der Form einer *Weisheitsrede* kunstfertig verarbeitet.

9   Besser haben es zwei als einer allein,
    denn sie haben einen guten Lohn bei ihrer Mühe.
10 Denn wenn sie fallen, kann der eine seinem Gefährten aufhelfen.
    Doch wehe dem, der allein ist und fällt, und kein anderer ist da, um ihm aufzuhelfen!
11 Zudem: Wenn zwei beieinander liegen, wird ihnen warm.
    Doch einer allein, wie könnte ihm warm werden?
12 Und wenn einer den überwältigt, der allein ist, so halten die zwei ihm gegenüber stand.
    Und der dreifache Faden zerreißt nicht schnell.

Letztlich geht diese Reflexion von dem Besser-als-Spruch in V. 9 aus, wendet sich in V. 10b und V. 11b mit warnendem und fragendem Ton in Richtung einer Mahnrede und endet in V. 12b in der Form eines Aussagewortes.[85] Die verschiedenen weisheitlichen Sprachformen sind hier aber durchweg dem Gedankengang der Reflexion zugeordnet und weisen den Verfasser damit als jemanden aus, der die weisheitliche Formensprache meisterhaft anzuwenden versteht.

Die angeführten Beispiele zeigen, dass das Koheletbuch mit seinen literarischen Formen und Gattungen in der sprachlichen Tradition derjenigen Weisheit steht, die innerhalb des Proverbienbuches dokumentiert ist. Diese Beobachtung ist für die Einordnung Kohelets von großer Bedeutung, denn aufgrund seiner Kenntnis der überlieferten Weisheitsformen kann er keineswegs als ein am Rand stehender Denker charakterisiert werden. Vielmehr ist zu vermuten, dass der Verfasser des Koheletbuches das weisheitliche Bildungssystem durchlaufen und hier seine Kenntnisse und Fähigkeiten erlangt hat. Kohelet war demnach wohl ein klassisch gebildeter Judäer, der die Weisheitstraditionen seiner Zeit kannte, ihre literarischen Formen beherrschte und mit diesen souverän und produktiv umgehen konnte.[86]

1.7 Aufbau und Gliederung

Im Blick auf Aufbau und Gliederung des Koheletbuches kommt Franz Delitzsch in seinem Kommentar zum Koheletbuch von 1875 zu folgender Beurteilung: „Alle Versuche, in dem Ganzen nicht nur Einheit des Geistes, sondern auch genetischen Fortgang, allesbeherrschenden Plan und organische Gliederung nachzuweisen, mußten bisher und werden inskünftige scheitern."[87] Trotz Delitzschs Vorhersage ‚inskünftigen Scheiterns' haben die Versuche, den Aufbau und die Gliederung des Koheletbuches zu ermitteln, noch kein Ende gefunden – und das ist auch sachgemäß.

Denn das Koheletbuch lässt am Anfang und am Ende literarische Markierungen erkennen, die für die Rekonstruktion des Aufbaus und der Gliederung des Textes herangezogen werden können. Vor großen Problemen steht man allerdings im

---

[85] Vgl. unten 2.9.
[86] Vgl. Saur, Qohelet, 129–138. Im Blick auf Kohelets Auftreten vgl. Weeks, Ecclesiastes, 13, demzufolge „it may be more helpful to think of the material as dramatic or performative. Qohelet is not a comedian, but his monologue resembles many modern stand-up routines, moving as they do through different topics with a mixture of anecdotes, one-liners, and maybe even poems." Dieser Aspekt der ‚performance' weisheitlicher Inhalte darf bei aller sorgfältigen Analyse ihrer vorliegenden literarischen Gestalt nicht außer Acht gelassen werden. Vorsicht ist aber da geboten, wo man zu schnell von der literarischen Gestalt der Texte auf deren ‚Aufführungspraxis' schließt. Das Koheletbuch könnte seinen ‚Sitz im Leben' durchaus in der Literatur und ihrer Rezeption gehabt haben – denn Lesen ist auch eine Form von Performanz.
[87] Delitzsch, Koheleth, 195.

Binnenbereich des Buches. Hier finden sich zwar an vielen Stellen Wendungen wie ‚ich sah' (רָאִיתִי [rā'ītī]), ‚ich sprach' (אָמַרְתִּי ['āmartī]) oder ‚ich wandte mich um' (שַׁבְתִּי [šabtī]), mit denen der nähere Kontext strukturiert wird. Diese Signale helfen aber kaum bei der Gliederung auf der Buchebene. Die innere Buchstruktur muss daher ausgehend von den kleineren literarischen Zusammenhängen beschrieben werden und ist nicht aufgrund größerer Textmarker im Binnenbereich des Buches ermittelbar.[88] An dieser Stelle sollen daher nur die vergleichsweise deutlichen literarischen Markierungen aus den Einleitungskapiteln und aus dem Schlusskapitel des Buches zusammengestellt werden. Dabei kann jedoch nicht übersehen werden, dass sich anhand dieser Markierungen am Anfang und am Ende des Buches ein literarischer Gestaltungswille erkennen lässt, der bei der Abfassung des gesamten Textes bestimmend gewesen sein dürfte, auch wenn er sich im Binnenbereich des Buches nicht eindeutig erschließt.[89]

In Koh 1,1 liegt eine dem Buch vorangestellte Überschrift vor, die den Text einem Jerusalemer Königssohn zuordnet:

1   Die Worte Kohelets, des Sohnes Davids, des Königs in Jerusalem.

Dass hier von ‚Worten Kohelets' die Rede ist, hebt diese Überschrift von der ab Koh 1,12 greifbaren Rede aus der Perspektive der 1. Person ab. In Koh 1,1 wird eine Außenperspektive eingenommen, die über Kohelet in der 3. Person berichtet, was sich in Koh 1,2 zunächst fortsetzt:

2   Ganz und gar nichtig, sprach Kohelet, ganz und gar nichtig, alles ist nichtig.

Auch hier wird über Kohelet berichtet. Bemerkenswert ist dabei, dass Koh 1,2 weitgehend der Aussage in Koh 12,8 entspricht und damit eine Inklusion zwischen dem ersten und dem letzten Kapitel des Buches geschaffen wird:

---

[88] Im Buchkorpus liegen allerdings nicht nur einzelne Aphorismen oder Sentenzen vor, wie es K. Galling, Kohelet-Studien, in: ZAW 50 (1932), 276–299, 281, vermutet: „Erweist sich der Versuch, das Buch Kohelet vom Thema und Aufbau her zu erfassen, als undurchführbar und in gleicher Weise der Weg der Umstellungen, Streichungen und Quellenaufteilung, so muß von den einzelnen Aphorismen ausgegangen werden." Vielmehr ist nicht zu übersehen, „daß in gewissen Partien des Buches Kohelet über längere Strecken, und über eine Mehrzahl von *Galling*schen Sentenzen hin eine Fragestellung durchgehalten und – gewiß nicht in gedanklicher Einlinigkeit, sondern in einer inneren assoziativen Weiterführung weiterentwickelt wird" (W. Zimmerli, Das Buch Kohelet – Traktat oder Sentenzensammlung?, in: VT 24 [1974], 221–230, 226 f.).
[89] Vgl. für den Binnenbereich aber etwa den Gliederungsvorschlag von H. W. Hertzberg, Der Prediger (KAT XVII/4), Gütersloh 1963, 35 f., der mit insgesamt 12 Abschnitten innerhalb des Buches rechnet.

8   Ganz und gar nichtig, sprach Kohelet, alles ist nichtig.

Damit liegt ein starkes Gliederungssignal vor, das die Verbindung zwischen dem ersten und dem letzten Kapitel des Buches unterstreicht. Diese Verbindung wird zudem durch die formale Entsprechung zwischen der Überschrift in Koh 1,1 und den Nachworten in Koh 12,9–11.12–14 nahelegt, denen gemeinsam ist, dass sie die Leserinnen und Leser des Buches zum Text hinführen bzw. das Verständnis des Buches vom Ende her lenken wollen und damit eine hermeneutische Schlüsselposition einnehmen.

Der mit Koh 1,2 eröffnete Rahmen des Buches lässt sich allerdings nicht einfach von seinem folgenden Kontext abheben, wie die Verbindung von Koh 1,2 mit Koh 1,3 zeigt:

3   Was ist ein Gewinn für den Menschen
    bei seiner ganzen Mühe, mit der er sich abmüht unter der Sonne?

Zunächst liest sich V. 2, demzufolge alles nichtig ist, wie eine Einleitung in das Buch. Denn die Nichtigkeitsaussage wird im Koheletbuch an verschiedenen Stellen wieder aufgegriffen, so dass V. 2 als eine inhaltlich ausgerichtete Fortsetzung der formal orientierten Überschrift in V. 1 gedeutet werden kann. Nimmt man nun aber V. 3 in den Blick, so erscheint die Frage nach dem, was dem Menschen als Gewinn bleibt, wie eine notwendige Fortsetzung des Gedankens der Nichtigkeit aus V. 2 – wenn alles nichtig sein sollte, stellt sich eben die Frage, was dem Menschen als Gewinn bleibt. Hier wird ein geschlossener Gedanke formuliert, der allerdings nur den Auftakt zum ersten Reflexionsgang des Buches bildet, der bis V. 11 reicht. Ohne den Zusammenhang hier weiter auslegen zu können,[90] lässt sich doch erkennen, dass die einzelnen Bestandteile des Textes eng miteinander verbunden sind und durchaus mehrere Funktionen haben können, wie das etwa für V. 2 der Fall ist, der als Überschrift des Buches bzw. als erster Teil eines Rahmens, der bis Koh 12,8 reicht, zugleich aber auch als Einleitung der Eingangsreflexion in Koh 1,2.3–11 gelesen werden kann. Man hat es in solchen Fällen, die für Kohelet nicht untypisch sind, mit Scharnierversen zu tun – und das Wesen des Scharniers besteht ja darin, dass sich nicht genau sagen lässt, ob es zur Tür oder zum Rahmen gehört.

Dass mit dem akzentuierten ‚Ich, Kohelet' (אֲנִי קֹהֶלֶת [$^a n\bar{\imath}$ qohælæt]) in Koh 1,12 eine literarische Zäsur vorliegt, lässt sich klar erkennen. Hier wird ‚Kohelet' als Redner aus der Perspektive der 1. Person greifbar. Diese Perspektive prägt das Buch im weiteren Verlauf. Dass ‚Kohelet' in Koh 1,12 sich in die Rolle eines Königs begibt

---

90 Vgl. dazu 2.2.

und von dieser Position aus seine Erkundungen der Welt unternimmt, ist der eigentliche Ausgangspunkt des empirischen Vorgehens, das für Kohelet insgesamt leitend ist[91] und das gesamte Buch bestimmt. Es ist daher fraglich, wo die Königstravestie Kohelets eigentlich endet. Denn während ihr Beginn in Koh 1,12 klar markiert wird, lässt sich keine eindeutige Zäsur ihres Endes finden. Der nächste deutliche Einschnitt innerhalb der Textabfolge liegt in Koh 3,1–9 vor. Das Gedicht über die Zeit zeichnet sich durch eine poetische Struktur aus, die sich vom vorangehenden Textverlauf abhebt. Man muss daher davon ausgehen, dass die Königstravestie spätestens in Koh 2,26 endet.

Das Gedicht über die Zeit in Koh 3,1–9 steht nun zwischen der Königstravestie und den grundlegenden anthropologischen Reflexionen in Koh 3,10–15 und Koh 3,16–22, die jeweils mit ‚ich sah' (רָאִיתִי [rāʾītī]) eingeleitet werden. Die mit dem Verweis auf das Sehen empirisch fundierten Einleitungen in Koh 3,10 und Koh 3,16 verbinden sich mit den in Koh 4ff. folgenden Reflexionsgängen, in denen Kohelets Beobachtung der Vorgänge in der Welt häufig den Ausgangspunkt seiner Reflexionen bildet.[92] Koh 3,10–15.16–22 heben sich daher formal nicht besonders stark von den folgenden Abschnitten ab – ihre Besonderheit bilden vielmehr die inhaltlichen Ausführungen, genauer: die anthropologischen Grundlagenreflexionen, die hier vorliegen. Man kann daher mit guten Gründen Koh 1–3 als einen ersten, einleitenden Bestandteil des Buches verstehen,[93] auf dessen Grundlage die folgenden Reflexionen in Koh 4,1–12,8 zu deuten sind.

Gegen Ende des Buches fällt in der abschließenden Reflexion über die Lebenszeit in Koh (11,7–8.9–10;)12,1–7.8 das hohe Maß an poetischer Gestaltung auf. Aufgrund dieser Poetizität, aber auch aufgrund der inhaltlichen Reflexion über die Zeit bzw. die Lebenszeit korrespondiert dieser Schlusstext des Koheletbuches mit dem Gedicht über die Zeit in Koh 3,1–9, aber auch mit der Eingangsreflexion in Koh 1,2–11: Wie in Koh 3 tritt auch in Koh 11,7–12,8 mit der Reflexion über die Zeit als Lebenszeit der Mensch in seiner zeitlichen Begrenztheit in den Mittelpunkt;[94] diese anthropologische Perspektive steht zugleich im Horizont von Koh 1, wo die der Welt inhärente Dynamik eines dauernden Werdens und Vergehens erörtert wird, an der der Mensch Anteil hat.

In Koh 12,8 wird die Perspektive der 1. Person, die gegen Ende des Buches ohnehin nur noch vereinzelt greifbar ist[95] und mehr und mehr der imperativen An-

---

91 Vgl. dazu Leuenberger, Gott in Bewegung, 264–266.
92 Vgl. dazu רָאִיתִי (rāʾītī) in Koh 4,4.15; 5,12.17; 6,1; 7,15; 8,9 f.17; 9,13; 10,5.7.
93 Vgl. dazu etwa D. Michel, Qohelet (EdF 258), Darmstadt 1988, 32, und A. A. Fischer, Beobachtungen zur Komposition von Kohelet 1,3–3,15, in: ZAW 103 (1991), 72–86, 72.
94 Vgl. dazu 2.29.
95 Vgl. Koh 9,11.13; 10,7.

rede weicht, endgültig verlassen, wenn von ‚Kohelet' wieder, wie in den ersten Versen des Buches, in der 3. Person gesprochen wird. Diese Perspektive setzen die beiden Nachworte in Koh 12,9 – 11.12 – 14 fort, die in V. 9 und V. 12 mit vergleichbaren Worten eingeleitet werden, sich inhaltlich aber voneinander unterscheiden, so dass man wohl davon ausgehen kann, dass die Anfangswendung וְיֹתֵר מֵהֵמָּה (*w^{e}joter mehemmāh*) in V. 12 bewusst an וְיֹתֵר (*w^{e}joter*) in V. 9 anschließt, damit aber vor allem deutlich macht, dass hier etwas Ergänzendes und Weiterführendes zur Sprache kommt, was im vorangehenden Abschnitt V. 9–11 noch fehlt: Nach V. 9–11 war Kohelet ein Weiser, der das Volk Erkenntnis lehrte und sich mit Sprüchen auf vielerlei Weise beschäftigte. V. 12 warnt dagegen vor endlosem Büchermachen und ermüdendem Studieren und nimmt damit eine gezielte Gegenposition zur Arbeit Kohelets nach V. 9b ein, demzufolge sich dieser als Weiser ja gerade mit dem Hören, Erforschen und Berichtigen, also mit dem studierenden Erfassen der Sprüche und ihrer Weisheit beschäftigt. V. 13 fordert zur Furcht Gottes und zum Halten der Gebote auf und V. 14 verortet Gottesfurcht und Gebotsgehorsam im Horizont des Rechtshandelns Gottes, wenn hier nun von מִשְׁפָּט (*mišpāṭ*) die Rede ist. Dass das Buch in V. 14b mit der Unterscheidung zwischen Gut (טוֹב [*ṭōb*]) und Böse (רָע [*rā'*]) endet, steht zwar durchaus in weisheitlicher Tradition und hat auch Anhalt an einigen Passagen des Koheletbuches, in denen es um Gerechte und Frevler geht.[96] Die Verbindung mit dem Rechtshandeln Gottes wird damit allerdings in einer Weise aufgeladen und kontextualisiert, die den vorangehenden Texten des Koheletbuches eher fremd ist.[97]

Dieser kurzen Analyse zufolge lässt das Koheletbuch in seiner Makrostruktur einen Aufbau erkennen, der sich folgendermaßen darstellt:

- Koh 1,1 Überschrift
  - Koh 1,2 Nichtigkeitsaussage
    - Koh 1,3 – 3,22 Grundlagenreflexion
    - Koh 4,1 – 12,7 Aufbaureflexionen
  - Koh 12,8 Nichtigkeitsaussage
- Koh 12,9 – 11.12 – 14 Nachworte

Dass die in Koh 1–3 vorliegende Grundlagenreflexion sich in die Eingangsreflexion in Koh 1,2.3 – 11, die Königstravestie in Koh 1,12 – 2,26, das Gedicht über die Zeit in Koh 3,1 – 9 und die beiden anthropologischen Reflexionen in Koh 3,10 – 15 und Koh 3,16 – 22 untergliedern lässt, weist ein gewisses Maß an Struktur in Aufbau und Gliederung des Textes auf, das auch für die Aufbaureflexionen bestimmend sein

---

96 Vgl. Koh 3,17; 7,15; 8,14; 9,2.
97 Vgl. Koh 11,9 und dazu unten 2.29.

wird. Dabei darf allerdings nicht übersehen werden, was an Koh 1,2 gezeigt werden konnte: Das Koheletbuch zeichnet sich nicht durch klare Einschnitte innerhalb des Textes aus und legt damit auch keine eindeutigen Gliederungen nahe. Der Text setzt vielmehr gezielt Verse so ein, dass sie mehrere Bezugspunkte und Funktionen haben können.[98] Das sind keine Ambivalenzen im Sinne einer etwaigen Uneindeutigkeit der jeweiligen Textpassagen, sondern Mehrwertigkeiten im Sinne einer konstruktiven Polyvalenz, die deutlich herausstellt, dass Aussagen je nach Kontextualisierung unterschiedliche Bedeutungen und Referenzräume haben können. Leserinnen und Leser des Buches werden im Verlauf der Lektüre des Textes in diese Formen von Sinnkonstitution mit hineingenommen. In diesem konstruktiven Rezeptionsprozess kann es dann dazu kommen, die Frage nach Aufbau und Gliederung des Buches zugunsten der Frage nach Verbindungen und Stetigkeit des Textverlaufs zurückzustellen und damit einer eher nach Textsegmenten fragenden Problemstellung die Suche nach der Textstrategie und der sich daraus ergebenden Textkohärenz entgegenzusetzen. Dass beides nicht voneinander zu trennen ist, zeigt sich an dem ausgesprochen sorgfältig begründeten Modell des Buchaufbaus, das Norbert Lohfink vorgelegt hat.[99] Lohfink trägt wesentliche Beobachtungen der neueren Forschungsdiskussion zusammen, liest Koh 1,2.3–3,15 als „eine Grundsatzausführung"[100] und fragt davon ausgehend weiter nach den folgenden Buchteilen. Lohfink erkennt einen zweiten Buchteil in Koh 3,16–6,9. Diesem folge ein dritter Buchteil, der in Koh 6,10 eröffnet werde, dessen Ende aber nicht eindeutig bestimmbar sei; Lohfink rechnet „mit einer Doppelfunktion von 8,16–9,10. Am besten macht man sich eine solche Doppelfunktion von der den Text entlanggehenden Leserapperzeption her deutlich."[101] Das führt Lohfink dazu, ein Aufbaumodell vorzuschlagen, innerhalb dessen es eine Textüberschneidung zwischen dem

---

[98] Vgl. dazu K. Dell/T. Forti, Janus Sayings: A Linking Device in Qoheleth's Discourse, in: ZAW 128 (2016), 115–128, 117: „The key then perhaps lies in the cyclical thought of this author – the book has a highly circuitous manner of presentation, characterized by the use of repetition and revolving of topics. [...] Topics change suddenly, suggesting a new section, but then allusion is made back to a previous topic. Some verses are simply cross-thematic, eliding key themes together but not necessarily in summary form." Dell/Forti gehen im Blick auf einzelne Verse davon aus, dass diese eine gezielt eingesetzte Doppelfunktion in ihrem Kontext haben und das Vorangehende mit dem Folgenden verbinden: „Rather than a merely associative way of lecturing, Qoheleth employs the Janus saying as a linking device and as a planned design in the presentation of his ideas." (Dell/Forti, Janus Sayings, 127).
[99] N. Lohfink, Das Koheletbuch: Strukturen und Struktur, in: L. Schwienhorst-Schönberger (Hg.), Das Buch Kohelet. Studien zur Struktur, Geschichte, Rezeption und Theologie (BZAW 254), Berlin/New York 1997, 39–121.
[100] Lohfink, Koheletbuch, 88.
[101] Lohfink, Koheletbuch, 107.

dritten und dem vierten Buchteil gibt.[102] Ein solches Vorgehen wirkt auf den ersten Blick ungewöhnlich, wird dem Textbefund aber am besten gerecht und zeigt, dass die Frage nach Aufbau und Gliederung des Koheletbuches durchaus beantwortet werden kann, dass allerdings keine Antwort Anspruch auf Eindeutigkeit erheben darf. Lohfink legt das sehr offen dar, wenn er neben einer ‚linearen Vierteilung' des Buches[103] auch eine ‚palindromische Buchstruktur'[104] herausarbeitet und dieses Nebeneinander produktiv und spannungsreich versteht: „Wie soll man die beiden Strukturen des Buchs nun aufeinander beziehen? Hier schlage ich von neuem die Analyse des Leseprozesses vor. Denn der Leser bildet sich, falls nicht am Anfang eines Buches eindeutige Dispositionsangaben gemacht werden, seine Vorstellung vom Buchaufbau ja erst unterwegs. [...] Es könnte sein, daß das Buch durch die lineare Diatribenstruktur seine intellektuelle Durchschlagskraft gewinnt, daß jedoch die sich am Ende durchsetzende Konzentrik mit dem Thema ‚Gott' im Zentrum und am Ende gerade den Sinn hat, den theologischen Horizont wichtiger als alles vorher im einzelnen Argumentierte werden zu lassen."[105] Textkohärenz und Textstruktur sind demnach nicht objektiv und abstrakt benennbar, sondern konstituieren sich im Prozess des jeweiligen Lesens in einer Art und Weise, „die sich aus der im Buch angelegten Diastase zweier sich keineswegs ganz deckender, aber doch ineinander verspannter Strukturen ergibt."[106] Auf der Ebene der Rezeption des Koheletbuches und seiner Textteile zeigt sich hier deutlich, dass Auslegerinnen und Ausleger des Textes nichts deuten, was außerhalb ihrer selbst stehen würde, sondern dass ihre Rezeptionsästhetik die Interpretation des Buches bestimmt.

Vor dem Hintergrund der hier am Beispiel der Analyse Lohfinks skizzierten Probleme und Besonderheiten scheint eine grundsätzliche Absage an Aufbau- und Gliederungsmodelle des Koheletbuches nicht sachgemäß zu sein. Genausowenig sachgemäß wäre es allerdings, mit nur *einem* Aufbau- und Gliederungsmodell zu arbeiten. Das Buch lässt vielmehr, je nach Perspektive, verschiedene Gliederungen zu.[107] Es scheint daher sinnvoll zu sein, vor allem dem Textverlauf selber zu folgen

---

102 Vgl. Lohfink, Koheletbuch, 109, der in seinem ‚linearen' Aufbaumodell Koh 6,10–9,10 als dritten Buchteil und Koh 8,16–12,8 als vierten Buchteil bestimmt. Mit entsprechenden Überschneidungen rechnet er auch in seiner ‚palindromischen Buchstruktur'.
103 Lohfink, Koheletbuch, 109, erfasst die vier Teile des Buches in der ‚Terminologie der klassischen Rhetorik': (I) Koh 1,2–3,15: *exordium/demonstratio*, (II) Koh 3,16–6,9: *explicatio*, (III) Koh 6,10–9,10: *refutatio* und (IV) Koh 8,16–12,8: *applicatio*.
104 Vgl. dazu im Detail Lohfink, Koheletbuch, 109, demzufolge in der ‚palindromischen Buchstruktur' Koh 4,17–5,6 mit der religiösen Thematik im Zentrum steht.
105 Lohfink, Koheletbuch, 112f.
106 Lohfink, Koheletbuch, 113.
107 Vgl. dazu den Überblick von L. Schwienhorst-Schönberger, Kohelet (HThKAT), Freiburg im Breisgau u. a. ²2011, 46–53; Schwienhorst-Schönberger, Kohelet, 52, selber untergliedert das Buch-

und dabei zu prüfen, ob sich weitere Gliederungsebenen nahelegen – oder eben nicht.[108] Mit dem oben dargelegten Aufbaumodell des Makrotextes und der sehr groben Unterscheidung zwischen einer Grundlagenreflexion in Koh 1,3–3,22 und Aufbaureflexionen in Koh 4,1–12,7 soll ein möglichst flexibler Interpretationsraum für die Analyse des Mikrotextes und seines Reflexionsverlaufs eröffnet werden.[109]

1.8 Entstehung

Die voranstehenden Überlegungen zum Aufbau und zur Gliederung des Koheletbuches bilden die sachliche Grundlage für die Rekonstruktion der Entstehung des Buches in literarhistorischer Perspektive. Sowohl die Überschrift in Koh 1,1 als auch die beiden Nachworte in Koh 12,9–11 und Koh 12,12–14 geben dem Buch einen äußeren Rahmen. Koh 1,1 rückt das Koheletbuch auf dem Weg der impliziten Salomonisierung in die Nähe eines ‚corpus salomonicum'[110] und weist den Leserinnen und Lesern damit den Weg einer Lektüre des Folgenden im Licht der ‚salomonischen' Weisheit, also in erster Linie im Licht der Spruchweisheit, wie sie sich in den großen Sammlungen des Proverbienbuches spiegelt. Das korrespondiert in gewisser Weise mit Koh 12,9–11, wo Kohelet als klassischer Weiser gezeichnet wird, aller-

---

korpus in vier Teile: (I) Koh 1,3–3,22 (Darlegung), (II) Koh 4,1–6,9 (Entfaltung), (III) Koh 6,10–8,17 (Verteidigung) und (IV) Koh 9,1–12,7 (Anwendung); er schließt sich damit weitgehend der minutiös begründeten Kompositionsanalyse von F. J. Backhaus, „Denn Zeit und Zufall trifft sie alle". Studien zur Komposition und zum Gottesbild im Buch Qohelet (BBB 83), Frankfurt am Main 1993, 76–317, an. Etwas anders gliedert T. Krüger, Kohelet (Prediger) (BKAT XIX Sonderband), Neukirchen-Vluyn 2000, 20f., wenn er – neben Überschrift, Nachworten und den Mottoversen (Koh 1,2; 12,8) – mit fünf Buchteilen rechnet: (I) Koh 1,3–4,12 („Der König und der Weise"), (II) Koh 4,13–5,8 („Der König und der Gott"), (III) Koh 5,9–6,9 („Armut und Reichtum"), (IV) Koh 6,10–8,17 („Kritische Diskussion gängiger Weisheiten"), (V) Koh 9,1–12,7 („Leben in Anbetracht des Zufalls und der Vergänglichkeit"). Dabei fällt insbesondere auf, dass Krüger für den ersten Teil nicht mit einem Abschluss in Koh 3 rechnet, sondern einen Zusammenhang mit Koh 4,1–12 annimmt. Auch Seow, Ecclesiastes, 46f., sieht einen Zusammenhang zwischen Koh 3 und Koh 4 und unterscheidet nach der Überschrift in Koh 1,1 einen ersten Teil des Buches in Koh 1,2–4,16 („Reflection: Everything Is Ephemeral and Unreliable"); 5,1–6,9 („Ethics: Coping with Uncertainty") von einem zweiten Teil in Koh 6,10–8,17 („Reflection: Everything Is Elusive"); 9,1–12,8 („Ethics: Coping with Risks and Death"); Koh 12,9–13a versteht Seow als Nachwort, V. 13b–14 klassifiziert er als „Additional Material".
108 Vgl. dazu A. Schellenberg, Kohelet (ZBK.AT 17), Zürich 2013, 19: „Während die Abgrenzung der kleineren Einheiten im Koheletbuch in der Regel leicht fällt, ist keine Gesamtstruktur zu erkennen, in der sich unterschiedliche Hauptteile klar voneinander abgrenzen liessen."
109 Vgl. dazu unten 3.2, wo – nach einer Analyse des gesamten Buches – die Denkwege Kohelets auf den (Text-)Etappen Koh 1,2–3,22; 4,1–6,12; 7,1–9,16; 9,17–12,8 abgeschritten werden.
110 Vgl. zur Problematik dieses corpus aber oben 1.3.

dings fehlen hier die davidisch-königlichen Elemente aus Koh 1,1, wenn man den Hinweis auf den ‚einen Hirten' in Koh 12,11b nicht auf David beziehen will. Daher könnten Koh 1,1 und Koh 12,9–11 auf unterschiedlichen Editionsebenen des Buches liegen. Eine gewissermaßen komplementäre Nähe zwischen dem ‚König Kohelet' aus Koh 1,1 und dem ‚Volkslehrer Kohelet' aus Koh 12,9 lässt sich aber nicht übersehen.[111] Auf einer deutlich anderen Editionsebene liegt das Nachwort in Koh 12,12–14, das das Koheletbuch vom Ende her im Licht der Theologumena Gottesfurcht, Gebotsgehorsam und Rechtshandeln Gottes auszuleuchten versucht. Die hinter Koh 12,12–14 stehenden Herausgeber des Buches verfolgen offenkundig das Ziel einer Vermittlung des Koheletbuches mit anderen, dem Koheletbuch eigentlich eher fremden Konzeptionen und Vorstellungen der alttestamentlichen Tradition. Sowohl die Überschrift als auch die beiden Nachworte lassen sich demnach als spätere Bestandteile des Koheletbuches identifizieren. Sieht man von diesen editorischen Elementen ab, bleibt ein von Koh 1,2 und Koh 12,8 gerahmter Textbestand, der sich durch eine gewisse literarische Geschlossenheit auszeichnet, dennoch aber literarhistorisch zu erörternde Probleme aufwirft. Zum einen finden sich größere literarische Zusammenhänge, vor allem, aber nicht nur in Koh 1–3, die sich formal deutlich voneinander abheben, wie etwa die Unterschiede zwischen dem stereotyp gestalteten Gedicht auf die Zeit in Koh 3,1–9 auf der einen und den beiden folgenden Reflexionen in Koh 3,10–15 und Koh 3,16–22 auf der anderen Seite zeigen. Ähnliches gilt für das Nebeneinander der Eingangsreflexion in Koh 1,2.3–11 und der Königstravestie in Koh 1,12–2,26. Daneben finden sich im weiteren Textverlauf zahlreiche Einzelworte und Sprüche, die teilweise in Spannung zueinander stehen: So werden Kummer und Freude in Koh 7,3 und Koh 7,9 ganz verschieden beurteilt, wie auch in Koh 7,12 und Koh 9,11 der ökonomische Nutzen der Weisheit unterschiedlich eingeschätzt wird. Dieses Nebeneinander formal unterschiedlicher und inhaltlich spannungsreicher Textelemente zu erklären, bleibt eine der Herausforderungen der Exegese des Koheletbuches, für dessen Entstehung verschiedene Modelle diskutiert werden.[112]

Nach einem ersten Modell ist das Buch als eine Aneinanderreihung einzelner Reflexionen und Sprüche zu deuten, die keinem bestimmten Plan folgen und keinen fortschreitenden Argumentationsgang erkennen lassen.[113] Dabei wird durchaus mit der literarischen Einheitlichkeit des Buches gerechnet. Die Divergenzen des Materials werden mit Entwicklungen im Denken Kohelets erklärt, der sich als ein Suchender zu erkennen gebe. So vermutet Kurt Galling im Blick auf Kohelets ‚Apho-

---

111 Vgl. dazu 2.30.
112 Vgl. Michel, Qohelet, 9f.
113 Dieses sogenannte ‚Sentenzenmodell' geht auf Galling, Kohelet-Studien, 276–299, zurück.

rismen': „Ihre Einheit – nicht Einheitlichkeit – muß in der Einheit des Menschen Kohelet, ihre Widersprüche, Spannungen und Gebrochenheiten müssen in eben diesem Widerspruch, der Spannung und Gebrochenheit des Menschen Kohelet geschaut werden."[114] Hier leitet die Vorstellung eines ‚Menschen Kohelet', der hinter dem Buch zu greifen sei, eine mehr oder weniger psychologisierende Exegese, die sich stark am Autor, der hinter dem Text vermutet wird, orientiert. Nach Walther Zimmerli wird man Gallings Ansatz, „der vom Bild der Sentenzensammlung ausgeht, nicht aufgeben dürfen. Daneben aber wird man doch auch sehen müssen, wie Kohelet sich von diesem Ansatz wegbewegt. In seiner kreisenden Gedankenbewegung springt er zwar auch von einem Topos zum anderen. Dazwischen aber ist je und dann zu erkennen, daß ein nächster Topos nicht immer nur zufällig ergriffen wird, sondern daß er folgt, weil die Gedankenbewegung der vorhergehenden Sentenz schon ganz an die Schwelle der folgenden geführt hatte. Auch ist nicht zu verkennen, daß sich gewisse Gedankenreihen durch einzelne, aufeinanderfolgende Sentenzen, die im übrigen in sich selbständige Einheiten darstellen, durchhalten."[115] Von der bei Galling und Zimmerli erkennbaren Orientierung an einem ‚Autor' Kohelet und seinen Gedankengängen bewegt sich die Interpretation James A. Loaders deutlich in Richtung der literarischen Struktur des Koheletbuches, wenn er damit rechnet, dass sich widersprechende Einzelaussagen innerhalb des Koheletbuches als gezielt gestaltete *polar structures*' zu deuten seien: „Polar structures occur in almost every literary unit of the book. By ‚polar structures' I mean patterns of tension created by the counterposition of two elements to one another. This tendency is so prominent throughout the book that it may be called its outstanding characteristic."[116] Das Koheletbuch erschließt demnach die jeweils verhandelten Problemkonstellationen von ihren konzeptionellen Polen her und eröffnet damit Diskussionsfelder, die von den ‚polaren Strukturen' her abgesteckt werden. Das heißt aber in der Konsequenz, dass diese Aussagen aufeinander bezogen sind und nicht als Einzelsentenzen interpretiert werden können. Loaders Interpretationsansatz hat das zu Beginn skizzierte Sentenzenmodell damit hinter sich gelassen und fragt nach der Textstrategie des Koheletbuches.[117] Die in diesem Ansatz angelegte Wendung hin zu den Leserinnen und Lesern des Buches wird im dritten Modell weiter verfolgt.

---

[114] Galling, Kohelet-Studien, 281.
[115] W. Zimmerli, Das Buch des Predigers Salomo (ATD 16), Göttingen 1962, 131 f.; vgl. dazu weiterführend Zimmerli, Kohelet, 221–230.
[116] Vgl. J. A. Loader, Polar Structures in the Book of Qohelet (BZAW 152), Berlin/New York 1979, 1.
[117] Vgl. Loader, Structures, 1: „When the term ‚polar structure' is used, it refers to a thought pattern, i.e. a structure of contents. This does not mean the process of thinking in Qohelet's brain, but the actual manifestation of a pattern in the contents of his literary product."

Doch zunächst zu einem zweiten Modell der Entstehung des Koheletbuches. Dass unter dem Eindruck der zunächst literarkritisch und später dann zunehmend redaktionsgeschichtlich orientierten Analyse alttestamentlicher Texte auch die Entstehung des Koheletbuches mit Hilfe dieser anderenorts bewährten und zielführenden Methodik zu erklären versucht wurde, kann nicht überraschen. Die auf den ersten Blick undurchsichtige Disposition des Textes lässt ein literarkritisches Vorgehen ja durchaus sinnvoll erscheinen – und es wäre auch gerechtfertigt, wenn man auf diesem Weg zu überzeugenden Ergebnissen käme. In literarkritischer Perspektive werden Möglichkeiten ausgelotet, Ordnung in die vermeintlich verwirrte Disposition des Textes zu bringen. Und in redaktionsgeschichtlicher Perspektive versucht man, die Entstehung des Koheletbuches als das Ergebnis eines Bearbeitungsprozesses zu verstehen, an dem mehrere Verfasser und Redaktoren beteiligt waren. Dieser Zugang zum Koheletbuch legt sich durch die oben skizzierten Beobachtungen zu Koh 1,1 und Koh 12,9–11.12–14 ja durchaus nahe, denn wer im Blick auf die Überschrift und die beiden Nachworte mit redaktionellen Fortschreibungen rechnet, kann vermuten, dass sich auch in anderen Teilen des Buches solche literarischen Prozesse ermitteln lassen.[118] In der jüngeren Forschung kommt etwa Alexander A. Fischer, der aufgrund seiner Analyse Koh 1,3–3,15 als die Grundschrift Kohelets versteht, zu dem Ergebnis, dass auf diese Grundschrift thematisch gruppierte Abschnitte folgen, die keine Disposition erkennen lassen, aber durch Stil und Inhalt miteinander verbunden seien. Das Koheletbuch könne daher nicht als ein literarisches Gesamtkunstwerk betrachtet werden: „Vielmehr setzt es sich aus verschiedenen Stücken zusammen, die ursprünglich einmal selbständige Darlegungen bildeten und auf ihre Verwendung in der Schule hindeuten. […] Die offenbare gedankliche Einheit des Buchs sowie seine Brüche und lose Anordnung der Texte bestätigen das redaktionsgeschichtliche Gesamtbild: *Das Buch Kohelet ist ein Sammelwerk, das auf ihm vorgegebenen Einzeltexten unterschiedlichen Umfangs beruht.*"[119] Auch Martin Rose geht bei seiner Analyse des Koheletbuches redaktionsgeschichtlich vor und erkennt im Koheletbuch eine perserzeitliche Grundschrift

---

118 Vgl. dazu nur die Wendung in Koh 11,9b, die häufig als Fortschreibung im Horizont des zweiten Nachwortes bzw. der Formulierung in Koh 12,14a verstanden wird (vgl. M. Witte, Das Koheletbuch [Der Prediger Salomo], in: J. C. Gertz [Hg.], Grundinformation Altes Testament. Eine Einführung in Literatur, Religion und Geschichte des Alten Testaments. In Zusammenarbeit mit A. Berlejung, K. Schmid und M. Witte [UTB 2745], Göttingen ⁶2019, 468–476, 473; ähnlich J. L. Crenshaw, Ecclesiastes. A Commentary [OTL], London 1988, 48; vgl. dazu Schoors, Preacher II, 234–238, und unten 2.29).
119 A. A. Fischer, Skepsis oder Furcht Gottes? Studien zur Komposition und Theologie des Buches Kohelet (BZAW 247), Berlin/New York 1997, 20f.

(‚*le sage*'[120]), die in der Ptolemäerzeit zunächst von einem Schüler (‚*le disciple*'[121]) und dann von einem Herausgeber (‚*le théologien-rédacteur*'[122]) fortgeschrieben worden sei. Insgesamt spiegele das Koheletbuch eine theologische Auseinandersetzung zwischen dem Verfasser der Grundschrift, deren erstem Bearbeiter und einem zwischen beiden vermittelnden Herausgeber des Buches.[123] Melanie Köhlmoos rechnet in ihrem Kommentar ebenfalls mit einer Bearbeitung des Koheletbuches: „Das Buch Kohelet ist zum großen Teil von einem Autor entworfen, wie Stil und Gattung nahelegen. Gleichwohl hat es eine umfangreiche Bearbeitung erfahren. Vor allem in den äußeren Rahmenteilen 1,3 – 11; 12,1 – 8 äußert sich eine Stimme, die das Buch Kohelet in charakteristischer Weise fortschreibt. Sie soll hier das Kürzel ‚Z' erhalten (für ‚Zweite Generation'). Z greift die Vorgaben Kohelets auf und gibt ihm einige neue Akzente. Er bereichert Kohelets Argumentation um kosmologische Aspekte und grenzt sich vehement gegen eschatologisch-protoapokalyptische Tendenzen ab."[124] Trotz dieser neueren Beiträge lässt sich aber feststellen, dass literar- und redaktionsgeschichtlich orientierte Modelle der Entstehung des Koheletbuches in der gegenwärtigen Forschungsdebatte eher die Ausnahme bilden.[125] Das dürfte in den Besonderheiten des Koheletbuches und seiner Pragmatik begründet liegen. Wer aufgrund des Eindrucks von Unausgeglichenheiten innerhalb des Koheletbuches mit teilweise umfangreichen Redaktionsprozessen rechnet, übersieht möglicherweise, dass der oder die Verfasser des Buches andere Vorstellungen von Kohärenz und Stimmigkeit gehabt haben könnten als gegenwärtige Auslegerinnen und Ausleger. Es dürfte sich als sinnvoll erweisen, vermeintliche Unausgeglichenheiten innerhalb des Textes nicht mit dem literarkritischen Paradigma der Spannung zu erfassen, sondern vor dem Hintergrund der auch anderenorts erkennbaren Pragmatik weisheitlicher Literatur als gezielte Vielstimmigkeit und Polyphonie der Aussagen zu begreifen und im Horizont einer Textstrategie, die zugleich einen Rezeptionsmodus intendiert, zu verstehen.[126] Davon auszunehmen sind aber wohl Koh 1,1 und Koh 12,9 – 11.12 – 14, denn die Überschrift und die

---

120 Vgl. M. Rose, Rien de nouveau. Nouvelles approches du livre de Qohélét (OBO 168), Göttingen/Fribourg 1999, 43 – 102.
121 Vgl. Rose, Rien de nouveau, 103 – 166.
122 Vgl. Rose, Rien de nouveau, 167 – 276.
123 Vgl. Rose, Rien de nouveau, 276 – 280.
124 M. Köhlmoos, Kohelet. Der Prediger Salomo (ATD 16,5), Göttingen 2015, 72.
125 Vgl. dazu etwa Weeks, Ecclesiastes, 45: „I see no strong grounds, however, on which to suppose either that the ‚monologue' was in fact written in the first place to embody a variety of voices or opinions, or that such variety has been introduced by any extensive reworking of the monologue after it had first been composed."
126 Vgl. dazu Crenshaw, Ecclesiastes, 49: „As in a kaleidoscope, apparently incongruent features of the text come together almost magically, framing many different but meaningful configurations."

Nachworte sind als editorische Zusätze zu verstehen und liegen damit auf einer anderen, nämlich der kompositionellen Ebene des Buches, was sie von dem literarischen Gefüge innerhalb von Koh 1,2–12,8 unterscheidet.[127]

In einem dritten Entstehungsmodell wird vor diesem Hintergrund zum einen den Beobachtungen Zimmerlis, der im Koheletbuch nicht nur einzelne Sentenzen, sondern durchaus auch längere Reflexionszusammenhänge erkennt, und zum anderen der Einschätzung Loaders, der die teilweise spannungsreichen Aussagen innerhalb des Buches als gezielt gestaltete ‚polare Strukturen' deutet, Rechnung getragen. Vor dem Hintergrund dieser Interpretationsansätze und aufgrund der offenkundigen Schwierigkeiten, die Entstehung des Koheletbuches mit Hilfe literar- und redaktionsgeschichtlicher Methoden zu erklären, versucht man im Gegenzug nun das Koheletbuch als einen strukturierten Text zu verstehen[128] und schenkt dabei der Sprache und den Stileigentümlichkeiten Kohelets besondere Beachtung. Diethelm Michel hat aufgrund einer eingehenden Analyse von Koh 1,3–3,15 für die weiteren Kapitel des Buches zwischen Positionen Kohelets und Zitaten anderer Meinungen zu unterscheiden versucht: „Qohelet berichtet nicht, was er in der Welt wahrgenommen hat, sondern betrachtet, was es an (fremden!) Meinungen gibt. [...] Qohelet ist kein Empiriker, der verschiedenartigste und widersprüchlichste Erfahrungen macht und notiert, sondern ein Denker (genauer: ein erkenntnistheoretischer Skeptiker), der eine genau beschreibbare Grundposition hat, von der aus er ab 3,16 zu verschiedenartigsten Problemen Stellung nimmt, die offenbar in seiner Zeit virulent waren"[129]. Michel versucht auf diese Weise, die Spannungen innerhalb des vorliegenden Textes zu erklären und mit der Unterscheidung von Zitat und Position Kohelets die Kohärenz des Buches in seiner diskursiven Struktur zu sehen. Diese Diskursivität ermittelt Michel auf der produktionsorientierten Ebene, sie hat allerdings auch eine rezeptionsorientierte Seite, wie noch zu erörtern sein wird. Ausgehend von Michels Analysen zeichnet sich in neueren Arbeiten zur Entstehung des Koheletbuches vor allem im Blick auf Koh 1–3*[130] ein gewisser Konsens ab,

---

127 Vgl. dagegen aber auch Weeks, Ecclesiastes, 45: „I consider Ecclesiastes to be essentially the work of a single writer, not only when it comes to the relationship between the superscription, monologue and epilogue, but also with respect to the monologue itself."
128 Zum Problem, *wessen* Struktur sich hier finden lasse, vgl. Lohfink, Koheletbuch, 54.
129 Michel, Qohelet, 32 f., und umfassend ders., Untersuchungen zur Eigenart des Buches Qohelet (BZAW 183), Berlin/New York 1989. Zum Problem der Skepsis vgl. jetzt allerdings Weeks, Ecclesiastes and Scepticism, 132–169, der nachdrücklich betont, dass Skepsis „is an attitude or approach, not a set of conclusions." (Weeks, Ecclesiastes and Scepticism, 133). – Vgl. dazu unten 3.4.
130 Über die genauen Abgrenzungen gehen die Meinungen auseinander. Wie Michel, Qohelet, 32, setzt auch A. A. Fischer, Beobachtungen, 72–86, Koh 1,3–3,15 als zusammenhängenden Traktat an; Koh 3,16–22 bleiben dagegen umstritten (vgl. dazu L. Schwienhorst-Schönberger, Kohelet: Stand und

demzufolge sich hier ein zusammenhängender Traktat[131] erkennen lasse, der die Grundpositionen Kohelets darlege. Michels These, dass innerhalb des Koheletbuches Positionen referiert und zitiert werden, die nicht mit der Meinung Kohelets übereinstimmen, hat zunächst einmal eine hohe Erschließungskraft. Dennoch sind bei der Annahme eines Nebeneinanders von Zitaten und eigener Meinung Kohelets subjektive Einschätzungen in der Zuordnung einzelner Texte zu Kohelet bzw. zu seinen weisheitlichen Gesprächspartnern nicht zu vermeiden – letztlich sind die mutmaßlichen Zitate nicht eindeutig als solche nachzuweisen.[132] Lohfink hat sich im Blick auf die Frage nach der Struktur des Koheletbuches aufgrund dieser Aporien von der produktionsorientierten Perspektive konsequent abgewendet. Er fragt nicht, ob und, wenn ja, welche Textteile innerhalb des Koheletbuches möglicherweise älteres oder fremdes Material spiegeln, sondern vollzieht eine bewusste Wendung hin zum Buch: „Dieses Buch können wir aus Leserperspektive als objektives Werk zur Kenntnis nehmen. Nur im Sinne dieses werk- und rezeptionsorientierten, nicht dagegen eines produktionsorientierten Ansatzes spreche ich im folgenden von der Buchstruktur."[133] Dass diese Buchstruktur auf mehreren Ebenen erfasst werden kann, zeigt Lohfink anhand des von ihm ermittelten Nebeneinanders von ‚linearer' und ‚palindromischer' Struktur.[134] Mit diesem Versuch steht Lohfink in einer längeren Tradition der Analyse des vorliegenden Koheletbuches und seiner Disposition.[135] Entscheidend ist seine Hinwendung zur Werk- und Rezeptionsanalyse,[136] die in unterschiedlicher Akzentuierung auch die Auslegungen von Thomas Krüger und Ludger Schwienhorst-Schönberger bestimmt.[137] Schwienhorst-Schönberger bezeichnet dieses Modell als ‚rezeptionsorientierten Interpre-

---

Perspektiven, in: Ders. [Hg.], Das Buch Kohelet. Studien zur Struktur, Geschichte, Rezeption und Theologie [BZAW 254], Berlin/New York 1997, 5–38, 9).
131 Zu diesem Begriff vgl. A. A. Fischer, Skepsis, 5 f.183 f.
132 Zu diesem Problemfeld vgl. mit Blick auf Kohelet R. Gordis, Quotations in Wisdom Literature, in: JQR 30 (1939), 123–147, 128–139, und – in Auseinandersetzung mit Gordis' Ausführungen – M. V. Fox, The Identification of Quotations in Biblical Literature, in: ZAW 92 (1980), 416–431, der zu methodischer Vorsicht anhält: „I suggest as a working assumption that all words a speaker does not attribute (virtually or explicitly) to another person be taken as his own or as an expression of his own point of view." (Fox, Identification, 428). – R. N. Whybray, The Identification and Use of Quotations in Ecclesiastes, in: J. A. Emerton (Hg.), Congress Volume Vienna 1980 (VT.S 32), Leiden 1981, 435–451, unternimmt trotz der methodischen Probleme den Versuch, älteres Spruchgut innerhalb des Koheletbuches herauszuarbeiten und folgert aus seiner Analyse, dass „Qoheleth regarded himself as a wisdom writer in the Israelite tradition" (Whybray, Identification, 450).
133 Lohfink, Koheletbuch, 54.
134 Vgl. dazu oben 1.7.
135 Vgl. dazu den Überlick bei Michel, Qohelet, 21–45.
136 Vgl. dazu auch N. Lohfink, Studien zu Kohelet (SBAB.AT 26), Stuttgart 1998.
137 Vgl. Krüger, Kohelet, und Schwienhorst-Schönberger, Kohelet.

tationsansatz' und führt dazu aus: „Im Hinblick auf die Spannungen und Widersprüche des Buches ist dieses Modell im Grunde eine differenzierende Weiterführung des Zitatenmodells. Der rezeptionsorientierte Ansatz hält die Uneindeutigkeit der Unterscheidung von Zitat und Kommentar für beabsichtigt. Sie ist eine spezifische Form der Argumentationsstrategie, die den Leser in besonderer Weise an der Konstitution des Textverständnisses beteiligen soll. Die Uneindeutigkeit des Textes ist also nicht durch Exegese zu *beseitigen*, sondern zu *beschreiben* als eine spezifische Form der Offenheit des Textes, die zunächst einmal verschiedene Möglichkeiten des Verständnisses zuläßt, welches erst im weiteren Verlauf der Lektüre schärfere Konturen gewinnt und in eine spezifische Richtung gelenkt wird."[138] In gleicher Weise versteht Krüger das Koheletbuch, wenn er dessen Textpragmatik folgendermaßen erfasst: „Die nächstliegende Möglichkeit der Erklärung von Spannungen und Widersprüchen bleibt jedenfalls der Versuch, diese als intendierte und sinnvolle Elemente größerer [...] *Reflexions- und Argumentations-Zusammenhänge* zu interpretieren [...]. Bei der Kommentierung der Texte des Koheletbuchs ist deshalb mit der Möglichkeit zu rechnen, dass sie in ihrer Argumentation ein hohes Maß an interpretierender Mitarbeit der Leser voraussetzen."[139] Die Annahme eines deutungsoffenen Textes führt zweifellos zu methodischen Problemen, die sich dadurch ergeben, dass Leserinnen und Leser als Auslegerinnen und Ausleger des Koheletbuches nicht nur aus dem Buch heraus, sondern eben auch in das Buch hineinlesen. Dennoch erfasst der rezeptionsorientierte Ansatz den Textbefund insofern sehr sachgemäß, als er der Pragmatik weisheitlicher Texte Rechnung trägt. Nicht nur das Koheletbuch, sondern die Weisheitsliteratur insgesamt ist auf Bildung, Nachdenken und Lernprozesse hin angelegt und fordert ihre Rezipientinnen und Rezipienten zur deutenden Mitarbeit heraus.[140] Das Ziel der Exegese des Koheletbuches liegt diesem Ansatz zufolge nicht darin, einen kohärenten literarischen und theologischen Ansatz Kohelets zu rekonstruieren oder die Vorgeschichte des vorliegenden Textes möglichst genau zu eruieren, sondern das Buch als Anleitung zur Problembearbeitung zu lesen und genau in dieser Absicht seine Eigenart zu erkennen.

Für die Frage nach der Literargeschichte des Koheletbuches lassen sich vor dem Hintergrund des zuletzt dargestellten Ansatzes, der weniger ein Entstehungs-,

---

138 Schwienhorst-Schönberger, Kohelet: Stand und Perspektiven, 19.
139 Krüger, Kohelet, 37f.
140 Nach Krüger, Kohelet, 37, „scheinen auch die Spruchkompositionen in Spr 10ff mit Lesern zu rechnen, die fähig und willens sind, ein Geflecht von mehrdeutigen und spannungsvollen Aussagen, Mahnungen und Warnungen aufmerksam zu lesen und kritisch zu reflektieren." Dass das Koheletbuch mit einer ebensolchen Leserschaft rechnet, macht deutlich, wie sehr die Trägerkreise des Koheletbuches in den Formen und der Pragmatik der klassischen Weisheit verankert sind.

sondern vielmehr ein Rezeptionsmodell ist, folgende Antworten skizzieren: Das Koheletbuch stellt in weiten Teilen eine literarische Einheit dar, deren konzeptioneller Kern in Koh 1–3* zu suchen ist. Dieser Kern wird in Koh 4–12* in kreisenden Bewegungen um die zu Beginn gesetzten Themen entfaltet, wobei Überschneidungen und Doppelungen, aber auch Widersprüche und Gegensatzformulierungen eher den Eigentümlichkeiten des Stils des Koheletbuches als literarhistorischen Prozessen geschuldet sind. Spuren eines Editionsprozesses sind in der Überschrift und den beiden Nachworten des Buches zu finden. Hinter diesen editorischen Vor- und Nachworten stehen Trägerkreise des Buches, die es auf diese Weise in weitere Horizonte und Kontexte stellen wollen. Es ist bemerkenswert, dass diese hermeneutischen Schlüssel zu Beginn und am Ende zwar angeboten werden, dass die dahinter stehenden Leitideen die Editoren aber nicht dazu veranlasst haben, die Reflexionen im Buchinneren selber in entsprechender Weise zu bearbeiten. Das könnte damit zusammenhängen, dass Koh 1,2–12,8 als ein weit verzweigter, letztlich aber doch zusammenhängender Gedankengang auf einen Verfasser zurückzuführen ist[141] und dass damit innerhalb der Hebräischen Bibel ein Stück Autorenliteratur vorliegt. Damit würde sich das Koheletbuch deutlich vom breiten Strom der alttestamentlichen Traditionsliteratur unterscheiden. Dass das Buch und sein Verfasser allerdings in vielerlei Weise in kulturgeschichtlichen Kontexten verankert sind, zeigt die breite Diskussion um außeralttestamentliche Einflüsse auf das Koheletbuch.

1.9 Außeralttestamentliche Kontexte

Die Frage nach den kulturellen Kontexten, in denen ein Text entsteht, gehört zu den Grundfragen der historisch arbeitenden Exegese. Dahinter steht die Überzeugung, dass sich ein Text nicht nur im Wechselgespräch mit seinen Auslegerinnen und Auslegern erschließt, sondern dass das Produktionsmilieu eines Textes und damit auch der kulturgeschichtliche Rückraum für sein Verständnis von erheblicher Be-

---

[141] In der Regel wird hier sehr vorsichtig geurteilt, vgl. etwa Krüger, Kohelet, 39: „Auch wenn man annimmt, dass das Koheletbuch nicht auf verschiedene Verfasser zurückgeht, ist doch mit einem längeren Zeitraum seiner Entstehung zu rechnen (mehrere Jahre oder Jahrzehnte)". Schellenberg, Kohelet, 11–13, unterscheidet sehr genau zwischen Kohelet, dem König, Kohelet, dem Weisen, und dem Verfasser des Buches, der diese Kohelet-Rollen präsentiert: „Da man über diesen Verfasser allerdings nicht mehr weiss, als sich aus seinem Buch erschliessen lässt [...] und sich in diesem Buch keinerlei Hinweise finden, dass er sich von Kohelet (dem Weisen) distanziert, erweist sich die Unterscheidung in der konkreten Auslegung als irrelevant, so wichtig sie theoretisch bleibt." (Schellenberg, Kohelet, 13).

deutung sind. Im Blick auf das Koheletbuch, für dessen Auslegung die im Entstehungsprozess des Buches bereits angelegte Rezeptionsorientierung grundlegend zu sein scheint, ergeben sich hier nun besondere Herausforderungen, denn die Rekonstruktion kulturgeschichtlicher Kontexte erfordert ein Mindestmaß an (literatur-)geschichtlichen Haftpunkten, die für das Koheletbuch jedoch nur in Umrissen ermittelt werden können. Bei in dieser Weise ausgerichteten Erkundungen wird mehr oder weniger der gesamte Radius um Jerusalem und Juda herum abgeschritten und im Blick auf das Koheletbuch werden Einflüsse aus Ägypten, Mesopotamien, Syrien und dem hellenistisch geprägten Mittelmeerraum herausgearbeitet.[142] Methodisch ist dabei die Unterscheidung zwischen unmittelbaren, direkten Einflüssen auf das Koheletbuch auf der einen und eher allgemeineren Gemeinsamkeiten in der Topik der einschlägigen Texte auf der anderen Seite sorgfältig zu beachten. Sachlich ist zudem Christoph Uehlinger zuzustimmen, der in einem grundlegenden Beitrag zum Koheletbuch im Horizont der altorientalischen Weisheitsliteratur gefordert hat, neben den beiden Horizonten der alttestamentlichen Weisheit und der hellenistischen Philosophie den „*dritten Horizont*, nämlich den der altorientalisch-ägyptischen Weisheitsliteratur der zweiten Hälfte des 1. Jts. v.Chr., wieder vermehrt in Betracht zu ziehen – zumindest als eine Art Chor im Hintergrund der jüdisch-griechischen Auseinandersetzungen."[143] Die Erschließung dieses ‚dritten Horizontes' ist unverzichtbar, auch vor dem Hintergrund einer gewissen Monomanie, die die Debatte um außeralttestamentliche Kontexte des Koheletbuches gelegentlich prägt: Hier wird zu oft sehr einlinig gedacht und nach dem *einen* Einflussbereich gefragt, als ob nicht gerade ein Text wie das Koheletbuch sehr weite interkulturelle Vernetzungen spiegeln könnte. Die folgenden Hinweise auf ägyptische, mesopotamische, syrische und griechische Vorstellungen machen es zumindest nicht ganz unwahrscheinlich, dass direkte Einflüsse nirgendwo und indirekte Einflüsse im Sinne einer bestimmenden gemeinsamen Topik sehr breit erfasst werden können.

---

142 Vgl. dazu Michel, Qohelet, 52–65.
143 Vgl. C. Uehlinger, Qohelet im Horizont mesopotamischer, levantinischer und ägyptischer Weisheitsliteratur der persischen und hellenistischen Zeit, in: L. Schwienhorst-Schönberger (Hg.), Das Buch Kohelet. Studien zur Struktur, Geschichte, Rezeption und Theologie (BZAW 254), Berlin/New York 1997, 155–247, 157. Uehlinger vermerkt gleich zu Beginn seiner Untersuchung: „Das Qoh-Buch ist – historisch betrachtet – zunächst einmal ein Teil der *altlevantinischen Literaturgeschichte*. Die Primärquelle für die Erhebung der ‚zeitgenössischen Diskussion' ist dann aber die mesopotamische, ägyptische und levantinische Weisheitsliteratur der persischen und hellenistischen Zeit in ihrer ganzen Breite, nicht nur die ältere alttestamentliche Weisheit und/oder die griechisch-hellenistische Popularphilosophie." (Uehlinger, Qohelet, 156).

Blickt man zunächst nach Ägypten, fallen die sogenannten ‚Harfnerlieder' ins Auge.[144] In diesen Texten wird vor dem Hintergrund der Kürze des Lebens auf den Lebensgenuss und die Feier des Festtages verwiesen. Ihren eigentlichen Sitz haben diese Lieder nicht nur in Festgelagen, sondern auch in Begräbniskontexten – und sie berühren sich in ihren Aufrufen zur Lebensfreude eng mit Texten wie Koh 9,7–9. Uehlinger untersucht die einschlägigen Texte und kommt zu folgendem Ergebnis: „Die Harfnerlieder bezeugen eine anhaltende Kontroverse in bezug auf das Geschick der Menschen nach dem Tod und rufen [...] angesichts des unausweichlichen Todes zum Lebensgenuß hic et nunc beim ‚Feiern des schönen Tages' auf."[145] Da die Texte mehrheitlich aus dem 2. Jt. v.Chr. stammen, lässt sich eine direkte literarische Abhängigkeit Kohelets von den Harfnerliedern nicht nachweisen.[146] Es zeigt sich hier aber eine gemeinsame Topik des Umgangs mit Erfahrungen der Begrenztheit der Lebenszeit, die Kohelet mit der ägyptischen Tradition der Harfnerlieder verbindet.[147]

Aus dem mesopotamischen Bereich sind problematisierende Weisheitstexte wie etwa die Dichtung ‚ludlul bēl nēmeqi', die sogenannte ‚Babylonische Theodizee' oder der ‚Pessimistische Dialog' bekannt.[148] In diesen Werken wird wie auch im Koheletbuch die Begrenztheit des Menschen erörtert, insbesondere seine limitierten Erkenntnisfähigkeiten, die es ihm nicht erlauben, das Handeln der Götter zu verstehen. Bemerkenswert ist die häufig zu findende Form des Dialogs, in der die Problemhorizonte erörtert werden. Auch hier liegen keine direkten Einflüsse auf das Koheletbuch vor, es lässt sich allerdings erkennen, dass die ‚polaren Strukturen' und die diskursiv-rezeptionsorientierte Anlage des Koheletbuches ihren konzeptionellen Rückraum in einer entsprechenden formalen Topik altorientalischer Weisheitstexte haben. Ein besonders eindrucksvolles Beispiel für diesen diskursiven Stil findet sich in Mesopotamien zudem an einer weiteren Stelle: In dem im Vergleich zum Koheletbuch etwa eineinhalb Jahrtausende älteren und in mehreren Textfassungen überlieferten mesopotamischen Gilgamesch-Epos trifft der Held Gilgamesch, der sich nach dem Tod seines Freundes Enkidu auf die Suche nach der

---

144 Vgl. dazu S. Fischer, Die Aufforderung zur Lebensfreude im Buch Kohelet und seine Rezeption der ägyptischen Harfnerlieder (Wiener Alttestamentliche Studien 2), Frankfurt am Main u. a. 1999.
145 Uehlinger, Qohelet, 221.
146 Vgl. zu dieser Problematik aber auch S. Fischer, Aufforderung, 233–238, der mit einer ‚kanaanäischen Vermittlung' der Harfnerlieder rechnet: „Kohelet hat sich die ‚häretischen' Harfnerlieder in der ihm bekannten Modifikation über kanaanäische Vermittlung und jahrhundertelange israelische Tradierung nutzbar gemacht." (S. Fischer, Aufforderung, 237). Über Vermutungen wird man an dieser Stelle aber wohl nicht hinauskommen können.
147 Vgl. Michel, Qohelet, 54, und Uehlinger, Qohelet, 207–228.
148 Vgl. zu den Texten TUAT III/1 (1990), 110–135.143–157.158–163, und dazu im einzelnen Uehlinger, Qohelet, 162–198.

Unsterblichkeit gemacht hat, im Edelsteinwald auf die Wirtin Siduri, die ihm einen bedeutenden Rat gibt, der allerdings nicht in der Hauptlinie der Texttradition,[149] sondern nur auf einer altbabylonischen Tafel überliefert ist:

> „Gilgamesch, wohin läufst du? Das Leben, das du suchst, wirst du sicher nicht finden! Als die Götter die Menschheit erschufen, wiesen sie der Menschheit den Tod zu, nahmen das Leben in ihre eigene Hand. Du, Gilgamesch, voll sei dein Bauch, Tag und Nacht sei andauernd froh, du! Täglich mache ein Freudenfest, Tag und Nacht tanze und spiele! Gereinigt seien deine Kleider, dein Haupt sei gewaschen (und) du mit Wasser gebadet! Sieh auf das Kind, das deine Hand gefaßt hält, die Frau/Gattin freue sich auf deinem Schoß!"[150]

Zum Vergleich sei an dieser Stelle der oben bereits erwähnte Text aus Koh 9,7–9 zitiert:

7   Auf, iss mit Freude dein Brot und trink mit frohem Herzen deinen Wein, denn längst schon hat Gott Gefallen gefunden an deinen Werken.
8   Zu aller Zeit seien deine Kleider weiß,
    und an Öl auf deinem Haupt soll es nicht fehlen.
9   Genieße das Leben mit einer Frau, die du liebst, alle Tage deines flüchtigen Lebens, die er dir gegeben hat unter der Sonne, alle deine flüchtigen Tage, denn das ist dein Anteil im Leben und bei deiner Mühe, mit der du dich abmühst unter der Sonne.

Trotz der Gemeinsamkeiten – nämlich den Aufforderungen zum Essen und Trinken, zum Feiern, zur Reinheit und Körperpflege und zur Freude mit der Frau[151] – lässt sich wegen der komplizierten Überlieferungsgeschichte des akkadischen Textes keine literarische Abhängigkeit des Koheletbuches vom Gilgamesch-Epos nachweisen.[152] Dennoch geben beide Texte eine ähnliche Grundstimmung wieder, die wohl als ein Topos einer menschlichen Grenzsituation gegenüber bestimmt

---

149 Vgl. dazu S. M. Maul, Das Gilgamesch-Epos. Neu übersetzt und kommentiert, München ⁸2020, 9–19.126–129.178–180.
150 Übersetzung nach Uehlinger, Qohelet, 184. Die Erstpublikation der Tafel aus dem Bagdader Antikenhandel erfolgte durch B. Meissner, Ein altbabylonisches Fragment des Gilgamosepos (Mitteilungen der Vorderasiatischen Gesellschaft 7), Berlin 1902 (mit Photographien der Tafel, Wiedergabe des Keilschrifttextes und Transliteration).
151 Vgl. Uehlinger, Qohelet, 184.
152 Vgl. dazu Uehlinger, Qohelet, 187 f.; anders dagegen J. Y.-S. Pahk, Il canto della gioia in Dio. L'itinerario sapienziale espresso dall'unità letteraria in Qohelet 8,16–9,10 e il parallelo di Gilgameš Me. iii (SMDSA 52), Napoli 1996.

werden muss.[153] Aus der Erkenntnis der Begrenztheit des Menschen – sei es der Begrenztheit seiner Lebenszeit oder der Begrenztheit seiner Erkenntnisfähigkeiten – entsteht keine Verzweiflung, sondern eine realistische und produktive Anerkenntnis und Annahme der *conditio humana:* „Weil auch die heroischsten Gestalten unter den Menschen sterben müssen, bleibt den Menschen als Bestes, das gegenwärtige Leben auszuschöpfen und in der steten Freude des Festes zu genießen."[154] Auf der Ebene des Fragments aus der Gilgameschtradition ist diese Haltung in den Worten der Wirtin verankert, die sie Gilgamesch mit auf den Weg gibt und damit nicht nur Gilgamesch, sondern auch Leserinnen und Leser des Epos' zum Nachdenken bringt. Und auch auf der Ebene des Koheletbuches ist die Aufforderung zur Lebensfreude nicht als ‚absolute' Position, sondern als ein Votum in einem breiteren Diskurs zu verstehen, der zwischen Weisheitstraditionen wie denen des Proverbienbuches, dem Denken des Koheletbuches und der Textrezeption der Leserinnen und Leser entsteht.[155]

Blickt man von Ägypten und Mesopotamien her auf die unmittelbare Umwelt Israels und Judas und damit auf die ugaritische, phönizische und altsyrisch-aramäische Literatur, ist zunächst einmal festzustellen, dass mit den ägyptischen oder mesopotamischen Traditionen vergleichbare Weisheitsliteraturen nicht überliefert sind. Kleinere Texte zeigen aber, dass in Ugarit durchaus weisheitliches Denken gepflegt wurde.[156] Und auch für Phönizien wird man zumindest davon ausgehen können, dass in Städten wie Byblos, das als Bildungsmetropole des östlichen Mittelmeerraumes galt, ein weisheitlicher Zugang zur Welt gepflegt wurde.[157] Dennoch ist die Quellenlage zu schmal, um weitergehende Schlüsse auf Einflüsse aus Ugarit und Phönizien auf das Koheletbuch ziehen zu können. Insbesondere für

---

[153] Vgl. Uehlinger, Qohelet, 185: „In beiden Texten geht es um ein Kontrastverhalten angesichts des unvermeidlichen *eigenen* Todes."

[154] Uehlinger, Qohelet, 197.

[155] Zum ebenfalls in der Gilgameschtradition belegten Bild des dreifach gefalteten Stoffes bzw. des dreifachen Seils, das der Vorstellung des dreifachen Fadens aus Koh 4,12 entspricht, vgl. Uehlinger, Qohelet, 180–183, und unten 2.9.

[156] Zu weisheitlichen Überlieferungen aus Ugarit vgl. I. Márquez Rowe, Scribes, Sages, and Seers in Ugarit, in: L. G. Perdue (Hg.), Scribes, Sages, and Seers. The Sage in the Eastern Mediterranean World (FRLANT 219), Göttingen 2008, 95–108, und H. Niehr, Weisheit in den Königsepen aus Ugarit, in: T. M. Oshima (Hg.), Teaching Morality in Antiquity. Wisdom Texts, Oral Traditions, and Images (ORA 29), Tübingen 2018, 70–91.

[157] Vgl. zu Phönizien – und zu den Problemen, die sich hier aufgrund der Quellenlage ergeben – S. Ribichini, Les mentalités, in: V. Krings (Hg.), La civilisation phénicienne et punique. Manuel de recherche (HdO I/20), Leiden u. a. 1995, 334–344, und auch W. Röllig, L'alphabet, in: V. Krings (Hg.), La civilisation phénicienne et punique. Manuel de recherche (HdO I/20), Leiden u. a. 1995, 193–214 (besonders 196 f.202 f.).

Ugarit wäre zudem eine eintausendjährige Überlieferungsbrücke nötig, um direkte Abhängigkeiten überhaupt plausibilisieren zu können. Anders lägen die Dinge für die phönizischen Metropolen, die in der Perserzeit unter dem gleichen kulturellen Einfluss standen wie auch Jerusalem und Juda. Die Konstitution eines gemeinsamen syropalästinischen Bildungsraumes dürfte sich in hellenistischer Zeit noch weiter fortentwickelt haben, ohne dass man sich für die Rekonstruktion dieses Prozesses auf eine breite zeitgenössische Quellenbasis stützen könnte.[158] Angesichts des Fehlens einschlägiger Textzeugnisse aus Ugarit und Phönizien sind Einflüsse der kanaanäischen Kulturen auf das Koheletbuch vor allem auf sprachlicher Ebene gesucht worden. Weiterführende Erkenntnisse für die Auslegung des Koheletbuches konnten hier allerdings nicht gewonnen werden.[159] Anders steht es mit dem syrisch-aramäischen Kulturraum, in dem ausweislich der breiten Textbezeugung eine offenkundig äußerst prominente Weisheitstradition literarisch verdichtet und gepflegt wurde, nämlich die Überlieferung von Achiqar.[160] Zwischen den Achiqar-Sprüchen aus dem 7. Jh. v.Chr. und einzelnen Passagen des Koheletbuches gibt es Übereinstimmungen in der Topik,[161] die für die Annahme einer literarischen Abhängigkeit zu wenig signifikant sein dürften, die aber zeigen, dass das Koheletbuch sich in einem breiten Strom altorientalischen Denkens bewegt und in seinem literarischen Umfeld keineswegs als literarischer Sonderling erfasst worden sein wird.[162] Gerade die Achiqar-Überlieferung ist ein erstrangiges Beispiel für die

---

158 Im Blick auf die phönizischen Stadtstaaten ist man primär auf epigraphisches Material und die sekundären Berichte der griechisch-römischen Historiographen bis hin zu Euseb von Caesarea angewiesen; insbesondere Flavius Josephus und Euseb beziehen sich im Blick auf Phönizien häufig auf ältere Quellen, deren Belastbarkeit allerdings nicht mehr kritisch geprüft werden kann (vgl. dazu M. Saur, Der Tyroszyklus des Ezechielbuches [BZAW 386], Berlin/New York 2008, 107–112).
159 Vgl. M. Dahood, Canaanite-Phoenician Influence in Qohelet, in: Bib. 33 (1952), 30–52.191–221, und ders., The Phoenician Background of Qohelet, in: Bib. 47 (1966), 264–282. Nach Dahood zeigt das Koheletbuch „heavy Canaanite-Phoenician literary influence" (Dahood, Influence, 32), zudem sei anzunehmen, dass Kohelet „was a resident of a Phoenician city" (Dahood, Influence, 34). In der neueren Forschung wird dieser Ansatz nicht weiter verfolgt (vgl. dazu Michel, Qohelet, 58, und Uehlinger, Qohelet, 199, sowie im Blick auf die Sprache Kohelets Schoors, Preacher I, 223).
160 Vgl. TUAT III/2 (1991), 320–347, und I. Kottsieper, Die Sprache der Aḥiqarsprüche (BZAW 194), Berlin/New York 1990, 241–246.
161 Vgl. dazu die Übersicht bei Uehlinger, Qohelet, 201, und die Beispiele, die Schellenberg, Kohelet, 32, anführt: „Auffallende Ähnlichkeiten finden sich insbesondere in Reflexionen über die Macht des Worts des Königs und wie man mit ihr umgehen soll (vgl. 8,2–4; 10,4; Achiqar 6,6–10//10,6–10) sowie in Warnungen vor unüberlegten Worten, in denen auf Vögel verwiesen wird (vgl. 10,20; Achiqar 6,3–4//10,3–4)."
162 Vgl. dazu Weeks, Ecclesiastes and Scepticism, 136, demzufolge „much of what seems radical in Ecclesiastes, when it is read as part of the biblical canon, seems much less unusual when it is considered in the context of ancient literature more broadly."

Verbreitung und ‚Internationalität' weisheitlicher Traditionen im 1. Jt. v. Chr. Das Koheletbuch bzw. sein Verfasser hat an diesen Traditionen insofern Anteil, als die innerhalb der Trägerkreise weisheitlichen Denkens geprägte Topik mit ihren Denk- und Sprachmustern auch das Koheletbuch bestimmt. So wie sich Kohelet in der Weisheitstradition seines direkten hebräischen Umfelds souverän bewegen kann, so ist er auch Teil eines breiteren Stroms weisheitlichen Denkens im Alten Orient, wie die ausgewählten Beispiele aus Ägypten, Mesopotamien und Syrien zeigen.[163]

Dass neben den hebräischen und den weiteren altorientalischen Kontexten ab dem ausgehenden 4. Jh. v. Chr. in Syrien und Palästina auch griechisches Denken und eine allgemein hellenistisch geprägte Atmosphäre bestimmend waren, lässt sich an vielen Texten des antiken Judentums erkennen.[164] Das Koheletbuch dürfte auch an dieser Stimmungslage teilhaben, wenn man nicht davon ausgehen möchte, dass es bereits im perserzeitlichen Juda verfasst und auch editorisch abgeschlossen wurde.[165] Rainer Braun hat in einer umfassenden Studie die sprachlichen und kompositionellen Entsprechungen zwischen dem Koheletbuch und einschlägigen griechischen Texten herausgearbeitet. Er vergleicht dabei auch einzelne Termini Kohelets mit bedeutungsverwandten griechischen Lexemen, wie etwa den für Kohelet zentralen hebräischen Begriff הֶבֶל (hæbæl) mit dem breit belegten griechischen Wort τύφος (týphos) und kommt dabei zu dem Schluss: „Demnach kann der intensive Gebrauch von הבל bei Kohelet dadurch erklärt werden, daß diesem Begriff durch sein griechisches Äquivalent im Rahmen der geistesgeschichtlichen Situation eine Relevanz zuteil wurde, die über die nachexilische weisheitliche Anthropologie hinaus bei Kohelet den kosmologischen Bezug der empirischen Schulen seiner Umwelt widerspiegelt."[166] Aufgrund solcher Entsprechungen und der bei Kohelet wie auch im anthropologischen Diskurs der griechischen Philosophen erörterten Frage nach dem Gewinn des Menschen, deren Beantwortung gleichermaßen in einen philosophischen Pessimismus führe, kommt Braun zu dem Schluss, „daß Kohelet mit der griechischen Reflexion seiner Zeit vertraut war, ja, mehr noch, ihr Denken und ihre Lehren übernahm und in seiner Lehrschrift hebräisch formulierte."[167] Braun erkennt zudem eine inhaltliche und stilistische Nähe

---

163 Vgl. Weeks, Ecclesiastes and Scepticism, 140.
164 Vgl. grundlegend M. Hengel, Judentum und Hellenismus. Studien zu ihrer Begegnung unter besonderer Berücksichtigung Palästinas bis zur Mitte des 2. Jh.s v. Chr. (WUNT 10), Tübingen ²1973; zu Kohelet vgl. insbesondere Hengel, Judentum, 210–240.
165 Zur zeitgeschichtlichen Einordnung des Koheletbuches vgl. 1.10.
166 R. Braun, Kohelet und die frühhellenistische Popularphilosophie (BZAW 130), Berlin/New York 1973, 46.
167 Braun, Kohelet, 170. Zur notwendigen Kritik an Brauns teilweise eklektischem Vorgehen vgl. O. Kaiser, Judentum und Hellenismus. Ein Beitrag zur Frage nach dem hellenistischen Einfluß auf

Kohelets zur Gattung der Diatribe.[168] Diese Nähe ist in der weiteren Forschung genauer untersucht worden.[169] Die in der antiken Rhetorik beheimatete Diatribe ist grundlegend diskursiv angelegt und ihrer Struktur nach sehr einfach aufgebaut: Auf eine These folgt deren Widerlegung, die dann eine Diskussion eröffnet. Nach Lohfink handelt es sich bei diesen diskursiven Erörterungen um „literarische Idealentwürfe eines Lehrvortrags eines Philosophen"[170], die Krüger zufolge ein Interesse daran erkennen lassen, „dem Leser die Kompetenz zur selbständigen Auseinandersetzung mit Gegenpositionen zu vermitteln. Eben dies scheint auch das Koheletbuch zu beabsichtigen: Die Leser sollen nicht vorgefertigte ‚Weisheiten' (auswendig) lernen, sondern zur selbständigen Urteilsbildung befähigt werden."[171] Lohfink folgert daraus: „Das Koheletbuch *ist* zwar nicht eine Diatribe, aber es *enthält* so etwas wie eine Diatribe."[172] Wie auch immer das Verhältnis zwischen dem philosophischen Lehrformat der Diatribe und dem Koheletbuch im Detail zu bestimmen sein mag – eine Gemeinsamkeit liegt in jedem Fall in dem diskursiven Stil, den die Diatribe und Kohelet mit mesopotamischen Weisheitstexten teilen, die ebenfalls in dialogischer Form abgefasst sind. Eine gewisse Topik der Form ist daher wohl das Verbindende zwischen hellenistischer Philosophie und Koheletbuch, ohne dass damit zugleich gesagt werden soll, dass Kohelet sich dieser Formen hellenistischer Philosophie direkt bedienen würde und von ihnen literarisch abhängig sei. Man kann einem hebräischen Denker aus dem 4./3. Jh. v. Chr. durchaus zutrauen, das einfache Grundmuster von Rede und Gegenrede sowie daraus folgender Diskussion auch ohne vertiefte hellenistische Beeinflussung gestaltet zu haben. Sollten die Trägerkreise des Koheletbuches jedoch eine hellenistische Ausbildung durchlaufen haben, was in Syrien-Palästina seit dem 4./3. Jh. v. Chr. denkbar ist, könnten sie grundsätzlich mit hellenistisch geprägten Formen und auch Inhalten der Bearbeitung philosophischer Probleme vertraut gewesen sein. Es ist in jedem Fall „beachtenswert, dass sich das Koheletbuch in verschiedenen Punkten mit hellenistischem Denken berührt. Zu nennen sind dabei im Anschluss an Martin Hengel insbesondere die kritische Individualität, die Kritik an der Vergeltungslehre bzw. am Tun-Ergehen-Zusammenhang, die nichtpersonale Gottesvorstellung, die Gedanken zu Schicksal, Zeit und Zufall, die Frage nach dem Glück des Menschen und

---

Kohelet und Jesus Sirach, in: Ders., Der Mensch unter dem Schicksal. Studien zur Geschichte, Theologie und Gegenwartsbedeutung der Weisheit (BZAW 161), Berlin/New York 1985, 135–153, 136–140.
168 Vgl. Braun, Kohelet, 166.179.
169 Vgl. dazu Krüger, Kohelet, 29–31, und Schwienhorst-Schönberger, Kohelet, 57–59.
170 Lohfink, Koheletbuch, 58.
171 Krüger, Kohelet, 31.
172 Lohfink, Koheletbuch, 59.

die ‚bürgerliche Ethik'."[173] Hier nun nach direkten Einflüssen zu suchen, dürfte allerdings weniger weit führen, als davon auszugehen, dass Kohelet wie durch seine altorientalischen Rückräume auch durch hellenistische Ko(n)texte in seiner formalen und inhaltlichen Topik geprägt wurde, ohne dass sich einzelne Elemente seines Denkens einlinig aus dem einen oder dem anderen Traditionsstrom ableiten lassen.[174] Im Blick auf die philosophischen Strömungen des Hellenismus heißt das: Kohelet war trotz seiner Betonung der Lebensfreude etwas anderes als ein Epikureer, er war trotz seines Nachdenkens über das Schicksal des Menschen kein dem *fatum* nachdenkender Stoiker, und er war auch kein Skeptiker oder Pessimist hellenistischer Prägung.[175] Man sollte „Kohelet am Ende besser mit solchen Rubrizierungen verschonen"[176] und eher unscharf „mit einer primär atmosphärischen Beeinflussung Kohelets durch die hellenistische Kultur"[177] rechnen. Dass Kohelet in diesen kulturellen Großraum des Hellenismus gehört, soll nun noch etwas genauer begründet werden.

1.10 Zeitgeschichtlicher Hintergrund

Dass das Koheletbuch nicht in vorexilischer Zeit entstanden sein kann, zeigen in erster Linie seine sprachlichen Besonderheiten. Die bereits genannten persischen Lehnworte in Koh 2,5; 8,11[178] sprechen dafür, den *terminus a quo* in der Perserzeit zu suchen, in der solche sprachlichen Vermittlungen am ehesten denkbar sind. Aufgrund seiner Verortung innerhalb des alttestamentlichen Weisheitsdiskurses kann das Buch nicht in der frühen oder mittleren vorexilischen Königszeit entstanden sein, da man damit rechnen muss, dass Kohelet sich mit dem in der Spruchweisheit dokumentierten Denken auseinandersetzt und dessen Formensprache und Themen rezipiert und transformiert. Dieses Denken wird zunächst seine ersten schriftlichen Zusammenstellungen erfahren haben, bevor Kohelets Schrift entsteht. Für eine

---

173 Schellenberg, Kohelet, 38.
174 Vgl. dazu Krüger, Kohelet, 44: „Bei der viel verhandelten Frage nach griechisch-hellenistischen ‚Einflüssen' auf das Koheletbuch wird der Komplexität von Interaktionsprozessen zwischen verschiedenen Kulturen nicht immer genügend Rechnung getragen [...]."
175 Vgl. dazu unten 3.4.
176 O. Kaiser, Grundriß der Einleitung in die kanonischen und deuterokanonischen Schriften des Alten Testaments. Band 3: Die poetischen und weisheitlichen Werke, Gütersloh 1994, 93 f.
177 Schwienhorst-Schönberger, Kohelet: Stand und Perspektiven, 27, der an dieser Stelle referiert und selber noch weiter gehen würde, was die Beziehungen zwischen Kohelet und hellenistischem Denken angeht. Dagegen wendet sich allerdings Michel, Qohelet, 58–65.66–75, der Kohelet in einem innerjüdischen Diskurs verankert.
178 Vgl. dazu oben 1.5.

spätere Entstehung des Koheletbuches sprechen auch die Diskursformen, die Entsprechungen in älteren mesopotamischen Formen weisheitlicher Auseinandersetzung, aber vor allem auch in jüngeren hellenistischen Gattungsmustern wie dem der Diatribe haben könnten.

Blickt man von den sprachlichen und formalen Hinweisen ausgehend auf die sozioökonomischen Hintergründe des Koheletbuches, lassen sich nach Choon-Leong Seow zahlreiche Hinweise auf das Wirtschaftssystem der Perserzeit erkennen: „The free market that Qohelet observes is an unpredictable arena, however. It was a time for heady optimism about hitherto unimaginable oppurtunities. Yet, that optimism was offset by sociopolitical and economic realities on the ground, for there were no failsafe rules that worked every time. It was a perplexing new world of rapid political, social, and economic innovations, many of which were initiated and determined in seats of power that the ordinary citizens of the vast empire could hardly comprehend."[179] Hier stellt sich allerdings die Frage, ob das, was Seow beschreibt, nicht in Teilen auch für die hellenistische Zeit gelten wird – sicherlich nicht der Optimismus, den Seow annimmt, wohl aber das Gefühl der Unverständlichkeit komplexer Vorgänge in einer unüberschaubar gewordenen Welt.[180] Für das Lebensgefühl einer Epoche sind die politischen Rahmenbedingungen tatsächlich von großer Bedeutung – es kommt bei einer Änderung dieser Rahmenbedingungen in der Regel aber nicht zu radikalen Abbrüchen in der Mentalität und dem Lebensgefühl. Vielmehr werden ältere Ansichten und Denkweisen mit neuen Perspektiven konfrontiert und in Zustimmung oder Widerspruch erweitert. So sind persische Lehnworte und Anklänge an die Wirtschaftsorganisation der Perserzeit auch in hellenistischer Zeit denkbar, zumal die neuen politischen Eliten durchaus an die ökonomischen Gegebenheiten im Orient anzuknüpfen bereit waren und wirtschaftliche Mechanismen den Wechsel von den Persern zu den Griechen überdauerten.[181] Das wird insbesondere für Jerusalem gelten, das aufgrund seiner

---

179 C.-L. Seow, The Social World of Ecclesiastes, in: L. G. Perdue (Hg.), Scribes, Sages, and Seers. The Sage in the Eastern Mediterranean World (FRLANT 219), Göttingen 2008, 189–217, 216; vgl. dazu auch Seow, Ecclesiastes, 21–36.
180 Vgl. dazu A. Chaniotis, Die Öffnung der Welt. Eine Globalgeschichte des Hellenismus, Darmstadt 2019, 112–120, und Schwienhorst-Schönberger, Kohelet, 103, der hinter Koh 5,7f. „Auswirkungen des ptolemäischen Wirtschafts- und Verwaltungssystems unter Ptolemaios II. (283–246 v.Chr.) in Palästina" vermutet.
181 Das lässt sich etwa an der bleibenden Funktion einzelner Wirtschaftsstandorte, wie etwa der phönizischen Handelsmetropolen Sidon und Tyros, in persischer und hellenistischer Zeit beobachten; hier gibt es nicht nur Abbruch, sondern auch Kontinuität (vgl. dazu J. Elayi, Histoire de la Phénicie, Paris 2013, 303–305). Zudem kam es aufgrund weitergehender Optimierungen auch in hellenistischer Zeit zu wirtschaftlichen Aufschwüngen, von denen allerdings vor allem die Oberschicht profitierte; vgl. dazu A. Schoors, Ecclesiastes (HCOT), Leuven u. a. 2013, 7–9, und Schellen-

Randlage im Bergland ohnehin nie ganz im Zentrum der neuesten Entwicklungen stand, sondern von vielen Innovationen eher zeitversetzt erreicht worden sein wird.

Dass das Koheletbuch in Jerusalem entstanden ist, lässt sich nach Hans Wilhelm Hertzberg an konkreten Bezügen innerhalb des Buches erkennen.[182] So sei in Koh 4,17 vom Tempel die Rede, in Koh 9,7f. werde von Brot, Wein und Öl und damit von den drei typischen Landesprodukten gesprochen, Koh 10,8f. habe handwerkliche Vorgänge im Blick, die nach Jerusalem weisen,[183] Koh 10,18 lasse die Bauweise der Levante durchblicken,[184] in Koh 11,4 werde die Notwendigkeit der Wetterbeobachtung in Palästina vorausgesetzt, Koh 12,4 sei eine „typisch palästinische Wetterbeschreibung"[185] und die Bilder vom Krug an der Quelle und vom Schöpfrad in der Zisterne aus Koh 12,6 „setzen immer völlige Vertrautheit des Verfassers und seiner Leser mit dem Gegenstand voraus. Hier steht sofort das palästinische Bild vor uns: Frauen, die mit Krügen zur Quelle gehen, Zisternen, bei denen der Strick über ein Rad läuft, um das Schöpfgefäß zu heben."[186] Das alles spricht nach Hertzberg dafür, den Entstehungsort des Koheletbuches in Jerusalem zu suchen: *„Qoh wohnte und schrieb in Palästina (Jerusalem) und nicht in Ägypten (Alexandria)."*[187] Gegen die gelegentlich diskutierte Verortung des Buches in Ägypten, vor allem in Alexandria, wofür der Kontakt zu griechischem Denken spreche, sei auf die Hellenisierung Syrien-Palästinas seit dem 4. Jh. v.Chr. verwiesen, die es auch in Jerusalem ansässigen Gelehrten ermöglicht haben wird, mit griechischem Denken in Kontakt zu

---

berg, Kohelet, 42: „Zentral war im ptolemäischen Reich sodann ein ausgeklügeltes System zur Optimierung der Steuereinnahmen. Jeweils niedriger Stehende waren einem Höhergestellten für die Einbringung der Steuern und Abgaben in einem bestimmten Gebiet verantwortlich". Lohfink, *melek, šallîṭ* und *môšēl* bei Kohelet und die Abfassungszeit des Buchs (1981), in: Ders., Studien zu Kohelet (SBAB 26), Stuttgart 1998, 71–82, arbeitet zudem heraus, dass die differenzierten Herrschaftsstrukturen der Ptolemäerzeit im Hintergrund der im Koheletbuch verwendeten Herrscheraussagen stehen.

182 Vgl. H. W. Hertzberg, Palästinische Bezüge im Buche Kohelet, in: ZDPV (1957), 13–24, und ders., Der Prediger (KAT XVII/4), Gütersloh ²1963, 42–46.
183 Vgl. Hertzberg, Prediger, 45: „In 10,8f. werden vier Beispiele manueller Arbeit genannt. Von ihnen ist die Grenzmauer zwischen Feldern, Gärten und Wegen (Trockenmauer), die dort als Sitz für Schlangen genannt ist, und ebenso der Steinbruch, an dem man zu Schaden kommen könnte, für Palästina bezeichnend."
184 Vgl. Hertzberg, Prediger, 45: „Das in 10,18 beigefügte Sprichwort nennt das typisch palästinische Haus, dessen flaches Dach durch die starken Winterregen beschädigt wird und, wenn nicht in der Trockenzeit für Abhilfe gesorgt wird, wasserdurchlässig bleibt."
185 Hertzberg, Prediger, 45.
186 Hertzberg, Prediger, 45.
187 Hertzberg, Prediger, 45.

kommen. Es spricht daher nichts dagegen, der Überschrift des Buches zu folgen und Kohelet in Jerusalem anzusetzen.

Im Blick auf die Entstehungszeit und den Entstehungsort des Koheletbuches lässt sich vor diesem Hintergrund ein weitreichender Konsens erkennen: „In der neueren Forschung wird fast allgemein angenommen, dass das Koheletbuch in der zweiten Hälfte des 3. Jahrhunderts v.Chr. [...] in Jerusalem verfasst wurde."[188]

Dass das Buch nicht viel jünger sein kann, zeigt der *terminus ad quem*, der sich durch die Bezeugung des Koheletbuches in Qumran ergibt und im 2./1. Jh. v.Chr. liegen dürfte.[189] Damit betritt man allerdings das weite Feld der Rezeption des Koheletbuches, das hier nur in wenigen ausgewählten Ausschnitten behandelt werden soll.

1.11 Etappen der Rezeption

Die Textgeschichte des Koheletbuches ist zugleich eine Geschichte seiner frühesten Rezeptionen: „Indeed, it is important to appreciate that the different ancient versions, and even individual copies of the text, are witnesses not only to its form, but to the history of its interpretation."[190] Es gehört zu den Grundeinsichten der textgeschichtlichen Arbeit am Koheletbuch, dass sich dabei methodisch gesichert nicht auf einen textlichen Ausgangspunkt zurückschließen lässt.[191] Zu den frühesten bekannten Rezeptionen des Koheletbuches gehört sein durch 4QKoh^a und 4QKoh^b

---

[188] Krüger, Kohelet, 39; so bereits in der älteren Debatte Zimmerli, Buch des Predigers, 128, und Hertzberg, Prediger, 46, sowie Michel, Qohelet, 114, und Crenshaw, Ecclesiastes, 50, und in der neueren Forschungsdiskussion – neben Krüger – auch Schwienhorst-Schönberger, Kohelet, 101–103, und Schellenberg, Kohelet, 41. Die gewichtigste Gegenposition in der jüngeren Forschung vertritt Seow, Ecclesiastes, 21, der das Buch „in the Persian period [...], specifically between the second half of the fifth and the first half of the fourth centuries B.C.E.", datiert; die von Seow, Ecclesiastes, 11–21, angeführten sprachlichen Indizien bestimmen durchaus den *terminus a quo* für die Entstehung des Koheletbuches, widersprechen aber nicht einer zeitlichen Ansetzung in nachpersischer Zeit.
[189] Vgl. Schwienhorst-Schönberger, Kohelet, 112. Ob die Entstehungszeit des Sirachbuches ebenfalls als *terminus ad quem* für das Koheletbuch herangezogen werden kann, hängt davon ab, ob man für Sirach eine Kenntnis Kohelets voraussetzen darf, was umstritten ist; vgl. dazu Weeks, Ecclesiastes, 56. Ausführlich erörtert wird das Verhältnis von J. Marböck, Kohelet und Sirach, in: L. Schwienhorst-Schönberger (Hg.), Das Buch Kohelet. Studien zur Struktur, Geschichte, Rezeption und Theologie (BZAW 254), Berlin/New York 1997, 275–301.
[190] Weeks, Ecclesiastes, 119.
[191] Vgl. Weeks, Ecclesiastes, 119 f.; zum Text des Koheletbuches vgl. die magistralen Ausführungen von Weeks, Ecclesiastes, 119–228. Weeks geht mit großer Genauigkeit und Sorgfalt auf die hebräischen Textzeugen ein (vgl. Weeks, Ecclesiastes, 125–191) und analysiert ebenfalls die griechischen, lateinischen, syrischen und aramäischen Versionen (vgl. Weeks, Ecclesiastes, 191–226).

belegter Gebrauch in Qumran,[192] der nachweist, „dass der hebräische Text des Koheletbuches einige Jahre bzw. Jahrzehnte nach seiner allgemein angenommenen Entstehung in verschiedenen orthographisch und lexikalisch bedingten Varianten existierte."[193] Eine alexandrinische Übersetzung Kohelets in die griechische Sprache scheint es nicht gegeben zu haben, die erste griechische Übersetzung führt vielmehr ins 1./2. Jh. n.Chr., steht der wortgetreuen Übersetzung Aquilas vergleichsweise nahe und „dürfte daher als *protoaquilanisch* zu kennzeichnen sein."[194]

Im Judentum war die ‚Kanonizität' des Koheletbuches zunächst umstritten.[195] In der rabbinischen Tradition wird das Buch allerdings explizit mit Salomo in Verbindung gebracht: „[I]n his youth Solomon composed the Song of Songs, Proverbs in his maturity, and Ecclesiastes in his old age."[196] Aufgrund dieser ‚Salomonisierung' fand das Buch seinen Weg in die Sammlung der in Geltung stehenden Schriften und wird im dritten Teil der Hebräischen Bibel unter den $k^e t\bar{u}b\bar{\imath}m$ überliefert. In der liturgischen Tradition des Judentums gehört das Koheletbuch zu den fünf Festrollen: „In contrast to the rest of the Five Scrolls, there is no clear evidence that the reading of the complete book of Ecclesiastes constituted part of synagogue liturgy, among either Occidental or Oriental Jewry, before the late 11th century CE. [...] The earliest references to the liturgical reading of the book of Ecclesiastes are found in Ashkenazic works of the late 11th to 12th centuries [...], which indicate that the book is read once through by the congregation on the festival of Sukkot [...]."[197] Michael G. Wechsler verweist in diesem Zusammenhang auf Koh 11,2: Das Nebeneinander der Zahlen sieben und acht beziehe sich „either to the seven days of Sukkot and the distinctly celebrated eighth day [...], or to the seven days of Passover and the eight days of Sukkot [...]."[198] Daneben dürfte aber auch das Motiv der Le-

---

192 4QKoh^a(=4Q109) „enthält Teile von Koh 5,13–17; 6,3–8; 6,12–7,6 und 7,7–10.19 f." (Schwienhorst-Schönberger, Kohelet, 112, mit Bezug auf J. Muilenberg, A Qoheleth Scroll from Qumran, in: BASOR 135 [1954], 20–28); 4QKoh^b(=4Q110) enthält zwei Fragmente, die wiederum Textteile aus Koh 1,10–13 und Koh 1,13 f. enthalten (vgl. Schwienhorst-Schönberger, Kohelet, 113).
193 Schwienhorst-Schönberger, Kohelet, 113.
194 Schwienhorst-Schönberger, Kohelet, 114; vgl. dazu aber auch die Einschränkungen bei Weeks, Ecclesiastes, 211 f.
195 Vgl. dazu S. Schiffer, Das Buch Kohelet nach der Auffassung der Weisen des Talmud und Midrasch und der jüdischen Erklärer des Mittelalters, Frankfurt am Main/Leipzig 1884, 1–10, und Schoors, Ecclesiastes, 22 f.
196 R. Kiperwasser, Art. Book of Ecclesiastes III. Judaism A. Rabbinic Judaism, in: EBR 7 (2013), 279 f., 279; Kiperwasser verweist aber auch auf eine andere Traditionslinie, die das Koheletbuch mit Hiskia in Verbindung bringt (vgl. dazu Prov 25,1).
197 M. G. Wechsler, Art. Book of Ecclesiastes III. Judaism D. Medieval and Modern Judaism: Liturgy, in: EBR 7 (2013), 288–290, 288 f.
198 Wechsler, Book, 289.

bensfreude eine Rolle bei der Zuordnung des Koheletbuches zum Sukkot- oder Laubhüttenfest gespielt haben, denn der „Haupttenor des in die Erntezeit fallenden Sukkot-Festes ist die Freude. Zum Laubhüttenfest, dem wichtigsten Wallfahrtsfest, feiern die Jüdinnen und Juden, dass Gott ihre Vorfahren aus Ägypten in das Land geführt hat, dass er sie nicht in der Wüste hat verhungern und verdursten lassen und dass er jedes Jahr wieder eine Ernte schenkt. [...] So interpretieren sich das Buch Kohelet und das Sukkot-Fest gegenseitig: Auf der einen Seite bringt das Buch Kohelet nachdenkliche Töne in das fröhliche Laubhüttenfest ein, auf der anderen Seite verstärkt die Fröhlichkeit von Sukkot die Lektüre von Kohelet als ein Buch der Lebensfreude."[199]

Im Neuen Testament finden sich zwar keine Zitate aus dem Koheletbuch,[200] doch wird das Buch bereits in der frühen christlichen Tradition im Anschluss an Origenes als Teil eines Curriculums verstanden: Das Proverbienbuch übe moralisches Verhalten ein, wohingegen das Koheletbuch das Wissen über die Natur vertiefe und die Fähigkeit zur Unterscheidung des Wesentlichen vom Nutzlosen lehre.[201] Eine folgenschwere Entscheidung trifft Hieronymus bei seiner Übersetzung des hebräischen Lexems הֶבֶל (hæbæl) mit dem lateinischen Nomen *vanitas*: „Jerome's choice to translate *hebel* by the connotation pertaining only to the *value* of whatever is being discussed, rather than presenting the Heb. metaphor with its other connotations, dictated the interpretation of Ecclesiastes for centuries, even until the middle of the 20th century."[202]

In der Reformationszeit markiert Martin Luthers Auslegung des Koheletbuches eine wichtige Etappe der Rezeptionsgeschichte.[203] Die 1532 erschienenen „Annotationes in Ecclesiasten" gehen auf eine Vorlesung Luthers aus dem Jahr 1526 zurück.[204] Luther hat sich mit dem hebräischen Text des Koheletbuches sehr abgemüht und musste seine Vorlesung aufgrund der Schwierigkeiten sogar für einige Wochen unterbrechen.[205] Trotz aller exegetischen Probleme liest Luther das

---

199 D. Dieckmann, „Worte von Weisen sind wie Stacheln" (Koh 12,11). Eine rezeptionsorientierte Studie zu Koh 1–2 und zum Lexem דבר im Buch Kohelet (AThANT 103), Zürich 2012, 26f.
200 Anders dagegen D. C. Allison, Jr., Art. Book of Ecclesiastes II. New Testament, in: EBR 7 (2013), 278f., demzufolge in Röm 3,10 ein Zitat aus Koh 7,20 vorliege; der paulinische Akzent in Röm 3,10 liegt aber darauf, dass es nicht *einen* Gerechten gebe, wohingegen Kohelet darauf verweist, dass kein Mensch auf der Erde gerecht sein kann (vgl. zu diesem Topos auch Hi 4,17; 9,2; 15,14; 25,4).
201 Vgl. dazu D. C. Fredericks, Art. Book of Ecclesiastes IV. Christianity, in: EBR 7 (2013), 290f., 290.
202 Fredericks, Book, 291.
203 Vgl. dazu ausführlich E. Wölfel, Luther und die Skepsis. Eine Studie zur Kohelet-Exegese Luthers (Forschungen zur Geschichte und Lehre des Protestantismus. Zehnte Reihe. Band XII), München 1958.
204 Vgl. Wölfel, Luther, 258–260.
205 Vgl. Wölfel, Luther, 258.261f.

Koheletbuch unmittelbar in seine Gegenwart hinein: „Für Luther klafft kein Abgrund zwischen akademischer Lehrtätigkeit und praktischem Leben, zwischen Religion und öffentlicher Wirksamkeit. Gott ist auch nicht fern hinter tausendjähriger Geschichte verborgen, sondern ist der Gestalter von Gegenwart und Zukunft. So kann es nicht anders sein, daß auch der Prediger für Luther Gegenwart bedeutet."[206] Trotz aller Verschiedenheit kommt Luther Kohelet in seiner Auslegung sehr nahe: „Beide stehen der Welt und den Fragen, die diese aufgibt, nicht in lauer und stumpfer Gleichgültigkeit gegenüber, sondern ringen unter Anspannung ihrer gesamten Kraft um das Leben, seinen Sinn, seine Bindungen und Erfordernisse."[207] Dass sich das Menschenverständnis des Koheletbuches mit anthropologischen Ansätzen reformatorischen Denkens verbinden lässt,[208] wird noch einmal aufzugreifen sein.[209]

In französischer Sprache liegt mit Michel de Montaignes „Essais" aus dem ausgehenden 16. Jahrhundert eine besondere Rezeption des Koheletbuches vor. Darauf hat Wilhelm Vischer aufmerksam gemacht[210] und Montaignes Denken in seiner Zeit verortet: „Calvin und Montaigne, ist das nicht auf höherer Ebene die unauflösliche und nur in dem Einen, der Prophet und Weiser zugleich und mehr als Jona, mehr als Salomo ist, aufgelöste Spannung zwischen dem biblischen Propheten und dem biblischen Weisen? Ich will der Gelehrsamkeit nicht zu nahe treten; aber ein Gelehrter ist noch kein Weiser und unter den gelehrten Auslegern des Predigers Salomo sind wenige Weise gewesen, jedenfalls keiner von der Größe Michel de Montaigne's. Sollte nicht die ernste Beschäftigung mit den Essais eine wichtige Vorbereitung für das Verständnis des Predigers Salomo sein?"[211] Oder lassen sich möglicherweise die „Essais" – vom Koheletbuch her gelesen – auf eine ganz eigene Weise deuten? Wie auch immer die Leserichtung verlaufen mag, für Kohelet wie Montaigne gilt gleichermaßen: „Obwohl er über allem, restlos allem, den Schatten des Todes sieht, ist sein Angesicht dennoch heiter."[212]

---

206 Wölfel, Luther, 264.
207 Wölfel, Luther, 239.
208 Vgl. dazu im Blick auf Luthers Koheletauslegung Wölfel, Luther, 142–153.
209 Vgl. dazu unten 3.4 und den Epilog dieser Auslegung des Koheletbuches.
210 Vgl. W. Vischer, Der Prediger Salomo im Spiegel Michel de Montaigne's, in: Jahrbuch der Theologischen Schule Bethel 4 (1933), 27–124; Vischer geht nach einer Einführung in Montaignes Werk zunächst auf direkte Anspielungen Montaignes auf die Bibel ein (vgl. Vischer, Prediger, 34–58), bevor er – dem Koheletbuch entlang gehend – Kohelets Denken mit Gedanken Montaignes ausleuchtet (vgl. Vischer, Prediger, 59–124).
211 Vischer, Prediger, 30; auch wenn man die Tonlage und kräftigen Worte Vischers so nicht mitsprechen möchte, stellen seine Hinweise auf Kohelet und Montaigne, die im Jahr 1933 erscheinen, ebenfalls eine bemerkenswerte Etappe der Rezeption des Koheletbuches dar.
212 Vischer, Prediger, 32.

Ein ganz anderes Echo auf Kohelet findet sich in deutscher Sprache in dem Sonett „Es ist alles eitell" von Andreas Gryphius. Das Gedicht lautet in der Fassung aus dem Jahr 1643:

> „Du sihst / wohin du sihst nur eitelkeit auff erden.
> Was dieser heute bawt / reist jener morgen ein:
> Wo itzund städte stehn / wird eine wiesen sein
> Auff der ein schäffers kind wird spilen mitt den heerden.
> Was itzund prächtig blüht sol bald zutretten werden.
> Was itzt so pocht vndt trotzt ist morgen asch und bein.
> Nichts ist das ewig sey / kein ertz kein marmorstein.
> Itz lacht das gluck vns an / bald donnern die beschwerden.
> Der hohen thaten ruhm mus wie ein traum vergehn.
> Soll den das spiell der zeitt / der leichte mensch bestehn.
> Ach! was ist alles dis was wir für köstlich achten /
> Als schlechte nichtikeitt / als schaten, staub vnd windt.
> Als eine wiesen blum / die man nicht wiederfindt.
> Noch wil was ewig ist kein einig mensch betrachten."²¹³

Gryphius greift mit dem Titel des Sonetts den Leitvers aus Koh 1,2 auf und verarbeitet in seinem Text das Motiv der Vergänglichkeit, das sich dem Zeitgenossen des Dreißigjährigen Krieges wohl in besonderer Weise aufdrängte. Die Lebensfreude, die bei Kohelet mit der Einsicht in die Nichtigkeit und Flüchtigkeit korrespondiert, spielt bei Gryphius keine Rolle.²¹⁴

Eine weitere bemerkenswerte Etappe der Rezeption des Koheletbuches markiert Voltaires „Précis de l'Ecclésiaste" aus dem Jahr 1759. Es handelt sich dabei um eine freie Übertragung des Koheletbuches, die Voltaire dem von ihm verehrten König Friedrich II. von Preußen widmet und schreibt: „Quel que soit l'auteur de l'Ecclésiaste, il est certain qu'il était philosophe; et il n'est pas si certain qu'il fût roi. Vous êtes l'un et l'autre; ainsi vous réunissez tout ce qu'il y a, dit-on, de mieux sur la terre."²¹⁵ Voltaire schließt seine Übertragung des Koheletbuches mit folgenden Versen:

---

213 Zitiert nach: A. Schöne (Hg.), Das Zeitalter des Barock. Texte und Zeugnisse (Die Deutsche Literatur vom Mittelalter bis zum 20. Jahrhundert III), München ³1988, 268 f.
214 Zu den möglichen Lesarten des Sonetts vgl. T. Vogel, Andreas Gryphius, ‚Es ist alles eitell': Eine biblisch-intertextuelle Relektüre, in: Wolfenbütteler Barock-Nachrichten 35 (2008), 23–35, der aufgrund seines intertextuellen Ansatzes zu dem Ergebnis kommt: „Gerade das Nebeneinander divergenter Lesarten und Bedeutungsebenen eröffnet einen breiten Auslegungsspielraum und bietet dem Leser verschiedene Anknüpfungs- und Identifikationspunkte." (Vogel, Gryphius, 34).
215 Voltaire, Précis de l'Ecclésiaste, in: N. Cronk (Hg.), Les œuvres complètes de Voltaire 49 A, Oxford 2010, 201–221, 202.

> „L'homme est un vil atome, un point dans l'étendue:
> Cependant du plus haut des palais éternels,
> Dieu sur notre néant daigne abaisser sa vue:
> C'est lui seul qu'il faut craindre, et non pas les mortels."[216]

Das Parlament von Paris stellt fest, es handle sich bei dieser Übertragung um eine „traduction infidèle et licencieuse", es sei offensichtlich, „que cette traduction avait été composée dans un esprit opposé à celui de religion, d'après lequel on devait envisager cette partie de l'Ecriture", und dem Autor sei es ein Anliegen, „à répandre le ridicule et plus indécent et le plus scandaleux sur un livre reçu par l'Eglise et respecté dans tous les temps."[217] Die Schrift wird im September 1759 verdammt und verbrannt.[218]

Die bis hierher ausgewählten Etappen der Rezeption des Koheletbuches in der Literatur könnten noch um einige Stationen erweitert werden. Es würde sich dann aber ein besonderes Problem zeigen: „Die Wirkspuren des Prediger-Buches sind oft eher zu ahnen als konkret nachzuweisen. Sie lassen sich eher in motivischen Andeutungen finden als in direkten thematischen Bezügen. Diese indirekte Prägekraft ließe sich wahrscheinlich als unterschwelliger Grundzug ganzer Epochen nachweisen, bliebe aber spekulativ, da sie nur selten direkt und nachweisbar an die Textoberfläche dringt."[219]

In der musikalischen Tradition finden sich Rezeptionen des Koheletbuches etwa in Heinrich Schütz' „Symphoniae Sacrae II" von 1647, wo in dem Gesang „Iss dein Brot mit Freuden" (SWV 358) Textteile aus Koh 9,7; 3,12; 8,15; 3,13 vertont werden, aber auch in Johann Sebastian Bachs Kantate „Ach wie flüchtig, ach wie nichtig" (BWV 26) aus dem Jahr 1724. Johannes Brahms legt seinen „Vier ernsten Gesängen" (op. 121) von 1896 u. a. Koh 3,19–22 und Koh 4,1–3 zugrunde.[220] Aus der zeitgenössischen Musik sei zudem noch auf Bernd Alois Zimmermanns Werk „Ich wandte mich und sah an alles Unrecht, das geschah unter der Sonne. Ekklesiastische Ak-

---

216 Voltaire, Précis, 221.
217 Zitiert nach: Précis de l'Ecclésiaste. Précis du Cantique des cantiques. Edition critique par M.-H. Cotoni. Introduction, in: N. Cronk (Hg.), Les œuvres complètes de Voltaire 49 A, Oxford 2010, 143–200, 165.
218 Vgl. Lang, Mensch, 120.
219 G. Langenhorst, „Gebenedeit sei die Nichtigkeit". Kohelet im Spiegel moderner Literatur, in: Stimmen der Zeit 7/2021, 527–539, 527. Langenhorst stellt in seinem Beitrag Rezeptionen Kohelets in der Lyrik von Christine Busta, Heinz Piontek, Karl Krolow, Hans Magnus Enzensberger und Elazar Benyoëtz vor und schließt seine Erkundungen mit dem Satz: „Die Motivspuren Kohelets wehen weiter." (Langenhorst, Nichtigkeit, 538).
220 Zu Schütz, Bach und Brahms vgl. S. R. Havsteen, Art. Book of Ecclesiastes VII. Musik, in: EBR 7 (2013), 297–300.

tion" von 1970 verwiesen, in der zwei Sprecher, ein Bassist und das Orchester der Hoffnungslosigkeit angesichts menschlichen Leidens musikalisch Ausdruck verleihen – und dabei wohl auch einen Blick in das Seelenleben des verzweifelten Komponisten eröffnen.[221]

Einen anderen, leichteren Ton wählt Pete Seeger in seinem Song „Turn, turn, turn" aus den 1950er Jahren, dem *The Byrds* 1965 zu weltweitem Durchbruch verhalfen.[222] Hier wird im Anschluss an Koh 3,1–8 nicht die Verzweiflung, sondern das Motiv der zufallenden Zeiten in Musik gegossen und in der Schlusszeile der Frieden als menschliche Möglichkeit beschworen. Die Vertonung erfolgt dabei in einer deutlich simpleren Weise als das bei Schütz, Bach, Brahms und Zimmermann der Fall ist. Dem internationalen Erfolg stand die einfache Tonfolge nicht im Weg, auch wenn sie nichts Neues unter der Sonne bietet.

---

221 Zu Zimmermanns Werk und den biographischen Bezügen vgl. O. Korte, Die *Ekklesiastische Aktion* von Bernd Alois Zimmermann. Untersuchungen zu einer Poetik des Scheiterns (Berliner Musik Studien 29), Sinzig 2003. Die Komposition wurde „gut zwei Jahre nach ihrer Fertigstellung am 2. September 1972 im großen Konzertsaal des Kieler Schlosses uraufgeführt. *Das Philharmonische Orchester der Stadt Kiel* wurde geleitet von Hans Zender." (Korte, *Ekklesiastische Aktion*, 19).
222 Vgl. Havsteen, Book, 299 f.

2 Vertiefungen im Koheletbuch

Die vorangehenden Annäherungen an das Koheletbuch sollen nun am Text selber vertieft werden. Dabei werden die verschiedenen, bereits skizzierten Perspektiven – von der Einordnung des Buches in den Horizont der alttestamentlichen Weisheitsliteratur über seine implizite Salomonisierung bis hin zur Geschichte seiner Entstehung und zu seinen zeitgeschichtlichen Kontexten – anhand der einzelnen Abschnitte des Buches weiter verfolgt, um vor diesem Hintergrund ein möglichst dichtes Bild zeichnen zu können. Doch auch Vertiefungen bleiben letztlich nur Annäherungen. Ein wenig vertiefter werden diese aber möglicherweise dann, wenn es eine Leitfrage gibt, an der sich die Auslegung orientiert. Das soll hier die Frage nach dem Menschen sein, wie sie im Prolog bereits umrissen wurde: Nicht als Frage nach dem Menschen an sich, sondern als Frage nach dem Menschen, den das Koheletbuch und sein Verfasser in seiner ganzen Vielgestaltigkeit vor Augen haben und so den Leserinnen und Lesern vor Augen führen.

2.1 Koh 1,1

1   Die Worte Kohelets, des Sohnes Davids, des Königs in Jerusalem.

Eröffnet wird das Koheletbuch mit einer Überschrift, die den folgenden Text als die Worte oder auch Reden Kohelets ausweist, der als Sohn Davids, des Königs in Jerusalem, vorgestellt wird. Das Lexem קֹהֶלֶת (qohælæt) stellt ursprünglich eine Funktions- oder Amtsbezeichnung dar, die darauf hinweist, dass der Träger dieses Amtes in irgendeiner Weise kommunizierend in der Gemeinde oder der Versammlung (קָהָל [qāhāl]) wirkte.[223] Diese Bedeutung verblasst allerdings in der vorliegenden Verbindung קֹהֶלֶת בֶּן־דָּוִד (qohælæt bæn-dāwid). ‚Kohelet' erscheint hier nun wie der Name eines Sohnes Davids. Jeder Leser und jede Leserin im antiken Juda assoziiert mit der Wendung ‚Sohn Davids' den Nachfolger Davids auf dem Thron in Jerusalem, den König Salomo, der in Koh 1,1 allerdings nicht ausdrücklich genannt wird. Die Konstruktion der Überschrift in Koh 1,1 entspricht aber deutlich der Überschrift in Prov 1,1, mit der die Sprüche Salomos, des Sohnes Davids, des Königs von Israel, eingeleitet werden.[224] Koh 1,1 macht damit bereits zu Beginn klar, dass das Koheletbuch im Horizont der Weisheitsschriften zu lesen ist, was am Ende des Buches durch das Nachwort in Koh 12,9–11 unterstrichen wird, wenn Kohelets

---

223 Vgl. Zimmerli, Buch des Predigers, 143, und oben 1.2.
224 Vgl. Crenshaw, Ecclesiastes, 55, und Schwienhorst-Schönberger, Kohelet, 139 f.

Expertise im Blick auf die Weisheitssprüche eigens herausgestellt wird. Die Überschrift in Koh 1,1 knüpft offenkundig an die mit Salomo verbundene Tradition der Weisheitssprüche und Weisheitsreden an und entwickelt diese Tradition weiter, ohne dass die damit verbundene Salomonisierung des Koheletbuches eindeutig expliziert würde – sie steht vielmehr implizit im Raum.[225] Damit wird eine Autorisierung des folgenden Textes durch die Salomotradition erreicht, ohne dass es dabei zu einer Vereinnahmung und Engführung des Textes durch den Bezug auf Salomo käme. Auch wenn Salomo implizit und ungenannt von Beginn an im Raum steht, wird mit der Nennung Kohelets eine Uneindeutigkeit erzeugt,[226] die zum einen trotz des offenkundigen Anschlusses an die weisheitlichen Traditionen Neues und Anderes erwarten lässt und die zum anderen mit der Offenheit der Identifikation Kohelets einen Rezeptionsrahmen absteckt, innerhalb dessen sich Leserinnen und Leser auch dann wiederfinden können, wenn sie nicht im Milieu eines Königshofes beheimatet sind. Koh 1,1 schafft es in seiner Ambivalenz zwischen impliziter Salomonisierung und expliziter Offenheit dessen, wer oder was hinter Kohelet steckt, eine Brücke zu schlagen zwischen der etablierten Weisheitstradition und den Herausforderungen, die sich dadurch ergeben, dass ein Einzelner im Anschluss an die Weisheitstradition eigene Fragen stellt und Problemstellungen neu bearbeitet. Dieser Einzelne trägt nach Koh 1,1 den Namen Kohelet, der aber auch als Name eine – wenn auch verblasste – Funktionsbezeichnung bleibt und gerade als ‚Versammler' ein Identifikationspotential birgt.

2.2 Koh 1,2–11

2   Ganz und gar nichtig, sprach Kohelet, ganz und gar nichtig, alles ist nichtig.
3   Was ist ein Gewinn für den Menschen
      bei seiner ganzen Mühe, mit der er sich abmüht unter der Sonne?
4   Ein Geschlecht geht und ein Geschlecht kommt, aber die Erde bleibt ewig bestehen.
5   Und die Sonne geht auf und die Sonne geht unter
      und sie strebt nach dem Ort, wo sie aufgeht.

---

225 Vgl. Fox, Time, 159, demzufolge „the author creates for his persona a fictional king *based on* Solomon."
226 Vgl. Krüger, Kohelet, 96: „Das Koheletbuch greift die Konvention der Autorisierung von Weisheitslehren auf, gebraucht sie aber in einer Weise, die ihre Intentionen konterkariert und gleichsam ‚de-konstruiert': ‚Kohelet' ist kein aus den alttestamentlichen Traditionen bekannter israelitischer König."

6   Es weht nach Süden und dreht nach Norden,
    dreht, dreht, weht, der Wind. Und weil er sich dreht, kommt er wieder, der Wind.
7   Alle Flüsse fließen zum Meer, aber das Meer wird nicht voll.
    Zum Ort, dahin die Flüsse fließen, fließen sie und fließen.
8   Alle Worte mühen sich ab, keiner vermag zu reden.
    Das Auge sieht sich niemals satt, und das Ohr wird vom Hören nicht voll.
9   Was einmal geschah, wird wieder geschehen, und was einmal getan wurde, wird wieder getan,
    und es gibt ganz und gar nichts Neues unter der Sonne.
10 Wohl sagt man: „Sieh' dieses an! Neu ist es!" –
    Es war längst schon einmal da in den Zeiten, die vor uns waren.
11 Es gibt keine Erinnerung an die Früheren,
    aber auch an die Späteren, die kommen werden – es wird keine Erinnerung an sie geben bei denen, die danach sein werden.

Der vorliegende Text, mit dem die Reflexionen des Koheletbuches eröffnet werden, setzt sich aus mehreren Teilen zusammen. Zunächst ist er deutlich durch die vorangehende Überschrift in Koh 1,1 und den markanten Neueinsatz in Koh 1,12 abgegrenzt und kann daher als ein literarischer Zusammenhang verstanden werden.

Auf die Überschrift folgt mit Koh 1,2 ein Vers, der dem Buch als Motto und thematische Leitlinie vorangestellt wird und der zusammen mit der entsprechenden Formulierung in Koh 12,8 einen inneren Rahmen des Buches bildet. Das hebräische Lexem הֶבֶל (hæbæl) wird in Koh 1,2 als Leitbegriff des Koheletbuches eingeführt und insgesamt fünf Mal verwendet: In einer umfassenden Aussage wird die gesamte Wirklichkeit als ganz und gar nichtig beschrieben.[227]

Was ist mit הֶבֶל (hæbæl) gemeint?[228] Die Grundbedeutung von הֶבֶל (hæbæl) lässt sich anhand von Jes 57,13 erschließen: Die beiden Lexeme רוּחַ (rūaḥ) für ‚Wind' und הֶבֶל (hæbæl) für ‚Hauch' stehen hier in einem Parallelismus nebeneinander und gehören offenkundig zum selben semantischen Feld. Man kann הֶבֶל (hæbæl) daher

---

227 Mit der deutschen Wendung ‚ganz und gar nichtig' wird hier die hebräische Konstruktusverbindung הֲבֵל הֲבָלִים (haḇēl haḇālīm) wiedergegeben, mit der eine besondere Intensität der Aussage erzielt werden soll. Die Zürcher Bibel (2007) übersetzt mit dem Hendiadyoin ‚nichtig und flüchtig', die Lutherbibel (2017) bleibt bei der Formulierung ‚alles ist eitel'. Zum Bedeutungswandel von ‚eitel' im Deutschen vgl. K. Ehlich, הבל – Metaphern der Nichtigkeit, in: A. A. Diesel u. a. (Hg.), „Jedes Ding hat seine Zeit ...". Studien zur israelitischen und altorientalischen Weisheit. Diethelm Michel zum 65. Geburtstag (BZAW 241), Berlin/New York 1996, 49–64, 58 f.
228 Zur Bedeutung von הֶבֶל (hæbæl) vgl. Michel, Untersuchungen, 40–51, und Ehlich, הבל, 51–54, sowie Schoors, Preacher II, 119–129, und Weeks, Ecclesiastes, 20–29.

zunächst mit ‚Wind' oder ‚Windhauch' übersetzen. Im weiteren Sinne bringt הֶבֶל (hæbæl) aber auch die Flüchtigkeit und Vergänglichkeit des Windhauchs zum Ausdruck, der schon kurz nach seinem Wehen wie nichts verschwindet. In Jes 30,7 steht הֶבֶל (hæbæl) neben dem Lexem רִיק (rīq) für ‚Vergängliches', in Jes 49,4 neben תֹהוּ (tohū) für ‚Leere' oder ‚Ödnis' und in Jer 16,19 neben שֶׁקֶר (šæqær) für ‚Lüge'. Es handelt sich also um einen eher negativ konnotierten Begriff, auf den Kohelet zurückgreift.[229] Auf den ersten Blick ist es vor diesem Hintergrund nicht verwunderlich, dass Kohelet als ein Nihilist bezeichnet wurde, denn הֶבֶל (hæbæl) kann im Lateinischen mit *nihil* wiedergegeben werden. Die Vulgata übersetzt הֶבֶל (hæbæl) allerdings mit *vanitas*, was man im Deutschen mit ‚Eitelkeit' wiedergeben kann – damit ist nun aber an „die Stelle der nüchternen empirischen Feststellung, daß alles, mit dem der Mensch zu tun hat, dem Winde gleich nicht festzuhalten, also vergänglich ist, […] die larmoyante Klage über die Eitelkeit alles Irdischen getreten."[230] Die hebräische Grundbedeutung von הֶבֶל (hæbæl) weist in eine andere Richtung als die des Nihilismus oder der Eitelkeit: Wenn Kohelet die Nichtigkeit der Wirklichkeit betont, dann geht es ihm nicht um das Nichts im Sinne des grundsätzlich Nicht-Seienden, sondern um die Nichtigkeit, die dem Sein der Wirklichkeit als ihr dauerndes Potential innewohnt. In diesem Sinne ist die Aussage, dass alles nichtig sei, zu verstehen: Es ist nicht alles nichts, sondern für alles, was ist, gilt zugleich, dass es nicht dauerhaft ist, sondern dass es zum Nicht-mehr-Sein tendiert und damit in seiner Existenz grundlegend nichtig und flüchtig wie ein Windhauch ist.[231]

Dass die gesamte Wirklichkeit eigentlich הֶבֶל (hæbæl) und damit also ganz und gar nichtig sei, ist eine inhaltliche und formale Spitzenaussage, unter deren Vor-

---

[229] Zu den alttestamentlichen Belegen vgl. R. Albertz, Art. הֶבֶל, in: THAT I (⁴1984), 467–469, und K. Seybold, Art. הֶבֶל, in: ThWAT II (1977), 334–343.
[230] R. Bartelmus, Haben oder Sein – Anmerkungen zur Anthropologie des Buches Kohelet, in: BN 53 (1990), 38–67, 48.
[231] Vgl. in diesem Zusammenhang den wichtigen Beitrag von M. Sneed, הבל as ‚Worthless' in Qoheleth: A Critique of Michael V. Fox's ‚Absurd' Thesis, in: JBL 136 (2017), 879–894, der sich mit der These auseinandersetzt, man könne הֶבֶל (hæbæl) – im Anschluss an Albert Camus – mit ‚absurd' übersetzen (so Fox, Qohelet, 13–16, und Fox, Time, 8–11.30–33; ähnlich Michel, Untersuchungen, 280: „Von *hæbæl* redet Qohelet immer dann, wenn er darlegen will, daß das menschliche Fragen nach einem den Gewinn ermöglichenden Sinn auf eine Welt stößt, die stumm bleibt, die die Antwort verweigert. Ich übersetze deshalb, um die Parallelität zwischen Qohelet und Camus deutlich zu machen, *hæbæl* mit ‚absurd'."). Sneed führt dazu überzeugend aus, dass eine solche Übersetzung anachronistisch sei, philologisch nicht begründet werden könne, dem Denken Kohelets entgegenlaufe und zudem „mistakenly places the term הבל within the domain of rationality, cognition, or epistemology instead of in its rightful place within the sphere of axiology or values." (Sneed, הבל, 894).

zeichen alles steht, was nun im folgenden Text weiter ausgeführt wird. Koh 1,2 erfüllt dabei eine mindestens dreifache Funktion. Der Vers ist zum einen wie ein zweiter Teil der Überschrift in V. 1 zu lesen: V. 1 ist demnach als formaler und V. 2 als inhaltlicher Teil einer zweiteiligen Überschrift zu verstehen. Der Vers bildet zum anderen zusammen mit Koh 12,8 einen Rahmen um die Reflexionen Kohelets und hat damit eine buchkompositionelle Funktion, die über die Einleitungspassagen hinausweist. V. 2 eröffnet zum Dritten zugleich die erste Reflexion in Koh 1,3–11 und ist damit in seinem direkten Kontext als Einleitungsvers verankert:[232] V. 3 führt im direkten Anschluss an V. 2 über die mehrwertigen Funktionen von V. 2 hinaus.[233] Der Gedankengang in V. 3–11 zerfällt in mehrere Einzelgedanken, die allerdings eng aufeinander bezogen sind und daher als ein Zusammenhang gelesen werden können. Am Anfang steht die Frage nach dem Gewinn, der dem Menschen bleibt. In Form der Frage wird der Leser und die Leserin mit in den Text hineingenommen und auf diese Weise die Ziellinie des Textes gewissermaßen nach hinten ausgezogen: Mit יִתְרוֹן (jitrōn) für ‚Gewinn' und עָמָל ('āmāl) für ‚Mühe' werden hier zwei zentrale Begriffe Kohelets eingeführt, die in den folgenden Versen illustriert und in einen größeren Kontext gestellt werden: Was dem Menschen trotz aller mühevollen Arbeit übrig bleibt, ist angesichts der Vorgänge in der Welt ein Problem, das den Menschen unmittelbar angeht und das sich vor dem Hintergrund der flüchtigen Nichtigkeit der Wirklichkeit umso dringender stellt. V. 4 buchstabiert das Problem im Blick auf die wechselnden Generationen durch, denen gegenüber allein die Erde als das genannt wird, was Beständigkeit hat. Am Beispiel der Abfolge der Generationen wird in anthropologischer Perspektive die Wechselhaftigkeit vor Augen geführt, während in V. 5–7 mit den Bildern der auf- und untergehenden Sonne, des wehenden Windes und der zum Meer fließenden Flüsse in kosmischer Perspektive Vorgänge am Himmel, in der Luft und auf der Erde in den Blick genommen werden.[234] Alle diese Vorgänge sind durch eine hohe Dynamik bestimmt: Die Generationen von Menschen, die Sonne, der Wind und die Flüsse sind allesamt in Bewe-

---

232 Die doppelte oder gar dreifache Funktion einzelner Verse oder Verszusammenhänge bestimmt das Koheletbuch an vielen Stellen. Das hat auch für die Gliederung des Buches zum Teil bedeutende Konsequenzen, wie etwa Lohfink, Koheletbuch, 107f., an der Doppelfunktion von Koh 8,16–9,10 zeigt.
233 Vgl. Crenshaw, Ecclesiastes, 57–61, der Koh 1,2f. zusammenzieht.
234 Zu diesen kosmischen Zusammenhängen vgl. K. J. Dell, The Cycle of Life in Ecclesiastes, in: VT 59 (2009), 181–189, die dafür plädiert, diese Kontexte bei der Auslegung des Koheletbuches stärker zu berücksichtigen: „Reading Ecclesiastes from an ecological perspective is not a path that many commentators have taken. As part of this hermeneutic the aim is to hear the voice of the earth in the text and draw out the emphasis on the non-human within its pages." (Dell, Cycle, 182). Vgl. dazu unten 3.3.3.

gung. Der Mensch ist in diesen kosmischen Prozess eingebunden.[235] Anthropologie und Kosmologie werden gewissermaßen miteinander verschränkt. Angesichts dieser umfassenden Dynamik und der weiten Perspektive ist es tatsächlich fraglich, was dem einzelnen Menschen bei seiner mühevollen Arbeit als Gewinn bleiben kann. Die Antwort auf die Frage nach dem Gewinn des Menschen steht implizit bereits im Raum: Vor dem Hintergrund der umfassenden Nichtigkeit der Wirklichkeit, ist auch das, was dem Menschen bleiben könnte, dadurch bestimmt, dass es am Ende vergehen und eben gerade nicht bleiben wird. Das wird im Folgenden noch weiter anthropologisch ausgeführt. Die in V. 4.5–7 entfaltete umfassende Dynamik wird in V. 8 mit der Begrenzung der menschlichen Fähigkeiten konfrontiert: Während alles in Bewegung ist, sind die Worte – das heißt: die Sprache – und damit eine Möglichkeit des Menschen, sich zu sich selber und seiner Welt in Beziehung zu setzen, müde. Die Versuche, das Vorgehen innerhalb der Welt zu verstehen und kommunikativ zu erschließen, haben sich dauerhaft erschöpft: Das hebräische יְגֵעִים (j^{e}gē'īm) ist eine durativ zu verstehende Partizipialform. V. 8 ist in seiner Grundstruktur aus vier Teilen zusammengesetzt: der Generalaussage in V. 8aα, die mit einem Partizip konstruiert wird, und einer dreiteiligen Ausführung dieser Generalaussage, die mit V. 8aβ über das Stichwort דבר (dbr) zu V. 8b überleitet. Kommunikation kommt zum Erliegen, der Mensch ist nicht im Stande zu reden – auch wenn das Auge nicht satt wird zu sehen und das Ohr nicht voll wird zu hören. Die vorliegende Verknüpfung der beiden Aussagen erschließt sich keineswegs unmittelbar: Dass Worte ermüden und niemand reden kann, bildet wohl die eine Seite der Aussage, deren Hintergrund die dauernde Wahrnehmung durch Auge und Ohr ist. Zwischen Wahrnehmung und Vermittelbarkeit bricht ein Graben auf: Das beständige Wahrnehmen mit Auge und Ohr führt zu einer Überflutung des Menschen, der daran scheitert, das, was er sieht und hört, zur Sprache zu bringen. Es ist bemerkenswert, dass gleich im ersten Reflexionsgang des Koheletbuches die Grenzen des Menschen so deutlich ausgelotet werden: Das Betrachten und Beobachten der Welt ist eine Möglichkeit des Menschen, die aber dem Nichtigkeitsurteil unterliegt, weil ein Betrachten und Beobachten, das sich am Ende nicht mitteilen kann, vergeblich bleibt. Es gehört zur besonderen Prägung des Koheletbuches, dass diese anthropologischen Einsichten nicht dazu führen, die literarische Kommunikation einzustellen, sondern trotz der Begrenztheit des Menschen einen Versuch vorzulegen, etwas von dem zu verstehen, was den Menschen in seiner Welt ausmacht.[236]

---

235 Vgl. dazu B. Janowski, Was sich wiederholt. Zu einem vernachlässigten Aspekt des alttestamentlichen Zeitverständnisses, in: Ders., Das hörende Herz. Beiträge zur Theologie und Anthropologie des Alten Testaments. Band 6, Göttingen 2018, 269–289, 276.
236 Vgl. dazu Schwienhorst-Schönberger, Kohelet, 167f., der bereits hier „die rechten Maße des Menschseins" ausgelotet findet: „Der Mensch ist Teil der Schöpfung. Sein Erkennen ist ein parti-

Lenkt man von V. 8 auf V. 3 und die Frage nach dem, was dem Menschen als Gewinn bleibt, zurück, so ergibt sich nun als Antwort: Dem Menschen bleiben nur müde Worte, die auf der Ebene der Kommunikation das bereits skizzierte Potential der Wirklichkeit hin zur Nichtigkeit abbilden: Wo die Kommunikation ermüdet zum Erliegen kommt, befindet sich das Sein im Übergang zum Nicht-mehr-Sein. Diesem weit gefassten ontologischen Aspekt, der in V. 2 begründet wird, entspricht in V. 8 auf anthropologischer Ebene das Abbrechen der Kommunikationsfähigkeiten des Menschen.

Am Ende des Koheletbuches wird in Koh 12,12 das Stichwort יְגִעָה (jᵉgiʿāh) für ‚Ermüdung' aufgegriffen. Das zweite Nachwort kann daher auch im Licht von Koh 1,8 und Koh 1,3 gedeutet werden: Dass das Studieren den Leib ermüde, wie es in Koh 12,12 heißt, bliebe demnach als Aussage über die allgemeinen Anstrengungen des Lernens unterbestimmt. Erschöpfung und Ermüdung ergeben sich vielmehr aus der Erfahrung des Auseinanderfallens von Sinneseindrücken und deren Vermittelbarkeit. Der Verfasser des zweiten Nachwortes nimmt damit ein Grundproblem Kohelets auf, stellt es allerdings in V. 13 in einen weiteren Horizont, wenn er Gottesfurcht und Gebotsgehorsam als das dem Menschen Zukommende bestimmt.[237] Wie sehr dagegen Kohelet vom Problem der menschlichen Erfahrung und ihren Begrenzungen eingenommen wird, zeigt sich im weiteren Verlauf des Eingangskapitels des Buches.

Unter Anknüpfung an das Fragewort מַה (mah) für ‚was?' aus V. 3 führen V. 9–11 den Gedankengang weiter, wenden ihn nun aber in eine andere Richtung, die durch die Problematisierung der Kommunikation in V. 8 bereits angedeutet ist: Was war, wird wieder sein, und was getan wurde, wird wieder getan, es gibt also nichts Neues unter der Sonne, auch wenn das hier und da behauptet werden mag. Sachlich entspricht diese Einsicht den Überlegungen aus V. 4.5–7: Wenn alles in Bewegung ist, dann gibt es zwar eine dauernde Veränderung, die aber in ihrer Grundstruktur keineswegs etwas Neues ist, sondern vielmehr nur das hervorbringt, was bereits einmal war.[238] Dieses eigentlich immer wiederkehrende Alte erscheint nur dann als neu, wenn es lange genug zurückliegt, so dass sich niemand mehr daran erinnern kann.

Es spricht viel dafür, dass das Koheletbuch mit seiner Position, es gebe nichts Neues unter Sonne, auch auf diejenigen Stimmen reagiert, die genau mit diesem

---

zipatives Erkennen. In diesen Grenzen ist es sinnvoll, ja ‚schön' (vgl. 3,11). Sinnlos wird es, wenn der Mensch versucht, die ihm vorgegebenen Maße der Schöpfung zu überschreiten."
237 Vgl. dazu 2.30.
238 Vgl. Zimmerli, Buch des Predigers, 149: „So wie das Wasser, das neu zu Tale rinnt, eben doch immer wieder nur Wasser ist, so ist, was sich auf dem Boden der Welt ereignet, doch immer wieder das Alte: Geborenwerden, Sterben, Lieben, Hassen, Frieden, Krieg, Freundlichkeit, Bosheit."

Neuen rechnen. In hellenistischer Zeit zeichnen sich mehr und mehr Erwartungen ab, die mit einer grundstürzenden Veränderung der Wirklichkeit rechnen und davon ausgehen, dass alles neu werden wird. Solche Erwartungen finden sich in prophetischen Texten wie Jes 65,17; 66,22 und werden dann in apokalyptischen Szenarien vom Ende der Welt und einem universalen Neuanfang weiter ausgebaut. Wo auch immer die Apokalyptik ihre Wurzeln haben mag – an dieser Stelle trennen sich weisheitliche und apokalyptische Linien. Denn die Weisheit Kohelets unterstreicht die in der Erfahrung begründete Einsicht, dass es dieses radikal Neue bisher nicht gegeben habe und dass es wohl auch in der Zukunft nicht zu erwarten sei.[239]

Im Blick auf Koh 1,9–11 ist vor allem der Schlusspunkt des Textes von Bedeutung. Die Tatsache, dass Dinge für neu gehalten werden, obwohl sie das keineswegs sind, hängt V. 11 zufolge mit der fehlenden Erinnerung zusammen. Mit den Lexemen זִכְרוֹן (zikrōn) und זִכָּרוֹן (zikkārōn) – beide Begriffe stehen für ‚Gedenken' oder ‚Erinnerung' – wird dieses fundamentale Defizit erfasst und gleichzeitig stark aufgeladen, denn die hebräische Wurzel זכר (zkr) für ‚erinnern' steht für etwas in anthropologischer Perspektive Fundamentales: Der Mensch wird erst durch sein Erinnern und Gedenken zu einer Person, die nicht losgelöst im Raum steht, sondern in das Gewebe der Zeit eingebunden ist.[240] Dieses Eingebundensein wird da aber mindestens gelockert, wenn nicht sogar aufgelöst, wo die Erinnerung und das Gedenken keinen Ort mehr haben und damit dann der falsche Eindruck entstehen kann, es ereigne sich etwas Neues. Dieser Reflexionspunkt hängt eng mit V. 8 zusammen: Das Scheitern der Kommunikation aufgrund des Scheiterns der Erfahrung führt konsequent zum Scheitern der Erinnerung und des Gedenkens und damit zum Scheitern des Menschen an seiner Verortung im Zeitgefüge. Hier kommt die Nichtigkeitsaussage aus V. 2 zu ihrem vorläufigen Ziel: הֶבֶל (hæbæl) beschreibt in anthropologischer Perspektive die flüchtige Nichtigkeit des Seins als ein Scheitern des Menschen an seinen Kommunikationsmöglichkeiten und seiner Erinnerungsfähigkeit. Der Mensch wird hier in seiner grundlegenden Begrenztheit erfasst.

---

239 Zu den gegen apokalyptisches Denken gerichteten Linien im Koheletbuch vgl. Michel, Qohelet, 73f., und T. Krüger, Dekonstruktion und Rekonstruktion prophetischer Eschatologie im Qohelet-Buch, in: A. A. Diesel u. a. (Hg.), „Jedes Ding hat seine Zeit ...". Studien zur israelitischen und altorientalischen Weisheit. Diethelm Michel zum 65. Geburtstag (BZAW 241), 107–129, sowie Krüger, Kohelet, 119f.
240 Vgl. Janowski, Was sich wiederholt, 277f.: „Das menschliche Leben [...] ist zeitlich begrenzt, in seiner Begrenztheit aber bezogen auf das Maß und den Rhythmus der Schöpfung, an deren Wiederholungsstrukturen der Mensch zeit seines Lebens partizipiert. Dieser ‚Weg von der Anthropozentrik zur Kosmozentrik' [Zitat aus: Schwienhorst-Schönberger, Kohelet, 180] gibt der Position Kohelets eine große Gelassenheit, die nicht mit Enttäuschung oder Resignation zu verwechseln ist."

Aufgrund dieser Begrenztheit kann es keinen bleibenden Gewinn für den Menschen geben, denn die Erträge seiner mühevollen Arbeit sind von vornherein nichtig, da am Ende über sie nicht gesprochen und ihrer nicht gedacht werden wird.

Mit dieser Eingangsreflexion markiert das Koheletbuch die anthropologische Ausgangsposition des Denkens Kohelets.[241] Die Analyse der *conditio humana*, wie sie in Koh 1,2–11 umrissen wird, führt im Verlauf des Koheletbuches allerdings nicht unmittelbar zu einer angemessenen Haltung Kohelets dem Sein des Menschen gegenüber. Zunächst schlägt Kohelet in Koh 1,12–2,26 einen entscheidenden Umweg ein.

2.3 Koh 1,12–2,26

1,12 Ich, Kohelet, wurde König über Israel in Jerusalem.
13 Da nahm ich mir vor, mit Weisheit alles zu erforschen und zu erkunden, was unter dem Himmel getan wird.
Das ist eine leidige Mühe. Gott hat es den Menschen gegeben, um sich damit abzumühen.
14 Ich betrachtete alle Werke, die unter der Sonne getan wurden,
und siehe, alles war nichtig und ein Greifen nach Wind.
15 Gekrümmtes kann nicht gerade werden,
und Fehlendes kann nicht gezählt werden.
16 Ich dachte mir: Siehe, ich habe vergrößert und angehäuft mehr Weisheit als jeder, der vor mir über Jerusalem war,
und mein Herz hat viel Weisheit und Erkenntnis gesehen.
17 So nahm ich mir vor zu erkennen Weisheit und Erkenntnis, Torheit und Verblendung.
Ich erkannte, dass auch dies ein Greifen nach Wind war.
18 Denn mit viel Weisheit kommt viel Verdruss,
und wer Erkenntnis mehrt, mehrt Schmerz.
2,1 Ich dachte mir: Nun auf, versuche es doch mit Freude und genieße etwas Gutes!
Und siehe, auch das ist nichtig.

---

241 Vgl. Crenshaw, Ecclesiastes, 68. Zur Verwurzelung dieser Ausgangsposition vgl. Zimmerli, Buch des Predigers, 150: „Kohelet kommt her von den optimistischen Ansetzungen einer Weisheit, die mit ihrer Weltkunde Welt und Leben wohl begegnen und ihnen einen ‚Gewinn' abgewinnen zu können meint. Vor dieser Haltung weiß er sich der Wahrheit der wirklichen Welt verpflichtet, die es dem Menschen nicht gestattet, sie wirklich zu ergreifen, sondern ihn allenthalben an seine Grenzen erinnert."

2	Zum Lachen sagte ich: Sinnlos!
	Und zur Freude: Was kann sie bewirken?
3	Ich dachte mir aus, meinen Leib im Wein zu baden,
	doch sollte mein Verstand in Weisheit die Führung behalten. Und nach der Torheit wollte ich greifen, bis ich sehen würde, was da gut ist für die Menschen, was sie tun sollten unter dem Himmel nach der Zahl ihrer Lebenstage.
4	Ich vollbrachte große Werke:
	Ich baute mir Häuser, ich pflanzte mir Weinberge.
5	Ich legte mir Gärten und Parkanlagen an
	und pflanzte in ihnen Bäume jeder Fruchtart.
6	Ich machte mir Wasserteiche,
	um aus ihnen den Wald zu tränken, voller sprießender Bäume.
7	Ich erwarb Knechte und Mägde, und mir gehörten auch Söhne des Hauses. Auch Herden, Rinder und Schafe hatte ich mehr als alle, die vor mir in Jerusalem waren.
8	Ich sammelte mir auch Silber und Gold und den Besitz von Königen und Ländern.
	Ich verschaffte mir Sänger und Sängerinnen und den Genuss der Menschenkinder: Frau und Frauen.
9	So wurde ich größer und häufte mehr an als jeder, der vor mir in Jerusalem war.
	Fürwahr, meine Weisheit blieb mir erhalten.
10	Und was immer meine Augen begehrten, verwehrte ich ihnen nicht.
	Keine Freude versagte ich meinem Herzen. Ja, mein Herz freute sich von aller meiner Mühe, und dies war mein Anteil von aller meiner Mühe.
11	Doch als ich alle meine Werke ansah, die meine Hände vollbracht hatten, und alle Mühe, mit der zu arbeiten ich mich abgemüht hatte –
	siehe, alles ist nichtig und ein Greifen nach Wind, und es gibt keinen Gewinn unter der Sonne.
12	Da ging ich daran, Weisheit und Verblendung und Torheit zu betrachten.
	Ja, was bleibt dem Menschen, der nach dem König kommt? Was man schon längst getan hat!
13	Und ich sah, dass es einen Vorzug der Weisheit gegenüber der Torheit gibt, entsprechend dem Vorzug des Lichtes gegenüber der Dunkelheit.
14	Der Weise hat seine Augen in seinem Kopf, aber der Tor tappt im Dunkeln. Doch erkannte ich auch, dass ein Geschick alle zusammen trifft.
15	So dachte ich: Dem Geschick des Toren entsprechend kann es auch mich treffen. Wozu bin ich dann zu sehr weise geworden?
	Da dachte ich, dass auch das nichtig ist.

16 Denn es gibt keine Erinnerung an den Weisen oder den Toren auf ewig.
In den Tagen, die kommen, werden alle längst vergessen sein. Wie stirbt der Weise doch zusammen mit dem Toren!

17 Da hasste ich das Leben, denn übel erschien mir das Tun, das unter der Sonne getan wird.
Denn alles ist nichtig und ein Greifen nach Wind.

18 Und ich hasste alle meine Mühe, mit der ich mich unter der Sonne abgemüht hatte, denn dem Menschen, der nach mir kommt, muss ich es hinterlassen.

19 Und wer weiß, ob es ein Weiser oder ein Tor sein wird? Und doch wird er über alles verfügen, wofür ich Mühe und Weisheit aufgewandt habe unter der Sonne.
Auch das ist nichtig.

20 So kam ich dazu, über alle Mühe zu verzweifeln, mit der ich mich abgemüht hatte unter der Sonne.

21 Denn da müht sich nun einer ab mit Weisheit und mit Erkenntnis und mit Geschick,
und dann muss er es einem Menschen als seinen Anteil überlassen, der sich nicht dafür abgemüht hat. Auch das ist nichtig und ein großes Übel.

22 Was hat denn der Mensch von aller seiner Mühe und seinem Streben,
dass er sich abmüht unter der Sonne?

23 Ja, alle seine Tage hat er Schmerzen und Verdruss ist seine Angelegenheit,
und selbst bei Nacht kommt sein Herz nicht zur Ruhe.
Auch das ist nichtig.

24 Es gibt nichts Gutes für den Menschen, als dass er esse und trinke und sich Gutes gönne bei seiner Mühe.
Auch das kommt, so sah ich, aus Gottes Hand.

25 Ja, wer kann essen und wer muss sich sorgen, wenn nicht ich?

26 Gewiss, einem Menschen, der ihm gefällt, gibt er Weisheit und Erkenntnis und Freude.
Den aber, dessen Leben verfehlt ist,[242] lässt er sammeln und anhäufen, um es dann dem zu geben, der Gott gefällt. Auch das ist nichtig und ein Greifen nach Wind.

---

242 Zu dieser Übersetzung vgl. Krüger, Kohelet, 126.129, und Schwienhorst-Schönberger, Kohelet, 235.241–243. וְלַחוֹטֶא ($w^e lah\bar{o}t\alpha'$) bedeutet wörtlich ‚für den Sünder aber'.

2.3.1 Einführung

Der vorliegende Text ist durch die markante Zäsur, die mit der Selbstvorstellung אֲנִי קֹהֶלֶת (*ᵃnî qohælæt*) in Koh 1,12 gesetzt wird, deutlich von der Eingangsreflexion des Koheletbuches abgegrenzt: Während in Koh 1,1 und Koh 1,2 über Kohelet gesprochen wird, ergreift Kohelet in Koh 1,12 selber das Wort. Die Nichtigkeitsaussage in Koh 2,26 und der Neueinsatz mit dem Gedicht über die Zeit in Koh 3,1 markieren den Abschluss der literarischen Einheit Koh 1,12 – 2,26.[243]

Mit Koh 1,12 stellt sich Kohelet programmatisch in die Tradition des Jerusalemer Königtums und führt damit das weiter aus, was in Koh 1,1 angedeutet wird. Über das Königtum in Jerusalem hinaus, von dem in Koh 1,1 die Rede ist, nennt Koh 1,12 zudem Israel als Herrschaftsgebiet des Königs, was in Prov 1,1 seine nächste Parallele hat und die These stützt, dass das Koheletbuch gezielt im Horizont der salomonischen Spruchweisheit gelesen werden soll und mit dieser impliziten Salomonisierung auch eine implizite Royalisierung Kohelets verbunden wird. Da Kohelet innerhalb von Koh 1,12 – 2,26 auf der literarischen Bühne in der Verkleidung eines Königs auftritt, spricht man im Blick auf diesen Text häufig von der Königstravestie oder der Königsfiktion.[244] Diese Verkleidung und Fiktion Kohelets hebt sich deutlich von den folgenden Passagen des Buches ab, in denen Kohelet dann wieder „in ‚menschlichen Maßen'"[245] erscheint. Die Königstravestie ist daher im Zusammenhang zu analysieren, auch wenn der Text in eine Reihe kleinerer Einheiten zerfällt. Denn diese einzelnen Passagen sind dadurch verbunden, dass sie sich insgesamt auf das Thema ‚Kohelet als König' beziehen lassen. Es ist aber zugleich zu beachten, dass Kohelet im Verlauf des Textes zwar zunächst sehr stark in seiner Rolle als König auftritt, dass sich diese Verkleidung aber immer weiter auflöst und am Ende von Koh 2 nicht mehr der König, sondern der Mensch Kohelet vor Augen steht.

---

243 Während Koh 1,12 – 2,26 mehrheitlich als ein literarischer Zusammenhang verstanden wird (vgl. dazu nur Krüger, Kohelet, 129 f., und Schwienhorst-Schönberger, Kohelet, 181.187), plädiert Reinert, Salomofiktion, 77.129 – 149, dafür, von einer ‚Salomofiktion' bis Koh 4,16 auszugehen. Formal ist eine solche Gliederung durchaus denkbar, da Kohelet auch über Koh 2 hinaus in der 1. Person spricht. Das gilt allerdings – abgesehen von den Einleitungs- und Schlussversen – für das gesamte Buch. Inhaltlich liegt nach Koh 2,26 insofern ein signifikanter Einschnitt vor, als in Koh 1,12 – 2,26 Kohelet aus der Perspektive eines (fingierten) Königs spricht, wohingegen ab Koh 3 eine andere Reflexionshaltung eingenommen wird, wie bereits das Gedicht über die Zeit in Koh 3,1 – 9 und die beiden anthropologischen Grundlagentexte Koh 3,10 – 15.16 – 22 zeigen.
244 Vgl. Schwienhorst-Schönberger, Kohelet, 188 – 190, und oben 1.3 – 4.
245 Schwienhorst-Schönberger, Kohelet, 181.

2.3.2 Koh 1,12–15

Der erste literarische Abschnitt innerhalb der Königstravestie findet sich in Koh 1,12–15. Bemerkenswert ist in V. 12 zunächst die Perfektform הָיִיתִי (hājītī), die das Königsein Kohelets in der Vergangenheit verortet. Es spricht viel dafür, die Form ingressiv, also als Markierung des Anfangspunkts einer Handlung aufzufassen.[246] Das Moment des Anfangs fällt mit dem Beginn der Königsfiktion zusammen, Kohelet bringt also mit dem ingressiven Perfekt zum Ausdruck, dass er von V. 12 an in der Rolle des Königs agiert. Der Darstellung liegen keine historischen Ereignisse zugrunde, es geht also nicht um eine faktische Inthronisation des ‚Königs Kohelet', sondern es handelt sich hier um eine literarische Fiktion, innerhalb derer Kohelet die Rolle eines Königs übernimmt und in dessen Machtbefugnisse eintritt.[247] Aufgrund seiner königlichen Machtposition nimmt sich Kohelet ein Forschungsprogramm vor, das er als König mit allen nötigen Mitteln umsetzen kann: Nach V. 13a geht es ihm um eine umfassende weisheitliche Erkundung der Vorgänge unter dem Himmel. V. 13b qualifiziert dieses Projekt als eine Gabe und Aufgabe Gottes für den Menschen, der sich genau damit abzumühen hat – trotz aller erkennbaren Mühe, die diese Aufgabe kennzeichnet. Der innere Zusammenhang zwischen V. 13a und V. 13b ist dabei von Bedeutung: Kohelet nimmt sich mit seinem Forschungsvorhaben nichts vor, was dem Menschen nicht ohnehin von Gott aufgetragen wäre. Damit tritt von Beginn an weniger der König, sondern vielmehr der Weise Kohelet entgegen, der sich nun allerdings der königlichen Möglichkeiten bedient, um mehr Einsicht gewinnen zu können. V. 14 greift den Gedanken des Tuns und der Vorgänge unter dem Himmel aus V. 13 auf und führt ihn – nun mit der Wendung ‚unter der Sonne' – weiter aus. Dabei wird das Ergebnis der Untersuchungen bereits vorweggenommen: Wie in V. 2 wird auch in V. 14 alles als הֶבֶל (hæbæl) gekennzeichnet – die gesamte Wirklichkeit zeichnet sich durch eine Nichtigkeit aus, deren Dimensionen des Flüchtigen im Bild des vergeblichen Greifens nach Wind illustriert werden. Ein Weisheitswort, das Kohelet wohl aus der Tradition der Spruchweisheit übernimmt,[248] führt den ersten Gedankengang zu Ende. V. 15a trifft das Vorangehende dabei nicht präzise, denn dass Gekrümmtes nicht zu begradigen sei, liegt zumindest nicht unmittelbar auf einer Linie mit der Nichtigkeitsaussage. Die Verbindung zur Nichtigkeitsaussage wird allerdings in der zweiten Vershälfte deutlich: V. 15b führt

---

[246] Vgl. dazu Weeks, Ecclesiastes, 333: „The perfect form of the verb can also indicate a state that began in the past but persists into the present […]."

[247] Vgl. dazu Fox, Time, 170f.: „‚I am Qohelet' resembles the opening of various royal inscriptions […]. These introductory self-identifications, like Qohelet's, precede autobiographical accounts of the speaker's virtues and exploits."

[248] Vgl. Zimmerli, Buch des Predigers, 153.

aus, dass das, was fehlt und woran Mangel (חֶסְרוֹן [ḥæsrōn]) herrscht, nicht gezählt werden kann. Das untersuchen zu wollen, was nicht ist, so Kohelets Kerngedanke, gleicht dem Versuch, das Krumme gerade zu machen – beides muss scheitern. Sollte die Vermutung richtig sein, dass V. 15 ein von Kohelet zitierter Spruch aus der Weisheitstradition ist,[249] kann man an dieser Stelle bereits sehen, mit welchen literarischen Techniken Kohelet arbeitet: Er eröffnet einen Argumentationsgang, der auf die Nichtigkeitsaussage in V. 14 zuläuft. Dabei bleibt er allerdings nicht stehen, sondern illustriert durch eine bekannte Sentenz seine Reflexion. Dass der Weisheitsspruch dabei nicht exakt auf einer Linie mit der Reflexion Kohelets liegt,[250] ist weniger relevant als der Effekt, der durch das Zitat des Spruches erzielt wird: Kohelet schafft mit dem Anschluss an vertraute Formen und Inhalte bei seinen Leserinnen und Lesern Vertrauen in seine neuen Formen und Inhalte weisheitlichen Denkens. Es zeigt sich hier, dass Kohelet tief in der Weisheitstradition – und das heißt in diesem Zusammenhang: der Tradition der Spruchweisheit – verwurzelt ist und diese Tradition souverän rezipieren und weiterentwickeln kann. Kohelet steht daher in keinem Fall in irgendeiner Weise am Rand, er bildet vielmehr sein Denken aus der Mitte des weisheitlichen Diskurses heraus aus.

2.3.3 Koh 1,16–18

Mit דִּבַּרְתִּי אֲנִי עִם־לִבִּי ($dibbart\bar{\imath}$ $^{\,a}n\bar{\imath}$ 'im-$libb\bar{\imath}$) in V. 16 setzt ein neuer Gedankengang ein, der bis V. 18 reicht. Die neue Eröffnung in Koh 2,1 grenzt Koh 1,16–18 als einen literarischen Zusammenhang ab. Mit der einleitenden Wendung in V. 16 wird ein Kommunikationsprozess beschrieben, innerhalb dessen sich der Sprecher Kohelet an sich selbst wendet und sich damit zu sich selbst in Beziehung setzt. Das Herz (לֵב [leb]) gilt als Sitz des menschlichen Verstandes und Ort der kognitiven Prozesse, die hier in der Form eines Selbstgespräches literarisiert werden. Die Übersetzung mit ‚denken' unterläuft diesen Kommunikationsaspekt, bringt aber dennoch das Maß an Reflexion, das hier gleichzeitig mit angesprochen wird, sachgemäß zum Ausdruck. Kohelets Forschungsvorhaben ist demnach durch ein hohes Maß an Selbstreflexivität geprägt. Für die Anthropologie des Koheletbuches ist das von einiger Bedeutung, weil hinter dieser Selbstreflexivität der Mensch Kohelet als ein einzelner Mensch, um nicht zu sagen: als ein Individuum hervortritt.

---

249 Vgl. dazu Schwienhorst-Schönberger, Kohelet, 192–194.
250 Vgl. Zimmerli, Buch des Predigers, 153: „Es dürfte dabei der bei Kohelet noch oft wiederkehrende Vorgang festzustellen sein, daß eine sprichwörtliche Feststellung, die zunächst an ganz anderer Stelle für irgendeinen Teilbereich kluger Wahrnehmung gemacht worden ist, überraschend zu einer das ganze Leben beleuchtenden Totalaussage radikalisiert wird."

Der Abschnitt V. 16–18 gleicht der vorangehenden Einheit: Wieder wird eine Reflexion durch einen Weisheitsspruch abgeschlossen, der in dieser Form auch im Proverbienbuch stehen könnte.[251] Damit zeigt sich auch hier, dass Kohelet in der Weisheitstradition verankert ist und diese Weisheit durch seine eigenen Überlegungen selbstständig durchdringt und fortschreibt. In V. 16 geht es zunächst um die angehäufte Menge der Weisheit, durch die sich Kohelet von allen, die vor ihm ‚über Jerusalem' waren, unterscheidet. Insbesondere durch die Formulierung עַל־יְרוּשָׁלָם (‛al-j°rūšālājim) wird die Königsfiktion fortgesetzt: Kohelet hat nicht mehr Weisheit als jedermann angehäuft, sondern mehr Weisheit als jeder Herrscher über Jerusalem. Dieser ‚königliche' Akzent tritt dann aber in den Hintergrund, wenn in V. 17a als Ziel Kohelets angeführt wird, zwischen Weisheit und Torheit unterscheiden zu können. Nach V. 17b kommt Kohelet im Blick auf dieses Vorhaben zu dem bereits bekannten Schluss, dass das nichts weiter als Greifen nach Wind ist. Die Formulierung aus V. 17b weicht terminologisch nur minimal von der Wendung aus V. 14 ab. Sachlich geht es an beiden Stellen um die Unmöglichkeit angemessener Erkenntnis dessen, was Kohelet sich zu begreifen vorgenommen hat, nämlich die Vorgänge unter der Sonne. Mit der Formulierung ‚Greifen nach Wind' (רַעְיוֹן רוּחַ [ra‛jōn rūaḥ]) ist ein Schlusspunkt der Reflexion Kohelets erreicht. In V. 18 folgt nun erneut ein Weisheitsspruch, der in einem sachlichen Parallelismus die Gefahren der Weisheit zusammenfasst: Dass viel Weisheit viel Unmut mit sich bringen kann und dass das Vermehren von Erkenntnis gleichermaßen den Schmerz vermehrt, ist eine tiefgründige und von der Erfahrung herkommende Einsicht, der sich selbst der ‚König' Kohelet nicht entziehen kann. V. 18 korrespondiert über das semantische Feld (רבב [rb] / יסף [jsp]) eng mit V. 16 (גדל [gdl] / יסף [jsp]): Kohelet hat mehr Weisheit angehäuft als jeder andere – und das heißt von V. 18 her gelesen dann zugleich, dass Kohelet auch mehr Unmut und Schmerz hat als jeder andere. Auch das Königsein schützt Kohelet nicht vor den Mühen der Erkenntnis. Selbst der höchste Thron übersteigt nicht die fundamentale Begrenztheit menschlicher Existenz.

Wieder ist hier die literarische Technik Kohelets zu beachten: In V. 18 unterstreicht er seine Einsicht, dass der Versuch, Weisheit und Torheit zu unterscheiden, dem Greifen nach Wind vergleichbar ist, mit der Rezeption und dem Zitat des überlieferten Spruches über Unmut und Schmerz als Begleiterscheinungen der Weisheit. Kohelet setzt hier aber insofern einen eigenen Akzent, als er den Grad an Abstraktion, der die Spruchweisheit mit ihren transpersonalen Erfahrungssätzen prägt, zurücknimmt und seine Einsichten individualisiert. Die aus verdichteten Erfahrungen entwickelte Spruchweisheit löst sich bei Kohelet zum Einzelnen hin auf, der seine eigenen Erfahrungen macht und diese Erfahrungen mit den tra-

---

251 Vgl. Zimmerli, Buch des Predigers, 155, und Schwienhorst-Schönberger, Kohelet, 197.

dierten Erfahrungen in Beziehung setzt. Kohelet eröffnet damit Einblicke in das Werden der Weisheit: Sie kommt von der Erfahrung her und läuft auch wieder auf Erfahrung zu. Kohelet steht da, wo die Spruchweisheit ihren Anfang nimmt, nämlich bei der Erfahrung des Menschen, der im Durchforsten und Erforschen der Wirklichkeit zu seinen Einsichten kommt. Kohelet nimmt sich also das vor, was andere vor ihm auch schon unternommen haben. Er weiß allerdings von Anfang an, dass er mit seinen Erfahrungen nicht weiterkommen wird als die Weisen vor ihm. Kohelets Denken muss in diesem Spannungsfeld zwischen Infragestellung der Leistungsfähigkeit erfahrungsgestützter Weisheit und gleichzeitiger erfahrungsgeleiteter Erkenntnisbildung verortet werden: Kohelet rezipiert überlieferte Weisheitssprüche und bedient sich der Erfahrung als des zentralen Instruments des Erkenntnisgewinns, sieht aber sehr deutlich, dass dem Bemühen des Menschen um das Verstehen der Welt grundsätzlich Grenzen gesetzt sind. Kohelet wäre wohl aus Sicht seiner Zeitgenossen kein Weiser, wenn er seine Tradition übergehen wollte. Diese Tradition allerdings nur affirmativ zu wiederholen, hält er angesichts der Herausforderungen seiner Zeit für unzureichend. Er strebt daher danach, im Anschluss an die vorliegende Weisheit noch einmal grundlegend von vorn zu beginnen mit der Erforschung der Welt.

2.3.4 Koh 2,1 f.

In Koh 2,1 wird mit der Wendung אָמַרְתִּי אֲנִי בְּלִבִּי ('āmartī ᵃnī bᵉlibbī) ein weiterer Gedankengang Kohelets eröffnet, der in V. 2 nur zu einem vorläufigen Abschluss kommt und durch V. 3–11 sachlich aufgegriffen und breiter ausgestaltet wird.[252] Trotz der Einsicht in die Unerreichbarkeit seiner Erkenntnisziele hält Kohelet wohl an seinem Vorhaben fest und bestimmt in V. 1 den Modus seiner Unternehmung: Mit Freude (בְשִׂמְחָה [bᵉśimḥāh]) und mit Gutem (בְטוֹב [bᵉṭōb]) will er an seine Sache herangehen, doch auch das erweist sich als הֶבֶל (hæbæl), so dass Kohelet in V. 2 das

---

[252] Vgl. Zimmerli, Buch des Predigers, 156: „Die Sentenz läuft formal in 1a mit der Schilderung eines neuen ‚Versuches' Kohelets an. V. 1b.2 fügen daran unmittelbar das Ergebnis. Dann aber läuft mit V. 3 eine neue, viel breiter ausgeführte Versuchsschilderung an, die in V. 11 mit einem gleichartigen Fazit abgeschlossen wird. So wird man von den formalen Wahrnehmungen her schwanken, ob man nicht 1–2 und 3–11 als zwei selbständige Sentenzen anzusprechen hat. Die nahe inhaltliche Berührung widerrät aber eine [sic!] Zerreißung der zwei Einheiten." Während Zimmerli also die Einheit im Zusammenhang analysiert, werden die beiden Einheiten im Folgenden voneinander abgehoben (so auch Krüger, Kohelet, 137, und Schwienhorst-Schönberger, Kohelet, 199–202), was vor allem der Übersichtlichkeit der Darstellung dienen soll, denn beide Passagen sind tatsächlich eng aufeinander bezogen.

Lachen als sinnlos bestimmt und die Freude in ihrer Wirksamkeit in Frage stellt: „So werden Freude, Glück und Lachen hier erstmals negativ qualifiziert."[253] Gerade im Horizont des Koheletbuches erstaunt dieses negative Urteil, denn bereits in Koh 2,24.26 werden Genuss und Freude anders bewertet und in Koh 8,15; 9,7 wird die Freude gepriesen und empfohlen. Daher ist bei der Interpretation von Koh 2,1f. insbesondere der Bedeutungsradius von V. 1 nicht zu unterschätzen: Die positive und optimistische Grundhaltung Kohelets – im Wissen um die eigenen Grenzen und die Flüchtigkeit der Freude – ist ein grundlegender Wesenszug seines Denkens. Die bei Kohelet durchgehend erkennbare Einsicht in die Grenzen menschlicher Möglichkeiten wird zugleich immer wieder unterlaufen oder überboten durch die von Freude und Lebensgenuss bestimmte Grundhaltung Kohelets: Kohelet fängt immer wieder neu an, wie insbesondere die vorliegende Textstruktur zeigt, innerhalb derer auf V. 2 unmittelbar V. 3 folgt, in dem es ja darum geht, dass Kohelet nicht aufgibt, sondern seine Erkundungen fortsetzt. Hinter dieser Haltung steht eine Gelassenheit im Umgang mit den Grenzen des Menschen, die sich möglicherweise aus dem auf die Erfahrung gestützten Forschungsansatz Kohelets ergibt. Mit seinem empirischen Vorgehen versucht Kohelet, die Dinge zu objektivieren und sich damit zu ihnen in ein Verhältnis zu setzen. Dieser Prozess erfordert eine gewisse Distanz zwischen Beobachter und Beobachtetem – und diese Distanz Kohelets ermöglicht ihm eine nüchterne Betrachtung der Welt.[254]

2.3.5 Koh 2,3–11

Eine nächste Etappe seiner Untersuchung nimmt Kohelet in Koh 2,3–11 in Angriff. Die Einheit schließt unmittelbar an V. 1f. an, wird durch das einleitende תַּרְתִּי (*tartī*) aber doch eigenständig akzentuiert. Der Gedankengang reicht bis V. 11, in dem mit der Nichtigkeitsaussage, dem Verweis auf das Greifen nach Wind und der Bemerkung, es gebe keinen Gewinn unter der Sonne, eine in der geprägten Sprache Kohelets verfasste Schlusswendung vorliegt, die als Zäsur innerhalb des Textes zu verstehen ist.

Nach V. 3 bleibt Kohelet seinem Programm des Erkundens und Erforschens treu, was mit dem Lexem תור (*twr*) zum Ausdruck kommt. Die folgende Wendung וְלִבִּי נֹהֵג בַּחָכְמָה (*wᵉlibbī noheg baḥåkmāh*) betont die Orientierung Kohelets an Weisheit und Vernunft und setzt einen gewissermaßen rationalen Akzent, dem die

---

253 Schwienhorst-Schönberger, Kohelet, 201.
254 In Koh 2,17 f. zeigt sich allerdings, dass die gelassene Position Kohelets durchaus Raum für emotionale Ausbrüche lässt (vgl. 2.3.7–8).

Formulierung לִמְשׁוֹךְ בַּיַּיִן אֶת־בְּשָׂרִי (limšōk bajjajin 'æt-bᵉśārī) allerdings entgegenläuft: Was auch immer im Detail mit dem Bild vom durch den Wein gezogenen Leib gemeint sein mag – um rationale Aneignung der Welt und vernunftgeleitetes Verstehen der Wirklichkeit kann es nicht gehen, wenn der Wein ins Spiel kommt. Wenn Kohelet zudem unter Rückgriff auf die Torheit die Vorgänge unter dem Himmel ethisch einordnen möchte, so wird dieser um Wein und Torheit kreisende Gedankengang zu einer Art Narrenrede, die dem ‚König Kohelet' eigentlich schlecht zu Gesicht steht. Denn bisher hat er sich als nüchterner Denker gezeigt, kommt nun aber mit Hilfe von Wein und damit verbundener Torheit auf ein anderes Niveau der Reflexion.[255] Das zeigt sich an der deutlichen Übersteigerung, die ab V. 4 zu greifen ist. Mit הִגְדַּלְתִּי מַעֲשָׂי (higdaltī ma⁽ᵃ⁾śāj) wird ein Tonfall in den Text gebracht, der mit Mäßigung und Gelassenheit nicht viel zu tun hat. Aufgrund des bisherigen Scheiterns an der Weisheit ist diese Reaktion aber wohl nicht zu vermeiden, denn wenn mit nüchternem Verstand und besonnener Weisheit nichts zu erreichen ist, könnte es vielleicht im rauschhaften Übertreiben und Übersteigern des eigenen Tuns gelingen. Während Kohelet in Koh 1,16 הִגְדַּלְתִּי (higdaltī) noch mit חָכְמָה (ḥåkmāh) verbindet, wird das Objekt von הִגְדַּלְתִּי (higdaltī) in Koh 2,4 מַעֲשָׂי (ma⁽ᵃ⁾śāj) – es geht nun um die eigenen Werke,[256] derer sich Kohelet rühmt: Häuser und Weingärten in V. 4b, Parkanlagen und Obstbäume in V. 5, Teiche und Bewässerungsanlagen in V. 6, Dienstpersonal und Vieh in V. 7, Reichtum an Silber und Gold sowie Unterhaltung jeder Art in V. 8. Die Werke Kohelets überragen alles bisher in Jerusalem Dagewesene.[257] Bei dieser Schilderung steht zum einen der idealisierte König Salomo im Hintergrund, zum anderen „läßt sich allerdings eine weitergehende allgemeine Stilisierung der Darstellung nach dem Idealbild eines reichen Großkönigs der Tage Kohelets ebenfalls nicht übersehen."[258] Bei allem Tun bleibt Kohelet seine Weisheit erhalten. In V. 10 wird das Wesentliche dieses ganzen Unternehmens auf den Punkt gebracht: Kohelet gönnt und erlaubt sich alles, enthält sich nichts vor und schöpft aus dem Vollen – und hat bei aller Mühe seinen Anteil an der Freude. Doch diese Freude hat eine Kehrseite: V. 11 wird eingeleitet mit der Wendung וּפָנִיתִי אֲנִי (ūpānītī ⁽ᵃ⁾nī), die etwas für das Denken Kohelets Typisches offenlegt: Es gibt mehr als eine

---

[255] Vgl. Weeks, Ecclesiastes, 377: „I take Qohelet's use of wine here, therefore, to be as a stimulant, and not an intoxicant [...]."
[256] Vgl. Fox, Time, 179: „Still imitating royal inscriptions, Qohelet boasts of his material accomplishments."
[257] Zu den Einzelheiten vgl. Krüger, Kohelet, 138 f., und Schwienhorst-Schönberger, Kohelet, 210–213. Bemerkenswert sind hier insbesondere die Anklänge an Gen 1 f.: „König Kohelet tritt an die Stelle Gottes. Nach und nach wird ihm aber klar, dass er damit zu hoch gegriffen hat." (Schwienhorst-Schönberger, Kohelet, 211).
[258] Zimmerli, Buch des Predigers, 157.

Betrachtungsweise und das Wenden der eigenen Perspektive, das mit dem Lexem פנה (*pnh*) angezeigt wird, kann neue Dimensionen eines Phänomens freilegen. Bei der gewendeten Betrachtung aller Werke kommt Kohelet zu dem Ergebnis, dass alles nichtig und Greifen nach Wind ist. Die Frage nach dem, was dem Menschen als Gewinn bleibt, wird in Koh 2,11 erneut negativ beantwortet: וְאֵין יִתְרוֹן (w^{e}'ēn jitrōn) – es gibt keinen Gewinn. Die Freude aus V. 10 ist damit keineswegs in Abrede gestellt, sie wird aber vor einem weiteren Horizont betrachtet und auf diese Weise relativiert. Mit den hin- und herwendenden Perspektivwechseln erspart sich Kohelet die hintergründige Leere der vordergründigen Freude nicht, sondern macht sie gerade aufgrund der verschiedenen Sichtweisen sehr deutlich.[259]

Damit kommt die Narrenrede des ‚Königs Kohelet' an ihr Ende. Hinter den gezielten Übertreibungen verbirgt sich letztlich eine Strategie Kohelets, der seine Leserinnen und Leser von etwas überzeugen möchte: Selbst mit den größten und beeindruckendsten Werken, die ein Mensch oder sogar ein König hervorbringen kann, ist nichts Bleibendes zu gewinnen. Der Text läuft von V. 3 und V. 4 auf V. 11 und die Nichtigkeitsaussage zu und bleibt damit auf der Linie des Koheletbuches, die bereits in der Eingangsreflexion skizziert wird und die auf der Nichtigkeitsaussage basierend ein Fundament des Koheletbuches zu bilden scheint.

2.3.6 Koh 2,12

V. 12 ist eine *crux interpretum*.[260] V. 12a lässt sich von Koh 1,17; 2,3 her einordnen: Kohelet wendet seine Denkrichtung erneut und will Weisheit und Verblendung und Torheit betrachten. Damit wird zunächst einmal ein umfassender Gegenstandsbereich in den Blick genommen: Von der Weisheit, so könnte man Kohelet verstehen, bis hin zu Verblendung und Torheit möchte er alles überschauen. In V. 12b bildet der Verweis auf den König wohl eine Brücke zur Einleitung der Königsfiktion in Koh 1,12. Der Mensch, nach dem in Koh 2,12b gefragt wird, ist wohl derjenige, der nach dem König kommen wird. Ganz zutreffend formuliert Franz Delitzsch: „Das Motiv des Vorhabens Koheleths, Weisheit und Thorheit ihrem Werthe nach gegen einander abzuwägen, besteht darin, daß ein König, zumal ein solcher wie Salomo war,

---

[259] Schwienhorst-Schönberger, Kohelet, 214, fasst den Reflexionsprozess folgendermaßen zusammen: „In 2,11 stehen wir noch ganz am Beginn dieser Reflexion, in 2,24–26 hat sie ihren vorläufigen Abschluss und Höhepunkt innerhalb der Königstravestie erreicht. Ab 3,1ff. spricht Kohelet als ‚Philosoph'. Der Philosoph will aber erst langsam aus dem König geboren werden. Mit 2,10–11 setzen die Geburtswehen ein."
[260] Vgl. dazu Michel, Untersuchungen, 20–24, und Fox, Time, 182f., sowie ausführlich Weeks, Ecclesiastes, 424–433.

an Hülfsmitteln und Umblick so viel vor jedem Andern voraus hat, daß Keiner, der hinterdrein kommt, zu einem anderen Ergebnisse gelangen wird."[261] Was Kohelet als König nicht erreicht, wird kein anderer Mensch besser und eher erreichen können. Mit dem Menschen ‚nach dem König' könnte ein anderer Mensch gemeint sein, der so wie Kohelet nach Einsicht strebt. Es könnte aber auch der Mensch gemeint sein, der im weiteren Verlauf des Buches nach der Königsfiktion kommt, also der Mensch Kohelet. Dass dieser Mensch das tun wird, was man längst schon getan hat, entspricht der Einsicht aus Koh 1,9: Auch der Mensch nach dem König wird zu keinen weiteren Einsichten gelangen als ‚König Kohelet'. Koh 2,12b wäre damit nichts anderes als eine buchinterne Auslegung von Koh 1,9 im Kontext der Königsfiktion.[262]

Über die Frage nach dem Menschen hinaus ist Koh 2,12 aber auch als „Dispositionsangabe"[263] der folgenden Verse zu lesen. Insbesondere das in Koh 2,12b angeschlagene Thema des nachfolgenden Menschen wird in V. 18–21 aufgegriffen und weitergeführt. V. 12 nimmt daher auf formaler Ebene eine Scharnierstellung innerhalb des Kapitels ein und hat eine rück- und eine vorverweisende Funktion.[264]

2.3.7 Koh 2,13–17

Eine deutlich abgegrenzte Einheit findet sich in V. 13–17. Mit der Eröffnung וְרָאִיתִי אָנִי (wᵉrā'îtî 'ānî) wird in V. 13 eine weitere der Betrachtungen Kohelets eingeleitet, die in V. 17 mit der Nichtigkeitsaussage und dem Verweis auf das Greifen nach Wind abgeschlossen wird. Eine Zwischenzäsur setzt die Nichtigkeitsaussage in V. 15b, an die in V. 16a aber direkt die Konjunktion כִּי (kî) anschließt und die Verse miteinander verbindet.

---

261 Delitzsch, Koheleth, 250.
262 Michel, Untersuchungen, 23, vermutet sogar, dass mit Koh 2,12 die Königsfiktion endet: „Tatsächlich findet sich im folgenden keine Stelle mehr, an der Qohelet als König redet oder handelt [...] – ab jetzt redet der Philosoph!" Mit V. 12 wäre damit der Übergang vom König zum Menschen Kohelet zu greifen.
263 Krüger, Kohelet, 141.
264 Zur Position des Verses vgl. Zimmerli, Buch des Predigers, 160 f.: „Der Zwischensatz 12b wirkt aber unverkennbar störend und zerreißt den guten Zusammenhang von 12a zu 13." Zimmerli vermutet daher, dass Koh 2,12b ein „in diesen Zusammenhang geratener Nachtrag ist, der 18–23 vor Augen hat." (Zimmerli, Buch des Predigers, 161). Will man hier nicht mit einem Nachtrag rechnen, lässt sich die Verbindung zwischen V. 12b und V. 18 ff. als eine gezielt gestaltete Verknüpfung interpretieren, die im Nahkontext vielleicht ungewöhnlich wirkt, im größeren Horizont der Königsfiktion aber ein gewisses Maß an Kohärenz innerhalb des Textes schafft (vgl. dazu Krüger, Kohelet, 141, und Schwienhorst-Schönberger, Kohelet, 221 f.).

Inhaltlich geht es in dem Abschnitt um das Spannungsfeld zwischen Weisheit und Torheit, das Geschick von Weisen und Toren und das Fehlen eines Gedenkens an beide. Nach V. 13 gibt es einen Vorzug oder Gewinn der Weisheit gegenüber der Torheit, der mit dem Vorzug oder Gewinn des Lichts gegenüber der Dunkelheit verglichen wird. Durch diesen Vergleich wird die Weisheit mit dem Licht und die Torheit mit der Dunkelheit parallelisiert und damit ein klassisch weisheitlicher Topos aufgegriffen.[265] Im Horizont dieser weisheitlichen Topologie von Licht und Dunkelheit wird in V. 14a ein Weisheitsspruch angeschlossen, den Kohelet wohl aus der überlieferten Weisheitstradition übernommen und an dieser Stelle in seine Argumentation eingebaut hat.[266] Auch hier ist wieder die literarische und konzeptionelle Technik Kohelets zu beobachten: Der konkrete Weisheitsspruch über den Weisen und den Toren wird in einen weiteren, grundsätzlichen Horizont von Weisheit und Torheit gestellt. Mit V. 14b wird dann ein anderer Aspekt eingebracht, wenn von dem einen Geschick die Rede ist, das Weisen und Toren trifft. Damit wird die Aussage des Weisheitsspruches dekonstruiert: Wenn es der Weisheitstradition zufolge durchaus so sein sollte, dass sich der Weise – im Gegensatz zum Toren – im Licht bewegt, so gilt doch Kohelets Einsicht zufolge, dass beiden ein und dasselbe widerfährt.[267]

V. 15 nimmt in diesem Reflexionsgang eine Schlüsselstellung ein. In einer individuellen Betrachtung stellt Kohelet dem überlieferten Weisheitsspruch seine eigene Erkenntnis entgegen: Erstens schließt er aus dem vorangehenden Blick auf das gemeinsame Geschick des Weisen und des Toren, dass auch ihn selber das Geschick des Toren treffen kann. Daraus ergibt sich zweitens sehr konsequent die Frage nach dem Wozu seiner weisheitlichen Bemühungen. Diese Frage endet in der ersten Nichtigkeitsaussage des Abschnitts in V. 15b.

V. 16 setzt den Gedankengang unmittelbar fort und erweitert ihn um den Aspekt der Erinnerung und des Gedenkens, der in der Eingangsreflexion in Koh 1,11 bereits entfaltet wurde. In Koh 2,16 wird ausgeführt, dass der Weise mit dem Toren nicht nur im gemeinsamen Geschick vereint ist, vielmehr stehen der Weise und der Tor auch im Blick auf die Erinnerung und das Gedenken, die es weder für den einen noch für den anderen geben wird, nebeneinander. Das Vergessen prägt den Lauf der Zeit und der Tod ist der verbindende Schlusspunkt des gemeinsamen Geschicks von Weisen und Toren. Sollte es in der Zeit Kohelets bereits Gedanken über eine Unterscheidung von Weisen und Toren im Horizont des Todes gegeben haben, wie sie sich später etwa in Dan 12,1–3 niedergeschlagen haben, so stellt sich Kohelet mit

---

265 So etwa in Prov 13,9 bei der Gegenüberstellung von Gerechten und Frevlern.
266 Vgl. Schwienhorst-Schönberger, Kohelet, 222–225.
267 מִקְרֶה (miqræh) ist in diesem Zusammenhang dasjenige, was dem Menschen entgegenkommt und dem niemand ausweichen kann; vgl. Ges[18], 732, und HAL, 594 f., und unten 3.3.4.

seiner Position solchen Erwartungen entgegen. Kohelet erschüttert mit seiner Egalisierung von Weisen und Toren aber vor allem das Fundament der Weisheitstradition: Wenn der Weise und der Tor vom gleichen Geschick getroffen werden und wenn es auch in der Erinnerung an beide keinen Unterschied geben wird, so gibt es keine Entsprechung von Tun und Ergehen und das Verhalten des Weisen hat für diesen keine Vorteile im Vergleich zum Verhalten des Toren.

Aus dieser Einsicht, derzufolge nach den Begriffen der Weisheitstradition die Ordnung der Welt aus den Fugen ist, ergibt sich in V. 17 Kohelets drastische Position, die in diesem Kontext gedeutet werden muss: ‚König Kohelet' steht dem Leben mit Hass gegenüber,[268] weil ihm die Vorgänge unter der Sonne übel erscheinen und die gesamte Wirklichkeit nichtig und nichts als Greifen nach Wind ist.

Die flüchtige Nichtigkeit der Erinnerung und das windige Greifen nach Weisheit, die doch letztlich zu nichts führt, bilden die Grundlagen des Hasses des ‚Königs Kohelet' auf das Leben. Dieser Hass steht allerdings in einem deutlich erkennbaren Widerspruch zu den Aussagen über die Lebensfreude, von der in Koh 2,10 bereits die Rede ist und die in den weiteren Reflexionen, etwa in Koh 2,24; 8,15; 9,7, große Bedeutung für die Lebensgestaltung gewinnt. Dieses konzeptionelle Gefälle von der Haltung innerhalb der Königsfiktion hin zu den Empfehlungen zur Lebensfreude muss bei der Einordnung des Hasses auf das Leben beachtet werden: Es ist der verkleidete ‚König Kohelet', der am Ende zum Hass kommt – der Mensch Kohelet empfiehlt dagegen die Lebensfreude und ergreift nach Koh 2,17 mehr und mehr das Wort.[269]

---

268 Vgl. Zimmerli, Buch des Predigers, 162, der hier von einem „ganz unweisheitlichen Ausbruch" spricht: „Der Weise ist sonst der Mann, der die extremen Aussagen meidet und auch in seinem Wort den Weg der Gemessenheit wählt. [...] Kohelet lechzt und sucht im Grunde ganz so wie die Weisheit nach dem ‚Leben', das er als ‚Gewinn' finden möchte. Weil ihm aber deutlich geworden ist, daß der Mensch nicht Macht hat dieses Leben zu ergreifen, darum muß er das Leben hassen." Es ist allerdings zu bedenken, ob im Blick auf V. 17 nicht deutlicher zu berücksichtigen ist, dass hier Kohelet in der Rolle des Königs spricht; außerhalb dieser Rolle kommt Kohelet zu einer anderen Bewertung des Lebens.
269 Vgl. dazu Schwienhorst-Schönberger, Kohelet, 228: „König Kohelet kann als Chiffre für ein verschleiertes Bewusstsein verstanden werden. [...] In 2,13–17 erfährt König Kohelet die Diskrepanz zwischen seinem königlich-weisheitlichen Selbstverständnis und der Realität. [...] Der Realitätsschock stürzt ihn in die Verzweiflung." Mit dem Verlassen der Rolle des Königs findet sich Kohelet dann gewissermaßen in der Realität ein und kommt in dieser Realität auch zu einer anderen Haltung dem Leben gegenüber.

2.3.8 Koh 2,18–20.21–23

Koh 2,18 ist über die Form וְשָׂנֵאתִי (*wᵉśānētī*) mit dem vorangehenden V. 17 verbunden. Hier zeigt sich, dass die Königsfiktion ein stark vernetzter und literarisch ausgesprochen verdichteter Text ist. Der Abschnitt V. 18–20.21–23 ist innerhalb dieses größeren Zusammenhangs als eine eigenständige Einheit zu interpretieren, in der der Gedanke der Mühe des Menschen in den Vordergrund tritt. Der Text ist durch mehrere Textsignale strukturiert. In V. 19 findet sich zunächst mit der Nichtigkeitsaussage ein Zwischenakzent. V. 20 setzt den Gedankengang allerdings weiter fort und kommt erst mit der für Kohelet typischen Wendung תַּחַת הַשָּׁמֶשׁ (*taḥat haššāmœš*) zu einem vorläufigen Schlusspunkt, auf den in V. 21 mit כִּי־יֵשׁ אָדָם (*kī-ješ 'ādām*) ein Neueinsatz folgt. In V. 21 findet sich erneut die Nichtigkeitsaussage, mit der dann in V. 23 der literarische Zusammenhang abgeschlossen wird. Der vorläufige Schlusspunkt in V. 20 und der Neueinsatz in V. 21 markieren zwar eine Zäsur innerhalb der literarischen Einheit, die dafür spricht, die beiden Textteile V. 18–20 und V. 21–23 für sich zu betrachten, der gemeinsame Fokus auf der Mühe des Menschen bindet die beiden Textteile aber konzeptionell zusammen.

In V. 18–20 geht es in einem ersten Durchgang um die Mühen Kohelets. Der gesamte Abschnitt ist aus der Perspektive der 1. Person abgefasst. Kohelet tritt hier – in literarischer Stilisierung – gewissermaßen persönlich gegenüber. Aus dem Hass auf das Leben, von dem ‚König Kohelet' in V. 17 spricht, wird der Hass auf die menschlichen Mühen Kohelets, der hier immer weniger mit königlichen Eigenschaften auftritt. Es hat den Anschein, als sei ‚König Kohelet' mit dem Ausbruch, er hasse das Leben, auf dem emotionalen Höhepunkt der Königsfiktion angekommen und dann letztlich aus der Rolle gefallen. In V. 18–20 wird Kohelet in jedem Fall sehr menschlich greifbar. Aufgrund der Einsicht in seine Sterblichkeit wird Kohelet V. 18 zufolge deutlich, dass er dem Menschen, der nach ihm kommen wird, das hinterlassen muss, worum er sich so sehr gemüht hat.[270] Dabei ist nach V. 19 nicht einmal klar, ob es sich bei diesem Menschen um einen Weisen oder einen Toren handeln wird – hier scheint die Frage auf, ob sich der Erbe Kohelets der Mühen Kohelets würdig erweisen wird. Kohelet kommt am Ende von V. 19 zu seinem Nichtigkeitsurteil, das in V. 20 noch einmal aus persönlicher Perspektive expliziert wird, wenn Kohelet seiner Verzweiflung über seine Mühe Ausdruck verleiht.[271]

V. 21–23 setzen diese Reflexion in einem zweiten Durchgang thematisch fort, lösen sich aber von der persönlichen Kommunikationsebene, die in V. 18–20 be-

---

[270] Vgl. dazu auch Koh 6,1–6.
[271] Vgl. Zimmerli, Buch des Predigers, 163: „Es ist die härteste Beschreibung der eigenen Verfassung, die in Kohelets Worten zu finden ist."

stimmend ist. In V. 21 wird das Beispiel des Menschen angeführt, der sich abmüht und dabei mit großer Weisheit vorgeht, dann aber doch alles jemandem überlassen muss, der sich darum nicht gemüht hat. Kohelet kennzeichnet diesen Vorgang als הֶבֶל (hæbæl) und großes Übel. In gewisser Weise findet sich in V. 21 die allgemeinere Beschreibung dessen, was Kohelet für sich selber in V. 18f. bereits entfaltet hat. V. 22 bringt die vorangehenden Überlegungen in Form einer nur noch rhetorischen Frage auf den Punkt: Was hat der Mensch von seiner Mühe? Nach den vorangehenden Reflexionen steht mit der Frage ‚Was bleibt?' (מֶה־הֹוֶה [mæh-howæh]) bereits die konsequente Antwort mit im Raum: ‚Nichts!' Schmerzen und Verdruss sind nach V. 23a die Begleiter des Menschen, der selbst nachts nicht zur Ruhe kommt. V. 23b setzt unter diesen Gedankengang mit dem Nichtigkeitsurteil die für Kohelet typische Signatur: גַּם־זֶה הֶבֶל הוּא (gam-zæh hæbæl hū).

Die vorliegende Texteinheit ist durch die Nichtigkeitsaussagen in V. 19.21.23 bestimmt und bewegt sich damit im Horizont der thematischen Einleitung des Buches in Koh 1,2. Die stark verdichtete Betonung der Nichtigkeit in Koh 2,19.21.23 steht in Kontrast zu der berauschenden Narrenrede in V. 3–11. Kohelet tritt in V. 18–23 ernüchtert aus der Königsrolle heraus. Die Konfrontation mit der Wirklichkeit führt zu einem Reflexionsprozess, der an dieser Stelle bei dem sehr dunklen Nichtigkeitsurteil ankommt: „Die negative Seite der Anthropologie des Koheletbuches hat ihren Tiefpunkt erreicht."[272] Dieses Urteil ist wie der in V. 17 zum Ausdruck gebrachte Hass auf das Leben aber nicht das letzte Wort Kohelets. Es hat vielmehr den Anschein, dass die Einsicht Kohelets in die Nichtigkeit seiner Mühen einen Denkprozess in Gang setzt, in den die Leserinnen und Leser des Textes mit hineingenommen werden sollen. Das zeigt sich in V. 18–20.21–23 insbesondere an dem Nebeneinander von persönlicher und allgemeiner Durchführung des Themas: Durch die emotionalen Ausführungen eines persönlich betroffenen Kohelet in V. 18–20 werden Leserinnen und Leser selber emotional berührt, durch die von Kohelet losgelöste Analyse in V. 21–23 wird dagegen ein Raum der Adaption eröffnet, in dem sich Leserinnen und Leser neben Kohelet wiederfinden können. Leserinnen und Leser sollen Kohelet auf seinem Denkweg vom übersteigerten Königsein hin zum Menschen nach-denken können. Die Königsfiktion wird hier zugunsten einer allgemein-menschlichen Reflexion verlassen.[273] Die berauschende Selbstüberhebung Kohelets in der Rolle des Königs war aber nötig, um zu einer nüchternen Betrachtung der Dinge vorstoßen zu können, die den weiteren Reflexionsgang des Buches bestimmt. Denn weder Hass noch Verzweiflung stehen am

---

272 Schwienhorst-Schönberger, Kohelet, 234.
273 Vgl. Schwienhorst-Schönberger, Kohelet, 230: „So lässt sich hier, am Ende der Königstravestie, der Übergang von der ‚subjektiven' Situation des Königs Kohelet zur ‚objektiven' Situation eines jeden Menschen beobachten."

Ende des Denkprozesses, den das Koheletbuch anstößt. Es kommt vielmehr zu einer signifikanten Transformation der Wahrnehmung der Nichtigkeit der Welt und damit zugleich zu einer Änderung der Haltung Kohelets, der damit auf der Ebene seiner Weisheitsschrift exemplarisch vorführt, was im Lektürevorgang nachvollzogen werden kann, nämlich der Weg vom verzweifelten König zum glücklichen Menschen.

2.3.9 Koh 2,24–26

Der Abschluss der Königsfiktion in Koh 2,24–26 ist durch die vorangehende Nichtigkeitsaussage in V. 23 und die Nichtigkeitsaussage in V. 26 als eine geschlossene literarische Einheit erkennbar. Hier ist nach dem Tiefpunkt, den Kohelet nach dem Scheitern seiner Rolle als König erreicht hat, ein erster Einblick in die Richtung, die das Denken Kohelets nun einschlägt, zu gewinnen. Dass die in V. 18–23 bereits erkennbare Wendung vom ‚König Kohelet' hin zum Menschen Kohelet und damit auch zum Allgemein-Menschlichen hin vollends vollzogen ist, zeigt bereits die Einleitung des Abschnitts in V. 24: Mit אֵין־טוֹב בָּאָדָם ('ēn-ṭōb bā'ādām) ist als Adressat der Mensch als solcher im Blick, es geht nicht um eine königliche oder auf andere Art herausgehobene Person, sondern es geht in dieser Reflexion um Kohelets Blick auf den Menschen, für den es seiner Meinung nach nichts Gutes gibt, außer zu essen, zu trinken und sich Gutes zu gönnen bei aller seiner Mühe. V. 24b setzt den entscheidenden Akzent unter diese Aussage: Der Genuss des Lebens wie auch die Mühe kommt aus der Hand Gottes. Hier wird nicht „besinnungslos in eine Gegenwart des Genusses hineingetanzt"[274], sondern es wird deutlich erkennbar, „daß der positive Ruf zur Freude sich vor Gott verantwortet."[275]

Kohelet sichert seine Erkenntnis mit der Wendung רָאִיתִי אָנִי (rā'ītī 'ānī) ab: Er hat gesehen, dass die Dinge sich so verhalten. Das ist nun für den Weisheitslehrer Kohelet, der mit seiner ganzen Weisheitstradition von der Erfahrung herkommt, eine weitreichende Aussage, denn der Bereich des empirischen Zugriffs auf die Welt wird hier von menschlicher Seite immens ausgeweitet, wenn zu ihm auch das Handeln Gottes gehören sollte. Aber genau das ist die Aussage Kohelets: Der Mensch kann sehen, dass die Lebensfreude eine Gabe Gottes ist und zum Menschen gehört wie auch die menschliche Mühe. Das Leben wird damit in seinem gesamten Radius in Gottes Handeln verankert. Wer der Auffassung ist, das Koheletbuch bezeuge eine Gottesferne oder spiegele gar die Erfahrung der Gottverlassenheit, wird Koh 2,24

---

274 Zimmerli, Buch des Predigers, 165.
275 Zimmerli, Buch des Predigers, 165.

deutlich unterbestimmen müssen, was dem Text aber keineswegs gerecht wird. In V. 25 wird die allgemeine Aussage aus V. 24 direkt von Kohelet auf sich selber gewendet, wenn er das Essen und das Sorgen auf sich bezieht und damit genau das Bild des Menschen spiegelt, der nach V. 24 seine Gaben aus der Hand Gottes erhält. Nach dem Tiefpunkt, der in der Königsfiktion mit V. 17 erreicht ist, bringt Kohelet sich und zugleich den Menschen im Allgemeinen in V. 24 f. ganz in Gottes Handeln unter.

In V. 26 wird die theonome Grundlegung der Anthropologie, die in V. 24 bereits vollzogen wird, noch weiter expliziert. Das erfolgt in weisheitlicher Form, wenn Gottes Handeln an dem einen Menschen, der Gott gefällt, und an dem, dessen Leben verfehlt ist, illustriert wird. Das Nebeneinander von Gerechten und Frevlern oder von Weisen und Toren bestimmt die Weisheitsliteratur in weiten Teilen und darf in ihrer klaren Unterscheidung zwischen dem einen und dem anderen nicht vorschnell als Abbildung der Wirklichkeit verstanden werden. Mit den klaren Konturen, die hier gezogen werden, wird vielmehr ein didaktisch-lehrhafter Zweck verfolgt, was auch für V. 26 gelten dürfte. Es geht um das Tun und das Ergehen des Menschen, allerdings ist es hier explizit Gott, der den Menschen auf sich bezieht und der dem, der ihm gut erscheint, Weisheit, Erkenntnis und Freude gibt, wohingegen er dem sich verfehlenden Sünder das nimmt, was er angesammelt hat, um es dem zu geben, der ihm gefällt. Hinter der Freude und den Frustrationen des Menschen steht V. 26 zufolge beiderseits Gott als Handelnder, ohne dass Kohelet erklären würde, was den Menschen dazu bestimmen kann, Gott zu gefallen oder aber sein Leben zu verfehlen. Das Bild eines unberechenbaren und möglicherweise sogar willkürlichen Gottes scheint im Hintergrund deutlich auf. Kohelet führt es aber nicht weiter aus, denn es geht ihm in beiden Teilen der Aussage um den Menschen, der Gott gefällt und der alles von Gott erhält. Im Horizont der Einheit V. 24–26 unterstreicht V. 26 noch einmal deutlich, dass nichts, was der Mensch besitzen kann, ihm aus eigener Hand zukommt. Vielmehr ist alles, was den Menschen ausmacht, eine Gabe Gottes.

Mit V. 24–26 setzt Kohelet eine theologische Signatur unter die Königsfiktion und den komplexen Reflexionsgang in Koh 1,12–2,26. Vom König kommt Kohelet zum Menschen und den Menschen bezieht Kohelet fundamental auf Gott. Es ist eine in der Beziehung Gottes zum Menschen begründete Anthropologie, die am Ende des Gedankengangs steht. Die V. 26 abschließende Nichtigkeitsaussage und der Verweis auf das Greifen nach Wind stehen hier nun bereits in einem anderen Horizont als die Nichtigkeitsaussagen in V. 19.21.23. Im Verlauf der Reflexionen Kohelets und der gezielt gestalteten Textstrategie des Koheletbuches wird der Leitbegriff הֶבֶל (hæbæl) durch mehrfache Rekontextualisierungen neu geprägt und damit auch das hinter diesem Leitbegriff stehende Weltbild entscheidend neu profiliert. Die Kerneinsicht, dass die Dinge nichtig seien und daher nichts auf Dauer zu haben sei, bleibt gleich.

Was sich aber ändert, ist der Umgang mit dieser Einsicht. In der Königsfiktion wird zu Beginn des Koheletbuches ausgelotet, wohin die Einsicht in die Nichtigkeit der Welt den Menschen führen kann, wenn er sich selber zum Maßstab macht und alles selber erfassen und verstehen will. Am Ende der Königsfiktion steht die Nichtigkeit im Horizont des Handelns Gottes für den Menschen. Diese Nichtigkeit ist eine andere als diejenige, die dem Menschen in der Tiefe vor Augen gestanden hat. Es ist eine Nichtigkeit, die dem Sammeln und Anhäufen, also dem Streben nach bleibendem Gewinn, entgegenhält, dass das alles sinnlos ist, wohingegen die Freude am Leben in aller Vergänglichkeit dasjenige ist, was dem Menschen von Gott gegeben ist und daher auch ausgekostet werden darf und soll.

2.3.10 Zusammenfassung

Die Königsfiktion des Koheletbuches bildet den Ausgangspunkt des Denkens Kohelets. Während die Eingangsreflexion in Koh 1,2.3–11 dem Buch als eine Art hermeneutisches Prooemium vorangestellt ist, wird das Buch mit Koh 1,12 explizit mit Kohelet und seinem Reden verknüpft. Die Königs- und implizite Salomofiktion, die mit Koh 1,12 erzeugt wird, schafft zunächst einen Abstand zwischen Leserinnen und Lesern und dem ‚König Kohelet', der aufgrund seiner machtvollen und finanzstarken Position seine Untersuchungen und Forschungen anders gestalten kann, als das einem Menschen im Allgemeinen möglich wäre. Die Königsfiktion führt aber am Beispiel des ‚Königs Kohelet' vor Augen, dass die vermeintliche Höherstellung Kohelets ihn nur noch tiefer in die Verzweiflung stürzt und ihn dazu bringt, das Leben zu hassen, weil es sich seinem Zugriff entzieht.

Nach diesem Tiefpunkt verlässt Kohelet mehr und mehr die Rolle des Königs und leitet damit von den königlichen Großtaten über zu seinen menschlichen Reflexionen, in die die Leserinnen und Leser über den notwendigen Umweg der Königsfiktion nun mit hineingenommen werden. Diese ‚Vermenschlichung' des Gedankengangs vollzieht sich innerhalb der Königsfiktion nach Koh 2,17 allmählich, findet dann aber in Koh 2,24–26 einen auf Gott und den Menschen bezogenen Abschluss, in dessen Zentrum die Gabe der Lebensfreude durch Gott an den Menschen steht: „So enthält 2,24–26 in zum Teil noch änigmatischer Form die Kernaussage des gesamten Buches: Das Glück, das der Mensch sucht (vgl. 2,3), führt ihn in jene Wirklichkeit, auf die das Wort ‚Gott' verweist."[276]

Mit Kohelets Abkehr von der Rolle des Königs ist eine Abkehr von seiner zerstörerischen Selbstbezogenheit verbunden und es vollzieht sich eine Wendung zu

---

[276] Schwienhorst-Schönberger, Kohelet, 243.

Gott als demjenigen, der Menschsein gelingen lassen kann. Der Mensch kann sich nach Kohelets Erfahrung mit dem Königsein trotz aller Macht nicht in sich selbst verankern. Daher begründet Kohelet den Menschen in Gott und damit die Anthropologie in der Theologie und legt so das entscheidende Fundament seines Denkens. Auf diesem Fundament steht die folgende dreigeteilte Grundlagenreflexion in Koh 3.

2.4 Koh 3,1–9

1 Für alles gibt es einen Zeitpunkt
   und eine Zeit für jede Angelegenheit unter dem Himmel.
2 Zeit zum Gebären und Zeit zum Sterben,
   Zeit zum Pflanzen und Zeit zum Ausreißen des Gepflanzten,
3 Zeit zum Töten und Zeit zum Heilen,
   Zeit zum Einreißen und Zeit zum Aufbauen,
4 Zeit zum Weinen und Zeit zum Lachen,
   Zeit des Klagens und Zeit des Tanzens,
5 Zeit, Steine zu werfen, und Zeit des Steine Sammelns,
   Zeit, sich zu umarmen, und Zeit, sich aus der Umarmung zu lösen,
6 Zeit zum Suchen und Zeit zum verloren gehen Lassen,
   Zeit zum Bewahren und Zeit zum Wegwerfen,
7 Zeit zum Zerreißen und Zeit zum Nähen,
   Zeit zum Schweigen und Zeit zum Reden,
8 Zeit zum Lieben und Zeit zum Hassen,
   Zeit des Krieges und Zeit des Friedens.
9 Welchen Gewinn hat derjenige, der etwas tut, davon, dass er sich abmüht?

Mit Koh 3 setzt eine neue literarische Einheit innerhalb des Koheletbuches ein. Koh 3 ist zwar mit den vorangehenden Passagen verbunden,[277] verlässt aber vollständig die Königstravestie, aus der Kohelet bereits gegen Ende des vorangehenden Kapitels immer mehr herausgetreten ist.

Koh 3,1–9 bilden den ersten Abschnitt innerhalb von Koh 3. Der Text ist durch die Nichtigkeitsaussage in Koh 2,26 und die Eröffnung eines neuen Gedankengangs in Koh 3,10 nach beiden Seiten abgegrenzt und sehr gleichförmig aufgebaut: In V.

---

277 Vgl. Krüger, Kohelet, 155.

2–8 finden sich je Vershälfte jeweils zwei parallele Zeitaussagen,[278] die mehrheitlich nach dem formalen Muster: עֵת (ʿet) plus לְ (lᵉ) plus *infinitivus constructus* aufgebaut sind.[279] Nur die thematische Einleitung in V. 1a.bα mit der Schlusswendung תַּחַת הַשָּׁמָיִם (taḥat haššāmājim) in V. 1bβ und die Frage in V. 9 heben sich von den stereotypen Formulierungen in V. 2–8 ab. V. 1bβ und V. 9 verankern Koh 3,1–9 im Koheletbuch und lassen vermuten, dass hier gezielt literarische Verbindungen geschaffen werden: Die Formulierung תַּחַת הַשָּׁמָיִם (taḥat haššāmājim) findet sich auch in Koh 1,13; 2,3 und die Frage מַה־יִּתְרוֹן (mah-jitrōn) steht bereits zu Beginn des Buches in Koh 1,3, יִתְרוֹן (jitrōn) zudem noch in Koh 2,11.13.[280]

Die gezielten Verknüpfungen, die durch Koh 3,1.9 geschaffen werden, könnten darauf hinweisen, dass V. 1a.bα.2–8 zunächst selbstständig überliefert und erst sekundär in den Argumentationsgang eingebaut wurden. In den vorangehenden Abschnitten hat sich bereits gezeigt, dass Kohelet Weisheitssprüche aus seiner Tradition aufnimmt und in die Argumentation einbindet. Möglicherweise ist diese literarische Technik auch in Koh 3,1–9 zu beobachten, auch wenn weitere Hinweise auf die Herkunft des Binnentextes fehlen. In jedem Fall wird dieser Text durch die Rahmenverse zu einem integralen Bestandteil des Koheletbuches.

V. 1 eröffnet den Text mit der Aussage, dass es für alles eine bestimmte Zeit gebe. Der Aussagesatz erscheint als die Zusammenfassung einer Erfahrung und passt sich damit in den weisheitlichen Kontext ein.[281] Die beiden hebräischen Zeitbegriffe עֵת (ʿet) und זְמָן (zᵉmān) stehen in V. 1 im *parallelismus membrorum* nebeneinander und werden synonym gebraucht.[282] Das Lexem חֵפֶץ (ḥepæṣ) bezeichnet innerhalb des Verses das, worauf die Zeit jeweils gerichtet ist und wird im Sinne von ‚Angelegenheit' oder ‚Geschäft' zu deuten sein; daneben hat der Begriff im Hebräischen aber auch die Bedeutung ‚Gefallen'.[283] Von hier aus wird die Richtung des in Koh 3 vorliegenden Zeitverständnisses erkennbar: Nach Koh 1,9 gibt es zwar nichts Neues

---

278 Vgl. Krüger, Kohelet, 156: „2–8 nennt 28 (= 4 mal 7) ‚Angelegenheiten' in 14 (= 2 mal 7) Paaren." Zur Zahlensymbolik vgl. Schwienhorst-Schönberger, Kohelet, 247.
279 V. 4b.5aβ.8b weichen von diesem Muster ab.
280 Darüber hinaus liegt mit dem Lexem עָמֵל (ʿāmel) am Ende von V. 9 eine Anbindung an 2,18–23 vor.
281 Zum weisheitlichen Hintergrund vgl. Michel, Untersuchungen, 52–54, und Schwienhorst-Schönberger, Kohelet, 256.
282 Vgl. Schwienhorst-Schönberger, Kohelet, 249. Dass in der Septuagintafassung des Verses χρόνος (chrónos) und καιρός (kairós) nebeneinanderstehen, hat dazu geführt, dass man die mit diesen griechischen Begriffen verbundenen spezifischen Zeitvorstellungen auch an die hebräische Fassung herangetragen hat. Das hat allerdings an der Sprachwelt des Hebräischen keinen Anhalt. Wer anhand von Koh 3,1 unterschiedliche Zeitverständnisse innerhalb des Textes rekonstruiert, legt die Septuaginta, nicht aber den hebräischen Text aus.
283 Vgl. Ges[18], 380f., und innerhalb des Buches Koh 5,3; 12,1.10 (dazu Crenshaw, Ecclesiastes, 92).

unter der Sonne, nach Koh 3,1 gibt es aber sehr wohl erfreuliche Angelegenheiten unter dem Himmel. Die Zeit, die Kohelet hier im Blick hat, ist nicht die messbare Zeit im Sinne von Stunden oder Minuten, sondern die qualifizierte Zeit, die sich durch das sie jeweils Bestimmende auszeichnet: „Möglichkeit *und* Begrenztheit sind die Zeitperspektiven des Gedichtes. Ging es König Kohelet um das Reich der unbegrenzten Möglichkeiten, das sich freilich als illusorisch erwies, so geht es nun um die *begrenzten Möglichkeiten des Menschseins.*"[284] Die Interpretation des Textes wird stark davon bestimmt, wo man nun den Schwerpunkt setzt: bei der Begrenzung oder bei den Möglichkeiten. Die Beispiele, die in V. 2–8 angeführt werden, lassen jeweils beide Pole des menschlichen Aktionsradius' erkennen und widersprechen in ihrer Antithetik, die jedem Tun seine entgegengesetzte Möglichkeit eingrenzend zur Seite stellt,[285] einem Allmachts- und Selbstverwirklichungswahn, der den Menschen absolut setzt.

Innerhalb von V. 2–8 liegt die erste thematische Einheit in V. 2f. vor. Mit dem Einstieg über das Gebären oder auch Zeugen und Sterben in V. 2a, für die es nach Kohelet eine Zeit gibt, nimmt Kohelet die wahrnehmbaren äußeren Ränder des Lebens in den Blick. Pflanzen und Entwurzeln in V. 2b entsprechen dem, erfassen Anfang und Ende des Lebens aber in einem weiteren Horizont: „Wahrscheinlich ist hier an feindliche Handlungen (etwa im Krieg?) gedacht, kaum hingegen an die Ernte, die man nicht ,ausreißt', oder das Jäten von Unkraut, das nicht ,gepflanzt' wird."[286] In V. 3 werden die Gegensätze spiegelverkehrt weitergeführt: Das Töten in V. 3aα und das Einreißen in V. 3bα stehen am Anfang, während das Heilen in V. 3aβ und das Bauen in V. 3bβ an zweiter Stelle genannt werden. Mit diesen Aussagen wird in der Form eines Chiasmus das Sachfeld des Lebens abgeschritten. V. 4–8 bewegen sich insgesamt im Rahmen des durch V. 2f. abgesteckten Lebensraumes bzw. der zwischen Zeugung und Tod abgesteckten Lebenszeit. V. 4 nimmt zunächst den Bereich des Emotionalen in doppelter Aussage in den Blick: Weinen und Klagen auf der einen, Lachen und Springen auf der anderen Seite sind Ausdrucksformen menschlicher Gefühle. Mit dem Werfen und Anhäufen der Steine in V. 5a scheint zunächst an die Aussagen aus V. 3b angeknüpft zu sein; nimmt man allerdings V. 5b hinzu und beachtet, dass die Vershälften des Textes bisher immer ein Wortfeld und vor allem ein Sachgebiet abgesteckt haben, so legt es sich nahe, V. 5a vom Umarmen und Lösen der Umarmung in V. 5b her zu interpretieren.[287] Sollten die Entspre-

---

284 Schwienhorst-Schönberger, Kohelet, 249.
285 Bemerkenswert ist an den genannten Beispielen, dass jede Wertung fehlt; vgl. Krüger, Kohelet, 160: „Auch lässt 3,1–9 noch nichts darüber verlauten, ob und in welchem Grad im Wechsel der Zeiten der Zufall, das Schicksal oder die Gottheit walten."
286 Krüger, Kohelet, 158.
287 Zu den Deutungsmöglichkeiten vgl. Crenshaw, Ecclesiastes, 94f.

chungen der Struktur von V. 4 analog sein, so würde das Werfen der Steine mit dem Umarmen und das Anhäufen der Steine mit dem Lösen der Umarmung korrespondieren. Möglicherweise steht hinter dem Plural von אֶבֶן ('æbæn) in V. 5 eine sexuelle Bedeutung, die auf die Hoden bzw. metonymisch auf das Sperma des Mannes Bezug nimmt; das Werfen der Steine als Bild für die Ejakulation würde dann mit der Umarmung in Verbindung stehen.[288] Dieselbe Struktur wie V. 4 f. prägt auch V. 6, innerhalb dessen das Suchen und Bewahren zu Beginn der beiden Vershälften und das Verlieren und Verwerfen am Ende der beiden Vershälften miteinander verbunden sind. Eine diesem Aufbau vergleichbare innere Struktur ist in V. 7 schwieriger zu erkennen, da das Zerreißen und das Nähen konkret im Bereich der Schneiderei und der Kleiderherstellung verankert sind und nur sehr lose mit dem Schweigen und dem Reden verbunden werden können. V. 8 schließlich umkreist zwar wieder das gleiche Sachfeld, ist dabei aber klar chiastisch geformt, denn das Lieben in V. 8aα bildet eine sachliche Einheit mit dem Frieden in V. 8bβ, wie auch Hassen und Krieg im Versinneren zusammengehören. Dass mit V. 8b Nomina den weitgehend durch Infinitivkonstruktionen geformten Text abschließen, lässt die Textdynamik durch den Wechsel der Wortklasse auf einen statisch-ruhenden Punkt zulaufen. Dass der Text mit dem Nomen שָׁלוֹם (šālōm) schließt, ist kein Zufall, sondern das Ergebnis einer gezielten poetischen Gestaltung.

Die Eigendynamik von V. 2–8 kann zunächst durchaus unabhängig von der Kontextualisierung des Gedichts erfasst und der Text selber als ein weisheitliches Gedicht über die Zeit gelesen werden. Blickt man – von der Eigendynamik des Gedichts ausgehend – auf den Zusammenhang des Textes innerhalb der Eröffnungskapitel des Koheletbuches, zeigt sich, auf welche Linie der Text seine Leserinnen und Leser nach den Ausführungen zur immerwährenden Gleichzeitigkeit des Gleichen, zur Mühe des Menschen bei seinen Erkundungen und zur Freude beim Essen und Trinken trotz aller flüchtigen Nichtigkeit führt: Es geht Kohelet um die zeitliche Strukturierung der Wirklichkeit, die bereits in der Eingangsreflexion in Koh 1,3–11[289] und in dem Abschnitt über die fehlende Erinnerung und das ausbleibende Gedenken in Koh 2,13–17 anklang. Das Gedicht über die Zeit führt die Aussage aus Koh 1,9, dass nichts Neues unter der Sonne geschehe, mit Hilfe der These, es habe alles unter dem Himmel seine Zeit, weiter aus.

Damit wird keine Aussage über die Determination der Wirklichkeit getroffen.[290] Mit einer solchen Deutung würde etwas an Kohelet herangetragen, das für

---

288 Vgl. Schwienhorst-Schönberger, Kohelet, 252 f., mit Bezug auf den *Midrasch Kohelet Rabba*.
289 Vgl. Zimmerli, Buch des Predigers, 168 f., und Weeks, Ecclesiastes, 483.
290 Vgl. dazu E. Jenni, Art. עֵת, in: THAT II (³1984), 370–385, 382, und Krüger, Kohelet, 157: „Die Annahme einer vollständigen ‚Determination' des menschlichen Lebens wird durch den teilweise doch recht trivialen Charakter der genannten ‚Angelegenheiten' eher ironisiert als bekräftigt."

ihn selber gar keine Relevanz hat. Ihm geht es an dieser Stelle nicht um eine kosmologische oder theologische, sondern um eine anthropologische Perspektive, aus deren Blickwinkel die Frage nach einer Determination gar nicht sinnvoll gestellt werden kann. Denn selbst wenn die Welt und die Vorgänge in ihr grundsätzlich festgelegt wären, könnte der Mensch diese Festlegung aufgrund seiner begrenzten Möglichkeiten nicht erkennen. Die Annahme eines die Welt bestimmenden Determinismus', den der Mensch zwar postulieren kann, dessen Wesen ihm aber verborgen bliebe, würde zum Verstehen der Wirklichkeit nichts beitragen und wäre Kohelet insofern fremd, als er mit seinem konsequenten Erfahrungsbezug[291] metaphysische Spekulationen vermeiden und das für den begrenzten Menschen Erkennbare untersuchen möchte.[292]

Das Gedicht wird in V. 9 mit der in Form einer Frage formulierten Einsicht, dass Gewinn und Mühe, Einsatz und Ertrag in keinem angemessenen Verhältnis stehen, sachlich und formal im Stil und Denkhorizont Kohelets abgeschlossen. In V. 9 wird im Gegensatz zu Koh 1,3 nicht nach dem Gewinn des Menschen, sondern nach dem Gewinn des ‚Machers' (הָעוֹשֶׂה [hā'ōśœh]) gefragt: Was soll alles Tun und Machen, alles Gestalten und Mühen angesichts der Tatsache, dass am Ende alles eine eigene Zeit hat und damit zu seinem Recht kommen wird? Das Machen des Menschen und die qualifizierte Zeit gehen eine enge Verbindung ein, denn erst durch die menschliche Aktivität gewinnt die Zeit ihre Qualität. Zugleich bleibt die Zeit dem Menschen unverfügbar[293] und übt damit einen mäßigenden Einfluss auf sein Tun aus: Da alles seine Zeit hat, sollte nichts zu sehr betrieben werden,[294] schon gar nicht mit Absichten, die das Maß des Menschlichen übersteigen. Denn der Mensch kann seinen begrenzten Handlungsspielraum nicht erweitern: „Hatte König Kohelet krampfhaft versucht, der fliehenden Zeit zu entkommen und sich und seinem Werk

---

291 Vgl. Leuenberger, Gott in Bewegung, 264–266.
292 Ob die Weisheit von einem deterministischen Weltbild bestimmt sei, lässt sich durchaus fragen. Wie vor dem Hintergrund eines deterministischen Weltbildes etwa die Texte, die bei Kohelet zur Lebensfreude aufrufen, zu verstehen wären, bliebe dann allerdings vollkommen unklar. Wenn alles festgelegt wäre, hätte der Mensch nicht die Möglichkeit, sich dafür zu entscheiden, das Leben mit Freude zu genießen (vgl. Schwienhorst-Schönberger, Kohelet, 257). Das gilt in ähnlicher Weise für die Spruchweisheit, die bei ihren Erziehungszielen davon ausgeht, dass der Mensch sich für die Weisheit entscheiden und von der Torheit abkehren kann. Das aber setzt beim Menschen Entscheidungs- und Handlungsfähigkeit sowie einen freien Willen voraus, was für die Rekonstruktion der Anthropologie der Weisheitsschriften von herausragender Bedeutung ist.
293 Vgl. Zimmerli, Buch des Predigers, 171.
294 Dieser implizite Aufruf zur Mäßigung hat im griechischen μηδὲν ἄγαν (mēdén 'ágan), das den Weisheitsorakeln von Delphi zugeordnet wird (vgl. Platon, Protagoras 343b; Pausanias X 24,1, und dazu M. Giebel, Das Orakel von Delphi. Geschichte und Texte, Stuttgart 2001, 48), und in der lateinischen *moderatio* (vgl. Cicero, De officiis I 27 [96]) seine antiken Entsprechungen.

Dauer zu verschaffen, so weist er nun, nachdem ihm die Unmöglichkeit seines ursprünglichen Vorhabens bewusst geworden ist, mit dem Gedicht über die Zeit einen Weg in die *Erfahrung und Annahme der Gegenwart*. [...] Eine solche Erfahrung von Gegenwart aber rührt an die Ewigkeit."[295]

2.5 Koh 3,10–15

10 Ich sah das Geschäft, das Gott den Menschen gegeben hat, um sich damit abzumühen.
11 Alles hat er schön gemacht zu seiner Zeit.
    Auch die ferne Zeit hat er in ihr Herz gegeben, ohne dass der Mensch das Werk, das Gott getan hat, von Anfang bis Ende herausfinden könnte.
12 Ich erkannte, dass es nichts Gutes unter ihnen gibt,
    als sich zu freuen und Gutes zu tun in seinem Leben.
13 Und auch jeder Mensch, der isst und trinkt und Gutes genießt bei aller seiner Mühe – eine Gabe Gottes ist es.
14 Ich erkannte, dass alles, was Gott macht, für immer sein wird. Ihm ist nichts hinzuzufügen, und von ihm ist nichts wegzunehmen.
    Und Gott hat es so gemacht, dass man sich vor ihm fürchte.
15 Was einmal geschah, ist längst wieder geschehen, und was geschehen wird, ist längst schon geschehen.
    Gott aber sucht das Entschwundene.

Mit Koh 3,10–15 wird nach der Eingangsreflexion in Koh 1,2.3–11, der Königsfiktion in Koh 1,12–2,26 und dem Gedicht über die Zeit in Koh 3,1–8.9 die Reihe der Reflexionen Kohelets eröffnet, die das Koheletbuch bestimmen. Koh 3,10–15 steht an der Spitze dieser Texte und hat eine für das Denken Kohelets grundlegende Bedeutung. Eingeleitet wird die Passage in V. 10 mit dem Verb רָאִיתִי (*rā'ītī*), mit dem Kohelet seine Betrachtungen voneinander abgrenzt.[296] Der nächste solche Einschnitt liegt in V. 16 vor, so dass der Abschnitt V. 10–15 als literarischer Zusammenhang verstanden werden kann.

---

[295] Schwienhorst-Schönberger, Kohelet, 259.
[296] Koh 3,10–22 ist insgesamt durch ein Beziehungssystem von Signalwörtern strukturiert: In V. 10 eröffnet רָאִיתִי (*rā'ītī*) einen ersten Durchgang, in dem zweimal in V. 12 und V. 14 mit יָדַעְתִּי (*jāda'tī*) eine Erkenntnisaussage getroffen wird. In V. 16 steht wieder רָאִיתִי (*rā'ītī*) am Anfang, wird nun aber in V. 17 und V. 18 jeweils durch אָמַרְתִּי (*'āmartī*) fortgeführt, bevor am Ende in V. 22 noch einmal וְרָאִיתִי (*wᵉrā'ītī*) steht.

Nach V. 10 hat Gott dem Menschen Mühe (עִנְיָן ['injan])²⁹⁷ zugedacht. Dass menschliches Leben mit Mühe und Arbeit zu tun hat, ist ein für Kohelet zentraler Gedanke. In Koh 1,13 wird das Erforschen und Erkunden als eine leidige Mühe, die Gott dem Menschen gegeben hat, charakterisiert.²⁹⁸ In Koh 3,11 wird das Lexem עִנְיָן ('injan) allerdings in ein anderes Licht gestellt: V. 11a qualifiziert die Gesamtheit der Wirklichkeit als יָפֶה (jāpæh) – schön in einem umfassenden Sinn.²⁹⁹ Die Anspielung auf das abschließende Urteil des priesterschriftlichen Schöpfungsberichts, demzufolge nach Gen 1,31 alles sehr gut (טוֹב מְאֹד [ṭōb mᵉ'od]) sei, ist nicht zu übersehen.³⁰⁰

Ob Kohelet mit der lexematischen Verschiebung von טוֹב (ṭōb) zu יָפֶה (jāpæh) eine Änderung des Werturteils über die Qualität der Schöpfung als des Werkes Gottes vornimmt,³⁰¹ erscheint fraglich. Es ist vielmehr nicht ganz auszuschließen, dass mit der Verwendung von יָפֶה (jāpæh) der Einfluss griechischen Denkens im hellenistischen Juda greifbar wird: יָפֶה (jāpæh) könnte an das breite semantische Feld des griechischen καλός (kalós) anknüpfen.³⁰²

עִנְיָן ('injan) und יָפֶה (jāpæh) stehen im Blick auf den Menschen in einem Zusammenhang: Der Mensch ist trotz seiner Mühe in den Kosmos eingeordnet, den Gott schön gemacht hat. Diese Perspektive auf den Menschen wird in V. 11b deutlich erweitert: Die Gesamtheit der Schöpfung ist nicht nur schön zu ihrer Zeit, sondern dem Menschen ist auch ein Wissen um הָעֹלָם (hā'olām)³⁰³ gegeben, ohne dass der

---

297 Das Abstraktnomen עִנְיָן ('injan), abgeleitet von der Wurzel ענה ('nh) III (vgl. Ges¹⁸, 992), findet sich nur bei Kohelet und wird dort insgesamt achtmal gebraucht.
298 Vgl. innerhalb der Königsfiktion zudem Koh 2,23.26.
299 Vgl. Fox, Time, 209: „Yapeh is not precisely an aesthetic evaluation [...] but a statement of rightness."
300 Vgl. Zimmerli, Buch des Predigers, 171.
301 So H.-P. Müller, Das Ganze, 156; vgl. dazu Schwienhorst-Schönberger, Kohelet, 263–267.
302 Vgl. dazu O. Kaiser, Die Sinnkrise bei Kohelet, in: Ders., Der Mensch unter dem Schicksal. Studien zur Geschichte, Theologie und Gegenwartsbedeutung der Weisheit (BZAW 161), Berlin 1985, 91–109, 101, und H.-P. Müller, Gast, 449 f., sowie Krüger, Kohelet, 172.
303 Zur Bedeutung von עֹלָם ('ōlām) in Koh 3,11 vgl. M. Rose, Rien de nouveau. Nouvelles approches du livre de Qohéleth (OBO 168), Fribourg/Göttingen 1999, 61: „Il s'agira, en effet, d'un domaine plus large, qui dépasse les limites du monde ‚sous le soleil' [...] et celles du temps limité par la mort [...]. Cet espace n'est pas accessible à l'homme (il est ‚caché'); mais dans ses réflexions (לֵב), l'homme en fait tout même un objet qu'il ne pourra pas éviter de considérer. Cet objet de la réflexion est déclaré être ‚donné' par Dieu. En utilisant un terme moderne et abstrait, on pourrait parler de ‚transcendance' pour définir le sens de עֹלָם dans ce contexte précis: Qohéleth évoque la capacité de l'homme à transcender, dans ses réflexions (לֵב; ‚cœur') [...], les limites de son temps et de son monde." Ob man so weit gehen sollte, עֹלָם ('ōlām) mit ‚Transzendenz' zu übersetzen, bleibt fraglich. Dass das semantische Feld von עֹלָם ('ōlām) hier aber weitestmöglich abzustecken ist, ergibt sich in der Tat aus dem in V. 11 greifbaren Kontext (vgl. dazu Ges¹⁸, 936: „Zeitalter, Weltzeitalter, Welt", mit Verweis auf Sir^A 3,18; Sir 36,22; 39,20; 42,18). Nach H.-P. Müller liegt „an unserer Stelle der sonst durchgängig

Mensch das Werk Gottes von Anfang bis Ende, also umfassend herausfinden und erkennen kann. Schönheit dessen, was Gott gemacht hat – Gabe der ‚fernen Zeit' in das Herz des Menschen – Unfähigkeit des Menschen zu umfassender Erkenntnis: Es sind diese drei Aspekte, die die Architektur des Verses konstituieren. Der Akzent liegt dabei nicht auf der Schönheit des Werkes Gottes, denn V. 11a ist nur der Ausgangspunkt, von dem her die Aussagen über den Menschen in V. 11b entwickelt werden: Das Werk Gottes ist schön zu seiner Zeit, der Mensch kann es allerdings nicht vollständig überblicken, obwohl – und diese Einsicht ist in die Spannung zwischen der Schönheit des Werkes Gottes und der Begrenzung des Menschen eingeflochten – der Mensch selbst das Wissen um הָעֹלָם (hā'ōlām) in seinem Herzen trägt. Der Mensch steht keineswegs im Bereich des absoluten Nicht-Wissens, er kann allerdings auch keine umfassende Erkenntnis erlangen. Ihm ist aber sehr wohl etwas ins Herz gegeben, das man als Ahnung bezeichnen könnte.[304]

Ob man an dieser Stelle ‚innerer Tiefen' des Menschen ansichtig wird, kann man zumindest fragen. Robert A. di Vito bestreitet, dass es innerhalb der alttestamentlichen Anthropologie so etwas wie die Vorstellung ‚innerer Tiefen' des Menschen gebe.[305] Im Anschluss an Charles Taylor[306] formuliert di Vito: „Augenfällige Merkmale der modernen Identität – wie beispielsweise ihr ausgeprägter Individualismus – gründen in der neuzeitlichen Verortung des Selbst in den ‚inneren Tiefen' des eigenen Innenlebens statt in der sozialen Rolle eines Menschen oder in seinen gesellschaftlichen Beziehungen."[307] Diese Merkmale ‚moderner Identität' grenzt di Vito dann deutlich vom alttestamentlichen Menschenbild ab. Vermutlich verschleiert der Begriff der ‚inneren Tiefen' aber mehr, als er klärt: Metaphorische Rede ist aufgrund ihrer Mehrdeutigkeit eine zunächst ausgesprochen leistungsfä-

---

intendierte Begriff der ‚fernsten Zeit' in Vergangenheit und/oder Zukunft, d. h. der Gedanke an die Extrempunkte der Zeitextension, ganz eindeutig zugrunde" (H.-P. Müller, Neige der althebräischen ‚Weisheit'. Zum Denken Qohäläts, in: ZAW 90 [1978], 238–264, 249; vgl. dazu grundlegend E. Jenni, Das Wort ʿōlām im Alten Testament, Berlin 1953). Zimmerli, Buch des Predigers, 172, sieht hier einen Vergleichspunkt zu Gen 1,26: Es ist dem Menschen von Gott gegeben, „über die Stunde hinaus zu fragen nach Vergangenheit und Zukunft. Das ist die Weise, in der Kohelet die ‚Gottebenbildlichkeit' des Menschen und seine Unterschiedenheit vom Tier allein sehen kann: Der Mensch muß über seinen Augenblick hinaus fragen."

304 Vgl. dazu W. Hogrebe, Ahnung und Erkenntnis. Brouillon zu einer Theorie des natürlichen Erkennens (stw 1294), Frankfurt am Main 1996, 7: „Die Erkenntnistheorie dieses Jahrhunderts hat diese höchst fragilen Eingangsorte für Ideen zwar konstatiert, aber analytisch ignoriert."
305 Vgl. R. A. di Vito, Alttestamentliche Anthropologie und die Konstruktion personaler Identität, in: B. Janowski (Hg.), Der ganze Mensch. Zur Anthropologie der Antike und ihrer europäischen Nachgeschichte, Berlin 2012, 129–152, 142–146.
306 Vgl. C. Taylor, Sources of the Self. The Making of the Modern Identity, Cambridge 1989.
307 Di Vito, Anthropologie, 132.

hige Kommunikationsform. Das gilt insbesondere im Blick auf anthropologische Fragestellungen. Der vielschichtige Assoziationsraum des Syntagmas ‚innere Tiefen' hilft bei der Erschließung anthropologischen Denkens allerdings nur wenig weiter. Will man dennoch von ‚inneren Tiefen' sprechen, ist das aber auch im Blick auf alttestamentliche Texte möglich.[308] ‚Innere Tiefen' sind im Horizont alttestamentlicher Rede vom Menschen jedoch nicht als autonom, sondern mindestens als heteronom und mehr noch vor allem als theonom zu profilieren. Die ‚inneren Tiefen' sind durch die Konstellativität des Menschen bestimmt: Das Innere des Menschen ist ohne sein Außen nicht entwicklungs- und ausdrucksfähig. Das dürfte sowohl für das (Selbst-)Verständnis des Menschen in der Antike als auch in der (Post-)Moderne gelten. Nach Koh 3,11 wäre jedenfalls letztlich Gott als der Urheber und eigentliche Grund ‚innerer Tiefen' des Menschen zu verstehen, weil er den Menschen etwas erahnen lässt.

Ahnung ist noch kein Wissen, Ahnung unterscheidet sich aber doch vom Nicht-Wissen. Ahnung ist gewissermaßen der erste Schritt, der aus dem Nicht-Wissen herausführt und über das Stadium der Vermutung und der Meinung zu Wissen und Erkenntnis werden kann.[309] Das Potential und Wesen des Menschen zwischen Ahnung und Erkenntnis anzusetzen, ist eine bemerkenswerte anthropologische Positionierung: Dem Menschen ist der Zugang zur Erkenntnis der Welt als des Werkes Gottes zwar nicht grundsätzlich versperrt, er überblickt dieses Werk Gottes allerdings nicht ganz. Er trägt aber etwas vom Ganzen in seinem Herzen und kann davon ausgehen, dass das Werk Gottes auch da, wo es sich der Erkenntnis des Menschen entzieht, schön ist.[310]

---

308 Das gilt in jedem Fall für das Koheletbuch (vgl. dazu unten den Epilog); gleichermaßen sind aber auch die Psalmisten anzuführen, die in ihren Texten Einblicke in das Innere des Menschen, also in sein Denken und Fühlen, geben, dieses Innere aber nicht unter Absehung der sozialen Vernetzungen des betenden Ichs erfassen.
309 Vgl. Hogrebe, Ahnung und Erkenntnis, 21.
310 Ganz anders interpretiert V. 11 H.-P. Müller, Das Ganze, 150: „Gottes ebenso willkürliche wie unabänderliche Vorherbestimmung verwehrt es dem Menschen, eine einsichtige Ordnung und so einen ethisch werthaften Sinn der Weltgeschichte zu finden; ‚Weisheit' schlägt bei Kohelet in theonome Skepsis um, die mit seinem Weltpessimismus übereinkommt." Diese Deutung von V. 11 im Horizont von Skepsis und Pessimismus ist allerdings keineswegs zwingend, denn in V. 11 wird ausdrücklich unterstrichen, dass dem Menschen in seiner Begrenztheit Möglichkeiten des Verstehens gegeben sind (vgl. dazu Schwienhorst-Schönberger, Kohelet, 268, und Schellenberg, Erkenntnis, 128, sowie J. van Oorschot, Grenzen der Erkenntnis als Quellen der Erkenntnis. Ein alttestamentlicher Beitrag zu Weisheit und Wissenschaft, in: ThLZ 132 [2007], 1277–1292, 1279 f.). Daran zeigt sich, dass Kohelets Anthropologie nicht durch Skepsis oder Pessimismus, sondern durch Realismus bestimmt ist (vgl. dazu Lang, Mensch, 136).

In V. 12 f. werden im Anschluss an Koh 2,24 daraus die Konsequenzen gezogen: Der Einsicht in die Begrenztheit menschlicher Möglichkeiten folgt die Überzeugung, dass die Lebensfreude das Gut des Menschen sei. Dass genau diese Lebensfreude in Koh 3,13b als Gabe Gottes qualifiziert wird, verbindet die Lebensfreude mit הָעִנְיָן (hā'injān) aus V. 10 und הָעֹלָם (hā'olām) aus V. 11b: Es handelt sich bei allem um Gaben Gottes. Während allerdings die ferne Zeit die Gegenwart umfasst, in ihr aber nicht aufgeht, ist die Lebensfreude ein ganz und gar gegenwärtiges Phänomen, das den Menschen in seinem konkreten Lebensvollzug bestimmt. Die auf הָעֹלָם (hā'olām) bezogene Ahnung führt den begrenzten Menschen an den Rand seiner Möglichkeiten – die Lebensfreude dagegen erschließt dem Menschen sein ermöglichtes Sein. Menschsein erschöpft sich für Kohelet nicht im Ausloten menschlicher Möglichkeiten, auch wenn genau dieses Ausloten mit zu seinen Bestimmungen gehört. Menschsein kommt für Kohelet vielmehr mit dem Genuss des Lebens zu sich selbst. Dass es Kohelet dabei nicht um Hedonismus geht, unterstreicht die Wendung בְּכָל־עֲמָלוֹ (b^{e}kål-^{a}mālō) am Ende von V. 13a: Die klassische Trias der Lebensfreude – essen, trinken, es sich gut gehen lassen – wird im Anschluss an עִנְיָן ('injan) aus V. 10 in das Licht der Mühe gestellt, die menschliches Leben bestimmt. Es gibt kein Leben ohne Mühe, es gibt aber auch kein Leben ohne Genuss. Mühe und Genuss sind die beiden Seiten menschlicher Existenz – und sie sind Gaben Gottes, wie V. 13b im Blick auf den Genuss abschließend betont.

V. 14 wird mit einem zweiten יָדַעְתִּי (jāda'tī) eröffnet. Nach der ersten Einsicht in die Dimensionen der Lebensfreude in V. 12 f. wird hier nun eine zweite Einsicht entfaltet: V. 14 folgert aus der Schöpfungsaussage – Gottes schönes Werk auf der einen, menschliche Erkenntnisgrenzen auf der anderen Seite – eine hohe Suffizienz und Beständigkeit der Schöpfung. Bemerkenswert ist in V. 14 die Imperfektform יַעֲשֶׂה (ja^{a}śœh): Gott hat nicht nur alles schön gemacht zu seiner Zeit, wie noch in V. 11 zu lesen war, sondern Gott wirkt bleibend – seinem Werk ist nichts hinzuzufügen und von ihm ist nichts wegzunehmen.[311] Dass das alles den Menschen zur Gottesfurcht bringt, setzt einen klassisch weisheitlichen Akzent. Die Furcht Gottes wird hier allerdings nicht als der Anfang der Weisheit verstanden,[312] sondern stellt das Ende bzw. das Ergebnis einer Reflexion über die Schöpfung dar. Diese Furcht Gottes, die sich aus der Einsicht in die Suffizienz des Handelns Gottes und die Begrenzungen der Möglichkeiten des Menschen ergibt, ist weniger ein *tremendum* als vielmehr ein *fascinosum*, das den Menschen angesichts der Spannung zwischen

---

311 Zu dieser sogenannten Kanonformel vgl. Schwienhorst-Schönberger, Kohelet, 271 f.
312 Vgl. Ps 111,10, ähnlich Prov 1,7.

Ahnung und Erkenntnis erfasst.³¹³ Ahnung, Erkenntnis und Furcht Gottes bilden einen Zusammenhang, der sich als ein anthropologischer Hauptsatz des Koheletbuches verstehen lässt.

Unter Rückgriff auf Gedanken aus Koh 1,3–11 schließt Koh 3,15 den Abschnitt ab: Dass sich nichts wirklich Neues ereigne und dass alles, was geschieht, bereits einmal war, ist eine aus Koh 1,9–11 bekannte Einsicht, der in V. 15b allerdings ein neuer Aspekt hinzugefügt wird. Denn dass Gott das Entschwundene (נִרְדָּף [nirdāp]) suche, ist nach V. 14a einigermaßen erstaunlich, da Gottes Werk für immer besteht und ihm nichts hinzugefügt und von ihm nichts weggenommen werden kann. Was ist dann aber das, was nach V. 15b entschwunden ist, wenn doch eigentlich nichts verloren gehen kann? Deutet man die der Form יְבַקֵּשׁ (jᵉbaqqeš) zugrundeliegende Wurzel בקשׁ (bqš) hier im Sinne eines trachtenden, strebenden, sich hingebenden Suchens,³¹⁴ ergibt sich eine innerhalb des Gedankengangs schlüssige Aussage: Es ist allein Gott, der sich aufgrund der begrenzten Möglichkeiten des Menschen um das kümmern und sich dessen annehmen kann, was dem Menschen verloren erscheint.³¹⁵ Nur Gott überblickt sein Werk insgesamt, daher kann auch nur er das zusammenhalten, was auseinanderzufallen droht³¹⁶ – und um der bleibenden Schönheit seines Werkes willen tut er es durchgehend: Mit der Imperfektform יְבַקֵּשׁ (jᵉbaqqeš) wird die Dauerhaftigkeit der Handlung markiert.³¹⁷

---

313 Mehr in Richtung des *tremendum* deutet Zimmerli, Buch des Predigers, 174, die Furcht Gottes: „Gottesfurcht ist hier das Gehen unter einem geheimnisvoll verschlossenen Himmel, nie gesichert vor der Möglichkeit, daß aus ihm jäh ein Blitz hervorzuckt und den Wanderer trifft, auf Schritt und Tritt allein angewiesen auf die freie Beschenkung Gottes, auf Schritt und Tritt aber auch gerufen, bereitwillig das Rätsel und die Bedrängnis zu tragen, die Gott verhängen kann." Nach Krüger, Kohelet, 178, umfasst die Furcht Gottes in V. 14 „neben dem Erschrecken über die Macht und Überlegenheit Gottes (,tremendum') auch die ehrfürchtige Anerkennung der Vollkommenheit seines Wirkens (,fascinosum')."
314 Vgl. Ges¹⁸, 171, und Prov 17,9; Dan 9,3.
315 Vgl. dazu Seow, Ecclesiastes, 165 f.174. Sieht man mit Janowski, Mensch, 160–166; ders., Konstellative Anthropologie, 109–112, im Moment des Konstellativen eine Signatur alttestamentlicher Anthropologie, wird diese Signatur in Koh 3,10–15 vorrangig in der Form der Beziehung zwischen Gott und Mensch greifbar: Gott ist derjenige, der als Geber und am Ende der Passage auch als Suchender greifbar wird. Die semantische Gestaltung dieser Gott-Mensch-Beziehung lässt sich zwar als weithin emotionsfrei beschreiben, der Tatbestand der Bezogenheit des Menschen auf Gott und der Zuwendung Gottes zum Menschen wird dadurch aber keineswegs in Frage gestellt.
316 Vgl. dazu auch Schwienhorst-Schönberger, Kohelet, 273.
317 E. Renan, L'Ecclésiaste. Traduit de l'hébreu. Etude sur l'âge et le caractère du livre (1882), in: Ders., Œuvres complètes VII (hg. v. H. Psichari), Paris 1955, 529–597, 572, übersetzt den Vers folgendermaßen: „Le passé a existé dans un passé antérieur; l'avenir a déjà été; Dieu recherche, pour le faire être encore, ce qui semblait avoir fui pour jamais." Die Grenze zwischen Übersetzung und Auslegung wird hier in Richtung der Auslegung überschritten. Nichtsdestoweniger bringt Renan

Koh 3,10–15 ist einer der zentralen Texte für die Rekonstruktion der anthropologischen Vorstellungen Kohelets.[318] Kohelet formuliert hier entgegen dem Erkenntnis- und Bildungsoptimismus, wie er sich etwa im Proverbienbuch findet, eine zurückhaltendere Position im Blick auf die Möglichkeiten des Menschen. Mit der Verortung des Menschen zwischen Ahnung und Erkenntnis schließt Kohelet eher an erkenntniskritische Positionen an. Koh 3,10–15 gehört in einen weisheitlichen Diskurs um die Grenzen des Menschen: Gegenüber den weisheitlichen Kreisen, die hinter der optimistischen Spruchweisheit stehen und die, wie insbesondere die Eröffnung des Proverbienbuches in Prov 1–9 zeigt, den Bereich der weisheitlichen Bewältigung des Alltags mehr und mehr hinter sich lassen, um umfassendere Erkenntnisansprüche zu formulieren, markieren Texte wie etwa das Lied auf die Weisheit in Hi 28, das Bekenntnis des Nicht-Wissens in Prov 30,1–9 und auch die Reflexionen in Koh 3,10–15 Grenzen des Menschen. Koh 3,10–15 vertritt innerhalb dieses Diskurses eine eigenständig profilierte Position, wenn dem Menschen keineswegs vollkommene Unfähigkeit, sondern ein Status zwischen Ahnung und Erkenntnis attestiert wird. Dass dieser anthropologische Status unschärfer bleibt als ein Ansatz, der dem Menschen weitgehende Erkenntnisfähigkeiten bescheinigt, oder ein Ansatz, der dem Menschen jede Möglichkeit zur Weisheit abspricht, liegt auf der Hand.[319] Aber Unschärfe kann dazu beitragen, zwischen divergenten Positionen zu vermitteln, und hat damit ein konstruktives Moment.

2.6 Koh 3,16–22

16 Und weiter sah ich unter der Sonne:
    Zur Stätte des Rechtsspruchs kommt das Unrecht und zur Stätte der Gerechtigkeit das Unrecht.
17 Ich sagte mir: Den Gerechten und den Frevler wird Gott richten.
    Denn eine Zeit gibt es für jede Angelegenheit und für alles Tun dort.
18 Ich sagte mir im Blick auf die Menschen: Gott hob sie heraus
    und sah, dass sie Tiere sind für sich.

---

den Aspekt der Dauerhaftigkeit der Bemühung Gottes um das Entschwundene und Flüchtige treffend zum Ausdruck.
318 Vgl. Krüger, Kohelet, 171.
319 Vgl. Schwienhorst-Schönberger, Kohelet, 274, der zu Recht bemerkt: „Die Schwierigkeiten, Koh 3,10–15 angemessen zu verstehen, gründen offensichtlich darin, dass hier ein Thema in einer Sprache behandelt wird, die (noch) keine diesem Thema angemessene Fachterminologie entwickelt hat."

19 Denn das Geschick der Menschen und das Geschick der Tiere – ein Geschick ist es für sie. Wie der Tod dieses, so ist auch der Tod jenes. Und alle haben denselben Lebensodem.
Und einen Vorzug des Menschen vor den Tieren gibt es nicht, denn nichtig sind sie alle.
20 Alle gehen an einen Ort,
alle sind aus Staub entstanden und alle kehren zurück zum Staub.
21 Wer weiß denn, ob der Lebensodem der Menschen nach oben hinaufsteigt, der Lebensodem der Tiere dagegen hinab in die Erde geht?
22 So sah ich, dass es nichts Besseres gibt, als dass der Mensch sich freut bei seinen Werken, denn das ist sein Teil.
Denn wer würde ihn dazu bringen zu sehen, was nach ihm sein wird?

Die für Kohelets Denken grundlegenden Reflexionen in Koh 3 werden in V. 16–22 durch einen weiteren anthropologischen Kerntext abgeschlossen. Die Einleitung von V. 16 knüpft mit וְעוֹד רָאִיתִי (w^e'ōd rā'ītī) an die Einleitung aus V. 10 an, markiert aber zugleich mit der für Kohelet typischen Formulierung תַּחַת הַשָּׁמֶשׁ (taḥat haššāmæš) einen Neueinsatz innerhalb der Argumentation. Mit אָמַרְתִּי ('āmartī) in V. 18 wird ein Zwischenakzent innerhalb des Textes gesetzt, so dass sich die Passage V. 18–22 von dem vorausgehenden Verspaar V. 16 f. absetzt. Sachlich ist das mit den Begriffen הַמִּשְׁפָּט (hammišpāṭ), הָרֶשַׁע (hāræša') und הַצֶּדֶק (haṣṣædæq) eröffnete semantische Feld aus V. 16 eng mit V. 17 verknüpft. Die הֶבֶל (hæbæl)-Aussage am Ende von V. 19 dient im Koheletbuch zwar häufig als Strukturelement, kann aber an dieser Stelle den engen Zusammenhang von V. 19 und V. 20, der etwa über das in beiden Versen verwendete Lexem אֶחָד ('æḥād) begründet wird, nicht durchbrechen. Die Frage in V. 21 fällt in formaler Hinsicht auf, verbindet sich aber mit der Frage in V. 22b und muss hier wie dort als rhetorisches Element verstanden werden. V. 21 fügt sich inhaltlich in jedem Fall vollständig in den Kontext ein. In V. 22 wird durch das eröffnende וְרָאִיתִי (w^erā'ītī) ein erneuter Akzent gesetzt, der den Vers vom Vorangehenden abhebt, so dass V. 22 als Fazit dieses Reflexionsgangs und zugleich als Abschluss des gesamten Kapitels gelesen werden kann. Mit וְשַׁבְתִּי אֲנִי (w^ešabtī $^{\,a}$nī) in Koh 4,1 wird dann ein ganz neuer Zusammenhang eröffnet, so dass der Abschnitt Koh 3,16–22 als eine in sich untergliederte literarische Einheit zu verstehen ist.

Die Eröffnungsverse V. 16 f. sind einander entsprechend aufgebaut. Beide Verse beginnen jeweils mit einer Einleitung, mit der in V. 16a eine Beobachtung Kohelets eingeführt und in V. 17aα dieser Beobachtung ein Gedankengang angeschlossen wird. Inhaltlich kreisen die beiden Verse um das in der Weisheitsliteratur vielfach verhandelte Thema des Verhältnisses zwischen Recht und Unrecht bzw. Gerechten und Frevlern. Nach V. 16b kommt das Unrecht an die Stätte des Rechtsspruchs und der Gerechtigkeit. Damit ist keineswegs klar, ob das Unrecht an der Stätte des

Rechtsspruchs und der Gerechtigkeit nun Recht und Gerechtigkeit in ihr Gegenteil verkehrt oder ob das Unrecht an der Stätte des Rechtsspruchs und der Gerechtigkeit als Unrecht gerichtet und bestraft werden wird. Beide Lesarten sind möglich und es ist nicht unwahrscheinlich, dass Kohelet beide Lesarten bewusst offen hält. Noch stehen die Leserinnen und Leser des Textes unter dem Eindruck des Gedichts über die Zeit, in dem es zu Beginn heißt, dass es für jede Angelegenheit eine Zeit gebe. Genau dieser Gedanke wird in V. 17bα mit der Wendung כִּי־עֵת לְכָל־חֵפֶץ (kī-'et lᵉkål-ḥepæṣ) fast wörtlich aus V. 1 aufgenommen und damit eine gezielte Verbindung zu V. 1 geschaffen. In V. 16b könnte es demnach darum gehen, dass an der Stätte des Rechtsspruchs und der Gerechtigkeit das Unrecht zu seinem Ende kommen kann, dass das Unrecht dort aber auch Recht und Gerechtigkeit zu korrumpieren im Stande ist. Die offene Doppeldeutigkeit der Aussage wird durch den Gedanken Kohelets aus V. 17aβγ.b weitergeführt: Gott richtet den Gerechten und den Frevler zum richtigen Zeitpunkt[320] – beide stehen als Objekte des Rechtshandelns Gottes nebeneinander und werden damit in gewisser Weise gleich gemacht. Es weist nichts darauf hin, dass das Richten Gottes hier als ein eschatologischer Vorgang zu begreifen wäre.[321] Im Horizont des weisheitlichen Denkens ist Gottes Richten vielmehr als ein Prozess des neu Ausrichtens zu deuten: Durch das Berichtigungshandeln Gottes werden sowohl der Frevler als auch der Gerechte gleichermaßen begradigt und damit in rechter Weise jeweils neu ausgerichtet. Wie in V. 15b unterstreicht auch in V. 17aγ die Imperfektform die Dauerhaftigkeit des Vorgangs, der als ein die Welt durchgehend begleitender und bewahrender Prozess im Sinne einer *creatio continua* zu verstehen ist.[322] So schließt das Verspaar V. 16 f. unmittelbar an V. 15b an, wo die Bewahrung und Fürsorge Gottes in ähnlicher Weise herausgestellt wird.

Bemerkenswert ist im Blick auf V. 16 f., wie Kohelet von seiner Beobachtung einer gewissen Offenheit der Vorgänge im Gericht herkommend die Position entwickelt, Gott sei durchgehend als Richter tätig. Letztlich verlässt er mit seiner Reflexion in V. 17 den empirischen Boden, von dem er in V. 16 noch ausgeht. Der konsequenten Programmatik einer Erfahrungsorientierung stehen in den einzel-

---

320 Vgl. dazu Krüger, Kohelet, 180 f.
321 Vgl. dazu Krüger, Kohelet, 181; anders Schwienhorst-Schönberger, Kohelet, 281, der aber selber bemerkt, dass Kohelet in seiner Argumentation nach V. 16 von Abläufen ‚unter der Sonne' herkommt, was gegen eine ‚eschatologische' Deutung von V. 16 f. spricht.
322 Die Vorstellung eines Richtens Gottes, das sich täglich in und an der Schöpfung ereignet, findet sich in den Psalmen (vgl. u. a. Ps 7,12; 90,14; 93; 96–99; 143,8) und hat in mesopotamischen Konzeptionen ihren religionsgeschichtlichen Hintergrund (vgl. dazu B. Janowski, Rettungsgewißheit und Epiphanie des Heils. Das Motiv der Hilfe Gottes „am Morgen" im Alten Orient und im Alten Testament. Band I: Alter Orient [WMANT 59], Neukirchen-Vluyn 1989).

nen Reflexionen offensichtlich Elemente des Spekulativen zur Seite, ohne die Kohelet nicht auszukommen scheint.

Aufgrund der semantischen und inhaltlichen Verankerung von V. 16 f. im unmittelbaren Kontext ist nicht davon auszugehen, dass einer der beiden Verse sekundär nachgetragen wurde.[323] Das Verspaar ist fest in die Argumentationslinie Kohelets eingebunden: Ausgehend von einer konkreten Beobachtung im Kontext des Gerichtswesens kommt Kohelet zu weitergehenden Einsichten im Blick auf das richtende Handeln Gottes, das im Horizont der vorangehenden Reflexion in V. 10–15 gedeutet werden muss. V. 16 f. steht damit nicht nur formal, sondern auch sachlich zwischen V. 10–15 und V. 18–22 und bildet so eine Brücke zu den Reflexionen am Ende des Kapitels, das mit den Gedanken über die zufallenden Zeiten eröffnet und mit der Reflexion über die Möglichkeiten und Grenzen des Menschen fortgesetzt wird.

V. 18–22 bilden innerhalb von Koh 3 die korrespondierende Reflexion zu V. 10 f. Während der Mensch in V. 10 f. zwar in seinen Grenzen, aber doch auch in seinen Möglichkeiten erfasst wird, folgt in V. 18–22 eine anthropologische Betrachtung, die den Menschen neben den Tieren verortet – Mensch und Tier bilden eine Schicksalsgemeinschaft. In V. 18 bereitet das Verständnis der mit לְ (l^e) konstruierten Infinitivformen Schwierigkeiten, aramäischer Einfluss auf die Sprache Kohelets ist hier zu erkennen. Es geht wohl darum, dass die Menschen zwar von Gott ausgesondert werden, am Ende aber doch auf einer Stufe mit den Tieren stehen. Ob mit dieser Egalisierung von Mensch und Tieren eine Bewertung oder gar eine Abwertung des Menschen hin zu den Tieren verbunden ist, ist fraglich.[324] Kohelet stellt schlichtweg heraus, dass es entgegen der landläufigen Annahme einer Differenz zwischen Mensch und Tieren bei genauerer Betrachtung keinen Unterschied zwischen beiden gibt. V. 19 führt diesen Gedanken weiter aus, wenn er das gemeinsame Geschick von Mensch und Tieren, die beide sterben müssen, herausstellt und daraus folgert, dass es keinen Vorteil des Menschen vor den Tieren gibt, sondern letztlich beide dem Bereich des הֶבֶל (hæbæl) angehören. Beide gehen nach V. 20 an denselben Ort – beide kommen aus dem Staub und kehren wieder zum Staub zurück. Mit diesen Bildern aus V. 20 wird die הֶבֶל(hæbæl)-Aussage aus V. 19 eindrucksvoll illustriert und in diesem Horizont sollte auch die unklare Wendung הַכֹּל הוֹלֵךְ אֶל־מָקוֹם אֶחָד (hakkol hōlek 'æl-māqōm 'æḥād) zu Beginn von V. 20 interpretiert werden: Es geht hier nicht um einen eschatologischen Fluchtpunkt, sondern um die Beobachtung und Erfahrung, dass Menschen und Tiere am Ende wieder zum Staub

---

323 Zum Problem vgl. Zimmerli, Buch des Predigers, 176.
324 In Ps 49,13.21 scheint der Vergleich des Menschen mit dem Tier in jedem Fall deutlich stärker in Richtung einer negativen Bewertung der Gleichheit des Menschen mit dem Tier zu gehen, als das in Koh 3,19–21 der Fall ist.

zurückkehren. Mit der Staubthematik wird auf die Paradiesgeschichte angespielt, die Kohelet offensichtlich kennt: In Gen 2,7; 3,19 wird in ganz ähnlicher Weise wie in Koh 3,20 der Staub als Ausgangs- und Zielpunkt des Menschen erfasst.[325] Dass Kohelet sich hier von Anthropologien absetzt, die den Ort des Menschen in einer von den Tieren unterschiedenen Sphäre sehen wollen,[326] zeigt V. 21 mit der rhetorischen Frage, wer denn wissen könne, ob die רוּחַ ($rū^aḥ$) der Menschen nach oben und die der Tiere nach unten zur Erde gehe. Die Antwort auf diese Frage ist implizit bereits gegeben: Niemand kann das wissen – alles, was darüber gelehrt wird, ist Spekulation und entzieht sich der Überprüfbarkeit.[327] Beobachtet werden kann nur, dass Menschen und Tiere gleichermaßen sterben. Mehr kann Kohelet im wahrsten Sinne des Wortes nicht in Erfahrung bringen.

Abgeschlossen wird der Gedankengang durch V. 22, der thematisch an V. 12 f. anschließt. V. 22 beendet damit nicht nur V. 16 f.18 – 22, sondern zugleich den gesamten Reflexionsbogen des Kapitels. Kohelet deutet in V. 22a die Lebensfreude als den bestimmenden Bestandteil des menschlichen Seins, neben dem es für den Menschen nichts anderes Gutes gebe. In V. 22b wird diese bereits bekannte These Kohelets im Anschluss an Koh 1,11; 2,18 – 23 noch weiter ausgeführt: Auch die Frage, wer dem Menschen einen Einblick in das verschaffen kann, was nach ihm sein wird, ist noch einmal mit ‚Niemand!' zu beantworten. Damit ist der Mensch ganz und gar in seine Zeit verwiesen. Im Gedicht über die Zeit wird in V. 1 dargelegt, dass jede Angelegenheit ihre Zeit habe, nach V. 11 kann der Mensch den Konnex der Zeiten allerdings nicht überblicken, nur Gott selber überschaut die Zeit als ganze und kümmert sich nach V. 15 um ihren Zusammenhalt. V. 22 schließt diese Reflexion insgesamt mit der Einsicht in die Freude als den Anteil des Menschen (חֶלְקוֹ [$ḥælqō$])[328] am Leben ab – und verortet den Menschen damit radikal in der Gegenwart. Für Kohelet ist es keine Option, aufgrund der Begrenztheit des Menschen in Pessimismus zu verfallen. Innerhalb seiner Grenzen eröffnet sich dem Menschen durchaus ein Lebensraum – auch wenn dem Menschen Vergangenheit und Zukunft uneinsehbar sind, hat er doch im Jetzt seinen Anteil an der Freude am Leben.[329]

---

325 Vgl. Zimmerli, Buch des Predigers, 177: „Es sind harte, mitleidlos quälende Äußerungen, die Kohelet tut"; im Licht der Anspielungen auf Gen 2 f. muss man die ‚Äußerungen' Kohelets aber keineswegs so düster lesen: Kohelet beschreibt hier lediglich mit nüchternen Worten die *conditio humana*.
326 Vgl. Michel, Untersuchungen, 117.
327 Kohelet geht in Koh 12,7 noch einmal in anderer Richtung auf das Thema ein, vgl. dazu unten 2.29.
328 Zu חֵלֶק ($ḥelæq$) bei Kohelet vgl. Michel, Untersuchungen, 118 – 125.
329 Vgl. Zimmerli, Buch des Predigers, 178: „Jeder Griff nach der umfassenden Zeit ist dem Menschen verwehrt. Ihm ist sein Heute zugemessen."

2.7 Koh 4,1–3

1 Und wiederum sah ich all die Unterdrückung, die unter der Sonne verübt wird.
Und siehe, die Tränen der Unterdrückten, aber sie haben keinen, der sie tröstet. Und von der Hand ihrer Unterdrücker geht Gewalt aus, aber sie haben keinen, der sie tröstet.
2 Da pries ich die Toten, die schon gestorben sind,
vor den Lebenden, die noch lebendig sind.
3 Besser als beide aber hat es, wer noch nicht da war,
wer das böse Tun noch nicht gesehen hat, das unter der Sonne verübt wird.

Auch wenn die Eröffnung des Koheletbuches in Koh 1–3 mit dem Bogen von der Eingangsreflexion über die Königsfiktion bis hin zu den in anthropologischer Perspektive fundamentalen Gedanken in Koh 3 als Grundlegung des Denkens Kohelets zu verstehen ist, zeigt der Übergang zu Koh 4,1–3, dass es keine scharfe konzeptionelle Abgrenzung zwischen der Grundlegung in Koh 1–3 und den folgenden Texten gibt.[330] Koh 4,1–3 befasst sich weiterhin mit der Frage nach der gerechten Ordnung, um die es auch in Koh 3,16 f. geht. Insbesondere durch Koh 3,16 f. und den damit korrespondierenden Text Koh 4,1–3 wird eine über Koh 1–3 hinausgehende literarische Kohärenz innerhalb des Buches erzeugt. Mit Koh 4,1 wird allerdings durch die Wendung וְשַׁבְתִּי אֲנִי (w^ešabtī $^{\alpha}nī$), die man wörtlich mit ‚und ich wandte mich um' übersetzen kann, formal ein neuer Zusammenhang eingeleitet. Mit dem für Kohelet charakteristischen תַּחַת הַשָּׁמֶשׁ (taḥat haššāmæš), das sich bereits in V. 1 findet, wird die Einheit in V. 3 abgeschlossen. In Koh 4,4 markiert וְרָאִיתִי אֲנִי (w^erā'ītī $^{\alpha}nī$) einen literarischen Neueinsatz.

Während es in Koh 3,16 f. um Recht und Unrecht im Umfeld des Gerichtswesens geht und dieses Thema dann in den Horizont des Richtens Gottes gestellt wird, nimmt Koh 4,1 Formen der Unterdrückung (הָעֲשֻׁקִים [hā$^{\alpha}$šuqīm])[331] in den Blick und konfrontiert die Leserinnen und Leser mit Dimensionen struktureller Gewalt, die sich in der Gesellschaft beobachten lassen. V. 1a bleibt mit der impersonalen Wendung נַעֲשִׂים תַּחַת הַשָּׁמֶשׁ (na$^{\alpha}$śīm taḥat haššāmæš) noch sehr unkonkret, wenn

---

330 Das führt dazu, dass der Abschluss der Grundlegung nicht immer in Koh 3,22 gesehen wird (so Backhaus, Zeit, 143–155, und Schwienhorst-Schönberger, Kohelet, 51 f.), sondern bereits in Koh 3,15 vermutet wird (vgl. Lohfink, Kohelet, 10; Michel, Untersuchungen, 80–83; A. A. Fischer, Skepsis, 226–250). Krüger, Kohelet, 19–21.169, geht von einem Gedankengang aus, der von Koh 3,10–4,12 reicht.
331 Zur Mehrdeutigkeit der Form vgl. Schwienhorst-Schönberger, Kohelet, 291 f. Zum semantischen Feld von עשׁק ('šq) vgl. R. Kessler, Micha (HThKAT), Freiburg im Breisgau u. a. ²2000, 117.

davon gesprochen wird, dass Unterdrückung unter der Sonne geschieht.[332] Aufgrund der Semantik berührt sich die Passage mit prophetischen Texten, in denen ebenfalls sehr radikal von struktureller Gewalt und Missständen innerhalb der Gesellschaft gesprochen wird.[333] V. 1bα leitet mit der Rede von den Tränen der Unterdrückten zunächst zu denjenigen über, die dieser Gewalt ausgeliefert sind. Dass die Tränen hier zuerst genannt werden, setzt einen ausgesprochen emotionalen Akzent. Dasselbe gilt für die Wendung וְאֵין לָהֶם מְנַחֵם (wᵉ'ên lāhœm mᵉnaḥem), die in der personalen Frontstellung zwischen Unterdrückern und Unterdrückten das Ausbleiben einer dritten, tröstenden Person beklagt. Diese Klage wird durch die Verdoppelung der Wendung besonders deutlich unterstrichen: In V. 1bγ werden die Unterdrücker und die von ihnen ausgehende Gewalt (כֹּחַ [koᵃḥ]) angeführt – der erneute Hinweis auf den ausbleibenden Tröster schließt den Gedanken ab. Zwischen den Polen Bedrückung und Gewalt sowie Tränen und fehlender Tröster bewegt sich das, was Kohelet nach V. 1 gesehen hat.

Ausgehend von dieser Betrachtung struktureller Gewalt zieht Kohelet in V. 2 nun weitreichende anthropologische Konsequenzen:[334] Angesichts der Verhältnisse in der Welt haben es die Toten besser als die Lebenden. Kohelet bedient sich hier der weisheitlichen Form des Besser-als-Spruches und gibt damit einmal mehr seine Verwurzelung in der Weisheitstradition zu erkennen. Der Besser-als-Spruch bringt hier nun aber nicht alltägliche Vorgänge in eine hierarchische Ordnung, sondern kommt zu einem grundsätzlichen Urteil, wenn er die Toten über die Lebenden stellt. Dieser Form von Weisheit geht es nicht mehr um die Bewältigung des alltäglichen Lebens, sondern um das Sein des Menschen insgesamt. Es geht im eigentlichen Sinne um Leben und Tod und den Wert des einen vor dem anderen.

---

332 Die ganze Phrase וָאֶרְאֶה אֶת־כָּל־הָעֲשֻׁקִים אֲשֶׁר נַעֲשִׂים תַּחַת הַשָּׁמֶשׁ (wā'œr'œh 'œt-kål-hāᵃšuqīm ᵃšœr naᵃśīm taḥat haššāmœš) könnte aber auch mit ‚und ich sah alle Unterdrückten, die unter der Sonne behandelt werden' übersetzt werden, was zumindest im Blick auf die Opfer der Unterdrückung deutlicher personal gefasst wäre.
333 Krüger, Kohelet, 186 f., stellt im Blick auf Koh 4,1 fest: „In der Schärfe, mit der er die Unterdrückung und ihre Folgen benennt, steht der Text freilich vergleichbaren Aussagen in den Prophetenschriften keineswegs nach." Innerhalb der Prophetie lässt sich am Beispiel der Entstehungsgeschichte des Michabuches zeigen, dass die Auseinandersetzung mit Formen struktureller Gewalt die Trägerkreise des Buches von der vorexilischen bis weit in die nachexilische Zeit hinein beschäftigte (vgl. dazu nur die älteren Kerntexte des Buches in Mi 3* mit den nachexilischen Fortschreibungen in Mi 6,1–7,7; vgl. dazu Kessler, Micha, 53–61).
334 Diese Ausweitung, die sich im Übergang von Koh 4,1 zu Koh 4,2 f. erkennen lässt, entspricht strukturell der Ausweitung, die sich im Übergang von Koh 3,16 zu Koh 3,17 vollzieht: Von einer konkreten Beobachtung ausgehend kommt Kohelet zu ganz grundsätzlichen Einsichten (vgl. Zimmerli, Buch des Predigers, 179).

Mit einem weiteren Besser-als-Spruch wird die Aussage aus V. 2 in V. 3 noch gesteigert:[335] Die Lebenden und die Toten, also die Gegenwärtigen und die Vergangenen, werden nach Kohelet durch denjenigen übertroffen, der noch nicht war und der daher das böse Tun unter der Sonne noch nicht gesehen hat. Vor dem Hintergrund der Erfahrungen struktureller Gewalt in der Welt stellt Kohelet damit den Sinn der Existenz grundsätzlich in Frage. Die tiefgreifende Verstörung, die die Wahrnehmung der Unterdrückungsmechanismen in der Welt bei ihm auslöst, führt Kohelet zu einem sehr düsteren Blick auf das Leben des Menschen. Der Topos der Verachtung des Lebens ist Leserinnen und Lesern des Buches bereits aus der Königsfiktion bekannt, wo ‚König Kohelet' in Koh 2,17 seinem Hass auf das Leben Ausdruck verleiht. Dass Kohelet in Koh 4,3 nun auch unverkleidet zu einer sehr ambivalenten Haltung dem Leben gegenüber kommt, muss insbesondere nach den Ausführungen zur Lebensfreude in Koh 3,12 f.22 überraschen. Die Beobachtung von Gewalt und Unterdrückung bringt offensichtlich auch Kohelet von seinem Weg der Lebensfreude ab und setzt damit innerhalb des Buches einen bemerkenswerten Akzent.[336] In Koh 4,1–3 zeigt sich eine beachtliche Emotionalität und Empathie mit den Unterdrückten – sie ist „der Ausdruck der Not dessen, der am Leiden des ungerecht Gequälten nicht vorbeikann und an der Ohnmacht, Leiden wirklich aus der Welt wegzutun, leidet."[337] Seine Bildung und Verankerung in der Weisheitstradition zeigen, dass Kohelet zur Oberschicht Jerusalems gehört. An dieser Stelle wird nun deutlich, dass er trotz dieses sozialen Status' die Unterdrückten nicht aus dem Blick verliert und dass ihn ihr Schicksal tief verstört. Zum Sozialrevolutionär wird Kohelet trotz dieser Verstörung nicht. Denn Kohelet drängt nicht in der Form prophetischer Sozialkritik auf eine Veränderung der gegenwärtigen Verhältnisse. Der Text ist aber auch nicht als eine Vertröstung des Menschen auf die Zukunft hin zu verstehen, von der Kohelet zufolge ja niemand wissen kann, was sie bringen wird. Kohelet stellt in V. 1–3 schlicht auf empirischer Grundlage fest, wie die Dinge sind, und zieht daraus seine erschütternde und gleichermaßen verstörende anthropologische Konsequenz.

---

335 Vgl. Zimmerli, Buch des Predigers, 180: „Die vorliegende Stelle nun führt über den zweistufigen hinaus zum dreistufigen Vergleich."
336 Vgl. Weeks, Ecclesiastes, 570: „For the moment, though, he sounds like Job lamenting the day of his birth in Job 3, and his reaction seems extreme: something makes the world such a bad place that nobody should be born into it."
337 Zimmerli, Buch des Predigers, 180; vgl. dazu auch Krüger, Kohelet, 187, sowie Schwienhorst-Schönberger, Kohelet, 292 f., der darauf verweist, dass „Form [...] und Wortwahl [...] an Klagepsalmen" (Schwienhorst-Schönberger, Kohelet, 292) erinnern.

2.8 Koh 4,4–6

4   Und ich sah alle Mühe und alles gelingende Tun: Ja, es ist Neid des einen auf den anderen.
    Auch das ist nichtig und ein Greifen nach Wind.
5   Der Tor legt seine Hände ineinander und verzehrt sein eigenes Fleisch.
6   Besser eine Hand voll Ruhe
    als beide Hände voll Mühe – und ein Greifen nach Wind.

Koh 4,4–6 wird mit וְרָאִיתִי אֲנִי ($w^e r\bar{a}'\bar{\imath}t\bar{\imath}\ ^{\textit{a}}n\bar{\imath}$) eingeleitet und damit von der vorangehenden Einheit abgegrenzt. וְשַׁבְתִּי אֲנִי ($w^e \check{s}abt\bar{\imath}\ ^{\textit{a}}n\bar{\imath}$) in V. 7 eröffnet dann eine neue Wendung, so dass וּרְעוּת רוּחַ ($\bar{u}r^{e\text{'}}\bar{u}t\ r\bar{u}^a\dot{h}$) am Ende von V. 6 als ein Textsignal verstanden werden muss, mit dem Kohelet mit einer für ihn charakteristischen Wendung den Zusammenhang abschließt. Auffällig ist, dass sich V. 4 der Länge nach deutlich von den beiden folgenden Versen abhebt, die sich der Form nach als klassische Weisheitssprüche beschreiben lassen: V. 5 ist ein Aussagespruch und V. 6a.bα ein Besser-als-Spruch, der durch das abschließende וּרְעוּת רוּחַ ($\bar{u}r^{e\text{'}}\bar{u}t\ r\bar{u}^a\dot{h}$) in Kohelets Sprach- und Denkwelt eingebunden wird. Ob Kohelet hier erneut Spruchgut aus der Weisheitstradition rezipiert und in seinen Gedankengang einbaut oder ob die Weisheitssprüche von ihm selbst verfasst wurden, lässt sich nicht abschließend klären. Deutlich ist aber, dass Kohelet seinen Gedanken aus V. 4 mit dem Verspaar V. 5f. vermittelt und sich dabei in formaler und inhaltlicher Weise innerhalb der Weisheitstradition bewegt.[338]

V. 4 schließt an die vorangehende Passage an. Nach den Gedanken über die Unterdrückung wendet sich Kohelet dem Neid zu, den er als konstitutiven Teil des Menschseins erkennt. Der Neid, der zwischenmenschliche Beziehungen grundlegend zerstört, kann im Licht von V. 1–3 als ein möglicher Auslöser für Gewalt und Unterdrückung, also für Handlungsweisen im Kontext zerstörter Beziehungen, verstanden werden.[339] Dieses irrlichternd-zerstörerische Potential des Neids macht ihn im Innersten seines Wesens zu הֶבֶל ($h{\ae}b{\ae}l$), denn er ist nicht nur selber nichtig, sondern er löst mit seiner Nichtigkeit auch noch weiteres Nichtigen aus. Wenn die motivierende Basis menschlichen Handelns nur noch die Geltungssucht des einen gegenüber dem anderen ist, dann ist jede Mühe und jedes gelingende Tun im eigentlichen Sinne zwecklos, weil damit kein eigenständiges Ziel verfolgt wird, sondern es dem Menschen nur noch um sich selber geht. Von der Gewalt und Unter-

---

[338] Vgl. dazu Fox, Time, 220: „Two proverbs, the first condemning indolence, the second toil."
[339] Zum Zusammenhang von V. 1–3 und V. 4–6 vgl. Krüger, Kohelet, 188, und Schwienhorst-Schönberger, Kohelet, 297.

drückung als den Symptomen zerstörter Beziehungen schreitet Kohelet in V. 4–6 gewissermaßen zu den Wurzeln fort und ‚radikalisiert' damit seinen anthropologischen Gedanken, demzufolge der Mensch grundlegend durch seinen Neid bestimmt ist und aus diesem Neid ein hohes Maß an Motivation für seine Mühe und sein Tun gewinnt.[340]

Mit zwei Weisheitsworten in V. 5f. illustriert Kohelet diese anthropologische Einsicht. Nachdem die Arbeit als vom Neid motiviert charakterisiert wird, wäre nun zu erwarten, dass Kohelet dazu aufruft, bei aller Arbeit ein gewisses Maß einzuhalten und sich in keinem Fall durch das Abmühen in den Kreis des Neides, der Missgunst und der Geltungssucht hineintreiben zu lassen. Um so erstaunlicher ist in diesem Zusammenhang zunächst die Aussage aus V. 5: Der Tor legt die Hände ineinander und verzehrt sein Hab und Gut.[341] Der Pragmatik dieses Spruches zufolge ist es also gerade keine Lösung, nichts mehr zu tun, um den Kreislauf des Neides und der Missgunst zu durchbrechen. Es wäre vielmehr töricht, die Hände in den Schoß zu legen. V. 6 positioniert sich nun dagegen anders und legt dar, dass es besser sei, eine Handvoll Ruhe zu haben als beide Hände voller Mühe. V. 6 weist damit durchaus in die Richtung, die nach V. 4 zu erwarten wäre: Die Ruhe ist der Mühe vorzuziehen.[342]

Man kommt der Aussageabsicht der Zusammenstellung dieser beiden Weisheitssprüche am ehesten auf die Spur, wenn man die beiden hier greifbaren Perspektiven auf die menschliche Arbeit als Zusammenhang und kohärente weisheitliche Positionierung zu verstehen versucht: Das Beispiel des Toren zeigt, dass Arbeit geleistet werden muss, wenn man nicht sein eigenes Hab und Gut verzehren und am Ende mit leeren Händen dastehen will. Die zu leistende Arbeit soll aber vor allem das eigene Auskommen sichern und darf nicht durch den Neid auf den anderen, der möglicherweise mehr hat, zu immer höheren Leistungen getrieben werden. Vielmehr muss die Arbeit noch Raum für Ruhe und Muße lassen, die besser sind als alles mühevolle Tun. Kohelet steckt mit der Zusammenstellung von V. 5 und V. 6 die Koordinaten des Feldes ab, innerhalb dessen menschliche Mühe und Arbeit seiner Ansicht nach sinnvoll und förderlich sind, und entwickelt insgesamt eine „Argumentationsfigur, die Extrempositionen relativiert und einen Weg der Mitte

---

340 Zimmerli, Buch des Predigers, 182, führt im Blick auf das Wesen der Arbeit aus: „Diese sich selber heroisierende Tüchtigkeit [...] muß Kohelet in kritischer Prüfung befragen. Er entdeckt hinter ihrem scheinbar so ganz der Sache ergebenen Tun ein Nebengeräusch, das diesen Wert gerade da, wo er vom Menschen aufs Höchste gesteigert wird, recht fragwürdig machen muß."
341 Vgl. Krüger, Kohelet, 189: „Diese Einsicht entspricht traditionell-weisheitlicher Lehre."
342 Krüger, Kohelet, 189, sieht innerhalb des Textes ein Gefälle hin zu V. 6: „Arbeit hat negative Aspekte (V. 4), aber auch völlige Untätigkeit wäre ruinös (V. 5); deshalb empfiehlt es sich, im Leben eine sinnvolle Balance von Arbeit und Ruhe einzuhalten (V. 6)."

weist".[343] Dabei geht es Kohelet „in einem tieferen Sinne um die Entheroisierung und Entmythisierung der Arbeit als eines in sich ruhenden Wertes, der das Leben sinnvoll machte."[344]

V. 4–6 lassen sich insgesamt als eine von der Beobachtung des Neids unter den Menschen ausgehende Auseinandersetzung Kohelets mit dem Zweck und den Motiven menschlichen Tuns verstehen. Für Kohelet stellen Mühe und Arbeit ein notwendiges Übel für den Menschen dar, das allerdings weder vernachlässigt noch übersteigert werden darf. Mühe und Arbeit des Menschen haben zum Ziel, ihm seinen Lebensraum zu erschließen und gelingendes Leben zu ermöglichen. Die kurze Passage beleuchtet damit die notwendige Kehrseite von Kohelets Aufruf zur Lebensfreude, die schließlich einer materiellen Grundlage bedarf und daher menschliches Tun erfordert.

2.9 Koh 4,7–12

7 Und wiederum sah ich Nichtiges unter der Sonne:
8 Da ist einer allein und ohne einen anderen, hat weder einen Sohn noch einen Bruder. Und all seine Mühe hat kein Ende. Auch kann sein Auge nicht satt werden an Reichtum.
Aber für wen mühe ich mich ab und versage mir jedes Gute? Auch das ist nichtig und ein übler Vorgang.
9 Besser haben es zwei als einer allein,
denn sie haben einen guten Lohn bei ihrer Mühe.
10 Denn wenn sie fallen, kann der eine seinem Gefährten aufhelfen.
Doch wehe dem, der allein ist und fällt, und kein anderer ist da, um ihm aufzuhelfen!
11 Zudem: Wenn zwei beieinander liegen, wird ihnen warm.
Doch einer allein, wie könnte ihm warm werden?
12 Und wenn einer den überwältigt, der allein ist, so halten die zwei ihm gegenüber stand.
Und der dreifache Faden zerreißt nicht schnell.

In Koh 4,7–12 führt Kohelet seine erfahrungsbezogene Auseinandersetzung mit zwischenmenschlichen Beziehungen fort. Während in V. 1–3 die durch Gewalt und Unterdrückung zerstörten Beziehungen zwischen Menschen thematisiert werden

---

343 Schwienhorst-Schönberger, Kohelet, 295.
344 Zimmerli, Buch des Predigers, 182.

und in V. 4–6 vor allem die durch Neid und übertriebenes Leistungsstreben gestörte Beziehung des Menschen zu sich selbst im Zentrum steht, geht es in V. 7–12 um Zweisamkeit im Gegensatz zum Alleinsein. Kohelet wendet damit seinen Blick den Möglichkeiten gelingenden Miteinanders zu.[345] Der Text wird in V. 7 durch die Wendung וְשַׁבְתִּי אֲנִי (w^{e}šabtī $^{\,a}$nī) deutlich von den vorangehenden Erörterungen abgegrenzt. In der für Kohelet charakteristischen Sprache wird das neue Themenfeld beleuchtet, wenn Kohelet gleich zu Beginn bemerkt, dass das, was er gesehen hat, ‚nichtig unter der Sonne' sei.[346] Gegen Ende von V. 8 folgt eine weitere Nichtigkeitsaussage, mit der der Text strukturiert wird. Das gilt in ähnlicher Weise für die Interjektion גַּם (gam) am Anfang von V. 11, mit der dem ersten Beispiel aus V. 10 zwei weitere Beispiele in V. 11 f. hinzugefügt werden. Nach V. 12 findet sich kein klares Textsignal, mit dem die Einheit beendet würde. In V. 13 findet sich allerdings ein thematischer Neueinsatz, der V. 7–12 als eigenständigen literarischen Zusammenhang abgrenzt.

Die Exposition der literarischen Einheit findet sich in V. 7 f. Sie ist durch die beiden Nichtigkeitsaussagen am Anfang in V. 7 und am Ende in V. 8 bestimmt. Ein Leitbegriff ist zudem עמל ('ml) bzw. עָמָל ('āmāl) in V. 8a. Der Text knüpft damit an die vorangehenden Ausführungen zur Arbeit in V. 4–6 an. Wie sehr Kohelet seine Leserinnen und Leser durch den Gedankengang hindurchführt und in den Prozess der Erkenntnisbildung mit hineinnimmt, zeigt sich an der Frage nach dem Grund und Adressaten für die eigene Mühe in V. 8b, die ebenfalls an die Reflexion über die Sinnlosigkeit übersteigerter Arbeit anklingt. Das Fragewort לְמִי (l^{e}mī) zu Beginn von V. 8b verbindet sich mit V. 8a, wo das Alleinsein und die Einsamkeit des Einzelnen herausgestellt werden: Der Alleinstehende hat weder einen anderen noch einen Sohn oder einen Bruder. Er ist nur auf seinen Reichtum bedacht und gönnt sich selber nichts Gutes. Seine Arbeit ist zum Selbstzweck verkommen und verhüllt letztlich nur das Grundproblem, nämlich die abgründige Einsamkeit.[347] Angesichts dieses Schicksals stellt sich in V. 8b die Frage, für wen sich die Arbeit lohnt und wem sie eigentlich etwas bringt, wenn man allein ist. Bemerkenswert ist nun im Textverlauf, dass diese Frage nicht abstrakt und unpersönlich gestellt wird, sondern aus

---

[345] Vgl. dazu Fox, Time, 222: „Qohelet recognizes benefits in friendship, albeit rather cheerless ones. Comrades can aid each other in difficulty, such as when one falls, is attacked, or is cold. Qohelet does not mention the emotional blessings of fellowship." Ob mit der mehrgliedrigen Beschreibung gegenseitiger Unterstützung im Miteinander des Menschen nicht gerade auch dessen ‚emotional blessings' erkennbar werden, wird man allerdings gegen Fox fragen müssen.
[346] Vgl. Schwienhorst-Schönberger, Kohelet, 299: „Die vertraute Reihenfolge ‚Beobachtung – Windhauchurteil' (vgl. 2,13–15.16–17.18–23; 4,4–6) wird hier umgestellt. Der folgende Fall wird dem Leser sogleich als etwas Sinnloses präsentiert."
[347] Vgl. Schwienhorst-Schönberger, Kohelet, 303.

der Perspektive der 1. Person heraus formuliert ist. Kohelets Gedankengang wird damit dramatisiert und die Form der weisheitlichen Reflexion durchbrochen.

Wer die Frage in V. 8b stellt, ist offen. Sprecher könnte dem Textverlauf nach der Alleinstehende sein, dem aber die hinter der Frage stehende Einsicht in die Sinnlosigkeit seines Tuns ja gerade fehlt, so dass er diese Frage wohl so nicht stellen würde.[348] Kohelet kann ebensowenig der Sprecher sein, da er aufgrund seiner Einsicht in die Nichtigkeit übersteigerter Arbeit nicht derjenige ist, der sich ohne Ende abmüht und dabei nichts gönnt. Es könnte daher sein, dass diese Frage, die ja letztlich einen impliziten Schluss aus der Sinnlosigkeit des übersteigerten Tuns zieht, die von Kohelet intendierte Frage der Leserinnen und Leser ist, die an dieser Stelle gewissermaßen Kohelet ins Wort fallen und unter dem Eindruck des Bildes des Alleinstehenden, mit dem sie sich – in welcher Form auch immer – identifizieren, nun an sich selber die Frage richten: ‚Für wen mache ich das eigentlich alles?' Die Leserinnen und Leser werden mit dieser Frage in den Text hineingenommen. In dieser dramatischen Form entwickelt sich eine Empathie mit dem Alleinstehenden, die mit den empathischen Zügen, die vor allem in V. 1–3 zu erkennen sind, korrespondiert und nicht nur als Empathie Kohelets, sondern in pragmatischer Richtung auch als Empathie der Leserinnen und Leser verstanden werden kann.

Hinter der Frage nach dem ‚Für wen?' steht in aller Dramatik das Schicksal der Einsamkeit, um die es Kohelet in V. 7–12 eigentlich geht, wie die folgenden Beispiele zeigen.

In V. 9f. wird zunächst in der klassischen weisheitlichen Form einer Besser-als-Aussage dem Alleinstehenden ein Paar gegenübergestellt. Während dem Einzelnen Solidarität und Hilfe fehlen, können zwei Menschen sich aufeinander verlassen. Deswegen haben zwei es besser als einer allein. V. 10 führt als Beispiel einen Sturz an, ohne dass ausgeführt würde, was damit genau gemeint ist. Mit dem Lexem נפל (npl) kann sehr konkret der Sturz, aber im übertragenen Sinne auch das zu Fall Kommen in einer schwierigen Lebenssituation bezeichnet werden. Die Formulierung in V. 10 lässt hier eine gewisse Deutungsoffenheit. Während im Blick auf die beiden Menschen der eine dem anderen, der gefallen ist, aufhelfen kann, bleibt für

---

[348] Anders Krüger, Kohelet, 191, und Schwienhorst-Schönberger, Kohelet, 299: „In V 8bα stellt der Betroffene selbst die Sinnfrage"; modifizierter deutet Zimmerli, Buch des Predigers, 183, die Frage: „[D]ie persönliche Beteiligung Kohelets an dieser Frage verrät sich daran, daß er hier plötzlich in den bekenntnishaften Ich-Stil im Munde des Arbeitenden umbricht"; weiter noch geht die Deutung von Crenshaw, Ecclesiastes, 110: „Qohelet interjects a first-person query, demonstrating an identity with this person, at least in sympathy" – die Vermutung, dass mit der Frage in V. 8b nicht nur der Arbeitende, sondern auch Kohelet selber zu hören sei, lässt sich sogar noch weiterdenken, denn die aufgeworfene Frage bewegt auch die Leserinnen und Leser des Textes.

den Einzelnen nur die Klage darüber, dass er niemanden hat, der ihm hilft. Bei den von Kohelet angeführten beiden Menschen, die einander helfen, ist nicht in spezifischer Weise die Verbindung von Mann und Frau im Blick; eine *gender*-Differenzierung nimmt Kohelet nicht vor. Die hebräischen Begriffe הָאֶחָד (*hā'æḥād*) und חֲבֵרוֹ (*ḥᵃberō*) in V. 10a decken vielmehr die gesamte Breite zwischenmenschlicher Beziehungen ab. Kohelet geht es hier vor allem darum, dass jede Art der Beziehung das Alleinsein des Einzelnen überwindet. Hier wird eine Anthropologie der Gegenseitigkeit entwickelt, die auch für andere Teile der Hebräischen Bibel charakteristisch ist, an dieser Stelle aber besonders eindrucksvoll profiliert wird. Erneut prägt, insbesondere anhand der Wehe-Formulierung zu Beginn von V. 10b, ein signifikant empathischer Zug die Ausführungen Kohelets. Wie schon in V. 4–6 und in V. 8b zeigt sich, dass es Kohelet auch hier um etwas für ihn und sein Menschenbild Wesentliches geht.

In V. 11 und V. 12 wird der Gedankengang durch zwei weitere Beispiele vertieft. Nach V. 11a kann zwei Menschen, die beieinander liegen, warm bzw. heiß werden. Im Blick auf den Einzelnen stellt sich in V. 11b nur die Frage, wie ihm warm bzw. heiß werden könnte. Ob die Aussagen in einem sexuellen Sinn zu verstehen sind, hängt davon ab, wie man das semantische Potential von שׁכב (*škb*)[349] und חמם (*ḥmm*)[350] in diesem Kontext bestimmt. Beide Lexeme werden durchaus auch in sexuellen Kontexten verwendet. Möglicherweise macht Kohelet sich hier eine gewisse Doppeldeutigkeit zunutze. Das warm Werden kann aber zunächst einmal schlichtweg die wärmende Wirkung des Beieinanderliegens bezeichnen. Dass sich aus dieser Wärme unter bestimmten Umständen auch eine Hitze bis hin zum sexuellen Verkehr entwickeln kann, ist Kohelet aufgrund seiner Lebenserfahrung nicht fremd.

Während anhand der Beispiele in V. 10 und V. 11 die Vorteile der Zweisamkeit vor Augen geführt werden und dabei jeweils das Paar zuerst genannt wird und die Bemerkungen zum Alleinstehenden den Vers jeweils beschließen, ist V. 12a seiner Struktur nach umgekehrt aufgebaut. Zunächst wird die Überwältigung des Alleinstehenden durch einen Angreifer dargestellt und erst danach ausgeführt, dass zwei dem Angreifer gegenüber standhalten können. Damit schließt der Vers aber noch nicht. Die binäre Relationalität der beiden, die standhalten können, wird in V. 12b durch ein drittes Element übersteigert, wenn nun vom dreifach verschlungenen Faden die Rede ist. Die Abfolge הָאֶחָד (*hā'æḥād*) – הַשְּׁנַיִם (*haššᵉnajim*) – הַמְשֻׁלָּשׁ (*hamᵉšullāš*) in V. 12 erinnert an die weisheitliche Form des Zahlenspruches, der in seiner Pragmatik eng mit dem Rätsel verbunden ist. Wie die Zahlensprüche und das Rätsel etwas zuletzt geheimnisvoll Undurchsichtiges bestimmen, so bleibt auch die

---

349 Vgl. Ges[18], 1350 f.
350 Vgl. Ges[18], 366.

Rede vom dreifachen Faden in V. 12b eher unklar.[351] Die Aussagen aus V. 12 laufen aber auf diesen letzten Teil des Verses zu, was dem Gefälle der Zahlensprüche entspricht, deren Schwerpunkt auch immer auf dem letzten Glied der Zahlenkette liegt: Der Einzelne kann überwältigt werden, zwei können dagegen standhalten – und das Dreifache zerreißt nicht schnell. Der Faden illustriert mit seiner Festigkeit die Stabilität der Beziehung. Der Übergang von einer binären zu einer triadischen Struktur kommt auf den ersten Blick überraschend, lässt sich vor dem Hintergrund der relationalen Anthropologie, die Kohelet hier entwirft, aber doch erschließen: Neben den beiden Relaten einer Beziehung wird hier die *relatio* selber mit in den Gedankengang aufgenommen: Dasjenige, was die beiden Menschen verbindet, hat eine eigene Entität, die sich in V. 12b im Bild des dreifachen Fadens, der nicht schnell zerreißt, verdichtet. Mit diesem Akzent wird das Menschenbild Kohelets signifikant profiliert: Gelingendes Menschsein ereignet sich da, wo der Mensch in Beziehungen steht, die Bedrohungen und Gefahren standhalten und damit Lebensräume eröffnen und sichern können. Wo der Mensch sich in einem solchermaßen gesicherten Lebensraum einrichten kann, wird ihm dieser Raum zu einem *gelasz*[352], das er nicht allein, sondern in Beziehung bewohnt – und dadurch Gelassenheit in Relationalität gewinnt.

Mit Koh 4,7–12 bewegt sich die Anthropologie Kohelets weiterhin auf dem Niveau der fundamentalen Reflexionen aus Koh 3. Während aber in Koh 3 mit der Frage nach der Zeit, den Erkenntnismöglichkeiten und der Vergänglichkeit des Menschen so etwas wie ‚metaphysische' Anthropologie betrieben wird, liegen die fundamentalen Einsichten aus Koh 4 im Bereich des im Alltag gelebten Lebens, das nach Kohelet nur gelingen kann, wenn der Mensch in Beziehung steht.

---

351 Nach Zimmerli, Buch des Predigers, 184, enthält das Wort „zweifellos eine geprägte Redewendung"; in eine ähnliche Richtung denkt Crenshaw, Ecclesiastes, 110, der hier einen Aphorismus vermutet. Das ist durchaus denkbar, auch wenn es sich nicht sicher klären lässt. Deutlich ist aber, dass V. 12b fest in die literarische Sequenz eingegliedert ist. Auf eine signifikante Parallele aus dem Gilgamesch-Epos, wo von einem ‚dreifachen Seil' die Rede ist, verweisen Fox, Time, 223 f., und Uehlinger, Qohelet, 181 f.; Uehlinger vermutet, dass die Rede vom Dreifachen zum Ausdruck bringen soll, „daß der vereinte Einsatz zweier Freunde deren Kraft nicht nur verdoppelt, sondern verdreifacht, also geradezu potenziert" (Uehlinger, Qohelet, 182).
352 Zu diesem Lexem – vom alt- und mittelhochdeutschen *gelâz* – vgl. J. Grimm/W. Grimm, Art. GELASZ, in: Deutsches Wörterbuch. Vierten Bandes Erste Abtheilung. Zweiter Theil, Leipzig 1897, 2870–2872, 2870 (‚*bequemer raum*').

2.10 Koh 4,13–16

13 Besser ein junger Mann, arm, aber weise,
    als ein König, alt, aber töricht, der nicht mehr versteht, sich warnen zu lassen.
    –
14 Wenn er aus dem Gefängnis käme, um König zu werden,
    ja, selbst unter seiner Herrschaft würde ein Armer geboren. –
15 Ich sah alle Lebenden, die unter der Sonne wandeln,
    bei dem jungen Mann, dem zweiten, der an seine Stelle tritt.
16 Es gibt kein Ende für das ganze Volk im Blick auf alles, was vor ihnen war.
    Zudem: Die Späteren haben keine Freude an ihm.
    Ja, auch das ist nichtig und ein Greifen nach Wind.

Der Abschnitt Koh 4,13–16 wird durch einen Besser-als-Spruch eröffnet, der formal an V. 3.6.9 anschließt, aber ein im Vergleich zum Vorangehenden neues Themenfeld betritt. Mit der Nichtigkeitsaussage in V. 16b wird der literarische Zusammenhang in einer für Kohelet charakteristischen Weise abgeschlossen.

Auch wenn sich nicht mehr alle Deutungshorizonte des Textes aufklären lassen, ist doch erkennbar, dass es in V. 13–16 um das Königtum und die Königsherrschaft geht. Das Königtum ist sowohl in seiner konkreten historischen Form als auch in seiner theologischen (Be-)Deutung eine zentrale Institution im antiken Israel und Juda, mit der sich die Weisheitsliteratur auseinandersetzt und dabei die gerechte Herrschaft als königliches Ideal profiliert. Kohelet steht in dieser Tradition, wie sich zu Beginn des Textes zeigt. Hier wird in V. 13a.bα dem armen, aber weisen jungen Mann, der als Ideal erscheint, der alte, aber törichte König entgegengesetzt.[353] Kohelet rezipiert hier wahrscheinlich einen zweiteiligen Spruch aus der Weisheitstradition,[354] den er mit der präzisierenden Anmerkung, der alte, törichte König habe sich nicht mehr warnen lassen, erweitert. Erneut zeigt sich der konstruktive Umgang Kohelets mit der Weisheitstradition, die er kennt, rezipiert und seinem Argumentationsgang anpasst.

In V. 14 ist nicht klar, wer als Subjekt agiert. Es könnte sowohl von dem alten, aber törichten König, als auch von dem armen, aber weisen jungen Mann die Rede sein. Der Textverlauf deutet darauf hin, dass es um den jungen Mann geht, der nach

---

[353] Nach Schwienhorst-Schönberger, Kohelet, 306, dürfte „auf der altisraelitischen Sozialskala [...] ein alter König im oberen Bereich, ein armer junger Mann im unteren Bereich anzusiedeln sein." Mit seinen ungewöhnlichen Zuordnungen von Weisheit an den jungen Mann und Torheit an den alten König kehrt der Spruch die Verhältnisse um (vgl. Crenshaw, Ecclesiastes, 112 f.) und sichert sich damit die Aufmerksamkeit seiner Leserinnen und Leser.
[354] Vgl. Michel, Qohelet, 141, und Schwienhorst-Schönberger, Kohelet, 308.

V. 15 an die Stelle des alten Königs tritt. Die Aussageabsicht von V. 14 ist aber letztlich unabhängig vom Subjekt: In jedem Fall geht es um einen König, der aus dem Gefängnis zur Macht kommt. Dass auch ein Herrscher, der aus der bedrängten Situation der Gefangenschaft kommt und daher ein Bewusstsein für die Unterprivilegierten haben sollte, nicht verhindern kann, dass auch unter seiner Herrschaft Arme zur Welt kommen, zeigt in schonungslosem Realismus, wie die Welt ist.[355] Kohelet geht es bereits in V. 1–3 um strukturelle Gewalt, deren Folgen – Armut steht hier nur als *pars pro toto* – nach V. 14 kein König der Welt abschaffen kann.

V. 15 wird mit רָאִיתִי (*rāʾītī*) eröffnet und lässt daher eine Beobachtung Kohelets erwarten, auf deren Grundlage er weitere Einsichten gewinnen wird. Kohelet sieht alle Lebendigen unter der Sonne an der Seite des zweiten, des jungen Mannes, der offensichtlich an die Stelle des alten Königs tritt.[356] Auch wenn der hier angedeutete Herrschaftswechsel die Frage aufwirft, ob hinter der Passage nicht historische Konstellationen stehen könnten, auf die sich Kohelet beziehen würde,[357] ist „daran festzuhalten, daß die Sentenz in ihrer vorliegenden Gestalt nicht historisch, sondern typisch verstanden sein will. Sie will nicht ein einmaliges Faktum, sondern das je und je einmal durch die Kraft der Weisheit Mögliche berichten."[358] Das Typische des Herrschaftswechsels, das Kohelet beobachtet, liegt darin, dass sich alles Volk dem neuen König zuwendet. In V. 16 wird diese Zuwendung zum neuen Herrscher in einen größeren Zusammenhang eingeordnet. Es handelt sich dabei um eine Variante der Aussage aus Koh 1,9, derzufolge es nichts Neues unter der Sonne gibt: Das, was vor ihnen war, hat für das Volk kein Ende, denn die Dinge wiederholen sich und es kommt immer wieder zu denselben politischen Konstellationen,[359] die es mit sich bringen, dass man sich später nicht mehr an dem jetzt noch neuen König freuen wird. Das alles ist nach Kohelet nichtig und Greifen nach Wind.

---

[355] Zu möglichen Anspielungen auf die Josefsgeschichte und den Aufstieg Davids vgl. Schwienhorst-Schönberger, Kohelet, 306f.
[356] In V. 15 wird kein zweiter junger Mann eingeführt, sondern mit הַיֶּלֶד הַשֵּׁנִי (*hajjælœd haššenī*) auf den in V. 13 bereits genannten jungen Mann zurückverwiesen; zu dieser Deutung von הַיֶּלֶד הַשֵּׁנִי (*hajjælœd haššenī*) vgl. Zimmerli, Buch des Predigers, 184–186. Ähnlich versteht auch M. Buber den Text: „Ich sah all die Lebenden sich unter der Sonne ergehn, gesellt dem Jüngling, dem zweiten, der an jenes Platze stand." (Die Schrift. Band 4. Die Schriftwerke. Verdeutscht von Martin Buber, Darmstadt 1992, 396). – Anders dagegen Schwienhorst-Schönberger, Kohelet, 304.
[357] Vgl. dazu die Hinweise Krügers, Kohelet, 200f., und Schwienhorst-Schönbergers, Kohelet, 305f.
[358] Zimmerli, Buch des Predigers, 185.
[359] Vgl. Krüger, Kohelet, 203: „So kommt es zu einer beständigen Wiederholung von Erwartungen, Enttäuschungen und neuen Erwartungen." Krüger sieht die Pointe des gesamten Abschnitts „in einer grundsätzlichen Kritik des Systems monarchischer Herrschaft: Im Rahmen dieses Systems wird – wie die Erfahrung lehrt – das Problem der Armut nicht beseitigt werden." (Krüger, Kohelet, 203).

Auch wenn die Deutung des Textes an vielen Stellen offen bleiben muss, ergibt sich doch ein einigermaßen schlüssiges Bild. Es geht in Koh 4,13–16 um die wechselnden Königsherrschaften, die für das Volk – unabhängig von der Herkunft des Königs – keine Unterschiede mit sich bringen. Die Hoffnung auf eine Verbesserung gesellschaftlicher Verhältnisse in der Folge eines Herrschaftswechsels hat erfahrungsgemäß keine Grundlage und ist daher nichtig. Möglicherweise ist hier der historische Haftpunkt des Textes zu suchen: Sollte das Koheletbuch in der hellenistischen Zeit entstanden sein, lassen sich aus Jerusalemer Perspektive in dieser Zeit zahlreiche Herrschaftswechsel verfolgen, die auch zu den einen oder anderen Hoffnungen Anlass gaben. Kohelet zieht aus seinen Beobachtungen der politischen Vorgänge allerdings den ernüchternden Schluss, dass die Gunst sich zwar in der Regel einem neuen Herrscher zuwendet, weil man eine Verbesserung der Verhältnisse erwartet, dass diese Erwartungen aber regelmäßig enttäuscht werden und es kein Ende der immer gleichen Vorgänge gibt: Zunächst großer Enthusiasmus beim Antritt eines neuen Königs – und aus dem Rückblick dann die Einsicht, dass das alles grundlos, nichtig und Greifen nach Wind ist. Vor dem Hintergrund dieser Einsichten ruft Kohelet „seine Leser zu einer distanziert nüchternen Haltung gegenüber den politischen Verhältnissen und Veränderungen seiner Zeit auf."[360]

2.11 Koh 4,17–5,6

4,17 Gib acht auf deine Füße, wenn du zum Haus Gottes gehst – und nahe zu treten, um zu hören, ist besser, als wenn die Toren ein Schlachtopfer bringen.[361]
Ja, sie verstehen nicht, dass sie Schlechtes tun.

5,1 Sei nicht vorschnell mit deinem Mund, und dein Herz übereile sich nicht, etwas vor Gott zu bringen.
Denn Gott ist im Himmel, und du bist auf der Erde. Daher sollen deine Worte wenige sein.

2 Denn es kommt der Traum bei viel Mühe,
und die Stimme des Toren bei viel Gerede.

---

360 Krüger, Kohelet, 203; vgl. auch Schwienhorst-Schönberger, Kohelet, 308: „Kohelet ruft nicht dazu auf, sich dem politischen und sozialen Leben zu entziehen. Er warnt aber vor den Täuschungen und Verlockungen der Macht. Bleibendes ist dort nicht zu finden."
361 Zu den Problemen der Übersetzung des Textes vgl. Krüger, Kohelet, 206. Im Anschluss an die Besser-als-Sprüche in V. 3.6.9.13 lässt sich V. 17 am besten verstehen, wenn man hier auch mit einer Besser-als-Konstruktion rechnet, wenngleich das charakteristische טוב (ṭôb) fehlt.

3   Wenn du Gott ein Gelübde ablegst, zögere nicht, es zu erfüllen. Denn es gibt kein Wohlgefallen an den Toren.
    Was du gelobst, erfülle.
4   Besser, du gelobst nicht,
    als dass du gelobst, aber nicht erfüllst.
5   Lass nicht zu, dass dein Mund dein Fleisch in Schuld verstrickt, und sage nicht vor dem Boten: Ja, es war ein Versehen.
    Wozu soll Gott zornig werden über deine Stimme und das Werk deiner Hände verderben?
6   Denn wo Träume sich mehren, da gibt es Nichtigkeiten und Worte vielerart – gewiss, fürchte du Gott!

Der literarische Neueinsatz in Koh 4,17 ist zum einen aufgrund der vorangehenden Abschlusswendung mit der Nichtigkeitsaussage in V. 16 und zum anderen aufgrund des Imperativs zu Beginn von V. 17 erkennbar.[362] Der Imperativ שְׁמֹר ($š^emor$) in V. 17 bildet zudem eine Inklusion mit dem Imperativ יְרָא ($j^er\bar{a}'$) in Koh 5,6. Auch wenn der Text nicht mit einer der für Kohelet typischen Wendungen beendet wird, lässt sich Koh 4,17–5,6 doch als literarischer Zusammenhang verstehen,[363] der sich insgesamt im Horizont von Kult und Gottesverehrung bewegt und durch die Aufforderung zur Furcht Gottes in V. 6b sachgemäß und zugleich weisheitlich akzentuiert[364] abgeschlossen wird.

Koh 4,17 setzt gleich zu Beginn des Textes einen besonderen Akzent: Mehr als an irgendeiner anderen Stelle des Koheletbuches stehen hier das Opferwesen und der Tempel im Zentrum. Die Aufforderung zum Beachten der eigenen Füße oder Schritte auf dem Weg zum Tempel in V. 17aα.β wird in V. 17aγ mit der Annäherung zum Hören[365] verknüpft und in V. 17aδ von der Darbringung eines Opfers abgegrenzt. Grammatisch ist der Wechsel der Handlungsträger innerhalb des Verses problematisch: Während der *infinitivus absolutus* קָרֹב ($q\bar{a}r\bar{o}b$) an den Imperativ שְׁמֹר ($š^emor$) anschließt und sich damit an den als inneres Subjekt des Imperativs angesprochenen Leser Kohelets richtet, muss als inneres Subjekt des *infinitivus constructus* מִתֵּת (*mittet*) wohl הַכְּסִילִים ($hakk^es\bar{\i}l\bar{\i}m$) angenommen werden, was

---

362 Nach Schwienhorst-Schönberger, Kohelet, 311, kommt dem Text „innerhalb des Buches insofern ein besonderes Gewicht zu, als hier zum erstenmal der Leser direkt angesprochen wird."
363 Vgl. Schwienhorst-Schönberger, Kohelet, 311.
364 Von der Furcht Gottes ist innerhalb des Koheletbuches – wie in der Weisheitsliteratur insgesamt – an mehreren Stellen die Rede; vgl. für das Koheletbuch nur Koh 3,14; 7,18; 8,12f.; 12,13.
365 Eine signifikante Parallele der Verbindung von קרב (*qrb*) mit שמע (*šm'*) findet sich in Dtn 5,27 (vgl. Krüger, Kohelet, 207).

syntaktisch innerhalb der komparativen Wendung zumindest auffällig ist.[366] Die Grundaussage ist in jedem Fall erkennbar: Das Opfer ist Sache der Toren, die nach V. 17b nicht begreifen, dass sie an dieser Stelle schlecht handeln, während dem Leser Kohelets empfohlen wird, im Bereich des Tempels vor allem zu hören. Eine grundsätzliche Opferkritik ist dem Vers wohl nicht zu entnehmen, denn das Hören wird nicht grundsätzlich vom Opfern, sondern vom Opfern der Toren abgegrenzt und durch die mit מִן (min) konstruierte Komparativwendung in eine Rangfolge gebracht, die den für die Trägergruppen der Weisheit zentralen Vorgang des Hörens der Opferhandlung vorordnet.[367] Es geht Kohelet in V. 17a also um eine angemessene Haltung im Bereich des Tempels,[368] die schon mit dem einleitenden Imperativ שְׁמֹר (šᵉmor) gefordert wird. In diesem Sinne ist auch die Wendung לַעֲשׂוֹת רָע (laᵃśôt rāʻ) am Ende von V. 17b zu verstehen. Auch hier wird nicht das Opfern *per se* als schlechtes Tun begriffen, sondern die falsche Haltung, die nicht im Hören, sondern im bloßen Tun ihren Grund hat, kritisch gekennzeichnet. Kohelet tritt in V. 17 nicht als Kultkritiker auf, er gibt sich vielmehr als Anhänger einer angemessenen Haltung zu erkennen, in deren Rahmen der Mensch im Gegenüber zu Gott im Tempel eher passiv-rezeptiv und weniger aktiv-gestaltend auftritt.[369] Das aufmerksame Wahrnehmen ist für Kohelet zentraler als jeder menschliche Aktionismus: Das Hören steht vor dem Tun und das Tun folgt erst aus dem angemessenen Hören.

Diese anthropologische Grundbestimmung wird in Koh 5,1 aufgenommen und mit der Warnung vor übereilter Rede Gott gegenüber weiter akzentuiert.[370] Der Platz des Menschen auf der Erde und die Position Gottes im Himmel markieren eine grundlegende Distanz zwischen Gott und Mensch.[371] Diese Einsicht steht zwar formal im Zentrum des Verses, sie wird allerdings von der vorangehenden und der nachfolgenden Aufforderung, nicht zu übereilt und nicht zu viel zu reden, flankiert. Grundlegend für V. 1 ist daher – wie auch im Licht von Koh 4,17 und Koh 5,2 deutlich wird – die Kommunikations*haltung* des Menschen. Hier wird ein Misstrauen dem Reden und dem Wort gegenüber erkennbar, das für einen Weisheitslehrer in besonderer Weise auffällig ist.

---

366 Liest man an Stelle von מְהֵתֵ (mittet) mit anderer Punktierung das Nomen מַתַּת (mattat) für ,Gabe', ändert das dem Inhalt nach nichts.
367 Es ist allerdings nicht zu übersehen, dass die Weisheitstradition eine gewisse Distanz zum Opferkult hält (vgl. Zimmerli, Buch des Predigers, 187), wie sich etwa in Prov 15,8; 21,3.27 zeigt, wo insbesondere das Opfer des Frevlers kritisiert wird.
368 Vgl. Krüger, Kohelet, 207.
369 Vgl. Zimmerli, Buch des Predigers, 187f.
370 Zu den Dimensionen des Gebets in diesem Zusammenhang vgl. Krüger, Kohelet, 208–210.
371 Die Funktion dieser Unterscheidung liegt nach Schwienhorst-Schönberger, Kohelet, 314, darin, „ein anthropomorphes und personalistisch engeführtes Gottesverständnis aufzubrechen. Gott ist nicht der Geschäftspartner, den man durch wortreiches Geschwätz zu einem Deal überreden kann."

In V. 2 wird die kommunikationskritische Position Kohelets mit Hilfe eines Spruches aus der Weisheitstradition abgesichert, demzufolge viel Mühe den Traum hervorbringt und viel Gerede die Stimme des Toren erkennen lässt. Vor allem V. 2b illustriert die Ermahnung Kohelets aus V. 1 und zeigt damit, dass Kohelet sich mit seinem Denken in den Bahnen der Weisheitstradition bewegt, sich von dieser Tradition aber nicht einschränken lässt, sondern sein eigenes weisheitliches Denken konsequent weiterentwickelt.

Im Folgenden werden diese kommunikationstheoretischen Linien weiter ausgezogen. In V. 3 f. geht es zunächst um das Gelübde, das – durchaus im sachlichen Anschluss an Koh 4,17 – als kultische Sprachhandlung zu verstehen ist, da jedes Gelübde, zumal einem Gott gegenüber, in seiner Tiefenstruktur eine religiöse Handlung darstellt, die von göttlicher Seite strafbewehrt ist.[372] Am Beispiel des נֶדֶר (nædær) wird in V. 3aα.β zunächst die Pflicht zur Erfüllung eines Gelübdes herausgestellt: Ein Gelübde ist ein performativer Sprechakt, der den Menschen in die Pflicht nimmt, den Kommunikationsgehalt mit seinem Handeln in Deckung zu bringen. Im lexematischen Anschluss an V. 2 wird in V. 3aγ mit Blick auf die Toren[373], deren Torheit hier wohl in der Vernachlässigung der Erfüllung eines Gelübdes besteht, gezeigt, dass an einem Verhalten, bei dem Reden und Handeln nicht in Übereinstimmung stehen, niemand Gefallen findet. Die kultischen Aspekte, die ein Gelübde bestimmen, werden mit dem weisheitlichen Topos des Toren und seines törichten Verhaltens verbunden und damit die kultische Seite des Gelübdes stark weisheitlich ausgeleuchtet. V. 3b.4 führen die Thematik noch weiter aus: Zunächst in V. 3b in Form der Mahnung, das zu erfüllen, was man gelobt, und in V. 4 in der Form eines Besser-als-Spruches, demzufolge es besser ist, überhaupt nicht zu geloben, als etwas zu geloben, das Gelobte dann aber nicht zu erfüllen. Diese Reflexion über das Gelübde in V. 3 f. schließt an die Reflexion über angemessenes menschliches Kommunikationsverhalten Gott gegenüber in V. 1 f. an und ist dadurch verbunden, dass Kohelet hier sein Misstrauen menschlichem Reden gegenüber zum Ausdruck bringt und zur Wahrhaftigkeit und Verlässlichkeit in der Kommunikation aufruft.

In V. 5 wird die kommunikationstheoretische Reflexion noch weiter vertieft. Die Aufforderung in V. 5aα.β, sich nicht durch eigenes Reden in Schuld zu verstricken, kann auf das möglicherweise unerfüllte Gelübde bezogen werden, dessen Nichterfüllung den Gelobenden in Schuld stürzt. Der Imperativ kann aber auch ganz allgemein auf das unvorsichtige Verwenden von Sprache verweisen, denn mit dem Mund, also mit Reden und Worten, kann man seine gesamte Person – auch au-

---

[372] Zu V. 3aα vgl. Dtn 23,22a (vgl. Zimmerli, Buch des Predigers, 189, und Schwienhorst-Schönberger, Kohelet, 315).
[373] Vgl. כְּסִילִים (k^esīlīm) in V. 3a mit כְּסִיל (k^esīl) in V. 2b.

ßerhalb des Gelübdes – an den Abgrund führen. V. 5aγ.δ.b untersagt es, demjenigen, der die Schuld zu benennen gesandt wird,[374] mit dem Verweis darauf zu begegnen, dass es sich beim eigenen (Sprach-)Handeln um ein Versehen (שְׁגָגָה [$š^eg\bar{a}g\bar{a}h$]) handle. Mit dem Boten würde in einem solchen Fall zugleich Gott selber provoziert, der dann konsequenterweise mit Zorn reagieren und das Werk des unbedacht Redenden verderben würde. Kohelet weiß um die Gefahren des Redens und führt daher um so eindringlicher mögliche Konsequenzen vor Augen.

V. 6 lässt sich als Konklusion des gesamten Gedankengangs verstehen. Der Vers greift auf das mutmaßlich von Kohelet rezipierte Sprichwort aus V. 2 zurück. Bereits in V. 2 war vom Traum und der Menge bzw. dem Vermehren[375] die Rede und V. 6a liest sich wie eine literarische Fortführung von V. 2, wenn mit den Träumen auf der einen Seite die Nichtigkeiten und vielgestaltigen Worte auf der anderen Seite in einen kausalen Zusammenhang gebracht werden. Kohelet unterstreicht damit die Risiken, die neben dem Traum[376] auch die Kommunikation für den Menschen hat.

Wie in Koh 3,14 läuft die Reflexion am Ende in V. 6b zielgenau auf die Aufforderung zur Furcht Gottes zu. Der ausgesprochen imperativ-direktive Abschnitt Koh 4,17–5,6 wird mit einem grundlegend weisheitlichen Akzent abgeschlossen und damit vom Ende her auch in seinen kultischen Dimensionen von der Weisheit her gedeutet.[377] Damit wird aber zugleich auch die Frage nach gelingender Kommunikation, die im Zentrum des Abschnitts steht, in einer weisheitlichen Richtung beantwortet: Kommunikation kann da nicht scheitern, wo der Mensch in der Furcht Gottes redet und sich damit in der Kommunikation nicht selber auslegt, sondern zunächst hört und dann sein Reden im Horizont Gottes verortet und sich so in seiner Relation zu Gott zu verstehen gibt. Für Kohelet „ist diese im Wort zurückhaltende, distanzierte ‚Furcht Gottes' [...] der allein dem Menschen gemäße volle

---

[374] Es ist durchaus denkbar, dass der Bote in V. 5aγ ein Gesandter des Tempels ist und mit שְׁגָגָה ($š^eg\bar{a}g\bar{a}h$) an dieser Stelle ein Versehen bezeichnet wird, das durch ein entsprechendes Opfer gesühnt werden könnte (vgl. Lev 4,2–4; Num 15,22–29). Die Einleitung von V. 5 weist aber eher auf einen weiteren und allgemeineren Rahmen des hier gemeinten Kommunikationshandelns hin.
[375] In Koh 5,6 ist בְּרֹב (b^erob) infinitivus constructus qal (mit der Präposition בְּ [b^e]) von רבב (rbb).
[376] Zum Traum hat die Weisheitsliteratur ein ambivalentes Verhältnis, das sich zwischen der Bewertung des Traums als eines Offenbarungsmediums (vgl. Hi 4,12ff.) und seiner Einschätzung als Bedrohung und Gefahr bewegt (vgl. Hi 7,13–15); vgl. dazu Witte, Hiob, 143f. In Koh 4,17–5,6 wird eine kritische Haltung dem Traum gegenüber erkennbar, wenn er in V. 2 und in V. 6 der gescheiterten Kommunikation und den Nichtigkeiten zugeordnet wird.
[377] Vgl. dazu Krüger, Kohelet, 212: „Eine Pointe des Aufrufs zur ‚Gottesfurcht' am Schluss von 4,17–5,6 liegt darin, dass der (Tempel-)Kult in der Sicht des Textes demnach offensichtlich nicht *eo ipso* schon Ausdruck von ‚Gottesfurcht' ist; vielmehr fungiert die ‚Gottesfurcht' hier als *Kriterium* der Beurteilung kultischer Praktiken und *Leitlinie* des Verhaltens *im* kultischen Bereich."

Ausdruck seiner Kreatürlichkeit."³⁷⁸ Die Kommunikation des Menschen kann nach Koh 4,17–5,6 nur da gelingen, wo sie überlegt und wahrhaftig erfolgt und sich in der Beziehung des Menschen zu Gott begründet. Kohelet entwickelt damit eine relationale Anthropologie der Kommunikation.

2.12 Koh 5,7f.

7 Wenn du Unterdrückung des Armen und Verweigerung von Rechtsspruch und Gerechtigkeit siehst in der Provinz, wundere dich nicht darüber.
Denn ein Höherer gibt von oben acht auf einen Hohen, und Höhere sind über ihnen.
8 Und ein Gewinn des Landes bei alledem ist
ein König für das bebaute Feld.

Koh 5,7f. bewegt sich sachlich nicht mehr im Kontext von Kult und religiöser Kommunikation. Im Anschluss an die Ausführungen in Koh 3,16f.; 4,1–3.13–16 geht es vielmehr um den Zusammenhang von Bedrückung, Unrecht und Herrschaft. Aufgrund dieser thematischen Kohärenz bildet Koh 5,7f. eine literarische Einheit, deren Anfang und Ende allerdings nicht durch besondere Textsignale markiert wird.

V. 7a führt terminologisch in das Thema ein. Die Rede von der Unterdrückung des Armen und der Verweigerung von Rechtsspruch und Gerechtigkeit benennt gesellschaftliche Probleme und Formen struktureller Gewalt, wie sie auch innerhalb der Prophetenbücher behandelt werden.³⁷⁹ Kohelet geht in seiner Sozialkritik mehrstufig vor. In einem konditionalen Nebensatz wird der Leser zu Beginn auf die genannten und ihm wohl auch bekannten Phänomene hingewiesen und dann zunächst mit dem Vetitiv אַל־תִּתְמַהּ (*'al-titmah*) zur Ruhe und Gelassenheit aufgerufen, was eine klassisch-weisheitliche Handlungsempfehlung in einer als kritisch wahrgenommenen Situation ist. In V. 7b folgt eine Gesellschaftsanalyse *en miniature*, die an Koh 4,1–3 anschließt: V. 7a benennt mit knappen Worten ein mehrstufig und hierarchisch organisiertes Herrschaftssystem, innerhalb dessen über jedem Mächtigen ein noch Mächtigerer steht.³⁸⁰ Das System der Kontrolle, das dieses Herrschaftssystem bestimmt, hat offensichtlich zugleich negative Folgen, die V. 7a benennt und die damit zu tun haben dürften, dass eine auf starke Abhängigkeiten

---

378 Zimmerli, Buch des Predigers, 190.
379 Vgl. dazu oben 2.7.
380 Vgl. im Blick auf das ‚ptolemäische Überwachungssystem' Schwienhorst-Schönberger, Kohelet, 323.

abgestellte Gesellschaftsstruktur in besonderem Maße anfällig ist für Korruption jeder Art.[381] Korruption führt dann im gesellschaftlichen Handeln zu Ungerechtigkeit und struktureller Gewalt, der sich der einzelne Betroffene nicht entziehen kann. Damit ist ein System sozialer Deformation etabliert: Bedrückung und Verweigerung von Recht und Gerechtigkeit setzen sich von oben nach unten durch.[382]

V. 8 zieht aus dieser Analyse eine weisheitliche Konsequenz. Kohelet betrachtet es als einen Gewinn für das Land, wenn es einen König für ein bebautes Feld gibt. Während in V. 7a mit dem Terminus מְדִינָה ($m^e d\bar{\imath}n\bar{a}h$) auf einen Gerichtsbezirk innerhalb der Administration verwiesen wird, wird dieser administrative Horizont in V. 8 mit dem Lexem שָׂדֶה ($\acute{s}\bar{a}dæh$) unterlaufen. Mit Hilfe dieses Signalwortes entwickelt Kohelet hier ein Gegenkonzept zu den politischen Strukturen der hellenistischen Zeit: Wenn es einen König für jedes bebaute Feld gäbe, so wäre das ein Gewinn angesichts der korrupten Strukturen in den großen politischen Einheiten.[383] Kohelet scheint angesichts der Erfahrungen und des aus ihnen entstandenen Misstrauens gegenüber den politischen Makrostrukturen eine an kleineren Einheiten orientierte Form von Herrschaft zu favorisieren. Kohelet orientiert sich hier möglicherweise am traditionellen Bodenrecht Israels, dessen Konzept eines Erbbesitzes und der Verantwortung des Königs für dieses Besitzrecht.[384] Mit dieser Orientierung an den überlieferten Ordnungsstrukturen Israels und Judas nimmt Kohelet eine durchaus konservative Position ein, die den politischen Organisationsformen der hellenistischen Zeit gegenüber einen althergebrachten Gegenakzent

---

381 Vgl. Zimmerli, Buch des Predigers, 191: „Vielmehr ist nüchtern registriert, daß im Aufbau der staatlichen Stellen oder der Gerichte angesichts der Vielschichtigkeit dieses Aufbaues immer einer den anderen belauert und ausspioniert und auszustechen versucht. [...] Offenbar lebt der Verfasser in der Zeit einer differenziert organisierten Staatlichkeit (Perserzeit – hellenistische Zeit)." In die hellenistische Zeit verweist Fox, Time, 234: „Though there was always bureaucracy, it became most complex and burdensome in Ptolemaic times, when it was largely an instrument of tax gathering."
382 Vgl. Krüger, Kohelet, 218: „Wie in 4,13–16 geht es dann auch hier nicht um Missstände, die innerhalb des Systems zu beheben wären; vielmehr produziert dieses System gerade die Missstände, die es zu beheben vorgibt."
383 Anders dagegen Schwienhorst-Schönberger, Kohelet, 323f., und Krüger, Kohelet, 219: „Nach dem doppeldeutigen V. 7 lässt sich V. 8 – verstanden als Aussage über den Vorzug der Monarchie – jedoch kaum anders denn als ironisches ‚Zitat' der ‚offiziellen' Ptolemäischen Herrschaftsideologie lesen. Was davon zu halten ist, unterliegt nach V. 7 keinem Zweifel: Der König ist nur die ‚Krönung' eines Systems, in dem jeder ‚Höhergestellte' einzig und allein seinen eigenen Vorteil erstrebt (vgl. Neh 5,4; 9,36f.)."
384 Vgl. dazu Delitzsch, Koheleth, 294: „Der Verf. lobt sich also im Gegens. zu dem despotischen Staate ein auf Ackerbau basirtes (sic!) patriarchalisches Königtum." Nach Michel, Untersuchungen, 110, könnte hier „durchaus ein national-monarchistisches Ideal als Gegenprogramm zu den in v. 7 geschilderten Zuständen gemeint sein" (Michel zufolge liegt in V. 7f. allerdings ein Zitat vor, „zu dem Qohelet seine Meinung in v. 9 äußert" [Michel, Untersuchungen, 110]).

setzt. Kohelet benennt die hierarchischen Strukturen und ihre Anfälligkeit für Korruption und Rechtsbeugung nicht nur, sondern konfrontiert diese Strukturen mit einem Gegenentwurf aus der eigenen Tradition. Das alles erfolgt in weisheitlicher Sprache und Form. Zum einen mahnt Kohelet in V. 7a implizit zur Ruhe, wenn er dazu auffordert, über die Formen struktureller Gewalt nicht erstaunt zu sein, zum anderen trägt er sein favorisiertes Modell kleinerer Machtbereiche mit knappen Worten in V. 8b vor: Es ist ein Vorteil und Gewinn, wenn jedes Feld einen König hat. Insbesondere die hier erkennbare Unaufgeregtheit macht V. 7f. in anthropologischer Perspektive zu einem bemerkenswerten Text: Kohelet wahrt auch da Ruhe und Besonnenheit, wo die gesellschaftlichen Verhältnisse durchaus ganz andere Emotionen auslösen könnten. Als weiser Beobachter der Wirklichkeit weiß er aber darum, dass exzessive Reaktionen in der Regel nicht zur Lösung, sondern zur Verschärfung von Problemkonstellationen beitragen: „Kohelet bleibt so auch an dieser Stelle der Rufer zu einer Nüchternheit, ohne welche die Hingabe an die politischen Aufgaben zu allen Zeiten nicht gesund bleiben kann."[385]

2.13 Koh 5,9–16

9 Wer Geld liebt, wird des Geldes nicht satt. Und wer liebt Reichtum ohne Ertrag?
Auch das ist nichtig.
10 Mehrt sich das Gut, so mehren sich, die es verzehren.
Und was ist der Gewinn für seinen Besitzer, außer zuzusehen mit seinen Augen?
11 Süß ist der Schlaf des Arbeiters, ob er wenig oder viel zu essen hat.
Doch die Sattheit des Reichen lässt ihn nicht schlafen.
12 Es gibt ein krankes Übel, das ich unter der Sonne sah:
Reichtum, aufgespart für seinen Besitzer zu seinem Unglück.
13 Aber durch ein schlechtes Geschäft ging jener Reichtum verloren.
Und er hatte einen Sohn gezeugt, doch es ist nichts mehr in seiner Hand.
14 Wie er aus dem Leib seiner Mutter kam, nackt, wird er wieder gehen, wie er kam.
Und nichts bleibt ihm für seine Mühe, das er durch seine Hand weitergeben könnte.
15 Auch das aber ist ein krankes Übel: Ganz wie einer kam, so wird er gehen, und was ist der Gewinn für ihn, dass er sich abmüht für den Wind?

---

[385] Zimmerli, Buch des Predigers, 191.

16 Alle seine Tage verzehrt er doch in der Finsternis,
und er hat Verdruss vielerart und seine Krankheit und Zorn.

Koh 5,9 lässt sich vom vorangehenden Abschnitt durch den thematischen Neueinsatz abgrenzen. Mit dem Stichwort כֶּסֶף (kæsæp) wird das Themenfeld Armut und Reichtum eingeleitet, das nur lose an die vorangehenden Ausführungen zu Gewalt und Herrschaft anschließt. Der thematische Zusammenhang reicht von Koh 5,9 bis Koh 6,9, zerfällt aber in kleinere Unterabschnitte, die durch eine Reihe von Textsignalen erkennbar sind. Ein solches Textsignal liegt mit der vorverweisenden Interjektion הִנֵּה (hinneh) in V. 17 vor: Damit wird ein neuer Zusammenhang eröffnet, so dass V. 9–16 als literarische Einheit verstanden werden können.

V. 9a steht seiner Form nach in der Tradition der Spruchweisheit und legt die Vermutung nahe, dass Kohelet hier einen Spruch oder Teile eines Spruches aus der Weisheitstradition übernommen hat. Der erste Teil dieses Spruches in V. 9aα.β wird im zweiten Teil mit der Frage in V. 9aγ.δ weitergeführt und bringt insgesamt zum Ausdruck, dass derjenige, der dem Reichtum verfallen ist, niemals genug davon haben wird.[386] Das Nebeneinander von Spruch und Frage in V. 9a ist auffällig. Die Pragmatik des Fragewortes מִי (mî) in V. 9aγ sollte aber nicht vorschnell eingeebnet werden, indem man die Frage als einen zweiten Teil des Weisheitsspruches versteht und entsprechend übersetzt.[387] V. 9a führt vielmehr von der Aussage, die einen Sachverhalt beschreibt, über die Frage, die Leserinnen und Leser stärker in den Deutungsprozess einbindet, zu der Schlusswendung in V. 9b, die mit der Nichtigkeitsaussage dann die Sprache Kohelets zu erkennen gibt. Kohelet versieht hier die weisheitliche Einsicht und weiterführende Frage mit seiner eigenen Signatur, wenn er im Blick auf den Reichtum und die Unersättlichkeit des Reichen feststellt, dass es sich dabei um הֶבֶל (hæbæl) handele. Ganz gleich, ob das Weisheitswort in V. 9a von Kohelet zitiert oder aber von ihm selber verfasst wurde – Kohelet zeigt sich hier einmal mehr als ein Weiser, der in seiner Tradition verwurzelt ist und der die Formensprache der Spruchweisheit rezipieren und weiterentwickeln und die gewonnenen Einsichten auch einer Bewertung unterziehen kann.

V. 10 entspricht dem vorangehenden V. 9. In V. 10a findet sich zunächst ein Spruch, den Kohelet aus der Weisheitstradition übernommen haben könnte:[388] Wenn sich das Gut mehrt, mehren sich auch diejenigen, die es verzehren. In V. 10b schließt eine mit מַה (mah) eingeleitete Frage an, was mit dem Aufbau von V. 9a in

---

[386] Nach Schwienhorst-Schönberger, Kohelet, 327, wird hier „die potentielle Suchtstruktur des Strebens nach Reichtum" aufgedeckt.
[387] So etwa Zimmerli, Buch des Predigers, 192.
[388] Vgl. Michel, Qohelet, 145.

Einklang steht: Auch hier werden Leserinnen und Leser durch den Aussagespruch mit einer Einsicht konfrontiert, zu deren Deutung die Frage einen weiterführenden Impuls gibt: Was bleibt dem Besitzer von Reichtum anderes übrig, als dem Verzehren seines Gutes zuzusehen? Auffällig ist, dass in V. 10b an Stelle des für Kohelet typischen יִתְרוֹן (jitrōn) das Lexem כִּשְׁרוֹן (kišrōn)[389] für ‚Gewinn' steht, was für eine eigene semantische Nuance spricht: Es geht hier weniger um den Gewinn als Ertrag, sondern eher um den Gewinn als Gelingen, wie die der Nominalform zugrundeliegende Wurzel כשׁר (kšr) nahelegt.[390] Die Frage nach dem gelingenden Gewinn in V. 10b schließt trotz der lexematischen Differenzen an die Frage nach dem Gewinn (מַה־יִּתְרוֹן [mah-jitrōn]) in Koh 1,3; 3,9 an,[391] auf die es nur eine Antwort geben kann, die Koh 5,10b zwar nicht explizit formuliert, die pragmatisch aber doch im Raum steht: Es gibt keinen bleibenden Gewinn, sondern allein die Einsicht, dass der Besitzer dem Verzehren seines Gutes mehr oder weniger tatenlos zusehen muss und damit das Nachsehen hat.[392] V. 10 schließt zwar nicht mit der הֶבֶל(hæbœl)-Aussage, dass aber auch das in V. 10 Entfaltete הֶבֶל (hæbœl) ist, lässt sich von V. 9b her erschließen.

Die Weisheitssprüche aus V. 11 könnte Kohelet ebenfalls aus der Weisheitstradition übernommen haben.[393] V. 11a trifft eine Aussage über den Schlaf des Arbeiters, der süß ist, ob er viel oder wenig zu essen hat. Damit wird ein Gegenbild zum unersättlichen Reichen aus V. 9f. gezeichnet, an das V. 10b anschließt, wenn die Sattheit des Reichen als Grund für seine Unfähigkeit, zur Ruhe und zum Schlaf zu kommen, genannt wird. Wie schon in V. 9f. ist auch in V. 11 keine syntaktisch parallele Struktur innerhalb der Versteile zu erkennen. Inhaltlich entsprechen sich die beiden Vershälften aber in antithetischer Pragmatik: Dem Arbeiter mit gesundem Schlaf aus V. 11a wird der schlaflose Reiche aus V. 11b gegenübergestellt und nachgeordnet.

Wie auch immer man die Herkunft der Weisheitssprüche aus V. 9–11 einschätzt – deutlich erkennbar ist die Absicht, den literarischen Kontext von V. 9–16 mit einer Reihe von Sprüchen einzuleiten, die entweder direkt aus der Weisheitstradition stammen oder aber sich formal und inhaltlich im Rahmen dieser Tradition bewegen: V. 9 beginnt mit einem Spruch über die Liebe zum Geld, in V. 10 führt Kohelet mit dem Weisheitswort die Flüchtigkeit des vermehrten Gutes vor Augen und nach

---

389 כִּשְׁרוֹן (kišrōn) für ‚Gelingen' oder ‚Gewinn' findet sich nur in Koh 2,21; 4,4; 5,10.
390 Vgl. Ges[18], 578.
391 Die Frage מַה־יִּתְרוֹן (mah-jitrōn) wird innerhalb der literarischen Einheit in V. 15b explizit gestellt und erzeugt im Blick auf V. 10 eine gewisse Kohärenz innerhalb des Textes, entwickelt aber auch Textkorrespondenzen über V. 9–16 hinaus.
392 Zur Übersetzung mit ‚Nachsehen' vgl. Zimmerli, Buch des Predigers, 192f.
393 Vgl. Michel, Qohelet, 145.

V. 11 ist der Schlaf des Arbeiters süß, wohingegen der Reichtum des Reichen diesen um seinen Schlaf bringt. Man könnte als Abschluss dieser Trias nun einen Besser-als-Spruch erwarten, der die Arbeit dem Reichtum gegenüber hervorhebt, doch Kohelet setzt seine Überlegungen mit einer Art Beispielerzählung fort und illustriert in V. 12–16 die aus der Tradition übernommenen Weisheitsworte durch das, was er selber unter der Sonne beobachtet hat, wie V. 12aβ mit der für Kohelet typischen Formulierung eigens hervorhebt.[394]

Einleitend vermerkt Kohelet in V. 12a, dass es ein krankes Übel gebe. Die Wendung רָעָה חוֹלָה (rāʿāh ḥōlāh) gehört nicht zu der für Kohelet typischen Lexematik und markiert an dieser Stelle in aller Schärfe, wie gestört und ungesund das nun zu Berichtende ist. V. 12b steht den folgenden Ausführungen in einer Art Überschrift voran: Das kranke Übel, das Kohelet gesehen hat, besteht in dem Reichtum, den sein Besitzer für sich aufgespart hat und der ihm zum Unglück wird. Hier wird offenkundig die Spruchfolge aus V. 9–11 weitergedacht: Reichtum hat nicht nur keinen bleibenden Wert und bringt den Reichen nicht nur um den Schlaf, sondern Reichtum kann letztlich zu einem Unglück für seinen Besitzer werden. V. 13 personalisiert die weisheitliche Reflexion aus V. 12b: Kohelet stellt hier einen Reichen vor Augen, der durch ein schlechtes Geschäft[395] seinen Reichtum verliert. Das hat Konsequenzen, denn der Reiche, der einen Sohn hat, kann diesem nun nichts mehr weitergeben. V. 14 dramatisiert die Situation des Reichen mit dem Bild der Nacktheit, in der er kam und in der er wieder geht,[396] ohne dass ihm dabei etwas bleibt, was er weitergeben könnte.[397] Im Anschluss an die Formulierung רָעָה חוֹלָה

---

[394] Vgl. zur Komposition und Interpretation von V. 9–16 Zimmerli, Buch des Predigers, 193: „Trugen die drei Sprüche 5,9.10.11 den Charakter kurzer, aphoristischer Bemerkungen zur Frage des Reichtums, so rührt die Sentenz 5,12–14, welche die folgende Sentenz 5,15–16 als ihre radikale Vertiefung unmittelbar aus sich heraussetzt, wieder an die dunkle Mitte, um die Kohelets Gedanken immer wieder kreisen, das Problem des Todes."

[395] Die Wendung עִנְיָן רָע (ʿinjan rāʿ) ist mehrdeutig: Es könnte hier eher unbestimmt von einer üblen Angelegenheit oder ganz allgemein von einem Unglück die Rede sein, im Horizont des Reichtums und seines Verlusts könnte aber auch ganz konkret ein schlechtes Geschäft gemeint sein (vgl. N. Lohfink, Kohelet und die Banken: Zur Übersetzung von Kohelet v 12–16 [1989], in: Ders., Studien zu Kohelet [SBAB 26], Stuttgart 1998, 143–150, 148–150, und Schwienhorst-Schönberger, Kohelet, 334: „Plötzlicher wirtschaftlicher Ruin war zur Zeit Kohelets nicht selten.").

[396] Hier klingt die entsprechende Phraseologie aus Hi 1,21a an; vgl. dazu Witte, Hiob, 95: „In der Krise seiner Existenz fragt der Mensch nach sich selbst – und erkennt sich als nackt: Leiden entblößt."

[397] Vgl. zu V. 14 insbesondere Zimmerli, Buch des Predigers, 194: „Man möchte geradezu von einem Entgleisen der Gedanken Kohelets in die Todesaussage hinein reden" – damit ist in der Tat etwas Richtiges gesehen, denn für Kohelet scheint der Reichtum so sehr am gelingenden Leben vorbeizuführen, dass er auf die Aussagen zur Todesverfallenheit des Menschen aus V. 14 nicht verzichten kann.

(*rā'āh ḥōlāh*) aus V. 12 nimmt V. 15 den Grundgedanken aus V. 14 in allgemeinerer Form noch einmal auf: Es ist nach Kohelet ein krankes Übel, dass der Mensch so gehen wird, wie er kam. Daraus ergibt sich die Frage nach dem bleibenden Gewinn für den Menschen, der sich in den Wind hinein abmüht. Die gesamte Phrase וּמַה־יִּתְרוֹן לוֹ שֶׁיַּעֲמֹל לָרוּחַ (*ūmah-jitrōn lō šæjja'ᵃmol lārū'ᵃḥ*) schließt an Kohelets Überlegungen aus Koh 1–3 an und verankert damit die Reflexion über den Reichtum in Kohelets Grundgedanken. Am Beispiel des Reichen und seines Reichtums wird entfaltet, was für Kohelet von Anfang an leitend ist: Es gibt keinen bleibenden Gewinn, sondern nur Nichtigkeit. Eine Nichtigkeitsaussage findet sich am Ende des Reflexionsgangs nicht, wohl aber noch eine abschließende Aussage über den Menschen: Nach V. 16 verzehrt der Mensch seine Tage in Finsternis und ist durch Verdruss, Krankheit und Zorn bestimmt. Dieses Menschenbild ist vor allem im Horizont des Reichtums erschließend: Die Einsicht, dass Reichtum nicht satt und zufrieden, sondern in letzter Konsequenz unglücklich macht, ist ein Baustein der Anthropologie Kohelets, muss aber kontextualisiert verstanden werden, denn sie richtet sich zwar in ihrer weisheitlichen Pragmatik an alle Menschen, spricht aber nicht über den Menschen im allgemeinen, sondern über den Menschen als reichen Menschen. Damit werden Leserinnen und Leser des Koheletbuches vor den Gefahren des Reichtums gewarnt: Reichtum ist für den Menschen kein erstrebenswertes Ziel, da Reichtum gelingendes Leben, das sich nun gerade nicht in Finsternis, Verdruss, Krankheit und Zorn, sondern in deren Gegenteilen ereignet, unmöglich macht. Das Überborden der Sprache am Ende von V. 16 ist ein gezielt gestaltetes Stilmittel,[398] das auch auf sprachlich-lexematischer Ebene den Abgrund, in den der Reichtum führen kann, anschaulich macht und damit eindringlich davor warnt, sich diesem falschen Lebensziel zu verschreiben.[399]

2.14 Koh 5,17–19

17 Siehe, was ich Gutes sah: Es ist schön, zu essen und zu trinken und Gutes zu genießen bei aller seiner Mühe, mit der man sich abmüht unter der Sonne nach der Zahl seiner Lebenstage, die Gott einem gegeben hat. Denn das ist sein Anteil.

---

[398] Eingriffe in die Textstruktur sind daher nicht sachgemäß, da vermeintliche ‚Glättungen' des Textes die abundante Kommunikationsstruktur unerkennbar machen würden.
[399] Nach Schwienhorst-Schönberger, Kohelet, 336, warnt „die Perikope vor der Totalidentifikation mit einer zukunftssichernden Vermögensanlage. So gesehen bereitet 5,12–16 dem Carpe-diem-Motiv den Weg, jenem Ruf in die Gegenwart, der erneut in der folgenden Texteinheit erklingt."

18   Auch jeder Mensch, dem Gott Reichtum und Vermögen gegeben hat und den
     er ermächtigt hat, davon zu essen und seinen Teil davonzutragen und sich zu
     freuen bei seiner Mühe –
     das ist eine Gabe Gottes.
19   Gewiss, nicht viel gedenkt er der Tage seines Lebens,
     denn Gott lässt ihn sich mühen um die Freude seines Herzens.

Mit dem akzentuierten הִנֵּה (*hinneh*) in Verbindung mit dem für Kohelet typischen רָאִיתִי (*rā'ītī*) zu Beginn von Koh 5,17 wird eine neue Einheit eröffnet, die zwar an die vorangehenden Überlegungen anschließt,[400] im Blick auf den Menschen im Vergleich mit V. 16 allerdings einen ganz anderen Akzent setzt. In Koh 6,1 wird mit יֵשׁ (*ješ*) ein neuer Gedankengang eingeleitet, so dass Koh 5,17–19 als eine in sich geschlossene literarische Einheit verstanden werden kann.

Nachdem Kohelet in V. 12–14 dargelegt hat, was er im Blick auf den Reichtum unter der Sonne gesehen hat, und in V. 15b die Frage stellt, was dem Menschen als Gewinn bleibe, schließt Kohelet in V. 17 das an, was er ebenfalls gesehen und für gut befunden hat: Aufgrund der offenkundigen Vergänglichkeit des Reichtums und seiner Gefahren ist es nach Kohelet vor allem schön, das Leben bei aller Mühe in der von Gott gegebenen Lebenszeit zu genießen. Diese Einsicht entspricht den Überlegungen zur Lebensfreude in Koh 2,24; 3,13.22. Leserinnen und Lesern des Koheletbuches zeigt sich im Leseverlauf immer deutlicher, dass die Orientierung an der Lebensfreude trotz aller Widrigkeiten und Mühen des Menschen das Fundament der Anthropologie Kohelets darstellt. Wie in Koh 2,24; 3,13 wird auch in Koh 5,17–19 die Befähigung des Menschen, das Leben zu genießen, als eine Gabe Gottes verstanden. (הָ)אֱלֹהִים (*[hā]ᵉlohīm*) wird in V. 17–19 viermal genannt: In V. 17 ist es die Lebenszeit, die Kohelet als Gabe Gottes bezeichnet. Nach V. 18 gibt Gott Reichtum und Vermögen, die der Mensch als seinen Teil und als Gabe Gottes genießen soll. Kohelet knüpft damit an die vorangehenden Ausführungen zum Reichtum an, setzt aber einen anderen Akzent: Der Reichtum, der dem Menschen dienlich ist, ist ein anderer, als der Reichtum, den der Mensch selber zu erwerben versucht und durch den er in den Wahnsinn getrieben wird. Der Reichtum, der das Leben des Menschen gelingen lässt, ist dem Menschen von Gott als sein Anteil zuerkannt.

In V. 18a ist die Form וְהִשְׁלִיטוֹ (*wᵉhišlīṭō*) von Bedeutung: שׁלט (*šlṭ*) im Grundstamm bedeutet ‚Macht haben über etwas', im Kausativstamm wird daraus das ‚Verleihen von Macht' bzw. das ‚Ermächtigen', das über das bloße Ermöglichen hinausgeht. Gott setzt den Menschen demnach in Stand, sein Leben genießen zu

---

[400] Nach Krüger, Kohelet, 231, „bezieht sich V. 17 zurück auf V. 15–16 (Arbeit ohne Besitz) und V. 18 auf V. 12–14 (Reichtum ohne Genuss)."

können. Als Gabe Gottes entzieht sich diese Fähigkeit jeder menschlichen Verfügungsgewalt. Hinter diesen Aussagen könnte sich der Gedanke einer göttlichen (Vorher-)Bestimmung verbergen. Ein solcher Gedanke stand Kohelet aber nicht im Sinne einer umfassenden Determinationslehre vor Augen.[401] Kohelet geht es vielmehr darum, die Lebensfreude als eine Gabe Gottes an den Menschen zu begreifen und sie damit aus dem Bereich des Fragwürdigen oder sogar moralisch Illegitimen herauszuholen, in den Eiferer jeder Couleur sie zu allen Zeiten zu stellen versuchen. Wenn Gott als Grund und Quelle der Lebensfreude zu verstehen ist, verliert jede religiös motivierte Kritik am Lebensgenuss ihre Grundlage.

Nach V. 19a denkt der Mensch nicht durchgehend an die Tage seines Lebens, weil Gott den Menschen sich nach V. 19b um die Lebensfreude mühen lässt.[402] Mit מַעֲנֵה (ma⁽ᵃ⁾næh) wird ein von Gott veranlasstes Bemühen des Menschen beschrieben, das im Einklang mit Kohelets Grundeinsicht steht, derzufolge der Mensch durch seine Mühe bestimmt ist.[403] Diese Bestimmung und Prägung des Menschen durch seine Mühen führt Kohelet nun aber nicht in die Resignation oder Verzweiflung, sondern ist die gewissermaßen andere Seite der Lebensfreude: Es gibt keine Lebensfreude des Menschen, die nicht überhaupt erst vor dem Hintergrund der Mühen des Menschen zu ihrer eigentlichen Entfaltung kommen kann. Für den Menschen ist mit der Lebensfreude keineswegs „alles wieder gut. Die Bedrängnis des Lebens bleibt. In dieser Bedrängnis aber gibt es einen Raum der wissenden Gelassenheit, die sich im Heute zu freuen vermag."[404]

Die Position aus V. 17–19 ist gezielt im Anschluss an V. 9–16 gestaltet worden: Im Gegensatz zu dem Reichen, der alles aufspart und am Ende dann doch verliert, nimmt gelingende Lebensfreude diese Freude am Leben aus Gottes Hand, ohne sich um jeden einzelnen Tag zu sorgen. Der Mensch, der sich in dieser Weise sein Leben gefallen lässt, steht in einem scharfen Gegensatz zu dem Menschen, von dem es in V. 16 heißt, dass er seine Lebenszeit missmutig in der Finsternis verbringt. Mit V. 17–19

---

401 Vgl. dazu oben 2.4.
402 מַעֲנֵה (ma⁽ᵃ⁾næh) wird häufig im Sinne einer den Menschen ablenkenden Beschäftigung verstanden. Die der Form zugrundeliegende Wurzel ענה (ʿnh) III hi. für ‚jemanden befassen' oder ‚jemanden bemühen' (vgl. Ges[18], 989) legt aber eine intensivere Bedeutung nahe: Gott veranlasst den Menschen, sich mit der Freude seines Herzens zu befassen, sich darum zu mühen und sie nicht einfach nur wirken zu lassen. Möglich wäre auch die Ableitung von ענה (ʿnh) I hi. für ‚antworten' (vgl. Ges[18], 987f.) oder von ענה (ʿnh) II hi. für mutmaßlich ‚demütigen' oder ‚unterdrücken' (vgl. Ges[18], 988f.); vgl. dazu insgesamt Schwienhorst-Schönberger, Kohelet, 341f.
403 Vgl. dazu nur Koh 1,3.
404 Zimmerli, Buch des Predigers, 196; vgl. in diesem Zusammenhang auch Schwienhorst-Schönberger, Kohelet, 344: „Der Mensch muss sich wohl erst den Erfahrungen der Nichtigkeit stellen, um eine Antwort jener Wirklichkeit zu vernehmen, die in der Bibel mit dem Wort ‚Gott' bezeichnet wird."

steht man im Zentrum der Gedankenwelt Kohelets.[405] Mit seiner konsequenten Orientierung an der Lebensfreude als einer Gabe Gottes positioniert sich Kohelet an einer anderen Stelle als die ethischen Entwürfe, die die Lebensführung des Menschen in einem abgesteckten Gesetzesraum verorten. Es ist dabei keineswegs zu bestreiten, dass es auch den Gesetzestraditionen darum geht, dem Menschen im Raum der Gesetze und ihrer Beachtung ein gelingendes Leben zu eröffnen; der Mensch muss für das Gelingen seines Lebens hier aber selber Sorge tragen und sein Leben an den Ordnungen und Weisungen ausrichten. Kohelet sieht das gelingende Leben dagegen weniger als das Ergebnis einer menschlichen Leistung, sondern als eine Möglichkeit, die zuerst Gott dem Menschen eröffnet und die dann der Mensch als Gabe Gottes begreifen und ergreifen sollte. Das gelingende Leben ist dem Menschen grundsätzlich unverfügbar, als Gabe Gottes wird es ihm aber von Gott her verfügt und erschlossen.

2.15 Koh 6,1–6

1   Es gibt ein Übel, das ich unter der Sonne sah,
       und schwer[406] lastet es auf dem Menschen:
2   Einem Mann, dem Gott Reichtum und Vermögen und Ehre gibt, mangelt es an nichts von allem, was er begehrt. Aber Gott ermächtigt ihn nicht, davon zu essen, sondern ein fremder Mann verzehrt es.
       Das ist nichtig und eine üble Krankheit.
3   Wenn ein Mann hundert Kinder zeugte und viele Jahre lebte und die Tage seiner Jahre viel würden, er sich aber nicht sättigen könnte vom Gut – selbst wenn er kein Grab hätte,
       sagte ich: Die Fehlgeburt hat es besser als er.
4   Denn in der Nichtigkeit kam sie und in der Finsternis geht sie dahin,
       und in Finsternis ist ihr Name gehüllt.
5   Sie hat auch die Sonne nicht gesehen und nicht gekannt.
       Sie hat mehr Ruhe als er.
6   Und wenn einer zweimal tausend Jahre gelebt, aber nicht Gutes genossen hätte – gehen nicht alle an einen Ort?

---

405 Vgl. dazu N. Lohfink, Koh 5,17–19 – Offenbarung durch Freude, in: Ders., Studien zu Kohelet (SBAB 26), Stuttgart 1998, 151–165, 165: „Meines Erachtens ist Koh 5,19 eine der Schlüsselstellen für das Verständnis des ganzen Buches Kohelet und des in ihm investierten Denkens. Vielleicht ist es sogar der eigentliche Schlüssel zu dem, was Kohelet letztlich über Gott zu sagen hat."
406 וְרַבָּה ($w^e rabbāh$) bedeutet wörtlich ‚und viel' (zur Übersetzung mit ‚und schwer' vgl. Zimmerli, Buch des Predigers, 196, und Krüger, Kohelet, 222).

Koh 6,1–6 wird durch die Eröffnung mit יֵשׁ רָעָה (*ješ rāʿāh*) und der für die Sprache Kohelets charakteristischen Wendung רָאִיתִי תַּחַת הַשָּׁמֶשׁ (*rāʾītī taḥat haššāmœš*) von den vorangehenden Ausführungen abgegrenzt.[407] Mit V. 6 erreicht der Gedankengang einen sachlichen Abschluss, wie auch der Neueinsatz in V. 7 zeigt, der mit einem mutmaßlich aus der Weisheitstradition übernommenen Spruch einen neuen Zusammenhang eröffnet und sich damit von V. 6 absetzt. V. 1–6 bilden daher eine literarische Einheit, deren Kohärenz nicht durch formale Textsignale angezeigt, sondern vor allem durch die thematische Geschlossenheit erzeugt wird.

Eine Reihe von lexematischen Wiederaufnahmen in V. 1–6 zeigt, dass Kohelets Gedankengang in V. 1–6 aus den vorangehenden Passagen heraus entwickelt wird. So klingt die Einleitung in V. 1 mit יֵשׁ רָעָה (*ješ rāʿāh*) und רָאִיתִי תַּחַת הַשָּׁמֶשׁ (*rāʾītī taḥat haššāmœš*) an Koh 5,12 an und verweist in Koh 6,1 erneut auf eine Beobachtung Kohelets, von der ausgehend er seine Reflexion entfaltet. Ein besonderer Akzent liegt hier auf der Intensität des Übels, das Kohelet beobachtet hat. Mit וְרַבָּה (*wᵉrabbāh*) wird durchaus ein Moment des Quantitativen, aber vor allem auch eine Qualität des Übels zum Ausdruck gebracht. V. 2 legt in einem engen lexematischen Anschluss an Koh 5,18[408] das Beispiel eines Mannes dar, dem Gott das gegeben hat, was zum Genuss des Lebens nötig ist, ihm aber nach Koh 6,2 nicht ermöglicht, davon zu essen. Vielmehr wird ein Fremder das Gut des Mannes verzehren.[409] Kohelet schließt seine Beobachtung mit der Nichtigkeitsaussage ab und verstärkt diese noch durch den Zusatz, dass es sich hier um eine üble Krankheit handle, was an die Wendung רָעָה חוֹלָה (*rāʿāh ḥōlāh*) aus Koh 5,12.15 anklingt. Koh 6,2 begründet nicht, warum und auf welche Weise Gott dem Mann die Möglichkeit, seinen Reichtum zu genießen, verweigert. Der Reichtum nützt dem Reichen aber in keiner Weise, er muss ihn vielmehr einem anderen überlassen. Kohelet hinterfragt hier nicht weiter das Handeln Gottes,[410] sondern er blickt auf den Menschen, dem der Genuss des Lebens und seiner Güter unverfügbar ist.[411]

In V. 3a verschärft Kohelet seine Einsicht am Beispiel des Mannes, der viele Nachkommen hat und sehr alt wird, von seinen Gütern aber nicht genug bekommt. Mit אָמַרְתִּי (*ʾāmartī*) in V. 3b wird Kohelets Urteil besonders akzentuiert eingeleitet,

---

407 Vgl. Crenshaw, Ecclesiastes, 126.
408 Vgl. עֹשֶׁר וּנְכָסִים (*ʿošær ūnᵉkāsīm*) in Koh 5,18; 6,2 und וְהִשְׁלִיטוֹ (*wᵉhišlīṭō*) in Koh 5,18 mit יַשְׁלִיטֶנּוּ (*jašlīṭœnnū*) in Koh 6,2.
409 Vgl. dazu auch Koh 2,18–20.
410 Dennoch scheint hier ein Gottesbild auf, das Gott als denjenigen profiliert, dessen Handeln der Mensch nicht erschließen kann (vgl. Crenshaw, Ecclesiastes, 126).
411 Vgl. Schwienhorst-Schönberger, Kohelet, 346: „Aber die Aussage zielt hier nicht primär auf die ‚göttliche Ordnung‘, sondern auf das sich in ihrem Rahmen ereignende menschliche (Fehl-)Verhalten."

obwohl es im Unterschied zu dem ausführlichen Konditionalgefüge in V. 3a äußerst knapp ausfällt: Besser als ein solcher Mann hat es die Fehlgeburt. Reichtum und Lebenszeit, die ungenutzt und damit sinnlos vergehen, machen das Leben von innen heraus nichtig und nehmen dem Menschen seine Besonderheit, die für Kohelet auch darin besteht, das Leben genießen zu können.

In V. 4–6 bleibt Kohelet bei der Fehlgeburt stehen und entfaltet in drastischer Weise, was die Fehlgeburt auszeichnet. Nach V. 4 ist die Fehlgeburt von Nichtigkeit und Finsternis umgeben. Sie trägt nicht einmal einen Namen und ist damit in einem eigentlichen Sinne nicht existent. V. 5 führt das Bild der Finsternis mit dem Verweis auf die Sonne, die die Fehlgeburt nicht gesehen und gekannt hat, weiter und schließt daraus, dass die Fehlgeburt dadurch mehr Ruhe hat als der Reiche, der sein Leben verfehlt. V. 6a greift in formaler Weise auf die Konditionalstruktur aus V. 3 zurück, schließt aber nicht mit einem auf die Bedingung folgenden Aussagesatz, sondern mit einer Frage:[412] Wenn einer auch zweitausend Jahre lebte,[413] aber nichts Gutes gesehen hätte, gilt für ihn doch das, was V. 6b fragend in den Raum stellt: Gehen nicht alle an einen Ort? Wie bereits in Koh 3,20 ist der eine Ort, der am Ende von Koh 6,6 genannt wird, der Ort des Todes, auf den alle zugehen. Kohelet fragt, ob es angesichts des großen Gleichmachers, als der der Tod auftritt, sinnvoll ist, auf langes Leben und großen Reichtum zu setzen, wenn man dabei doch nicht in der Lage ist, das Leben als Genuss zu erleben.

Koh 6,1–6 ist durch eine eigentümliche Stimmung geprägt. Die Rede vom Übel in V. 1, von der Krankheit in V. 2, vom Grab und von der Fehlgeburt in V. 3, von der Finsternis in V. 4, von der Unkenntnis der Sonne in V. 5 und von dem einen Ort, an den alle gehen, in V. 6 rückt die gesamte Passage in den Bereich des Todes, in dem der Mensch steht, dem Gott es verweigert, sein Leben genießen zu können. Reichtum führt den Menschen nicht zwingend dazu, sein Leben genießen zu können, vielmehr kann auch der Reiche am Leben scheitern. Der eigentliche Ermöglichungsgrund eines gelingenden Lebens ist Gott in seiner Unverfügbarkeit.

Koh 6,1–6 schließt mit der thematischen Behandlung des Reichtums an Koh 5,9–16.17–19 an. Der Aufruf zur Lebensfreude aus Koh 5,17–19 wird dabei in Koh 6,1–6 rezipiert und transformiert: Lebensfreude ist für Kohelet eine dem Menschen von Gott verliehene Möglichkeit, ohne dass sich der Mensch diese Möglichkeit

---

412 Vgl. Crenshaw, Ecclesiastes, 128: „This unusual structure introduces an element of surprise, but there is no doubt about the correct answer to the question."
413 Vgl. zu den einhundert Kindern in V. 3 und den zweitausend Lebensjahren in V. 6 Krüger, Kohelet, 235, demzufolge hier Beispiele angeführt werden, „die deutlich fiktiv und konstruiert sind: Kein Mensch zeugt 100 Kinder oder lebt 2000 Jahre. Die fiktive Übertreibung dient dem Nachweis, dass auch zahlreiche Nachkommen und ein langes Leben den Mangel an Genussmöglichkeiten nicht kompensieren können."

selber erschließen könnte. Es ist daher folgerichtig, dass Kohelet in Koh 6,1–6 an keiner Stelle explizit dazu auffordert, sich des Lebens zu freuen. Kohelet beobachtet und beschreibt lediglich das, was ihm vor Augen steht.[414] Mit der Frage in V. 6b nimmt Kohelet seine Leserinnen und Leser aber mit in das Gedankenfeld hinein und fordert sie auf diese Weise dazu heraus, angesichts der erörterten Nichtigkeiten und Übel eine eigene Position zu beziehen und eine eigene Haltung zum Leben zu entwickeln. Eine direkte Aufforderung zur Lebensfreude ist das zwar nicht. Es ist aber sehr wohl das Angebot, in Kohelets Richtung weiterzudenken und die Frage zu erörtern, wie das Leben gelingen könne und wie es zu genießen sei. Dabei wird gerade in Koh 6,1–6 eine deutliche Spannung zwischen göttlicher Ermöglichung gelingenden Lebens und menschlicher Unfähigkeit, selber über das Gelingen zu verfügen, erzeugt, die letztlich nicht aufgelöst werden kann. Kohelet rechnet durchaus mit der Fähigkeit des Menschen, zu handeln und etwas zu gestalten, wie ja die Weisheit insgesamt auf der Annahme der Bildungsfähigkeit des Menschen gründet. Kohelet weiß allerdings zugleich um den entscheidenden und vorangehenden Impuls Gottes, ohne den menschliches Handeln nicht gelingen kann. Gott als anredendes Subjekt, das Lebensfreude ermöglicht – der Mensch als Antwortender, der, um sein Leben nicht zu verfehlen, gut daran tut, das zu genießen, was ihm gegeben ist: Zwischen diesen theologischen und anthropologischen Polen bewegt sich das Denken Kohelets in Koh 6,1–6.

2.16 Koh 6,7–9

7 Alle Mühe des Menschen ist für seinen Mund,
   und doch wird der Rachen nicht voll.
8 Ja, was ist der Vorteil des Weisen gegenüber dem Toren?
   Was bringt es dem Armen, der es versteht, unter den Lebenden zu gehen?
9 Besser Sehen mit den Augen als Abschweifen im Verlangen.
   Auch das ist nichtig und ein Greifen nach Wind.

Die Abgrenzung von Koh 6,7–9 ist durch die Nichtigkeitsaussage in V. 9b klar gegeben. Im Blick auf den Übergang von V. 6 zu V. 7 bleiben dagegen Unsicherheiten. So geht etwa Zimmerli in seiner Analyse davon aus, dass Koh 6,7–9 mit den vorange-

---

[414] Die empirische Gegenwartsanalyse Kohelets kann bei seinen Leserinnen und Lesern durchaus Folgen haben, wie Schwienhorst-Schönberger, Kohelet, 349, aufweist: „Die in Koh 6,1–2 vorgelegte Diagnose mag zunächst einen Schock auslösen, sie kann aber auch ein erster Schritt auf dem Weg zur Heilung sein."

henden Ausführungen zusammengehören: „Die drei spruchartigen Sätze V. 7–9 aber, die auch als Einzel-Spruchgut genommen werden könnten, haben nach ihrem Inhalt deutlich die Funktion einer zusammenfassenden und abschließenden Wertung des Ganzen (V. 7 einfacher thetischer Aussagespruch, V. 8 Fragewort, V. 9 komparativer tob-Spruch), die mit der Nichtigkeitsformel endet."[415] Der Abschnitt schließt in gewisser Weise tatsächlich an das Themenfeld des Reichtums an, führt mit dem Armen in V. 8b aber auch das Gegenbild des Reichen an und geht damit über V. 1–6 hinaus.[416] Charakteristisch ist vor allem die Struktur von V. 7 und V. 9a, die sich deutlich an die Formensprache der Spruchweisheit anlehnen. Möglicherweise übernimmt Kohelet hier Spruchgut aus der Weisheitstradition. Erst in V. 9b wird mit der Nichtigkeitsaussage eine für die Sprache Kohelets typische Signatur unter den Zusammenhang gesetzt und die literarische Einheit V. 7–9 abgeschlossen.

V. 7 eröffnet den Abschnitt mit einem Aussagespruch, innerhalb dessen der Mühe des Menschen seine Unersättlichkeit entgegengestellt wird.[417] Die beiden Aussageteile liegen dabei nicht auf einer Ebene, sondern V. 7a wird von V. 7b weitergeführt: Die Arbeit und Mühe des Menschen dient zwar der Befriedigung seiner Bedürfnisse; diese Befriedigung wird aber niemals erreicht, weil der Mensch den Hals nicht voll bekommt. Die Einsicht in die Unersättlichkeit des Menschen wird bereits mit dem Aussagespruch in Koh 5,9 auf den Punkt gebracht. Koh 5,9 eröffnet damit einen literarischen Bogen, der mit Koh 6,7–9 abgeschlossen wird und in dessen Zentrum Kohelets Beschäftigung mit dem Reichtum steht. Mit dem Akzent auf der Unersättlichkeit des Menschen in Koh 5,9; 6,7 wird in der Sprache der Spruchweisheit jedem Missverständnis der Ausführungen zur Lebensfreude in Koh 5,17–19 eine Grenze gezogen: Die Unersättlichkeit des Menschen steht der Lebensfreude insofern entgegen, als der unersättliche Mensch in seiner Gier nach immer mehr nicht in der Lage ist, die Güter seines Lebens in angemessener Weise zu genießen.[418]

---

415 Zimmerli, Buch des Predigers, 197.
416 Gerade die vorangehenden Abschnitte legen es ja nahe, in Kohelet den Vertreter einer übersättigten Oberschicht zu sehen, der den Besitz von Gütern bei seinen Lesern als Selbstverständlichkeit voraussetzt – mit Koh 6,7–9 kommt nun doch auch eine andere Perspektive mit in den Blick.
417 Vgl. dazu Zimmerli, Buch des Predigers, 199: „Es ist nicht von der Hand zu weisen, daß in Pred. 6,7 einfach ein gebräuchliches Sprichwort zitiert wird."
418 Vgl. Krüger, Kohelet, 238 f.: „Wenn V. 7 nun feststellt, dass das Verlangen des Menschen in jedem Fall ungestillt bleibt, scheint dies die gesamte vorangehende Argumentation aus den Angeln zu heben. [...] V. 7 lässt sich aber auch auf der Linie der Argumentation im Vorhergehenden als deren Weiterführung verstehen: Wenn ‚Essen und Trinken' für den Menschen das höchste Gut sind und der Mensch seinen Hunger und seinen Durst immer nur für eine begrenzte Zeit stillen kann, ist das Glück für den Menschen immer nur in der jeweiligen Gegenwart erreichbar."

V. 7 weist allerdings nicht nur zurück, sondern führt zugleich thematisch zu den beiden folgenden Reflexionen hin. Die Frage nach dem Vorteil des Weisen vor dem Toren in V. 8a hat Kohelet bereits in Koh 2,13–17 zu beantworten versucht: Es gibt keinen Gewinn des einen vor dem anderen und letztlich nicht einmal einen Unterschied zwischen beiden, sondern es trifft nach Koh 2,14 den Weisen und den Toren dasselbe Geschick. Koh 6,8a weist in die Richtung einer ähnlichen Antwort, wenn danach gefragt wird, was der Weise dem Toren voraus habe. V. 8b setzt mit einer zweiten Frage im formal angedeuteten Parallelismus einen weiteren pointierten Akzent: Was hat der Arme davon, dass er sich bei den Lebenden zu bewegen versteht? Kohelet wendet sich damit innerhalb seiner Reflexionen der Armut zu, die aufgrund ihrer Verbreitung im 3. Jh. v.Chr. sicherlich ein größeres gesellschaftliches Problem darstellte als der Reichtum, den Kohelet bislang in aller Ausführlichkeit erörtert hat. Kohelet nimmt hier in den Blick, dass die Lebensmöglichkeiten des Armen eingeschränkt sind und sein Leben nicht schon dadurch gelingt, dass er es überhaupt als Lebendiger unter Lebendigen verbringen kann. Wie schon in den Ausführungen zu den Unterdrückungsmechanismen innerhalb der Gesellschaft in Koh 4,1–3 tritt Kohelet auch in Koh 6,8 nicht als Sozialrevolutionär auf, der die gesellschaftlichen Verhältnisse umstürzen möchte. Kohelet benennt hier vielmehr sehr nüchtern das Problem der Armut, die es dem Armen unmöglich macht, sein Leben genießen zu können.

In V. 9a findet sich ein Besser-als-Spruch, der das Sehen mit den Augen dem Abschweifen des Verlangens vorordnet. Beide Elemente sind im Horizont des Textes nicht ganz einfach zu deuten. Das Sehen mit den Augen (מַרְאֵה עֵינַיִם [mar'eh 'ēnajim]) dürfte aber am ehesten auf das verweisen, was Kohelet durchgehend wichtig ist: Es geht im Leben und auch beim Genuss des Lebens um das, was vor Augen ist und was, weil es vor dem Menschen liegt, auch genutzt werden kann. Mit הֲלָךְ־נָפֶשׁ (h^alāk-nāpæś) ist dagegen wohl das irrende Wandeln und Abschweifen des menschlichen Verlangens über den Bereich des Möglichen hinaus gemeint: Wo der Mensch sich und seine Begierden gehen lässt, geht er unweigerlich in die Irre.[419] In erkenntnistheoretischer Perspektive gelesen und interpretiert, ordnet der Besser-als-Spruch das Sehen als erfahrungsleitende Sinneswahrnehmung dem spekulativ-theoretisierenden Denken vor.[420]

Im Blick auf die Verbindung von V. 9 zum vorangehenden V. 8 ist zu vermuten, dass Kohelet mit der mutmaßlichen Rezeption des Besser-als-Spruches aus der

---

[419] Nach Zimmerli, Buch des Predigers, 200, geht es darum, „nach dem Vorhandenen zu greifen und das Begehren nach dem nicht Greifbaren fahren zu lassen." Crenshaw, Ecclesiastes, 129, fasst den Inhalt des Besser-als-Spruches folgendermaßen zusammen: „Better what one can look on and enjoy than fantasizing about eminently desirable things outside one's grasp."
[420] Vgl. Schwienhorst-Schönberger, Kohelet, 357.

Weisheitstradition einer theologischen Überhöhung der Armut, wie sie etwa in der Armenfrömmigkeit im Psalter[421] zu greifen ist, entgegenhält, dass das Hinsehen auf den Armen, der unter den Menschen lebt und Teil der Gesellschaft ist, besser ist als der Entwurf einer ‚Armentheologie', die dem konkreten Armen wohl eher nicht aus seiner Lage helfen wird. Armut ist für Kohelet eine gesellschaftliche Gegebenheit, die man in den Blick nehmen sollte. Von V. 7 her gelesen, könnte man V. 9 sogar als einen Aufruf zur sozialen Anteilnahme und Unterstützung des Armen lesen: Wenn einerseits nach V. 7 alle Mühe des Menschen nur seinem Mund dient, der Hals dabei aber ohnehin nicht voll wird, andererseits das (Hin-)Sehen besser ist als das bloße Nachdenken, so werden Leserinnen und Leser in dieser Zusammenstellung der Weisheitsworte und der Konfrontation dieser Worte mit dem Armen und seiner Situation innerhalb der Gesellschaft implizit dazu aufgefordert, ihre eigenen Haltungen zu diesen Fragen zu klären – und dann entsprechend zu handeln.

Am Ende stellt Kohelet in V. 9b fest, dass auch das alles הֶבֶל וּרְעוּת רוּחַ ($hæbæl$ $ūr^{e\,}\!ūt\ rū^{a}\d{h}$) sei. Die gesamte Reflexion über das Gewinnstreben des Menschen, aber auch die unmittelbar voranstehende Kritik an den ausschweifenden Begierden und Gedankengängen des Menschen werden hier in den Bereich des Nichtigen gestellt und damit die wohl teilweise aus der Weisheitstradition rezipierten Einsichten in V. 7–9 in den Reflexionshorizont Kohelets eingebunden.

2.17 Koh 6,10–12

10 Wird, was längst war, mit Namen benannt? Und ist bekannt, was ein Mensch ist
und dass er nicht rechten kann mit dem, der stärker ist als er?
11 Ja, es gibt Worte vielerart, die Nichtiges vermehren.
Was ist der Vorteil für den Menschen?
12 Wer weiß denn, was gut ist für den Menschen im Leben der Zahl seiner flüchtigen Lebenstage nach? Er verbringt sie wie der Schatten.
Wer teilt denn dem Menschen mit, was nach ihm sein wird unter der Sonne?

---

421 Vgl. dazu Michel, Qohelet, 147: „V. 8b richtet sich – das macht der Kontext klar – gegen eine ‚Armenfrömmigkeit', wie wir sie z. B. aus den Psalmen kennen [...]." Nach Krüger, Kohelet, 240, wird hier „eine religiöse Überhöhung von Armut im Sinne einer ‚Armenfrömmigkeit' [...] abgewehrt." Zur Armenfrömmigkeit im Psalter vgl. J. Bremer, Wo Gott sich auf die Armen einlässt. Der sozio-ökonomische Hintergrund der achämenidischen Provinz $Yəh\bar{u}d$ und seine Implikationen für die Armentheologie des Psalters (BBB 174), Göttingen 2016, 317–471.

Die Überlegungen in Koh 6,10–12 schließen an frühere Reflexionen Kohelets über die Zeit des Menschen an. Der Neueinsatz in V. 10a ist nicht besonders stark profiliert, das Fragewort מָה (mah) zu Beginn des Verses greift in gewisser Weise sogar auf die entsprechend mit מָה (mah) eingeleitete Frage aus V. 8b zurück. Dennoch geht es inhaltlich nun nicht mehr um Reichtum und Armut und auch das Lexem תַּקִּיף (taqqīp), das in V. 10b auf Stärke und Gewalt hinweist, steht hier nicht im Zentrum. Es gibt vielmehr ein erkennbares Gefälle hin zu V. 12 und der Frage nach dem, was für den Menschen gut ist in seiner Lebenszeit. Mit der für Kohelet charakteristischen Wendung תַּחַת הַשָּׁמֶשׁ (taḥat haššāmæš) wird der literarische Zusammenhang Koh 6,10–12 durch ein klares Textsignal abgeschlossen.

Im Hintergrund der Passage stehen frühere Reflexionen Kohelets über die Zeit. So erörtert Kohelet die Strukturen des sich Wiederholenden innerhalb der Zeitabläufe gleich zu Beginn seiner Ausführungen in Koh 1,3–11 und nimmt in Koh 3,10–15 neben der sich wiederholenden Zeit auch die Grenzen menschlicher Erkenntnismöglichkeiten in den Blick. An diese Überlegungen schließt Koh 6,10–12 an.

V. 10a setzt mit der Frage nach dem Namen[422] des längst Bekannten und nach dem Wissen darum, was der Mensch denn sei, ein. Damit wird zum einen die Frage nach dem Wissen um das Vergangene gestellt und implizit das Problem des Vergessens aufgerufen. Zum anderen findet sich hier innerhalb des Koheletbuches die anthropologische Grundfrage nach dem Wesen des Menschen, die auch im Psalter und im Hiobbuch gestellt wird.[423] Die in V. 10b angedeutete Antwort auf die Frage nach dem Menschen verweist auf die Grenzen des Menschen, der mit einem Stärkeren, als er es selber ist, nicht rechten kann. Wer sich hinter diesem Stärkeren verbirgt, lässt der Text offen. Die Grundsätzlichkeit des Themas lässt es aber nicht ausgeschlossen erscheinen, dass hier Gott als der im Vergleich zum Menschen Stärkere gemeint sein könnte.[424]

---

422 Zimmerli, Buch des Predigers, 200, verweist darauf, dass „die Dinge durch ihr ‚Be-Rufen'-Werden im Namen ihr eigentliches Sein empfangen"; genau dieses Sein geht dann wieder verloren, wenn die Dinge, die längst waren, keinen Namen mehr haben, also in Vergessenheit geraten (vgl. dazu auch Koh 1,11).
423 Vgl. Ps 8,5; 144,3; Hi 7,17; vgl. dazu Witte, Hiob, 175.
424 Nach Zimmerli, Buch des Predigers, 201, geht es in Koh 6,10–12 um den Menschen, „der dem ‚Stärkeren' begegnet ist, von dem er weiß, daß er im Leben lediglich aus seiner Hand empfangen, aber nicht das Geringste sich selber nehmen kann." Vgl. in dieser Richtung auch Crenshaw, Ecclesiastes, 130: „Perhaps Qohelet has Job in mind, observing that attacks on God are useless." Ähnlich interpretieren Krüger, Kohelet, 246, und Schwienhorst-Schönberger, Kohelet, 364f., das Lexem תַּקִּיף (taqqīp) in diesem Zusammenhang. Gegen die Deutung auf Gott könnte sprechen, dass die hinter dem Lexem stehende Wurzel תקף (tqp) in Koh 4,12 im Kontext der Überwältigung eines Menschen durch einen anderen verwendet wird; da die hier von Kohelet verwendeten Aramaismen aber nur

V. 11 lässt erneut die Haltung Kohelets der Kommunikation gegenüber erkennen. Bereits in Koh 4,17–5,6 hat Kohelet sich klar für eher weniger als zu viele Worte ausgesprochen. Während seine Überlegungen in Koh 4,17–5,6 aber im Kontext religiöser und kultischer Themen stehen, wird Kohelet in Koh 6,11 grundsätzlicher: Zunächst trifft er eine Aussage, derzufolge die Vielschichtigkeit der Kommunikation die Nichtigkeit vermehrt; und darauf folgend stellt er die Frage, was angesichts dieser Nichtigkeit der Mensch eigentlich für einen Vorteil habe. Mit dem Lexem יֹתֵר (*joter*) greift Kohelet dabei auf V. 8 zurück, wo nach dem Vorteil des Weisen vor dem Toren gefragt wurde und die Antwort, dass es keinen solchen Vorteil gebe, implizit im Raum stand. Diese Antwort wird auch in V. 11 die von Kohelet intendierte sein: Die Kommunikation hat für den Menschen keinen Vorteil und bringt ihm nichts.[425]

In V. 12 wird die Fragesequenz auf den Zielpunkt geführt: Mit dem Interrogativpronomen מִי (*mî*) wird nicht mehr impersonal nach etwas, sondern nach jemandem gefragt: Wer kann wissen, was gut für den Menschen ist angesichts seiner begrenzten, schattenhaften Existenz? Und wer teilt dem Menschen mit, was nach ihm unter der Sonne sein wird? Die Antwort auf die erste Frage könnte zunächst im Horizont von Koh 3,13.22; 5,17 zu suchen sein: Kohelet weiß ja darum, dass es für den Menschen nichts Besseres gibt als den Genuss und die daraus folgende Freude am Leben. Die zweite Frage in Koh 6,12 zeigt allerdings, dass es Kohelet hier um noch mehr geht, wenn er das Gute für den Menschen in einem zeitlichen Horizont verortet, der ja bereits in V. 10 der Reflexion zugrundegelegt wird: Wer danach fragt, was für den Menschen gut ist und wer ihm mitteilen könnte, was nach ihm sein wird, hält eigentlich nur zwei Antworten für denkbar: Entweder weiß es niemand – oder Gott weiß es. Bleibt es auch unsicher, ob in V. 10b mit dem Lexem תַּקִּיף (*taqqîp*) tatsächlich ein Hinweis auf Gott gegeben ist, so wird man im Blick auf V. 12 davon ausgehen können, dass Kohelet endgültig auf Gott verweist. Und das muss dann nicht mehr nur von V. 10b, sondern kann auch von Koh 5,17–19 her gelesen und verstanden werden:[426] Gott ist derjenige, der dem Menschen überlegen ist, so dass der Mensch nicht mit ihm rechten kann; Gott ist aber zugleich derjenige, der dem Menschen das Gute ermöglicht und ihn sich um seine Freude mühen lässt.

---

selten gebraucht werden (vgl. Ges[18], 1455 f.), lassen sich keine signifikanten Aussagen über das genaue semantische Feld der Begriffe machen.

425 Dass es bei den ‚Worten vielerart' in V. 11 auch um die konkreten Weisheitsworte geht, die in den folgenden Passagen des Koheletbuches zur Sprache kommen und kritisch geprüft werden, betont Schwienhorst-Schönberger, Kohelet, 365.

426 Dell/Forti, Janus Sayings, 121, lesen V. 12 „as a linking chain looking backwards and forwards. The Janus position of this verse is in closing the previous discussion and introducing a very general declaration that opens a new debate: Does a human being share any profit in life at all? What indeed is good for a person?"

Koh 6,10–12 hat innerhalb des Koheletbuches eine eigentümlich zentrale Stellung: Mit diesem Abschnitt wird die zweite Häfte des Koheletbuches eröffnet[427] und zugleich werden zentrale Gedanken der vorangehenden Reflexionen in der knappen Form der drei Fragen in Koh 6,10–12 verdichtet. Diese literarische Form ist für die Weisheit Kohelets von Bedeutung, denn mit den Fragen nimmt Kohelet seine Leserinnen und Leser in den Prozess der Reflexion und der Sinnkonstitution mit hinein und tritt damit als ein Weiser auf, der nicht nur auf der inhaltlichen Ebene Weisheiten weitergibt, sondern der zugleich auch in die Formen weisheitlichen Denkens einführt.[428]

2.18 Koh 7,1–14

1   Besser ist ein guter Name als gutes Öl
    und der Tag des Todes als der Tag der Geburt.
2   Besser ist es, in ein Trauerhaus zu gehen, als in ein Trinkhaus zu gehen, wo das Ende jedes Menschen liegt,
    und der Lebende nimmt es sich zu Herzen.
3   Besser ist Missmut als Lachen,
    denn bei böser Miene geht es dem Herzen gut.
4   Das Herz der Weisen ist in einem Trauerhaus, das Herz der Toren aber im Haus der Freude.
5   Besser ist es, wenn man einen Weisen schelten hört,
    als wenn jemand das Lied der Toren hört.
6   Denn wie das Knistern der Dornen unter dem Topf, so ist das Lachen des Toren.
    Doch auch das ist nichtig.
7   Ja, Unterdrückung macht einen Weisen töricht,
    und ein Geschenk verdirbt das Herz.
8   Besser ist der Ausgang einer Sache als ihr Anfang,
    besser langmütig als hochmütig.

---

[427] Koh 6,9 ist der Anzahl der Verse nach die Mitte des Buches (vgl. Schwienhorst-Schönberger, Kohelet, 359). Nach Krüger, Kohelet, 245, kann Koh 6,10–12 „als Einleitung zur kritischen Diskussion verschiedener Ratschläge für die Lebensführung in 7,1–14 (aber auch darüber hinaus bis 10,20) gelesen werden." Schwienhorst-Schönberger, Kohelet, 362, zufolge leitet Koh 6,10–12 „den ideologiekritischen Teil des Buches (6,10–8,17) ein."
[428] Vgl. dazu Schwienhorst-Schönberger, Kohelet, 366, demzufolge Koh 6,12a „als Stilelement der Diatribe eine echte (allerdings ironisch gemeinte) Frage" ist.

9   Werde nicht schnell verdrießlich in deinem Geist,
    denn Missmut ruht im Schoß der Toren.
10 Sage nicht: Wie kommt es, dass die früheren Tage besser waren als die jetzigen?
    Denn nicht aus Weisheit fragst du so.
11 Weisheit ist so gut wie Erbbesitz und ein Vorteil für die, die die Sonne sehen.
12 Ja, im Schatten der Weisheit – im Schatten des Geldes!
    Und der Gewinn der Erkenntnis: Die Weisheit erhält den am Leben, der sie besitzt.
13 Betrachte das Werk Gottes:
    Ja, wer kann gerade machen, was er gekrümmt hat?
14 Am Tag des Guten sei guter Dinge, und am Tag des Bösen, siehe:
    Auch diesen wie jenen hat Gott gemacht. Denn[429] der Mensch findet nicht heraus, was nach ihm sein wird.

Koh 7,1–14 ist von der vorangehenden Einheit in Koh 6,10–12 durch die Schlusswendung תַּחַת הַשָּׁמֶשׁ (taḥat haššāmæš) in Koh 6,12 abgegrenzt. Die gesamte Sequenz in Koh 7,1–14 schließt in gewisser Weise an die Weisheitssprüche in Koh 6,7–9 an, bildet aber nach der Zwischenreflexion in Koh 6,10–12 einen neuen Zusammenhang, der durch die Rezeption und Kommentierung von Sprüchen aus der Weisheitstradition geprägt ist. Die Nichtigkeitsaussage in Koh 7,6b setzt einen Zwischenakzent innerhalb des Textes, der aber erst mit V. 14 seinen Schlusspunkt erreicht. Dieser Schlusspunkt wird zum einen durch die weitreichenden Aussagen in V. 14 erkennbar, die die vorangehende Collage weisheitlicher Worte bündeln; zum anderen eröffnet der folgende V. 15 mit der Wendung אֶת־הַכֹּל רָאִיתִי בִּימֵי הֶבְלִי ('æt-hakkol rā'ītī bīmē hæblī) einen neuen Gedankengang innerhalb von Koh 7.

Während sich das Kapitel insgesamt durch die Textsignale in V. 15 und in V. 23, wo jeweils in der für Kohelet charakteristischen Sprache eine neue Einheit eingeleitet wird, in drei Teile untergliedern lässt, ist in V. 1–14 ein erster Durchgang in V. 1–6 von einem zweiten Durchgang in V. 7–14 zu unterscheiden. Die gesamte Passage zeichnet sich durch eine gewisse thematische Breite aus, kann aber insgesamt als eine Auseinandersetzung mit der Weisheit und ihrer Tradition verstanden werden. Viele Sprüche innerhalb von V. 1–14 erscheinen in der formalen Gestalt der Spruchweisheit, wobei die Besser-als-Sprüche einen Schwerpunkt zu bilden scheinen. Die Frage, ob Kohelet hier einzelne Sprüche aus der Weisheitstradition übernimmt oder selber entsprechende Worte formuliert oder aber vorhandenes Material rezipiert und dann mit eigenen Akzenten versieht, kann letztlich nicht im

---

429 Vgl. zu dieser Übersetzung Krüger, Kohelet, 249.

Detail beantwortet werden.[430] Von der Beantwortung dieser Frage unabhängig ist allerdings die Beobachtung, dass Kohelet der Sache nach in der Tradition der Weisheit steht, ihre Formensprache beherrscht und seine Einsichten in weisheitlicher Sprache formuliert. Mit Hilfe der für ihn prägenden Lexematik, wie etwa der Nichtigkeitsaussage in V. 6b oder der Verwendung von יִתְרוֹן (jitrōn) in V. 12b, verankert Kohelet die gesamte Weisheitscollage in V. 1–14 innerhalb des Koheletbuches und schließt sie in V. 14 mit der Aufforderung zur Lebensfreude angesichts der Erkenntnisgrenzen des Menschen im Horizont seines Denkens ab.

Der erste Teil des Abschnitts findet sich in V. 1–6. Auf drei Besser-als-Sprüche in V. 1–3 folgt in V. 4 ein Aussagewort, bevor in V. 5–6b ein Besser-als-Spruch mit einem unmittelbar folgenden Aussagespruch verbunden wird. Die gesamte Passage ist durch eine Atmosphäre des Missmuts bestimmt, die in deutlicher Spannung zu anderen Texten des Koheletbuches steht, in denen Kohelet seine Leserinnen und Leser zur Freude und zum Genuss des Lebens anleitet. Die Nichtigkeitsaussage in V. 6b schließt den ersten Durchgang in einer für Kohelet charakteristischen Weise ab.[431]

Ob Kohelet den Spruch aus V. 1 aus der Weisheitstradition übernommen hat, lässt sich nicht abschließend klären, es spricht aber vieles dafür, dass er hier ein bereits vorliegendes Wort in seinen eigenen Argumentationsgang übernimmt.[432] In der für V. 1–14 insgesamt prägenden Form des Besser-als-Spruches wird eine doppelte Aussage getroffen, die zum einen den guten Namen dem guten Öl und die zum anderen den Tag des Todes dem Tag der Geburt überordnet – besser als das eine ist das andere. Damit wird zugleich eine Entsprechung zwischen den beiden höher- und den beiden tieferstehenden Elementen der Aussage erzeugt: Der gute Name korrespondiert mit dem Todestag, das gute Öl steht mit dem Geburtstag auf einer Ebene. Insbesondere die erste dieser Entsprechungen ist nicht unwichtig, da die Verknüpfung des guten Namens mit dem Tag des Todes im Horizont der Nichtigkeitsaussagen Kohelets zu lesen ist. Dass Kohelet das Leben hassen kann und dass er die Fehlgeburt dem glücklosen Lebenden überordnet, ist Leserinnen und Lesern des Buches bereits bekannt.[433] Wichtig ist nun allerdings in Koh 7,1, dass Kohelet den Tag der Geburt nicht verflucht,[434] sondern ihn lediglich dem Tag des Todes nach-

---

430 Vgl. dazu Krüger, Kohelet, 250, demzufolge „damit gerechnet werden muss, dass der Text seinen Lesern bekannte Positionen karikierend zuspitzt."
431 Es ist denkbar, dass mit der Nichtigkeitsaussage in V. 6b eine längere Wiedergabe von Weisheitsworten in V. 1–6 abgeschlossen wird, denen sich Kohelet nicht anschließt und die er im Folgenden kritisch kommentiert (vgl. Schwienhorst-Schönberger, Kohelet, 368–370).
432 Vgl. Zimmerli, Buch des Predigers, 202.
433 Vgl. Koh 2,17; 6,3–5.
434 Vgl. Hi 3,1 und dazu Witte, Hiob, 117f.

ordnet. Genau darin liegt ja das Besondere der Besser-als-Sprüche, in denen nicht das eine empfohlen und vom anderen abgeraten wird – hier wird vielmehr eine ordnende Aussage über die verschiedenen Ebenen des Lebens und der Welt getroffen. Und in diesem Kontext ist der gute Name besser als ein Pflegeprodukt und der Todestag besser als der Tag der Geburt.

Ganz ähnlich ordnet Kohelet in V. 2 das Trauerhaus dem Trinkhaus vor. Der Besser-als-Spruch ist allerdings deutlich ausgeweitet, was vermuten lässt, dass hier nicht die kürzeste Fassung des Wortes vorliegt, das sich auf V. 2aα.β beschränkt haben könnte. In V. 2aγ.b werden die Aussagen zum Trinkhaus mahnend fortgesetzt, indem das Ende des Trinkhausbesuchers vor Augen geführt und damit implizit zur Einsicht aufgerufen wird.

Während die Besser-als-Sprüche aus V. 1a *a limine* noch im Horizont der Weisheitstradition verstanden werden können, die den guten Ruf und Namen des Menschen durchaus im Blick hat und vor allem immer wieder vor dem Missbrauch des Alkohols warnt,[435] erreicht die Reihe der Besser-als-Sprüche mit V. 3 einen Tiefpunkt der Stimmungslage: Besser sei der Missmut als das Lachen, denn bei böser Miene gehe es dem Herzen gut. Leserinnen und Leser dieses Spruches fragen sich vor dem Hintergrund der Ausführungen Kohelets zur Lebensfreude,[436] um was es hier nun eigentlich gehen soll. Denn es ist natürlich Unsinn und widerspricht der Erfahrung, dass Missmut besser ist als Lachen und dass ein böses Gesicht Wohlergehen spiegle. Möglicherweise muss man an diesem Punkt der Sequenz von Weisheitsworten, mit denen Kohelet in die Weisheitstradition hineinführt, damit rechnen, dass Leserinnen und Leser ganz gezielt zum kritischen Hinterfragen angeleitet werden sollen. Kohelet provoziert hier mit Aussagen, die nun eben gerade keine Erfahrungen mehr verdichten, wie es für Weisheitsworte eigentlich charakteristisch ist, sondern die in Gestalt der Weisheit daherkommen, aber der weisheitlichen Grundlagen eigentlich entbehren: „Nach allem, was bisher von Kohelet zur Frage nach dem, was ‚gut' ist, gesagt wurde, kann 7,3 nicht die Meinung Kohelets sein."[437] Das Ziel Kohelets liegt wohl darin, anhand einer zugespitzten, letztlich absurden Aussage zu zeigen, dass nicht jeder Besser-als-Spruch sinnvoll sein muss und dass nicht alles, was als Weisheit erscheint, auch wirklich weise ist. Damit nimmt Kohelet eine kritische Position ein und fordert seine Leserinnen und Leser implizit dazu auf, sich dieser kritischen Haltung anzuschließen.

V. 4 greift auf das Bild des Trauerhauses aus V. 2 zurück, fällt formal allerdings aus der Reihe der Besser-als-Sprüche heraus, wenn hier nun in der Form eines

---

435 Vgl. Prov 20,1; 23,20 f.29 – 35.
436 Vgl. Koh 3,12 f.22; 5,17 – 19.
437 Schwienhorst-Schönberger, Kohelet, 368.

Aussagewortes das Herz des Weisen im Trauerhaus und das Herz des Toren im Freudenhaus verortet wird. Durch die lexematische Entsprechung in der Rede vom Trauerhaus bilden V. 2 und V. 4 eine Klammer um die provokativ-absurde Aussage in V. 3. In V. 4 wird dabei erneut eine zumindest grenzwertige Einsicht in Form eines Weisheitswortes verdichtet, denn dass der Weise im Bereich der Trauer und des Todes seinen Ort habe, wohingegen der Tor mit der Freude verbunden wird, bewegt sich konzeptionell nicht auf einer Linie mit den Aussagen Kohelets zur Freude am Leben, die er als Weiser ja seinen an der Weisheit interessierten Lesern empfiehlt. Daher stellt sich auch im Blick auf V. 4 die Frage, ob man hier überhaupt Kohelets Position vor sich hat oder nicht doch noch einmal eine gezielte Übersteigerung, die zur kritischen Rezeption von Weisheitsworten anleiten soll.

An die Gegenüberstellung von Weisen und Toren aus V. 4 knüpfen die folgenden Aussagen in V. 5 f. an. In V. 5 wird zunächst die Form des Besser-als-Spruches aufgenommen, wenn das Schelten des Weisen dem Lied der Toren vorgeordnet wird. Wichtig ist in V. 5 die Betonung des Hörens, die ganz gezielt denjenigen zum Adressaten des Besser-als-Spruches macht, der dem Weisen und den Toren begegnet und ihnen zuhört. Hinter dem Besser-als-Spruch steht die Aufforderung zum richtigen Zuhören und das heißt vor dem Hintergrund der vorangehenden Verse: zum richtigen Wahrnehmen und Prüfen aller Lehren, die sich erst bei kritischer Rezeption als weise oder töricht erschließen. V. 6 fügt einen Aussagespruch an, der durch das verknüpfende כִּי (kī) wie eine Begründung des Besser-als-Spruches erscheint: Wie das Knistern der Dornen unter dem Topf, das auf die Vernichtung der Dornen im Prozess des Verbrennens hinweist, ist das Lachen des Toren zu bewerten, dessen Lehren wie die Dornen wertlos sind und im schlimmsten Fall sogar verletzen können. Dass hier insbesondere das Lachen des Toren herausgestellt wird, verweist wohl auf die Leere und Hohlheit des Toren, dessen Reden sich selber vernichtend verzehren.

Die Opposition zwischen dem Weisen und dem Toren, die in V. 4–6 greifbar wird, bestimmt die Spruchweisheit durchgehend. Kohelet kennt diese Gegenüberstellung als didaktisches und literarisches Mittel[438] und greift hier darauf zurück. Der Hinweis auf das Lied der Toren in V. 5, das als verführerischer und einlullender Gesang zu verstehen ist, und der Vergleich des Lachens des Toren mit den Dornen im Feuer in V. 6 kann im Zusammenhang von V. 1–6 auch auf die Weisheitstradition selber zurückbezogen werden: Weisheit muss sich in der kritischen Rezeption als solche erweisen und kann sich nur unter Beteiligung derjenigen ausbilden, die sich – in diesem Fall als Leserinnen und Leser des Koheletbuches – mit Weisheit befassen. Dass es neben einer Weisheit, die zum gelingenden Leben führt, auch Un-

---

438 Vgl. etwa Koh 2,14; 4,13.

sinn im Mantel der Weisheit geben kann, zeigt Kohelet in V. 3 – insbesondere dieser Vers macht deutlich, wie nichtig die Weisheitstradition werden kann. Die Nichtigkeitsaussage in V. 6b schließt den ersten Durchgang von V. 1–14 daher sehr sachgemäß ab: In V. 1–6 führt Kohelet die Leistungsfähigkeit der Weisheitstradition anhand ihrer Grenzen vor. Die Rezeption einzelner Versatzstücke führt zu Positionen, die in dieser Form nicht annehmbar sind. Möglicherweise wird hier die Einsicht aus Koh 6,9a verdeutlicht: Es ist besser zu sehen, was vor Augen steht, als den Gedanken zu freien Lauf zu lassen. Am Beispiel von Koh 7,3 zeigt Kohelet in jedem Fall, wohin eine von der Erfahrung gelöste Form der Weisheit führen kann: Der Missmut wird dann am Ende dem Lachen vorgezogen. Derjenige, der innerhalb des Koheletbuches bereits in mehreren Anläufen das Hohelied auf die Lebensfreude gesungen hat, kann das nicht ernst nehmen und nicht ernsthaft meinen.

In V. 7–14 setzt sich die collagenhafte Zusammenstellung von Weisheiten fort und macht damit deutlich, dass man es in V. 1–14 mit einem in seiner literarischen Form zusammenhängenden Abschnitt des Koheletbuches zu tun hat. V. 7 führt in der Form eines Aussagespruches aus, dass Unterdrückung einen Weisen zum Toren macht und dass ein Geschenk das Herz verdirbt. Sowohl die mit Gewalt verbundene Unterdrückung als auch die Beeinflussung durch Geschenke nehmen dem Weisen seinen Raum zum freien Denken. Dieses Aussagewort gründet wohl auf einer verbreiteten Erfahrung, deren weisheitliche Kurzform Kohelet hier aufgreift. In V. 8 wird noch einmal ein zweiteiliger Besser-als-Spruch angeführt, demzufolge der Ausgang einer Sache besser ist als ihr Anfang und Langmut dem Hochmut vorzuziehen ist. Beide Perspektiven sind in der Weisheitstradition verankert: Das Denken vom Ergebnis her und eine langmütige Grundhaltung zeichnen den idealen Weisen aus, der sich nicht mit Hochmut in eine Sache stürzt und sie damit von Anfang an verdirbt. Hinter den Einsichten aus V. 8 stehen erneut Erfahrungen, die jeder Mensch machen kann und die sich hier weisheitlich verdichten.[439] In V. 9 wird der Besser-als-Spruch in die Form einer Mahnung überführt: Dem Langmut steht ein schneller Stimmungswechsel hin zum Missmut entgegen. Das Mahnwort warnt vor dieser Wendung hin zum Verdruss, der ein Kennzeichen der Toren ist. Damit kommt es in V. 9 zu einer gewissen Korrektur dessen, was in V. 3 zu lesen war: V. 9b greift das Lexem כַּעַס (ka'as) aus V. 3 auf und V. 9a verwendet zudem die diesem Lexem zugrundeliegende Wurzel כעס (k's), der Vers formuliert insgesamt aber eine Mahnung zur Abkehr vom Missmut, die sich aus V. 3 ja gerade nicht ergeben

---

[439] Vgl. Zimmerli, Buch des Predigers, 205: „Das Herauswachsen des Spruchgutes Kohelets aus der allgemeinen Weisheit ist auch hier voll zu erkennen."

würde.⁴⁴⁰ Dieser Textverlauf von V. 3 zu V. 9 ist ein instruktives Beispiel für Kohelets didaktisches Vorgehen: Er gibt offensichtlichen Unsinn zunächst als Weisheitslehre aus, um dann eine Empfehlung abzugeben, die sich aus dem eben noch Gelehrten gerade nicht ergibt, nämlich sich vom Missmut abzuwenden und ihm nicht überhastet zu verfallen. Der den Leser direkt ansprechende Vetitiv in V. 9 lässt vermuten, dass an dieser Stelle Kohelets eigentliche Position zu greifen ist. Seine Leserinnen und Leser müssen allerdings zunächst einen Weg der Irritation durchlaufen, auf dem sich ihr Widerspruch erheben soll. Damit wird eine eigene Urteilsbildung in Gang gesetzt. Kohelets Anliegen besteht in der Ermahnung zu konstruktivem und kritischem Denken.⁴⁴¹

V. 10 schließt formal an den Vetitiv aus V. 9 an. Der formale Anschluss steht aber in einer gewissen Spannung zum thematischen Neueinsatz innerhalb des Textes: Es geht nun um die Undurchsichtigkeit der Zeitenfolge, die der Mensch nicht erfassen kann, da ihm Vergangenheit und Zukunft verschlossen bleiben. Man soll nach V. 10 nicht danach fragen, wie es komme, dass die früheren Tage besser gewesen seien als die gegenwärtigen, denn damit zeigen Fragende nur, dass es ihnen an Weisheit fehle. Die in V. 10 verhandelte Zeitthematik ist lose verbunden mit der Perspektive des Anfangs und des Ausgangs einer Sache in V. 8a, eine zeitliche Dimension haben aber auch die Aussagen zum Langmut in V. 8b und zum überhasteten Verdruss in V. 9a, so dass V. 10 in diesem Kontext vor allem die Unverfügbarkeit der Zeit in Erinnerung ruft und damit die Weisheitsworte aus V. 7–14 mit anderen Reflexionen Kohelets über den Verlauf der Zeiten verknüpft.⁴⁴²

Das Verspaar V. 11f. kreist um die Themen Weisheit und Wohlstand. Beide Verse sind der Form nach Aussagesprüche und könnten von Kohelet aus der Weisheitstradition übernommen worden sein. Mit הַשֶּׁמֶשׁ (haššāmæš) in V. 11 und וְיִתְרוֹן (weˀjitrōn) in V. 12 wird jedoch deutlich, dass hier nicht nur aus der Tradition zitiert wird, sondern dass Kohelet die beiden Verse sprachlich mit prägt. Dass Weisheit so gut ist wie⁴⁴³ Erbbesitz und dass sich daraus ein Vorteil für die Menschen ergibt, die die Sonne sehen und damit also zu den Lebenden gehören, ist die

---

440 Vgl. Krüger, Kohelet, 253: „V. 9 steht in klarem und direktem Widerspruch zu V. 3 und macht damit erneut deutlich, dass V. 8–12 eine V. 1–6 diametral entgegenlaufende Lebenshaltung formulieren."
441 Vgl. Schwienhorst-Schönberger, Kohelet, 377: „Mit der Argumentationsstrategie in V 8–10 erweist sich Kohelet als ein Meister der Dekonstruktion."
442 Vgl. Koh 1,2–11; 3,10–15.
443 Zu den unterschiedlichen Deutungsmöglichkeiten von עִם (ˁim) an dieser Stelle vgl. Schwienhorst-Schönberger, Kohelet, 379.

eine Seite der Aussage, die Kohelet hier trifft. Schon das Lexem יֹתֵר (*joter*)[444] in V. 11 macht deutlich, dass es um die Vorzüge der Weisheit unter der Sonne geht. V. 12 verdichtet diese Thematik mit einem kurzen Aussagewort in V. 12a und einem Kommentar in V. 12b. Das Aussagewort in V. 12a bringt die Verbindung von Weisheit und Geld zum Ausdruck: Wer sich im Schatten[445] und Schutz der Weisheit bewegt, bewegt sich auch im Schatten und Schutz des Geldes. Mit dem Lexem יִתְרוֹן (*jitrōn*) zu Beginn von V. 12b wird in der für Kohelet typischen Sprache der Aussagespruch aus V. 12a kommentiert und damit zugleich an das verwandte Lexem יֹתֵר (*joter*) aus V. 11 angeschlossen: Der Gewinn der Erkenntnis liegt in dem Wissen darum, dass die Weisheit denjenigen, der sie besitzt, am Leben erhält. Kohelet entfaltet hier eine Einsicht, die sich aus der Erfahrung ergibt: Man kann von der Weisheit und durch die Weisheit leben. Von V. 12a her gelesen, ist das durchaus in einem ökonomischen Sinne zu verstehen, wie vor allem הַכֶּסֶף (*hakkāsæp*) unterstreicht, das den konkreten Reichtum an Silber und Geld bezeichnet und damit die erwirtschaftende Kraft der Weisheit betont. V. 11 weist darüber hinaus noch auf einen anderen Aspekt hin, denn נַחֲלָה (*naḥ⁽ᵃ⁾lāh*) bezeichnet den Erbbesitz, der nicht durch Weisheit verdient und erworben werden kann, sondern der innerhalb der Familie durch die Generationen hindurch weitergegeben wird. Kohelet weiß offensichtlich darum, dass Weisheit insbesondere vor dem Hintergrund bereits vorhandener Besitztümer betrieben werden kann, weil Wohlhabende überhaupt erst die Muße und den ökonomischen Freiraum haben, sich der Weisheit zu widmen. V. 12 verdeutlicht daneben, dass Weisheit durch das mit ihr zu verdienende Geld am Leben erhält und daher kein Phänomen der bereits besitzenden Oberschicht sein muss. Die Erfahrung lehrt, dass beides richtig sein kann. Kohelet überliefert die Verdichtung dieser Erfahrung in Form der Aussagesprüche in V. 11 und V. 12a und kommentiert diese Erfahrung in V. 12b.

Der literarische Zusammenhang in V. 1–14 wird in V. 13f. mit zwei Aufforderungen abgeschlossen, die sich als Konsequenzen aus den vorangehenden Ausführungen zur Weisheit und ihrem Nutzen ergeben. Bemerkenswert ist dabei die erkennbare Hinwendung zum Werk Gottes: In V. 13 bzw. in V. 14 findet sich das Nomen מַעֲשֶׂה (*ma⁽ᵃ⁾śeh*) bzw. die Wurzel עשׂה (*'śh*) in Verbindung mit הָאֱלֹהִים (*hā⁽ᵃ⁾lohīm*). Mit der Aufforderung zur Betrachtung in V. 13 lenkt Kohelet den Blick der Leserinnen und Leser auf das Tun Gottes, das in Form einer Frage kommentiert

---

[444] Dass hier nicht das für Kohelet typische Lexem יִתְרוֹן (*jitrōn*), sondern יֹתֵר (*joter*) verwendet wird, könnte darauf hinweisen, dass Kohelet in V. 11b noch eine Formulierung aus der Weisheitstradition übernimmt, während er in V. 12b eigenbegrifflich formuliert und entsprechend יִתְרוֹן (*jitrōn*) gebraucht.
[445] Zur wohl von Kohelet beabsichtigten Ambivalenz der Rede vom Schatten an dieser Stelle vgl. Zimmerli, Buch des Predigers, 207.

und eingeordnet wird: Wer kann begradigen, was Gott gekrümmt hat?[446] Kohelets Leserinnen und Leser wissen aus Koh 1,15, dass Gekrümmtes nicht gerade werden kann. Koh 7,13 nennt den Verursacher der Krümmung: Es ist Gott selber, dessen Werk nach Koh 3,14 unveränderbar ist. Das hohe Maß an Intertextualität[447] von Koh 7,13 f. zeigt sich auch im weiteren Verlauf, denn V. 14 fordert dazu auf, am guten Tag guter Dinge zu sein, aber auch am Tag des Bösen im Blick zu behalten, dass Gott ihn ebenfalls gemacht hat. Die Wendung verbindet sich mit der Aussage Hiobs in Hi 2,10, derzufolge Gutes und Böses von Gott anzunehmen seien: „Die koheletsche Anthropologie, die die Freude als eine Haltung entwirft, die das *ganze* Leben des Menschen durchdringen soll (9,9; 11,8a), muss sich vor der Tatsache bewähren, dass das Leben des Menschen auch böse Tage kennt, ja dass es, aufs Ganze gesehen, ein Lauf in den Tod ist."[448] Wie Hiob erkennt allerdings auch Kohelet hinter dem Bösen das Handeln Gottes.[449] Hier brechen die für das Hiobbuch wichtigen Fragen nach der Gerechtigkeit und Souveränität Gottes auf, doch weiß Kohelet – wie auch die Verfasser der Hioberzählung – um den theologischen Preis einer Ausklammerung des Bösen aus dem Machtbereich Gottes: Gottes Souveränität steht da in Frage, wo er nicht als die alles bestimmende Wirklichkeit verstanden wird und nicht auch für das Böse Verantwortung trägt. Für Kohelet tun sich hier keine Abgründe auf. Im Gegensatz zu den Trägergruppen der Hiobdichtung nimmt Kohelet die Grenzen menschlicher Erkenntnisfähigkeit eher gelassen hin und verweist den Menschen an diesen Grenzen klar auf Gottes Macht und dessen beständiges Werk, das auch aus Gekrümmtem besteht, das nicht einfach begradigt werden kann. Dass Gott in Koh 7,13 als Urheber des Gekrümmten und nicht des Geraden erscheint, ist dabei eine überaus bemerkenswerte Pointe des Gottesbildes Kohelets.

Mit V. 14bγ.δ wird der Gedankengang auf einer Linie mit Koh 3,11 abgeschlossen: Gutes und Böses müssen angenommen werden, weil der Mensch nicht in der Lage ist herauszufinden, was nach ihm sein wird.[450] Während Gott nach Koh 3,15b das Entschwundene sucht, kann der Mensch nach Koh 7,14 nichts finden, denn die Zusammenhänge der Wirklichkeit erschließen sich dem Menschen nicht bis ins Letzte.

---

[446] תקן (*tqn*) kann für ‚begradigen' und ‚in Form bringen' stehen (vgl. Ges[18], 1455 f.). עות (*'wt*) meint ‚krümmen' und sogar ‚fälschen' (vgl. HAL, 760).
[447] Vgl. dazu Michel, Qohelet, 150, der hier mit ‚Selbstzitaten' Kohelets rechnet: „Der Abschnitt dürfte also wohl nie als isolierte Sentenz bestanden haben, sondern als Anhang zu den grundlegenden Ausführungen 1,3–3,15 konzipiert sein, die er voraussetzt."
[448] Schwienhorst-Schönberger, Kohelet, 381.
[449] Vgl. Zimmerli, Buch des Predigers, 208, und Crenshaw, Ecclesiastes, 139, sowie R. E. Murphy, Ecclesiastes (WBC 23 A), Dallas 1992, 66. Nach Witte, Hiob, 103, ist für Hiob „die von *einem*, von *seinem* Gott gesetzte Wirklichkeit komplex und paradox zugleich (vgl. Pred 7,14; Sir 11,14)."
[450] Vgl. Schellenberg, Erkenntnis, 110 f.

Die Welt ist für Kohelet aber auch da, wo sie dem Menschen unerfindlich bleibt, ein Teil des Schöpfungswerks Gottes und kann als Schöpfung vom Menschen als Lebensraum angenommen werden.[451] Das Mosaik an Weisheitsworten, das in V. 1–14 entworfen wird, führt Kohelet erneut an die von ihm bereits ausgeloteten Grenzen des Menschen, die er aber als von Gott gesetzte Grenzen annimmt und innerhalb dieser Grenzen durchaus einen Raum des Lebens erkennt, in dem dem Menschen seine Möglichkeiten erschlossen sind.

2.19 Koh 7,15–22

15 Das alles sah ich in meinen flüchtigen Tagen:
    Da ist ein Gerechter, der zugrunde geht in seiner Gerechtigkeit, und da ist ein Frevler, der lange lebt in seinem Frevel.
16 Sei nicht allzu gerecht und gib dich nicht gar zu weise.
    Wozu willst du dich zugrunde richten?
17 Sei nicht allzu frevelhaft und sei kein Tor.
    Wozu willst du sterben vor deiner Zeit?
18 Gut ist es, wenn du das eine ergreifst, aber auch vom anderen deine Hand nicht lässt.
    Ja, wer Gott fürchtet, geht aus allem heraus.
19 Die Weisheit macht den Weisen stärker
    als zehn Machthaber, die in der Stadt waren.
20 Ja, kein Mensch auf der Erde ist so gerecht,
    dass er nur Gutes tut, nicht aber sündigt.
21 Auch richte nicht dein Herz auf alle Worte, die man redet,
    damit du nicht deinen Knecht dich verfluchen hörst.
22 Denn auch von vielen Malen weiß dein Herz,
    dass ebenfalls du selbst andere verflucht hast.

In Koh 7,15 wird mit dem Satz אֶת־הַכֹּל רָאִיתִי בִּימֵי הֶבְלִי (*'æt-hakkol rā'ītī bīmē hæblī*) ein neuer Gedankengang eingeleitet. Wie an anderen Stellen innerhalb des Koheletbuches verweist רָאִיתִי (*rā'ītī*) auch hier auf eine Beobachtung, die Kohelet gemacht hat. Diese Beobachtung wird durch die Wendung בִּימֵי הֶבְלִי (*bīmē hæblī*), die sich nur an dieser Stelle im Koheletbuch findet, in den Horizont des Nichtigen und Flüchtigen gestellt. Der Gedankengang endet mit der begründeten Ermahnung in V. 21f., wie der literarische Neueinsatz mit כָּל־זֹה נִסִּיתִי בַחָכְמָה (*kål-zoh nissītī baḥåkmāh*) im

---

[451] Vgl. Schellenberg, Kohelet, 113f.

folgenden V. 23 zeigt. Formal ist die literarische Einheit in V. 15–22 durch eine Reihe von Mahnungen, die sich im Umfeld der Gerechtigkeitsthematik bewegen, miteinander verknüpft. Ein zentraler Akzent wird allerdings in V. 18b mit dem Verweis auf den Gottesfürchtigen gesetzt. Weitere Zäsuren sind in V. 16a.17a.18a.21a erkennbar: Kohelet wendet sich hier direkt mit Ermahnungen an seine Leser und entwickelt eine auf Beobachtungen und Erfahrungen gestützte Form von Ethik.

In V. 15a bezieht sich Kohelet mit רָאִיתִי (rā'ītī) explizit auf seine eigenen Beobachtungen, verweist aber zugleich mit der Wendung בִּימֵי הֶבְלִי (bīmē hæblī) darauf, dass sein Standpunkt als Beobachter von den Strukturen der Nichtigkeit bestimmt ist. Was er beobachtet, führt Kohelet in V. 15b in der Form eines antithetischen Parallelismus' aus: Es gibt einen Gerechten, der in seiner Gerechtigkeit zugrunde geht, und es gibt einen Frevler, der in seinem Frevel lange lebt. Es geht Kohelet dabei nicht um irgendeinen konkreten Gerechten oder irgendeinen konkreten Frevler, sondern um eine Beobachtung, die man vielfach machen kann. Und genau diese Beobachtung stellt die Grundannahme der Weisheitstradition, dass sich nämlich das Tun des Menschen und sein Ergehen entsprechen, in Frage:[452] Gerechtigkeit sollte nicht dazu führen, dass man zugrundegeht, und noch weniger sollte Frevel dazu führen, dass man lange lebt. Würde der Tun-Ergehen-Zusammenhang in Geltung stehen, müsste das Gegenteil der Fall sein: Der Gerechte sollte lange leben und der Frevler zugrundegehen. Kohelet führt anhand seiner Beobachtung vor Augen, was auch die Verfasser des Hiobbuches oder die Psalmisten, die Ps 73 dichten, umtreibt: Ein Blick in die reale Welt zeigt, dass die Annahme eines Zusammenhangs von Tun und Ergehen nicht notwendigerweise mit der Erfahrung in Einklang steht.

Die Wahrnehmung der Brüchigkeit der Grundannahme eines Tun-Ergehen-Zusammenhangs führt Kohelet nun allerdings nicht in die Verzweiflung, sondern zu einer sehr mäßigenden Mahnung, die nicht nur von einer Seite, sondern von zwei Seiten her formuliert werden muss, wie das Nebeneinander von V. 16 und V. 17 zeigt. V. 16a warnt vor zu großer Gerechtigkeit und Weisheit und V. 17a warnt vor zu großer Frevelhaftigkeit und Torheit. Beides führt nach V. 16b und V. 17b in den Tod. Mit den eindringlichen Fragen in V. 16b und V. 17b wird die Orientierung Kohelets an seinen Adressaten deutlich greifbar, denn hier wird der Leser nicht mehr oder weniger abstrakt belehrt, sondern direkt angesprochen und hinterfragt. Man steht hier offenkundig an einer zentralen Stelle des Buches, an der Kohelets Wirklichkeitsverständnis besonders verdichtet zu greifen ist.[453] Auf der Skala zwischen

---

452 Vgl. Schellenberg, Erkenntnis, 177.
453 Vgl. dazu Schwienhorst-Schönberger, Kohelet, 388–390, der damit rechnet, dass Kohelet sich hier mit einer bestimmten Form der Tora-Frömmigkeit auseinandersetzt: „Vermutlich gehört der

Gerechtigkeit und Frevel auf der einen und zwischen Weisheit und Torheit auf der anderen Seite empfiehlt Kohelet seinem Leser, sich nicht an den äußersten Rändern, sondern in der Mitte zu verorten und damit der Gefahr der selbstverschuldeten Vernichtung zu entgehen. Es ist daher sehr treffend, den Abschnitt durch die Überschrift ‚via media' zu charakterisieren.[454] Kohelet zeigt sich hier als Anti-Extremist und Gegner allen übertriebenen Eifers. Die Einsicht, dass Torheit und Frevel in den unzeitigen Tod führen, wie V. 17b in Form der Frage ausführt, überrascht dabei weniger als die Aussage in V. 16b, derzufolge übermäßige Gerechtigkeit und Weisheit den Menschen der Gefahr aussetzen, sich zugrunde zu richten.[455] Die Empfehlung, es weder mit der Weisheit noch mit der Torheit zu sehr zu übertreiben, weist Kohelet als einen Denker des μηδὲν ἄγαν (mēdén 'ágan) aus, dessen Ethik sich auf eine Mitte hin ausrichtet.[456] Mit dieser Ausrichtung ist implizit eine Kritik an Extrempositionen und vor allem an extremen Haltungen verbunden. Kohelets Mahnungen haben eine antifundamentalistische Stoßrichtung, die ihn nicht wenigen seiner Zeitgenossen verdächtig gemacht haben dürfte.

Das theonome Fundament des Ansatzes Kohelets legt V. 18 offen. Hier wird V. 16 f. noch einmal mit anderen Worten zusammengefasst: Das eine zu tun und das andere nicht zu lassen, ist für Kohelet der Schlüssel zum gelingenden Leben. Die Schlusswendung des Satzes כִּי־יְרֵא אֱלֹהִים יֵצֵא אֶת־כֻּלָּם (kī-jᵉre' ᵃᵉlohīm jeṣe' 'æt-kullām) ist schwer zu interpretieren. Dass derjenige, der Gott fürchtet, aus allem herausgeht, kann aber wohl nichts anderes bedeuten, als dass der Gottesfürchtige falschen Extrempositionierungen entgeht und in der Mitte zwischen den Extremen seinen richtigen und angemessenen Weg findet.[457] Hier wird nicht nur eine Ethik der

---

Text bereits in einen Diskussionszusammenhang, in dem die Bedeutung des Wortes צַדִּיק ‚gerecht' in Richtung ‚toragemäß' und die Bedeutung des Wortes רָשָׁע ‚frevelhaft' in Richtung ‚torawidrig' tendiert" (Schwienhorst-Schönberger, Kohelet, 388) – dieser Diskurs um „eine *Hermeneutik der Tora*" (Schwienhorst-Schönberger, Kohelet, 388) spiegelt sich am Ende des Buches noch einmal in Koh 12,13 und könnte durchaus schon im Binnendiskurs des Buches angelegt sein.

454 Vgl. Schwienhorst-Schönberger, Kohelet, 383–393, der seiner Interpretation von Koh 7,15–20 die Überschrift „Via media" voranstellt.

455 Vgl. dazu Fox, Time, 260, demzufolge „to be too righteous may be a form of hubris."

456 Vgl. dazu auch Krüger, Kohelet, 257 f., der V. 16 f. vor dem Hintergrund von V. 15 und den dort dargestellten „‚überraschenden' Ausnahmen von der Regel des ‚Tun-Ergehen-Zusammenhangs'" (Krüger, Kohelet, 257) liest. Fox, Time, 260, zieht aus V. 16 f. folgende Lehre: „Qohelet teaches us to accept in ourselves a mixture of good and bad, just as we should accept that same mixture in the events and circumstances we experience (v. 14)."

457 Krüger, Kohelet, 255, übersetzt V. 18b unter Verweis auf die Bedeutung von יצא (jṣ') in der Mischna mit: „Wer Gott fürchtet, wird beidem gerecht." Vgl. auch Schellenberg, Erkenntnis, 179, und dies., Kohelet, 116. Nach Schwienhorst-Schönberger, Kohelet, 389, „erweist sich der Begriff der *Gottesfurcht* als der hermeneutische Schlüssel für Kohelets Torainterpretation. Gottesfurcht ist eine Art regulatives Prinzip hinsichtlich eines angemessenen Verständnisses der Tora, das zu einem sittlich

Mitte, sondern auch ein entsprechendes Gottesbild entworfen: Gottesfurcht ist für Kohelet die Anerkenntnis der Souveränität Gottes vor dem Hintergrund des Wissens um die eigenen Erkenntnisgrenzen; Gottesfurcht ist aber zugleich die sich aus dieser Erkenntnis ergebende Haltung einer Gelassenheit, die aufgrund des Wissens um das beschränkte Wesen des Menschen keinen Rigorismus entfaltet oder im Einfordern des Unmöglichen stetige Erfahrungen des Scheiterns produziert, sondern vor dem Hintergrund des μηδὲν ἄγαν (*medén 'ágan*) den Menschen auf Gott bezieht und in dieser Beziehung das dem Menschen Mögliche erkennt.[458] Es ist für einen in dieser Art fundierten Menschen dann auch keine Anfechtung mehr, wenn der Frevler trotz seines Frevels lange lebt. Eine gelassene Haltung dem Frevel gegenüber gibt dem Frevel am Ende nicht den Raum, sich als Seinssphäre um den Menschen zu legen und ihn zugrunde zu richten.[459] Die Dinge sind nicht bis an ihr Ende einsehbar und es ist daher auch nicht sinnvoll, dem Frevel als einer grundlegend bösen Handlungsorientierung bis in seine Abgründe hinein nachzudenken und damit über jedes Maß hinaus weise sein zu wollen. Aus den Erkenntnisgrenzen des Menschen ergibt sich die ethische Leitlinie des μηδὲν ἄγαν (*medén 'ágan*) im Umgang mit dem frevelhaften Bösen, dessen Entfaltungsraum Kohelet in seiner Orientierung an der Mitte zwischen den Extremen möglichst klein zu halten bemüht ist.

Nach V. 19 stärkt die Weisheit den Weisen mehr als zehn Machthaber in der Stadt. Kohelet könnte diesen Weisheitsspruch aus der Weisheitstradition übernommen haben. Der Vers veranschaulicht – etwas losgelöst von dem vorangehenden Zusammenhang V. 16–18 – die Bedeutung der Weisheit und wehrt zugleich einer Fehlinterpretation von V. 16aβ, derzufolge die Weisheit etwa ganz und gar zu verwerfen sein könnte. V. 19 unterstreicht gegen ein solches Missverständnis, wie grundlegend und stärkend die Weisheit für den Weisen ist.

Ob die Erwähnung der Mächtigen in der Stadt als Anspielung auf eine historische politische Konstellation ausgewertet werden kann, ist vom Text her nicht zu ermitteln. In der Phase des zerfallenen Alexanderreiches und der Diadochenkämpfe sah sich Jerusalem einer Vielzahl von Mächtigen ausgesetzt. Die Formu-

---

guten – und im Kontext eudämonistischer Ethik – zu einem erfolgreichen Verhalten führt." Einer solchen, an der Mäßigung ausgerichteten Ethik wohnt durchaus ein Moment der Kritik an übertriebenem Eifer im Blick auf das Gesetz und seine Gebote inne. Gottesfurcht als ‚regulatives Prinzip' zu verstehen, bedeutet daher immer auch, mit der Möglichkeit einer konstruktiven Distanzierung von der Tora und vor allem ihrer rigoristischen Auslegung zu rechnen: „Kohelet scheint die Gottesfurcht der Toraobservanz vorzuordnen." (Schwienhorst-Schönberger, Kohelet, 393).

458 Vgl. Zimmerli, Buch des Predigers, 210: „Und Furcht vor Gott heißt Absage an alles Titanentum und alle Versuche, sich mit – oder auch gegen – Gott in einem eigenen Großtun zu behaupten."
459 Vgl. dazu auch die theologische Ausrichtung von Ps 37 (dazu im Detail Saur, Frevler, 387–390).

lierung aus V. 19b ist allerdings so unspezifisch, dass jeder Versuch einer historischen Zuordnung ausgesprochen unsicher bleibt.

V. 20 stößt erneut in den Bereich der ethisch-anthropologischen Betrachtung vor: Kein Mensch auf der Erde ist so gerecht, dass er nur Gutes tun und nicht auch sündigen würde. Die an der Mitte orientierten Ratschläge aus V. 16–18 werden hier in die Form eines Aussagespruches gebracht, der den Menschen wesenhaft zwischen dem Guten und der Sünde verortet. Hier wird weder eine ‚niedrige' Anthropologie entworfen, die den Menschen als böse von Jugend an versteht,[460] noch eine ‚hohe' Anthropologie konzipiert, die den Menschen fast in den Himmel hebt.[461] Für Kohelet ist der Mensch vielmehr zum Guten *und* zum Bösen befähigt. Kohelet widerspricht mit V. 20 der Vermutung, es könne Menschen geben, die unfehlbar seien – selbst wenn es den Anschein hat, weil sich mancher allzu gerecht und allzu weise gibt.

Von dieser Position her ist auch die Schlusspassage in V. 21 f. zu lesen, die nun in eine andere Richtung verweist als die vorangehenden Ausführungen um das Themenfeld μηδὲν ἄγαν (*mēdén 'ágan*). Beide Verse hängen allerdings unmittelbar mit Fragen der Anthropologie und des sozialen Miteinanders zusammen. V. 21a schließt zunächst an die Form der Ermahnungen aus V. 16–18 an und fordert dazu auf, nicht allen geredeten Worten Aufmerksamkeit zu schenken. Das ist eine für einen Weisheitslehrer überraschende Empfehlung, die sich von V. 21b her aber durchaus erschließen lässt: Nicht auf alles zu hören und zu achten, verhindert auch, dass man von den verächtlichen Reden des Knechtes erfährt. Kohelet weiß um das Gefahrenpotential des Wortes und um den Gewinn, den das Nicht-Wissen haben kann. V. 22 begründet die Aufforderung, nicht auf alle Worte zu achten, mit dem Verweis auf das jeweils eigene Verhalten: Im Risikofeld der Kommunikation hat sich jeder schon schuldig gemacht. Die Aussage aus V. 20 wird damit in der Form einer ethischen Ermahnung am Beispiel der Schmähung, des Fluches oder der üblen Nachrede veranschaulicht: Keiner ist hier unschuldig, keiner muss aber sein Augenmerk auf die vielen Worte und das mit ihnen erzeugte Gerede richten. V. 21a ist daher nicht als Aufruf zur Unaufmerksamkeit misszuverstehen, sondern als eine Ermahnung, im richtigen Moment wegzuhören,[462] um nicht das Falsche wahrnehmen zu müssen, was man selber schon betrieben hat. Eine Ethik des μηδὲν ἄγαν (*mēdén 'ágan*), der *via media* und der Mitte kann auch dazu führen, im entscheidenden Moment eben *nicht* mehr zu handeln, sondern das, was abläuft, sich selber zu überlassen.

---

460 Vgl. Gen 6,5; 8,21.
461 Vgl. Ps 8,6.
462 Vgl. Schwienhorst-Schönberger, Kohelet, 396: „Es gibt also durchaus ein lebensförderndes ‚Nicht-wissen-Wollen'."

2.20 Koh 7,23–29

23 Dieses alles versuchte ich mit der Weisheit.
    Ich sprach: Ich will Weisheit erlangen. Sie aber blieb fern von mir.
24 Fern ist, was war,
    und tief, tief – wer könnte es herausfinden?
25 Ich nahm mir vor, zu erkennen und zu erforschen und zu suchen Weisheit und Berechnung,
    um zu erkennen, dass Unrecht Unverstand und Torheit Verblendung ist.
26 Und ich finde: Bitterer als der Tod ist die Frau, die ein Schlingennetz ist, Netze sind ihr Herz, Fesseln ihre Hände.
    Gut ist vor Gott, wer sich retten kann vor ihr, der Sünder aber wird durch sie gefangen.
27 Siehe, dieses fand ich, sprach Kohelet:
    Eines um das andere findet sich das Ergebnis[463],
28 dass ich ständig suchte, aber nicht fand.
    Einen einzigen Mann unter Tausenden fand ich, aber eine Frau unter allen diesen fand ich nicht.
29 Allein, siehe, dieses fand ich: Gott hat den Menschen recht gemacht,
    sie aber suchten viele Gedankenkünste.

Die Eingangsworte von Koh 7,23, vor allem das deiktische זֹה (zoh), weisen die folgenden Ausführungen als einen eigenständigen Abschnitt aus, der vom Vorangehenden abgegrenzt ist und als eine neue literarische Einheit verstanden werden kann. Mit der Einleitung von V. 25 (סַבּוֹתִי אֲנִי וְלִבִּי [sabbōtī ˀᵃnī wᵉlibbī]) liegt innerhalb des Textes ein Neueinsatz vor, mit dem die vorangehende Reflexion in V. 23 f. als eigener Gedankengang abgegrenzt wird.[464] Das gemeinsame Leitwort מצא (mṣˀ) in V. 24 und in V. 26–29 weist den Abschnitt allerdings als einen gezielt gestalteten Zusammenhang aus, in dem es Kohelet noch einmal um die Suche nach der Weisheit geht.[465]

---

463 Zu dieser Übersetzung von חֶשְׁבּוֹן (ḥæšbōn) vgl. K. Galling, Der Prediger, in: Die fünf Megilloth (HAT I/18), ²1969, 73–125, 108 f.
464 Zu den Problemen der Zuordnung von Koh 7,23 f. vgl. Zimmerli, Buch des Predigers, 211: „Es ist eine Zwischenbemerkung, die aufs neue den fruchtlosen Vorgang der Weisheitssuche des Kohelet deutlich machen soll." Ähnlich deutet Lohfink, Kohelet, 56, die Passage, zieht allerdings noch V. 25 hinzu („Vorankündigung des Kommenden im üblichen Anspielungsstil"). Zum Problem insgesamt vgl. Schwienhorst-Schönberger, Kohelet, 396 f.
465 Vgl. Krüger, Kohelet, 262: „7,23–29 bietet erstmals nach 1,12–2,26 wieder einen zusammenhängenden ‚Ich'-Bericht über einen ‚Versuch' Kohelets, seine Durchführung und sein Ergebnis."

Nach Koh 2,1 wendet ‚König Kohelet' sich der Freude zu (אֲנַסְּכָה בְשִׂמְחָה [*ᵃnassᵉkāh bᵉśimḥāh*]). Mit derselben Wurzel נסה (*nsh*) wird in Koh 7,23 die Beziehung Kohelets zur Weisheit beschrieben: Kohelet *versucht* es mit der Weisheit und denkt sich: „Ich will weise sein!" (אֶחְכָּמָה [*'œḥkāmāh*]) – doch die Weisheit entzieht sich und ist ihm fern. Damit schließt Koh 7,23–29 an die Überlegungen aus Koh 3,10–15 an, wo Kohelet die Grenzen menschlicher Erkenntnis reflektiert. Darüber hinaus ist auch eine gewisse Nähe zum Gedicht über die Weisheit in Hi 28 zu erkennen, demzufolge die Weisheit zwar gesucht, für den Menschen aber nur in der Form der Gottesfurcht gefunden werden kann. Und auch Prov 30,1–9 mit seiner Zurückhaltung im Blick auf die Möglichkeit, Weisheit und Erkenntnis zu erwerben, steht im Hintergrund des Diskurses, an den Koh 7,23–29 in eigener Form anschließt. Was hier ausgeführt wird, setzt sich in jedem Fall erkennbar mit Weisheitsvorstellungen aus der Umwelt Kohelets auseinander und wendet sich dem grundlegenden Problem der Erreichbarkeit von Weisheit zu.

V. 24 schließt mit dem eröffnenden רָחוֹק (*rāḥōq*) unmittelbar an V. 23 an, greift zudem aber auch das Thema der dem Menschen entzogenen Zeiten auf: Fern ist nicht nur die Weisheit, sondern auch das, was war, also die Vergangenheit. Damit knüpft Kohelet an die Eingangsreflexion in Koh 1,3–11 und sein Nachdenken über die Zeit in Koh 3 an. Einen stilistischen Höhepunkt markiert die Doppelung zu Beginn von V. 24b. Mit וְעָמֹק עָמֹק (*wᵉ'āmoq 'āmoq*) wird das Unauslotbare und Unbegreifliche der Zeiten wie auch die Ferne der Weisheit an den Anfang des Gedankengangs gestellt, der mit V. 25 neu einsetzt: סַבּוֹתִי (*sabbōtī*) markiert eine Änderung der Blickrichtung – und dennoch bleibt Kohelet im selben Themenfeld, wenn er Weisheit und planendes Berechnen zu seinem Untersuchungsgegenstand macht. Mit dem Lexem חֶשְׁבּוֹן (*ḥæšbōn*), das hier explikativ neben חָכְמָה (*ḥåkmāh*) tritt, wird die Weisheit in einen bestimmten Deutungsraum gestellt, der sie mehr oder weniger als berechnende und strategisch planende Weisheit erscheinen lässt. Dass es nicht diese Form der Weisheit sein kann, die Kohelet zu finden hofft, liegt auf der Hand. Es ist aber offensichtlich eine Form der Weisheit, der Kohelet begegnet und mit der er sich nun auseinandersetzt. Die Trias der Infinitive לָדַעַת וְלָתוּר וּבַקֵּשׁ (*lāda'at wᵉlātūr ūbaqqēš*) unterstreicht die Intensität, mit der Kohelet sich seinem Gegenstand zuwendet. Dass diese Intensität auch schon ‚König Kohelets' Forschungsprogramm nach Koh 1,13 auszeichnete, erhöht die Aufmerksamkeit, denn Leserinnen und Leser des Buches wissen, dass dieses Programm am Ende vor allem zu der Einsicht führte, dass es keinen Unterschied zwischen Weisheit und Torheit gibt, dass also keine *differentia specifica* die Weisheit gegenüber der Torheit definiert. Dennoch will Kohelet nach V. 25b untersuchen, inwiefern Unrecht und Frevel als Unverstand und Torheit und Dummheit als Verblendung zu begreifen sind.⁴⁶⁶ Weisheit und Berechnung, Unrecht und Unverstand, Torheit und Verblendung – Kohelet unternimmt allem Anschein nach einen weiteren Anlauf, Weisheit und Torheit in ihrem Wesen grundlegend zu erforschen.

Die Wendung וּמוֹצֶא אֲנִי (ûmôṣæ' ᵃnî) zu Beginn von V. 26 ist für Kohelet eher ungewöhnlich. Das Partizip unterstreicht in der Regel die Dauerhaftigkeit einer Handlung, also hier die Dauer des (Heraus-)Findens, was angesichts der sonst greifbaren Zurückhaltung Kohelets gegenüber bleibenden Einsichten erstaunt. Was nun folgt, scheint sich allerdings als vergleichsweise sicheres Wissen herausgestellt zu haben, das sich Kohelet dauerhaft eingebrannt hat, nämlich einige bemerkenswerte Charakterisierungen der Frau: Bitterer als der Tod, ein Schlingennetz, Fangnetze ihr Herz, Fesseln ihre Hände. Gut ist vor Gott, wer sich vor ihr retten und in Sicherheit bringen kann, der Sünder wird durch sie gefangen genommen.⁴⁶⁷ Kann der Lebensfreund und Genießer Kohelet diese Invektiven gegen die Frau als solche gerichtet haben? Wohl kaum, wie sich spätestens in Koh 9,9 zeigt, wo dem Menschen das fröhliche Zusammensein mit der geliebten Frau ausdrücklich empfohlen wird.

Die aufgeladene Bildwelt des Fesselns, Bindens und Verführens weist vielmehr darauf hin, dass hier anderes im Blick zu sein scheint.⁴⁶⁸ Welche Frau ist so ge-

---

466 Mit הוֹלֵלוֹת (hôlelôt), וְהַסִּכְלוּת (wᵉhassiklût) und כֶּסֶל (kæsæl) liegt hier eine Reihe von Synonymen vor, die sich wechselseitig semantisch erhellen.
467 Vgl. etwa Lohfink, Kohelet, 58, im Blick auf V. 26: „Das Wort findet Kohelet vor." Zur Einordnung führt er weiter aus: „Jetzt ist es ein typisches Wort einer Männerkultur. So etwas zitiert man, wenn einer aus dem Kreis der Schul-, Sport- oder Militärkameraden heiraten will, und dann lacht man darüber." Unwürdige Herabsetzungen der Frau finden sich vom Alten Orient über das antike Griechenland und Rom bis in die Gegenwart hinein (vgl. dazu nur Zimmerli, Buch des Predigers, 213, und Schwienhorst-Schönberger, Kohelet, 408 f.).
468 Zu den unterschiedlichen Deutungsmöglichkeiten vgl. Krüger, Kohelet, 265–268, und Schwienhorst-Schönberger, Kohelet, 401 f. Nach Krüger liegt es nahe, „in ,der Frau' von V. 26 ,die (Frau) Weisheit' zu erkennen, die in Spr 1–9 eine prominente Rolle spielt (vgl. Spr 1,20–33; 8,1–9,6 sowie Sir 24)." (Krüger, Kohelet, 267). Insbesondere zwischen Sir 6,23–31 und Koh 7,26 gibt es signifikante Übereinstimmungen (vgl. Krüger, Kohelet, 267 f.), die Krügers These stützen; allerdings deuten Entsprechungen zwischen Koh 7,26 und der Rede über die fremde Frau in Prov 7 (insbesondere V. 21.26 f.) sowie der Rede über die Frau Torheit in Prov 9,13–18 darauf hin, dass die Adressierung Kohelets in Koh 7,26 in einem weiteren Rahmen zu verstehen ist – es geht Kohelet wohl nicht nur um die Frau Weisheit, sondern um die Personifikationen in Prov 1–9 insgesamt. Dass Kohelet damit zugleich misogyne Positionen scharf kritisiert und dekonstruiert, wie Schwienhorst-Schönberger, Kohelet, 403–410, aufzeigt, bleibt gleichermaßen ein Deutungshorizont des Textes, der sich ja gerade nicht gegen die Frau als solche richtet, sondern gegen die von Männern konzeptualisierten Instrumentalisierungen des Weiblichen in Form von Personifikationen der Weisheit, der Verführungskunst und der Torheit. Diese unterschiedlichen Perversionen des Weiblichen stehen in einem Gegensatz zum Bild der Frau, das in Koh 7,23–29 implizit entworfen wird und das die konstruktive Sichtweise auf das Verhältnis von Mann und Frau vorbereitet, wie sie in Koh 9,9 vertreten

fährlich, dass man sich vor ihren Fesseln retten muss? Kohelet positioniert sich an dieser Stelle wohl ausdrücklich gegen die in Prov 1–9 begegnenden Frauengestalten, die als Personifikationen der Weisheit, der Verführungskunst und der Torheit auftreten. Mit den Bildern der in Prov 7 gezeichneten fremden Frau, die als große Verführerin den jungen Weisheitsschüler von seinem Weg abzubringen versucht,[469] und den in Prov 9,13–18 skizzierten Eigenschaften der Frau Torheit, deren Wege in den Abgrund führen, wird in Koh 7,23–29 das Ergebnis der Suche nach der berechnenden und planenden Weisheit zusammengefasst: Diese Weisheit ist verführerisch und verfänglich – vor allem aber führt sie nicht zum Leben, sondern ist noch bitterer als der Tod. Hier wird ein bestimmtes Weisheitskonzept, wie es sich in Prov 1–9 verdichtet, als unbrauchbar und nicht lebensdienlich kritisiert. Was in Koh 7,25 als חָכְמָה וְחֶשְׁבּוֹן (ḥåkmāh wᵉḥœšbōn) bezeichnet wird, bestimmt die hier kritisierte Form der Weisheit, die sich als ein planendes, berechnendes und alles erschließendes Denken versteht. Von diesem Weisheitsverständnis distanziert sich Kohelet scharf.

In V. 27 f. setzt Kohelet noch einmal neu ein und unterstreicht nachdrücklich sein suchendes Bemühen, das ihn aber vor allem zu dem Ergebnis führt, dass er zwar suchte, allerdings nicht gefunden hat.[470] Mit dem Lexem חֶשְׁבּוֹן (ḥœšbōn) verbleibt Kohelet im semantischen Feld aus V. 25 und folgert, dass diese Form der Weisheit als Planung und Berechnung keine Resultate erbringt. Nach V. 28 fand er zwar *einen* Mann, aber eben gerade keine Frau – die Frau Weisheit, der zu folgen der Prolog des Proverbienbuches in Prov 1–9 den Weisheitsschülern empfiehlt, ist schlichtweg unauffindbar.

Dass Kohelet allerdings *einen* Mann unter Tausenden gefunden hat, wird man im Horizont des weisheitlichen Milieus, in dem sich sowohl die Trägergruppen des Proverbienbuches als auch Kohelet selber bewegen, darauf hin deuten müssen, dass es vor allem Männer sind, die den Lehrbetrieb unterhalten – und dass es auch unter diesen zahllosen Männern nur einen einzigen gab, den Kohelet als seinen Lehrer

---

wird. Nach Schwienhorst-Schönberger, Kohelet, 409 f., erfüllt die „Widerlegung misogyner Ansichten […] auch die Funktion, die Grenzen traditioneller Weisheit aufzuzeigen. Damit wird der in V 25 geweckten Erwartung entsprochen: Die genannten misogynen Ansichten sind eine Ausgeburt von Bosheit und Torheit, von Dummheit und Verblendung."

469 Vgl. dazu M. Saur, Der Blick in den Abgrund. Bilder des Bösen in der alttestamentlichen Weisheitsliteratur, in: Jan Dochhorn u. a. (Hg.), Das Böse, der Teufel und Dämonen – Evil, the Devil, and Demons (WUNT II/412), Tübingen 2015, 21–42.

470 Die Wendung אָמְרָה קֹהֶלֶת (ʾāmᵉrāh qohœlæt) konstruiert das Subjekt Kohelet mit einer Verbform der 3. f. sg. pf. q. – das kann in diesem Kontext, in dem es ja gerade um die unauffindbare Frau Weisheit geht, nur als ein sehr subtiler Hinweis darauf verstanden werden, dass, wenn überhaupt irgendjemand, dann (Frau) Kohelet für die (Frau) Weisheit stehen kann (vgl. dazu Krüger, Kohelet, 270).

finden und anerkennen konnte. Doch auch dieser konnte ihm bei seiner Suche nach der Weisheit als Frau offenkundig nicht weiterhelfen.

Kohelets Suche nach der Weisheit kommt erst mit V. 29 zu einem gewissen Schluss, wie das den Vers einleitende Lexem לְבַד (lᵉbad) unterstreicht. Wie in Koh 3,10–15 entfaltet Kohelet auch am Ende dieser Einheit eine Form von (Menschen-)Schöpfungstheologie, die auf die Suche des Menschen nach der ihm unauffindbaren Weisheit in eigenständiger Weise antwortet: Gott hat den Menschen יָשָׁר (jāšār), also gerade, aufrichtig und rechtschaffen gemacht, die Menschen suchten dagegen viele Einsichten, Erkenntnisse und Künste. Das von der Wurzel חשׁב (ḥšb) abgeleitete Nomen חִשְּׁבֹנוֹת (ḥiššᵉbonōt) reicht semantisch bis in das Feld der Einbildungen und Hirngespinste hinein und steht lexematisch in Verbindung mit חֶשְׁבּוֹן (ḥæšbōn) in V. 25 und V. 27. Das gesamte Konzept einer Frau Weisheit, das in diesem Abschnitt von Kohelet diskursiv aufgegriffen und dekonstruiert wird, ist das Ergebnis dieser für den Menschen typischen Denkbemühungen, der mit solchen Erwägungen seinem eigentlichen Wesen nicht entspricht, denn dass der Mensch als יָשָׁר (jāšār) geschaffen ist, bedeutet vor allem, dass er nicht auf verschlungenen Pfaden nach Erkenntnis suchen soll. Einsichten gewinnt der Mensch aufgrund seiner Beobachtungen der Welt. Es ist eine gewisse Einfachheit und Schlichtheit, die das Sein des Menschen in entlastender Weise bestimmt. Jede über die Möglichkeiten des Menschen hinausgehende Bemühung wird von Kohelet als Ideologie entlarvt. Damit nimmt Kohelet eine äußerst profilierte Position innerhalb des Weisheitsdiskurses ein. Sein durchgehender Erfahrungsbezug weist ihn dabei allerdings als einen eigenständigen Träger und Fortdenker der Traditionen der Spruchweisheit aus, wie sie in Prov 10–29 entfaltet wird. Wie die Einzelsprüche in den großen Spruchsammlungen von der Erfahrung herkommen und aufgrund dieser Grundlegung ihre jeweils wirklichkeitsgestaltende Bedeutung entfalten können, so bezieht sich auch Kohelet in seinem Denken auf das, was erfahren und beobachtet werden kann. Während die Spruchweisheit vor allem in Prov 1–9 durch ausgreifende Konzeptualisierungen der Weisheit als einer Frau und durch entsprechende Gegenentwürfe der fremden Frau oder der Frau Torheit weiterentwickelt und begründet wird, hält Kohelet ein solchermaßen spekulatives Denken vor dem Hintergrund seiner Tradition und Bildung für unsachgemäß. Er gewinnt seine Erkenntnisse aus der Erfahrung und Beobachtung. Kohelet überschreitet in seinen Darlegungen die literarischen Muster der Spruchweisheit zwar deutlich und setzt auch inhaltlich ganz eigene Akzente, methodisch geht er aber genauso vor wie die Trägergruppen der Spruchweisheit: beobachten – abstrahieren – literarisch verdichten. So kommt die Weisheit zustande, in deren Tradition sich Kohelet sieht und von der her er Deutungsansprüche, denen diese Grundlagen fehlen, ablehnt.

Inhaltlich setzt Kohelet damit ähnliche Akzente wie die Trägerkreise von Hi 28, die gezielt die Verborgenheit der Weisheit betonen und dem Menschen die Gottesfurcht als Weisheit empfehlen. Ähnliches ist aber auch in Prov 30,1–9 zu greifen, wo ein Weiser am Ende des Proverbienbuches die Unerreichbarkeit der Weisheit beklagt und in der Sprachform des Gebets einen Ausweg sucht. Im Gegensatz zu den Trägergruppen von Prov 1–9 sichert Kohelet die ältere Spruchweisheit auf seine eigene Weise ab: Indem er sich auf den Weg konsequenter Erfahrungsorientierung begibt,[471] bewegt sich Kohelet in den Bahnen der Weisheitskreise, die auch hinter Prov 10–29 stehen. Kohelet ist in diesem Sinne keineswegs ein revolutionärer Erneuerer, sondern Bewahrer einer Weisheit, die er allerdings nicht so reformulieren kann, wie es die Trägergruppen der Spruchweisheit getan haben. Kohelet sieht sich durch die ihm offenkundige Unhaltbarkeit des Axioms eines Zusammenhangs von Tun und Ergehen vor neue Herausforderungen gestellt, die er in seinem Denken konzeptionell annimmt und sich dabei dennoch konsequent auf die Erfahrung bezieht. Dass Gott den Menschen mit seinen Erkenntnisfähigkeiten genau *so* als einen יָשָׁר (*jāšār*) gemacht hat, ist für Kohelet dabei ein unhintergehbarer Gegenstand der Erfahrung.

2.21 Koh 8,1–9

1   Wer ist wie der Weise, und wer versteht es, ein Wort zu deuten?
    Die Weisheit eines Menschen erleuchtet sein Gesicht, und die Härte seiner Gesichtszüge löst sich.
2   Ich! – Dem Befehl eines Königs gehorche wegen des Gotteseides!
3   Eile nicht, wenn du von ihm weg gehst, bleibe nicht bei einer schlechten Sache stehen!
    Denn alles, woran er Gefallen hat, kann er tun.
4   Denn das Wort eines Königs ist mächtig,
    und wer könnte zu ihm sagen: Was tust du?
5   Wer ein Gebot beachtet, lernt kein schlechtes Wort kennen,
    und Zeit und Rechtsspruch kennt das Herz eines Weisen.
6   Ja, für jedes Vorhaben gibt es Zeit und Rechtsspruch –
    gewiss, die Bosheit des Menschen lastet schwer auf ihm.
7   Denn er weiß nicht, was sein wird,
    ja, wie es sein wird, wer könnte es ihm kundtun?
8   Kein Mensch hat Macht über den Wind, so dass er den Wind aufhalten könnte, und keiner hat Macht über den Tag des Todes. Und es gibt keine

---

[471] Vgl. Leuenberger, Gott in Bewegung, 252–278, der von ‚konsequenter Erfahrungstheologie' spricht.

Entlassung im Krieg,
und Unrecht rettet seinen Täter nicht.
9   Alles dieses sah ich, und ich richtete mein Herz auf alles Tun, was getan wurde unter der Sonne: Eine Zeit, in der der Mensch Macht hatte über den Menschen, ist schlecht für ihn.

In Form einer Frage wird in Koh 8,1a nicht nur sachlich, sondern auch auf formaler Ebene ein neuer Abschnitt innerhalb des Koheletbuches eingeleitet. Auf die Frage in V. 1a folgt in V. 1b–5 eine Passage, die durch traditionelles weisheitliches Gedankengut bestimmt ist. In V. 6–8 wird dieses geprägte Gedankengut in einer für Kohelet kennzeichnenden Weise kommentiert und mit V. 9 abgeschlossen.[472] Die lexematischen Anschlüsse von V. 9 an V. 1–8, vor allem über die Wurzel שׁלט (šlṭ) in V. 9, die mit den entsprechenden Derivaten שִׁלְטוֹן (šilṭōn) und שַׁלִּיט (šallīṭ) in V. 4 und V. 8 korrespondiert, sowie das Lexem עֵת ('et), das nicht erst in V. 9, sondern bereits in V. 5f. verwendet wird, sprechen zusammen mit der anaphorischen Bedeutung der Eingangswendung אֶת־כָּל־זֶה רָאִיתִי ('æt-kål-zæh rā'ītī) in V. 9 dafür, V. 1–9 als einen literarischen Zusammenhang zu verstehen.[473]

Das Thema der gesamten Passage ist das Verhältnis des Weisen zur Macht.[474] Das Themenfeld wird aber erst in V. 2 explizit eingeführt. Mit V. 1 wird zunächst ein anderer Einstieg gewählt. V. 1a bindet mit der Frage nach der Fähigkeit zur weisen Deutung eines Wortes Leserinnen und Leser in den Text mit ein und V. 1b hat als Weisheitswort, das Kohelet aus der Tradition der Spruchweisheit übernommen

---

[472] Vgl. dazu vor allem Krüger, Kohelet, 274, der die Korrespondenzen innerhalb von V. 1–9 herausarbeitet und folgert, „dass die Ausführungen von V. 1–5 in V. 6–9 einer kritischen Relektüre unterzogen werden und dabei geradezu ‚zurückbuchstabiert' werden."
[473] So etwa auch Hertzberg, Prediger, 167, sowie Krüger, Kohelet, 282f., und Schwienhorst-Schönberger, Kohelet, 421; anders Zimmerli, Buch des Predigers, 219f., und Köhlmoos, Kohelet, 193f., die V. 9 im Zusammenhang mit V. 10–15 interpretieren. Köhlmoos, Kohelet, 194, bemerkt: „8,9 ruft nach langer Unterbrechung wieder das vollständige Programm Kohelets auf."
[474] Vgl. dazu Schwienhorst-Schönberger, Kohelet, 414: „Man kann den folgenden Text als einen Diskurs über das Verhältnis von Weisheit und Macht verstehen. Die Macht par excellence verkörperte im Alten Orient der König. In Gestalt von Beratern (‚Weisen') gelangte die Weisheit in die Zentren der Macht." Krüger, Kohelet, 280, verweist dafür auf korrespondierende Texte aus der antiken jüdischen Literaturgeschichte: „Das Bild des (mehr oder weniger) opportunistischen Weisen am (fremden) Königshof, das in V. 1–5 aufgenommen und ironisiert wird, kann durch die Josephsgeschichte, die Danielerzählungen und die aramäische Achiqar-Erzählung, aber auch durch Texte wie Esr 7 und Neh 2, das Esterbuch, das Gebet des Nabonid, den Tobiadenroman (Josephus, Antiquitates, 12,4), die Pagenerzählung 3Esr 3–5 oder das Tobitbuch ergänzt und weiter konturiert werden." Kohelets Ausführungen stehen in hellenistischer Zeit offenkundig in einem breiteren Kontext der Auseinandersetzung mit dem rechten Verhalten und Benehmen am Königshof.

haben könnte,⁴⁷⁵ innerhalb des Textverlaufs eine gewissermaßen retardierende Funktion.⁴⁷⁶ Im für die Spruchweisheit charakteristischen Parallelismus werden hier die positiven und lebensfördernden Funktionen der Weisheit herausgestellt. In der ersten Hälfte des Spruches wird die Weisheit als Subjekt der Erleuchtung des Angesichts des Menschen verstanden, in der zweiten Hälfte wird die Folge dieser Erleuchtung hervorgehoben: Die Härte der Gesichtszüge des Menschen weicht und die „Weisheit verleiht ihm ein selbstsicheres und gelassenes Auftreten".⁴⁷⁷ Mit diesem gedanklichen Einschub, auf den sich die Frage nach der Deutungskompetenz des Weisen aus V. 1a durchaus beziehen könnte, legt Kohelet ein Fundament für die folgenden Ausführungen, innerhalb derer nun gerade nicht leuchtende Gesichter und gelassene Stimmungslagen im Zentrum stehen, wie allein schon die Verwendung von רַע (raʿ) in V. 3.5.9 zeigt. Die Weisheit erscheint hier als Garant dafür, auch in eher undurchsichtigen Konstellationen eine angemessene Haltung bewahren zu können. So kann es auch nicht überraschen, dass zu Beginn von V. 2 das syntaktisch ungefügte Personalpronomen אֲנִי (ᵃnî) eine Antwort auf die Frage aus V. 1a gibt: Mit dem pointierten Ich tritt hier Kohelet als derjenige hervor, der auch in komplizierten Situationen die Übersicht über die vorhandenen Deutungsspielräume und Handlungsoptionen behält.⁴⁷⁸

Wie sieht diese Deutungsleistung Kohelets nun aus? Eröffnet wird die Passage mit einer Reihe von Anweisungen für das Verhalten im Umfeld des Königs. Kohelet ermahnt in V. 2 zunächst dazu, auf das Wort bzw. den Befehl des Königs zu achten

---

475 Vgl. dazu etwa Zimmerli, Buch des Predigers, 216, sowie Crenshaw, Ecclesiastes, 149, und Köhlmoos, Kohelet, 189: „Form, Inhalt und Formulierung erweisen ihn als Satz aus der Schulweisheit."
476 Zur besonderen Stellung von Koh 8,1 vgl. auch Dell/Forti, Janus Sayings, 122–125.
477 Krüger, Kohelet, 274.
478 Alle Versuche, dem Problem des schwierig zu deutenden אֲנִי (ᵃnî), das ohne jeden Zweifel die *lectio difficilior* darstellt, durch Streichung oder Konjektur (vgl. dazu etwa Krüger, Kohelet, 272f., oder Köhlmoos, Kohelet, 188) beizukommen, scheitern an der Textüberlieferung. Entweder rechnet man hier mit einer elliptischen Einleitung, die etwa durch אָמַרְתִּי (ʾāmartî) vervollständigt werden könnte (so schon Delitzsch, Koheleth, 332f., der anfügt: „Wir befinden uns hier ohnehin innerhalb eines von Aussprüchen in Maschalform nur durchflochtenen Ich-Stücks." [Delitzsch, Koheleth, 333]), oder man versteht das betonte Personalpronomen zu Beginn von V. 2 als Antwort auf die Frage aus V. 1a, wie es in der jüngeren Diskussion von P. Beentjes, „Who is like the Wise?": Some Notes on Qohelet 8,1–15, in: A. Schoors (Hg.), Qohelet in the Context of Wisdom (BETL 136), Leuven 1998, 303–315, 306, vorgeschlagen wurde. Ein sehr plastisches Bild der Lehr- und Lernsituation des Textes zeichnet Schwienhorst-Schönberger, Kohelet, 413, der dabei das Ich aus V. 2a auch beibehalten kann: „Vor einer Gruppe von Schülern fragt der Lehrer (V 1a) nach der Deutung eines Wortes (V 1b). Ein Schüler meldet sich, ruft: ich! (V 2aα), trägt eine (gelernte) Deutung vor (V 2–4) und schließt sie mit einem zusammenfassenden Merksatz (V 5) ab. Der Lehrer ergreift das Wort und trägt eine weiterführende und vertiefende Deutung vor (V 6–9)."

und begründet diese Mahnung mit dem Verweis auf eine שְׁבוּעַת אֱלֹהִים ($š^e$bū'at ^{æ}lohīm). Ob es hier um einen Schwur Gottes im Sinne eines *genitivus subjectivus* oder um einen an Gott gerichteten Schwur im Sinne eines *genitivus objectivus* geht, lässt sich von sprachlicher Seite her nicht entscheiden. Es spricht aber viel dafür, hier an einen Eid zu denken, den Untertanen, die im Umgang mit dem König stehen, Gott zu leisten haben, um damit ihren Gehorsam dem König gegenüber theonom zu verankern.[479] Kohelet erwartet von seinen Lesern demnach eine Unterwerfung unter den königlichen Willen. Das ist eine zunächst überraschende Forderung, mit der Kohelet sich aber in den Bahnen der Weisheitstradition bewegt, die nicht durch eine politisch-revolutionäre Grundhaltung gekennzeichnet ist.[480] Das zeigt sich auch in V. 3a, wenn Kohelet empfiehlt, sich im Umgang mit dem König nicht zu überhasten und sich vor allem nicht auf schlechte Sachen einzulassen. Mit der Wendung בְּדָבָר רָע (b^edābār rā') könnten kleinere Vergehen gemeint sein, möglicherweise sind aber auch Verschwörungen gegen den König im Blick,[481] vor denen Kohelet hier warnt. Bemerkenswert ist im Anschluss an V. 2–3a die Fortsetzung des Textes in V. 3b–4, die die Gehorsamsforderung aus V. 2 und die aufgestellten Verhaltensregeln aus V. 3a erläutert: Der König kann aufgrund seiner Macht alles tun, was ihm gefällt, und niemand kann ihn zur Ordnung rufen und fragen, was er eigentlich tue. Es ist daher ratsam, sich in die gegebenen Strukturen der Macht zu fügen.[482] V. 5 schließt den Gedankengang mit einem an die Spruchweisheit anklingenden Wort ab:[483] Derjenige, der sich an die Gebote des Königs hält, erfährt nichts Schlechtes, das Herz – und gemeint ist damit der Sinn und Verstand – des Weisen kennt und erkennt vielmehr Zeit und Rechtsspruch. Was hier genau mit der Wendung עֵת וּמִשְׁפָּט ('et

---

[479] Das Syntagma שְׁבוּעַת אֱלֹהִים ($š^e$bū'at ^{æ}lohīm) unter Verweis auf Ps 89,4.36; 110,4; 132,11 mit einem Schwur Jhwhs (etwa an die davidische Dynastie) in Verbindung zu bringen (so etwa Hertzberg, Prediger, 164), ist im Blick auf Koh 8,2 keine sach- und zeitgemäße Lesart, da die Könige, die Kohelet bei seinen Ratschlägen im Blick hat, keine davidischen Herrscher, sondern hellenistische Fürsten sind, denen kein Schwur Jhwhs gilt; es liegt daher näher, Galling, Kohelet-Studien, 294 f., zu folgen, der zum Verständnis von שְׁבוּעַת אֱלֹהִים ($š^e$bū'at ^{æ}lohīm) auf den ὅρκος βασιλικός (hórkos basilikós) in ptolemäischer Zeit verweist, mit dem man sich im Zusammenhang eines Prozesses an den Gottkönig richtet (so etwa auch Zimmerli, Buch des Predigers, 217).
[480] Vgl. dazu etwa Prov 16,13; 24,21; 25,5–7, wobei im Proverbienbuch mehr noch als das Verhalten der Untertanen dem König gegenüber das gerechte Regiment des Königs zum Thema gemacht wird (vgl. Prov 14,28; 16,10.12; 20,8.26.28; 25,2.4; 29,14).
[481] Vgl. Delitzsch, Koheleth, 334, und Schellenberg, Kohelet, 124.
[482] Lohfink, Kohelet, 60, erkennt vor diesem Hintergrund „eine harte Entmythologisierung des ptolemäischen Gottkönigtums. Der königliche Glanz [...] wird auf das reduziert, was dahintersteht: nackte Macht."
[483] Crenshaw, Ecclesiastes, 151, vermutet auch hier ein „traditional wisdom saying".

ûmišpāṭ) gemeint ist, lässt sich nur schwer erschließen.[484] Im Zusammenhang der konkreten politischen Verhaltensregeln, die Kohelet in V. 2–5 aufstellt, spricht aber wenig dafür, Zeit und Rechtsspruch als Zeit des (göttlichen End-)Gerichts zu deuten. Es geht wohl eher darum, dass dem Weisen, der sich in die politischen Strukturen einfügt, die geltenden Rechtsverhältnisse und die rechte Zeit für das angemessene Handeln bekannt sind. Dass derjenige, der das Gebot wahrt, keine schlechte Angelegenheit kennt, und dass der verständige Weise um Rechtslage und richtigen Zeitpunkt weiß, führen in dieselbe Richtung einer politischen Ethik des Gehorsams und der Loyalität, die in V. 2f. ebenfalls eingeschlagen wurde. Diese Ethik ist an der Stabilisierung und Festigung der (Königs-)Herrschaft orientiert. Dass hier keinerlei revolutionäres Potential erkennbar ist und dass Kohelet sich offenkundig nicht an Auseinandersetzungen um die Änderung der bestehenden Verhältnisse beteiligt, muss nicht als Zeichen einer bestimmten politischen Einstellung begriffen werden. Kohelet sind allerdings Übereifer und vor allem Aktionismus grundlegend verdächtig, weil sie seiner Ansicht nach eine Grundgegebenheit unterlaufen, die in V. 6 – im Anschluss an Koh 3,1–8 – noch einmal ausdrücklich genannt wird: Es gibt für jedes Vorhaben einen richtigen Zeitpunkt und eine Rechtslage, innerhalb derer sich ein Vorhaben bewegen muss.[485] Was sich dagegen außerhalb von angemessener Zeit und Rechtslage ereignet, führt zu dem, was in Koh 8,6b ausgeführt wird: Die Schlechtigkeit oder Bosheit des Menschen liegt schwer auf ihm und wird ihm zur Last – und genau das steht einem gelingenden Leben im Weg. Weisheit, Rechtschaffenheit und Loyalität gehören für Kohelet eng zusammen, und die Wahrung des Rechts des Königs, von seinen Untertanen mit Respekt anerkannt zu werden, ist ein Teil des Fundaments, auf dessen Grund Weisheit überhaupt erst möglich wird.

---

484 Vgl. dazu Krüger, Kohelet, 279, der fragt: „Hat מִשְׁפָּט hier juridische Bedeutung (‚Recht', ‚Urteil', ‚Gericht') oder zielt es allgemeiner auf die (zeitliche) ‚Ordnung' der Erfahrungs-Wirklichkeit?" In die Richtung der zweiten Möglichkeit geht etwa Backhaus, Zeit, 247, und übersetzt die Wendung mit ‚Zeit und Ordnung'; nach Schwienhorst-Schönberger, Kohelet, 416, dürften die beiden Begriffe „im vorliegenden Kontext zunächst als weisheitliche termini technici zu verstehen sein. [...] Wer ‚Zeit und Ordnung' kennt, weiß, *wann* etwas zu tun ist und *wie* etwas zu tun ist. Es sind Grundformen menschlichen Verhaltens angesprochen." Crenshaw, Ecclesiastes, 148, übersetzt die Wendung in V. 5f. mit „time and procedure" und betont damit den prozessualen Aspekt des zugrundeliegenden Ordnungsdenkens: „In this case it says that the discerning mind escapes harm because every matter has its own proper moment and correct procedure, which the astute observer seizes." (Crenshaw, Ecclesiastes, 151f.).

485 Es fällt allerdings auf, dass Kohelet in V. 6a die Fügung aus V. 5b unmittelbar aufnimmt und mit dem einleitenden כִּי (*kî*) zu Beginn von V. 6 verstärkt. Möglicherweise ist dieser auffälligen Konstruktion eine gewisse ironische Note nicht abzusprechen, mit der sich Kohelet in gewisser Weise von den herrschenden Verhältnissen distanziert, weil auch er weiß, dass es gerade mit עֵת וּמִשְׁפָּט (*'et ûmišpāṭ*) im Jerusalem der hellenistischen Zeit nicht so weit her ist, wie es zu wünschen wäre – und wie es den althergebrachten Idealen von מִשְׁפָּט (*mišpāṭ*) und צְדָקָה (*ṣᵉdāqāh*) entspräche.

Für die Einordnung dieser Reflexionen in das Denken Kohelets sind nun insbesondere V. 7–9 von Bedeutung. Hier werden viele für Kohelet zentrale Vorstellungen aufgegriffen und auf das Themenfeld ‚Politik – König – Macht' bezogen. V. 7 stellt einmal mehr klar, dass der Mensch nicht wissen kann, was sein wird: Niemand kann es ihm mitteilen. Diese grundlegende anthropologische Einsicht, die wie in Koh 3,10–15.16–22 auch hier auf die Begrenzungen menschlicher Möglichkeiten hinweist, gilt aber nicht nur für den Menschen im Allgemeinen, sondern auch für den Machthaber im Besonderen. Die Kontextualisierung von V. 6–8 im Horizont von V. 2–5 legt genau diese Lesart nahe: Es mag zwar sein, dass der König tun und lassen kann, was er will, und dass man entsprechend gut beraten ist, seine Machtfülle zu beachten und sich nicht in böse Pläne verstricken zu lassen. Kein Mensch hat aber V. 8 zufolge Macht, den Wind zurückzuhalten, und keiner hat Macht über den Tag des Todes. So wie es im Kriegsfall keine Entlassung geben kann und der Krieger damit nicht über sich selber verfügt, so entzieht sich die Zeit der Verfügungsgewalt des Menschen.[486] Die Zeit als Lebenszeit des Menschen bildet die Grenze der innerweltlichen Machtverhältnisse. Das Nebeneinander von שַׁלִּיט (šallīt) und שִׁלְטוֹן (šilṭōn) in V. 8 integriert die Sphäre der Macht und des Machthabers explizit in den durch אֵין אָדָם ('ēn 'ādām) zu Beginn des Verses allgemein-menschlich abgesteckten Rahmen – alle Macht hat ihre Grenzen. Damit wird nun in die sehr an der Loyalität orientierte Gedankenführung Kohelets ein von Kohelets Anthropologie der Begrenzung des Menschen herkommendes, jede menschliche Macht und Fähigkeit limitierendes Moment eingefügt. Das gilt explizit auch für das Ende von V. 8, demzufolge Unrecht denjenigen nicht rettet, der es begeht. Erneut steht Kohelet mit diesem Gedanken ganz und gar im Horizont der Weisheitstradition, der ja die Annahme der Korrespondenz von Handeln und Sein zu einem grundlegenden hermeneutischen Schlüssel für das Verstehen der Welt geworden ist. Auch wenn Kohelet die Dinge differenzierter sehen mag, bleibt es für ihn doch unzweifelhaft, dass das Unrecht niemanden zu retten vermag. Unrecht bringt nur neues Unrecht hervor, und das gilt nicht nur für den gemeinen Menschen, sondern auch für die Machthaber der Welt.

So wie Kohelet in Koh 1,9f. den apokalyptischen Phantasten seine Einsicht entgegenhält, dass es nichts Neues gebe, so hat er in Koh 8,1–9 möglicherweise nicht

---

486 Nach Köhlmoos, Kohelet, 192, entspricht die in V. 8 zusammengestellte Reihe „der Didaktik des gestaffelten Zahlenspruchs, sie könnte daher im Ganzen aus der Schul- bzw. Erfahrungsweisheit stammen." Zimmerli, Buch des Predigers, 218, weist zudem auf ein gewisses Gefälle innerhalb der Reihe hin: „V. 7f. sprechen lediglich den Gedanken vom Unheil der unberechenbaren Welt, die auch dem weisen Menschen ganz unverfügbar bleibt, aus. V. 8 illustriert ihn mit vier Weltwahrnehmungen, in denen sich der Akzent vom Gedanken der Unverfügbarkeit immer stärker auf den Gedanken der Unentrinnbarkeit verschiebt."

nur loyale Untertanen und herrschende Mächtige vor Augen, die er allesamt der Begrenztheit des Menschen unterworfen sieht. Möglicherweise hat er auch (sozial-)revolutionäre Gruppen im Blick, die die Macht an sich reißen wollen, um die Lebensverhältnisse von Grund auf zu verbessern. Kohelet sieht an dieser Stelle wohl eher das solche Aktivitäten regelmäßig begleitende Unrecht – und stellt sich der Tatsache, dass Macht am Ende nichts nützt, wenn es um die Fragen von Lebenszeit und Tod geht. Machtverhältnisse sind mehr oder weniger gelassen hinzunehmen, ohne dass man besonders viel Energie in deren Änderung stecken sollte, denn Macht ist letztlich flüchtig – und nichtig.

Die Schlusseinsicht in V. 9 bringt Kohelets Gedankengang auf den Punkt. In V. 9a wird die Bilanz in der für Kohelet charakteristischen Sprache eingeleitet: Er hat gesehen und sich zu Herzen genommen, also mit seinem Verstand durchdacht, was unter der Sonne geschehen ist. Und dabei ist ihm deutlich geworden, dass die Zeit, in der der Mensch über seinen Mitmenschen Macht hat, schlecht für den Menschen ist. Geht man davon aus, dass die Präposition לוֹ (*lō*) sich auf das Subjekt von V. 9b, also denjenigen, der Macht hat, bezieht, scheint hier noch einmal das Denken im Horizont der Korrespondenz von Handeln und Sein durch: Im Gefüge der Macht sind es nicht in erster Linie die Untertanen, denen Schlechtes zugefügt wird, auch wenn das durchaus der Fall sein kann, sondern es ist zunächst der Machthaber selber, der dadurch, dass er Macht hat, zu Schaden kommt. Macht korrumpiert. Und alles, was bisher über die Schlechtigkeit und Bosheit ausgeführt wurde, gilt nicht nur für den Untertanen, sondern auch für den Machthaber selber, dessen Machtposition ihn der ständigen Gefahr aussetzt, seine Macht zu missbrauchen – und damit nicht nur seinen Untergebenen, sondern vor allem sich selber zum Bösen zu dienen. Damit kommt der gesamte Gedankengang, der in V. 2 bei der Loyalität des Untertanen dem König gegenüber seinen Ausgang nahm, zu einem bemerkenswerten Abschluss, mit dem nun doch ein machtkritischer Akzent gesetzt wird. Das verweist zurück auf die weisheitlichen Fähigkeiten und Deutungskompetenzen, die Kohelet nach V. 1a und dem אֲנִי (*ªnî*) zu Beginn von V. 2 für sich selber reklamiert und die als rechte Form der Weisheit nach V. 1b den Menschen fröhlich und gelassen machen. Koh 8,1–9 zeugen daher von der hohen Weisheitskunst und zugleich Gelassenheit des Weisheitslehrers Kohelet – auch und gerade im Angesicht der Macht.

2.22 Koh 8,10–15

10   Und sodann sah ich, dass Frevler begraben wurden und [sc. zur Ruhe]⁴⁸⁷
     kamen. Aber vom heiligen Ort weichen⁴⁸⁸ und vergessen werden in der Stadt,
     die Recht getan haben.
     Auch dieses ist nichtig.
11   Weil nicht vollstreckt wird das Urteil über die Tat des Bösen eilends,
     füllt sich das Herz der Menschen untereinander, Böses zu tun.
12   Denn ein Sünder tut Böses hundert Mal und lebt doch lange.
     Doch ich weiß, dass es gut ist für diejenigen, die Gott fürchten, dass sie sich
     vor ihm fürchten.
13   Aber es ist nicht gut für den Frevler – und er wird wie ein Schatten nicht
     lange leben –,
     dass er sich nicht fürchtet vor Gott.
14   Es gibt Nichtiges, das auf der Erde geschieht: Es gibt Gerechte, die es dem Tun
     der Frevler entsprechend trifft, und es gibt Frevler, die es dem Tun der Gerechten entsprechend trifft.
     Ich sagte, dass auch dieses nichtig ist.
15   Da pries ich die Freude, denn es gibt nichts Gutes für den Menschen unter der
     Sonne außer zu essen und zu trinken und sich zu freuen.
     Das aber begleitet ihn bei seiner Mühe in den Tagen seines Lebens, die Gott
     ihm gegeben hat unter der Sonne.

Mit וּבְכֵן רָאִיתִי (ūbᵉken rāʾītī) setzt in V. 10 ein neuer Reflexionsgang ein, wobei das ungewöhnliche וּבְכֵן (ūbᵉken) zu Beginn das Weiterschreiten des Gedankengangs anzeigt, zugleich aber auch an die vorangehenden Ausführungen anknüpft und V. 10–15 damit in seinem weiteren Kontext verankert.⁴⁸⁹ V. 10–15 sind durch die für die Sprache Kohelets kennzeichnenden Nichtigkeitsaussagen am Ende von V. 10 und zu Beginn und am Ende von V. 14 bestimmt, in V. 15 kommt der Abschnitt mit dem für Kohelet ebenfalls charakteristischen Syntagma תַּחַת הַשָּׁמֶשׁ (taḥat haššāmæš) zum Abschluss. Dieser Einschnitt am Ende von V. 15 wird auch durch den Neueinsatz in V. 16a mit der Wendung כַּאֲשֶׁר נָתַתִּי אֶת־לִבִּי (kaⁿšær nātattī ʿæt-libbī) erkennbar, wenngleich die Konjunktion כַּאֲשֶׁר (kaⁿšær) eine Verbindung innerhalb des Text-

---

487 Vgl. dazu schon die Übersetzung von Delitzsch, Koheleth, 338: „Und alsdann hab' ich gesehen Frevler begraben werden und sie kamen zur Ruhe, aber fort von heiliger Stätte mußten ziehen und vergessen werden in der Stadt solche die rechtschaffen gehandelt – auch das ist eitel."
488 Zur Übersetzung von הלך (hlk) pi. mit ‚weichen' vgl. Krüger, Kohelet, 284.
489 Vgl. Krüger, Kohelet, 285.

verlaufs schafft und damit – wie וּבְכֵן (*ūbᵉken*) in V. 10 – auf die Einbettung der Einzeltexte in ihren weiteren Makrokontext verweist.

In V. 10–15 setzt sich Kohelet grundlegend mit der Annahme eines Zusammenhangs von Tun und Ergehen bzw. Handeln und Sein auseinander. Die insgesamt dreimal verwendete Nichtigkeitsaussage zeigt bereits an, dass man sich hier auf einem äußerst unsicheren Terrain bewegt. Diese Unsicherheit ergibt sich maßgeblich aus den unterschiedlichen Erfahrungen, die Kohelet macht. Nach V. 10–12a und V. 14 lässt sich beobachten, dass das Tun des Einzelnen und sein Ergehen auseinanderfallen können, während Kohelet nach V. 12b–13 erfasst, begreift und versteht – das alles gehört zum semantischen Feld des Partizips יוֹדֵעַ (*jōdeᵃʿ*) in V. 12b –, dass es gut für den Menschen ist, Gott zu fürchten, weil sich in dieser Furcht Gottes Handeln und Sein des Menschen entsprechen. Der Text bewegt sich offensichtlich auf zwei Erfahrungsebenen: Zum einen gibt es die konkrete Beobachtung von Vorgängen, wie sie in V. 10–12a und V. 14 zu greifen sind, und zum anderen zeigt sich die Erkenntnis und Überzeugung, die in V. 12b–13 zum Ausdruck gebracht wird. Es ist dabei in jedem Fall zu beachten, dass nur V. 10 und V. 14 in den Bereich des הֶבֶל (*hæbæl*) gestellt werden.

V. 10 bietet gleich zu Beginn des Textes eine Reihe philologischer Schwierigkeiten.[490] So wirft die Wendung רְשָׁעִים קְבֻרִים וָבָאוּ (*rᵉšāʿīm qᵉburīm wābāʾū*) durch das Nebeinander von Partizip und finiter Verbform syntaktische Probleme auf. Die Wurzel בוא (*bwʾ*) ist an dieser Stelle aber auch semantisch nicht ganz einfach zu fassen: Frevler werden begraben und kommen bzw. gehen hinein. Wohin die Frevler gehen, bleibt dabei unausgesprochen. Dass der Ort, an den die Frevler kommen, aber im Horizont des Begräbnisses zu suchen ist, liegt im Zusammenhang des Verses auf der Hand. Mit בוא (*bwʾ*) wird hier wohl das Hineinkommen an einen Ort des Todes zum Ausdruck gebracht.[491] Sowohl das Hineinkommen in die Totenwelt als auch der Vorgang des Begräbnisses sind hier keineswegs negativ konnotiert. Es geht vielmehr um so etwas wie den idealen Tod, für den es konstitutiv ist, ehrenvoll zum Ruhegrab als einem Ort der Erinnerung und des Gedächtnisses getragen zu werden. Damit stehen die Frevler, die sich zu Lebzeiten durch ihr frevelhaftes Tun auszeichneten, und das Ergehen dieser Frevler in einem deutlichen Spannungsverhältnis. Die zweite Konstellation, die Kohelet beobachtet, stellt sich ihm ebenfalls spannungsreich dar: Die Rechtschaffenen müssen vom heiligen Ort weichen und werden in der Stadt vergessen. Was genau mit dem ‚heiligen Ort' und

---

490 Crenshaw, Ecclesiastes, 154, bemerkt daher zu Recht: „Interpretations of this verse have one thing in common: tentativeness."
491 Vgl. dazu die Belege von בוא (*bwʾ*) in Gen 15,15; Ps 49,20 und Ges[18], 129.

der ‚Stadt' gemeint ist, wird nicht explizit ausgeführt.[492] Im Kontext des Koheletbuches ist es aber wahrscheinlich, dass hier Jerusalem im Blick ist,[493] also die Stadt, in der Kohelet seine Beobachtungen macht, seine Erfahrungen sammelt und seine Erkenntnisse zusammenstellt. Tun und Ergehen der Frevler auf der einen und der Rechtschaffenen auf der anderen Seite fallen in jedem Fall in beiden Konstellationen auseinander.[494] Die Annahme, dass sich Tun und Ergehen entsprechen, erscheint Kohelet daher in jeder Weise als הֶבֶל ($hæbæl$), wie er am Ende des Verses betont.

V. 11 benennt in diesem Zusammenhang nun möglicherweise einen Missstand, der Kohelet konkret vor Augen steht: Die Vollstreckung eines Urteils[495] über eine schlechte Tat erfolgt nicht unmittelbar. Tun und Ergehen fallen zeitlich auseinander und das Tun des Bösen hat für den Übeltäter keine direkt erkennbaren Folgen. Das führt nach Kohelet dazu, dass die Menschen ihr Herz immer mehr daraufhin ausrichten, Schlechtes zu tun, und geradezu davon erfüllt sind.[496] Ob Kohelet mit dieser Bemerkung Kritik an bestimmten Gerichts- und Verwaltungspraktiken übt, muss offen bleiben. Es könnte aber durchaus sein, dass lange Verwaltungswege im Rechtswesen und die damit verbundenen Verzögerungen von Gerichtsverfahren im Hintergrund stehen. Denkbar ist aber auch, dass Kohelet hier Korruption und Abhängigkeitsverhältnisse innerhalb des Justizapparates im Blick hat, die das Prinzip von Verbrechen und folgender Strafe von Grund auf unterlaufen.

Mit V. 12a schließt Kohelet dann noch einmal an V. 10 an: Dass der Sünder hundertfach Böses tut und dennoch lange lebt, ist ein weiterer Beleg dafür, dass sich Handeln und Sein des Menschen nicht entsprechen. Wie die Frevler ehrenvoll begraben werden, während der Rechtschaffenen nicht gedacht wird, so haben die

---

492 Nach Lohfink, Kohelet, 62, wird hier „zweifellos auf den ursprünglichen Lesern bekannte Personen und Geschehnisse angespielt." Aufgrund des für die Weisheit charakteristischen Nebeneinanders von Frevlern und Rechtschaffenen, das Kohelet in V. 10 spiegelt, scheint diese Annahme aber nicht zwingend zu sein.
493 So zeigt etwa Koh 4,17, dass das Haus Gottes ein für Kohelet durchaus zentraler Ort ist und somit auch hier im Hintergrund stehen könnte. Zur ‚heiligen Stadt' vgl. die Belege in Jes 48,2; 52,1; Neh 11,1.18, sowie Delitzsch, Koheleth, 339, und Hertzberg, Prediger, 173: „Im Judentum kann ‚heilige Stätte' nur das Heiligtum oder die Heilige Stadt sein."
494 Vgl. Schwienhorst-Schönberger, Kohelet, 428.
495 Das persische Lehnwort פִּתְגָם ($pitgām$) (vgl. HAL, 925) gehört in den Kontext weltlicher Jurisdiktion (vgl. dazu Galling, Prediger, 111, und Köhlmoos, Kohelet, 195).
496 Ein Anklang an entsprechende Formulierungen aus Gen 6,5; 8,21 ist hier wohl nicht zu überhören (vgl. Krüger, Kohelet, 286). Dazu auch Zimmerli, Buch des Predigers, 220: „Das Unheimliche der Bosheit, die sich vor der Menschen Augen breitmacht, besteht darin, daß sie weiterzeugende Kraft hat."

Sünder ein langes Leben.⁴⁹⁷ Die Menschen werden durch das, was sie in ihrer Umwelt beobachten können, geradezu zum Bösen verführt, so der Subtext von V. 10–12a.

Das ist aber nur der Ausgangspunkt für einen Neueinsatz in V. 12b, mit dem Kohelet sehr akzentuiert eine für ihn grundlegende Einsicht herausstellt.⁴⁹⁸ Die Interjektion כִּי (kī), die Partikel גַּם (gam) und das Personalpronomen אָנִי ('ānī) verlegen hier alles Gewicht auf das Partizip יוֹדֵעַ (jōdeaʿ), das keinen grundsätzlich anderen Erkenntnismodus angibt als רָאִיתִי (rā'ītī) aus V. 10: Die Wurzel ידע (jdʿ) führt in den Bereich des erfassenden und begreifenden Verstehens und bezeichnet damit immer einen konkreten Vorgang der Erfahrung.⁴⁹⁹ Die Akzentuierung zu Beginn von V. 12b macht allerdings deutlich, dass das Folgende für Kohelet einen anderen Stellenwert hat als das, was er nach V. 10b als הֶבֶל (hæbæl) qualifiziert. Hier wird nun vielmehr eine Grundüberzeugung greifbar, die geradezu als Haltung Kohelets beschrieben werden kann: Die Furcht Gottes ist gut für die Menschen, und zwar nicht im Blick auf irgendein kommendes Ergehen, sondern sie ist an und für sich gut.⁵⁰⁰ In der in V. 13 folgenden umgekehrten Wendung, derzufolge es nicht gut ist für den Frevler, dass er sich nicht vor Gott fürchtet, klingt mit dem Bild des Schattens⁵⁰¹ und der Rede vom langen Leben etwas von der Funktionalisierung der Furcht Gottes an, die sich im Denkhorizont des Tun-Ergehen-Zusammenhangs verhängnisvoll einstellen kann. In V. 12b fehlt eine solche funktionalisierende Perspektivierung aber ganz. Es geht nur um die Gottesfurcht allein, die für den Menschen gut ist. Dieses Gutsein ist nicht final auf irgendetwas hin ausgerichtet, sondern es ruht in sich selber. Wie in Koh 3,10–15 wird auch in Koh 8,12b–13 eine hinter aller weisheitlichen Reflexion stehende theologische Grundorientierung Kohelets erkennbar, die sich im Theologumenon der Gottesfurcht verdichtet. Kohelet bleibt

---

497 Nach Schwienhorst-Schönberger, Kohelet, 429, sind die „Begriffe ‚Sünder' (חֹטֶא) und ‚Frevler' (רָשָׁע) [...] an dieser Stelle als synonym anzusehen. Zumindest sind mögliche Bedeutungsunterschiede im vorliegenden Argumentationsgang irrelevant."
498 Vgl. dazu Schwienhorst-Schönberger, Kohelet, 425, der in seiner Interpretation damit rechnet, „daß die ‚orthodoxe' Aussage über die Gottesfürchtigen und den Frevler vom Koheletautor in gewisser Weise geteilt wird." Mit einem Zitat aus der weisheitlichen Tradition rechnen Michel, Untersuchungen, 262, und Lohfink, Kohelet, 62.
499 Vgl. Ges¹⁸, 441–443.
500 Vgl. dazu Krüger, Kohelet, 288f.: „Nicht weil er sich davon etwas erwartet, soll der Mensch Gott fürchten, sondern weil ihm als Geschöpf Gottes dieses Verhalten angemessen ist (vgl. 3,14). Damit wird die Motivation moralischen Handelns durch seine Folgen für den Handelnden (entsprechend dem ‚Tun-Ergehen-Zusammenhang') kritisch überwunden."
501 Vgl. Schellenberg, Kohelet, 129: „Das Stichwort ‚Schatten' erinnert an 6,12, wo das menschliche Leben insgesamt als ‚flüchtig' und ‚wie ein Schatten' beschrieben wird. So kann ein ‚Sünder' im Verhältnis zu anderen zwar lange leben, absolut besehen aber bleibt auch sein Leben flüchtig."

seiner weisheitlichen Tradition verpflichtet, wenn er erkennt und betont, dass es – trotz aller oder gerade wegen aller verstörenden Beobachtungen im Blick auf das Verhältnis von Tun und Ergehen[502] – gut oder sogar im Vergleich zu allem anderen besser ist, an der Gottesfurcht festzuhalten. Wie für die Trägergruppen der Spruchweisheit[503] steht damit auch für Kohelet außer Frage, dass die Furcht Gottes eine für das Leben optierende Grundhaltung darstellt, die dem Menschen aus sich heraus das Gute setzt – und zwar unmittelbar und nicht erst in der Abfolge eines wie auch immer falsch verstandenen Mechanismus' von vorausgehendem Tun und folgendem Ergehen. Wo die Furcht Gottes als eine Haltung Raum gewinnt, da gewinnt zugleich das Gute unmittelbar Gestalt: In der Furcht Gottes ereignet sich das Gute. Damit ist der Höhepunkt der Reflexion Kohelets erreicht.

V. 14 lenkt innerhalb des Textes nun noch einmal zurück. Damit zeigt sich, wie sehr Kohelet mit der Positionierung in dieser Angelegenheit ringt. Das im Folgenden dargestellte Problem wird allerdings von Anfang an unter das Urteil des הֶבֶל(hæbæl)-Seins gestellt. Damit wird signalisiert, dass man hier nun wieder auf der Ebene von V. 10 steht. Dass das Nichtigkeitsurteil am Ende von V. 14 sogar noch einmal wiederholt wird, übersteigert die Qualifikation aus V. 10: Die in V. 14 verhandelte Konstellation wird gewissermaßen von beiden Seiten durch הֶבֶל (hæbæl) eingegrenzt und bedrängt. Der Sachverhalt selber wird in zwei formal gleich gestalteten Sätzen ausgeführt: Es gibt Gerechte, denen es geht, als hätten sie wie Frevler gehandelt, und es gibt Frevler, denen es geht, als hätten sie wie Gerechte gehandelt. Die beiden Beobachtungen bringen den in V. 10–12a entfalteten Problemkomplex des Auseinanderfallens von Tun und Ergehen und damit die Brüchigkeit eines fundamentalen Axioms bestimmter Weisheitskreise prägnant auf den Punkt. Dass die gewissermaßen zur Ideologie übersteigerte Annahme eines Zusammenhangs von Tun und Ergehen für Kohelet in den Bereich von הֶבֶל (hæbæl) gehört, macht die Rahmung von V. 14 deutlich.[504] Erstaunlich ist allein die Position von V. 14 nach den Erörterungen zum Wert der Gottesfurcht an und für sich in V. 12b–13. Innerhalb von V. 10–14 ergibt sich dadurch nun aber eine Komposition, die in V. 10–12a und V. 14 das ausführt, was Kohelet als הֶבֶל (hæbæl) betrachtet, dass sich nämlich Tun und Ergehen nicht entsprechen und es Frevlern gut und Gerechten schlecht gehen kann.

---

502 Nach Schwienhorst-Schönberger, Kohelet, 430, „würde Kohelet am Tun-Ergehen-Zusammenhang (V 12b.13) prinzipiell festhalten. Er würde ihn nur als eine klar durchschaubare Größe aufgeben. Seine Undurchschaubarkeit ergibt sich aus der Undurchschaubarkeit Gottes und seines gerichtlichen Handelns."
503 Vgl. dazu nur Prov 1,7; 15,33.
504 Kohelet verhält sich hier „kritisch-reflexiv zum Symbolsystem der Gesellschaft, in der er lebt, und destruiert durch Rekurs auf eigene Überlegungen und Erfahrungen Geltungsansprüche, die einer kritischen Überprüfung nicht standhalten." (Schwienhorst-Schönberger, Kohelet, 430 f.).

Das alles ist für ihn aber kein Grund, nicht dennoch an der Gottesfurcht festzuhalten, die in V. 12b–13 im Mittelpunkt der Reflexion steht und durch die Akzentuierung in V. 12bα als Kohelets eigentliche Position gekennzeichnet wird. Der Zusammenhang von Tun und Ergehen steht nicht axiomatisch in Geltung, wie die Beobachtung der Wirklichkeit deutlich zeigt. Daraus kann man jedoch nicht den Schluss ziehen, dass die Gottesfurcht nicht auch unabhängig von allen weiteren Zusammenhängen in eine Sphäre des Guten führen kann, die bereits als solche schlichtweg das Leben gelingen lässt. Handeln und Sein bilden hier einen Zusammenhang, der als ein Ineinanderfallen von Tun und Ergehen beschrieben werden kann.

Von daher führt eine unmittelbare Brücke zum Schlussvers der Passage. In V. 15 preist Kohelet die Freude, die darin besteht, zu essen, zu trinken und sich zu freuen. Daneben kann es nichts Gutes für den Menschen geben. אֵין־טוֹב ('ēn-ṭōb) aus V. 15 und טוֹב (ṭōb) aus V. 12b stehen hier allerdings in einem produktiven Wechselverhältnis: Es gibt nichts Gutes, außer zu essen, zu trinken und sich zu freuen – das Gute für den Menschen ist aber zugleich die Gottesfurcht. Man muss davon ausgehen, dass Kohelet die Gottesfurcht als eine Form der Lebensfreude und die Lebensfreude als eine Form der Gottesfurcht begreift. Lebensfreude und Gottesfurcht sind für Kohelet die beiden Formen menschlicher Reaktion auf die Einsicht in die durch הֶבֶל (hæbæl) geprägte Struktur der erfahrbaren Welt.

Kohelet hält damit weiterhin an der Freude fest, die für ihn nach Koh 5,17f. eine Gabe Gottes ist[505] und die er nach Koh 8,15 sogar preist. Diese Freude wird nun aber in Auseinandersetzung mit der Vorstellung eines Zusammenhangs von Tun und Ergehen mit der Gottesfurcht verbunden. Das für Hiob, aber auch für den Verfasser von Ps 73 so erschütternde Problem der Brüchigkeit der Annahme eines Zusammenhangs von Tun und Ergehen ist Kohelet nach alledem sehr wohl bekannt und sein Urteil darüber ist eindeutig: Die falsche Annahme und das daraus folgende Problem sind gleichermaßen הֶבֶל (hæbæl).[506] Im Horizont der Gottesfurcht und Lebensfreude allerdings erschließen sich Kohelet Handeln und Sein des Menschen

---

[505] Dabei ist zu beachten, dass die Gabe jeder menschlichen Antwort vorausgeht und die Antwort keineswegs Bedingung der Gabe ist. Zu dieser Theologie der Gabe bei Kohelet vgl. M. Leuenberger, „Gott ist im Himmel und du auf der Erde" (Koh 5,1). Exegetische und theologische Überlegungen zur Gottesvorstellung (nicht nur) nach Kohelet, in: BZ 58 (2014), 211–238, 230–235.

[506] Kohelet kritisiert hier aber wohl „nicht in erster Linie die Annahme eines ‚Tun-Ergehen-Zusammenhangs', sondern die Funktion dieses Konzepts als Motivation für Ethik und Frömmigkeit. Gottesfurcht und Gerechtigkeit haben ihren Wert für den Menschen in sich selbst und nicht darin, dass sie dem Menschen Wohlergehen garantieren." (Krüger, Kohelet, 290).

als eine Einheit.⁵⁰⁷ Damit ist das Problem des Tun-Ergehen-Zusammenhangs nicht aufgelöst. Es gibt für Kohelet aber diese Momente⁵⁰⁸ liminaler Existenz, in denen das Handeln des Menschen und sein bestimmtes Sein in eins fallen. Man kann diese Vorstellung als eine Form präsentischer Eschatologie verstehen.⁵⁰⁹

2.23 Koh 8,16 f.

16 Als ich mir vornahm, zu begreifen Weisheit und zu betrachten die Geschäftigkeit, die auf der Erde getan wird –
ja, gewiss, bei Tag und bei Nacht gönnt man seinen Augen keinen Schlaf –,
17 da sah ich das ganze Werk Gottes: Ja, der Mensch kann das Werk, das unter der Sonne getan wird, nicht herausfinden. Selbst wenn der Mensch sich abmüht zu suchen, so findet er nichts heraus.
Und auch wenn der Weise behauptet zu begreifen, kann er doch nichts herausfinden.

Koh 8,16f. setzen einen eigenen Schlusspunkt unter die vorangehenden Reflexionen.⁵¹⁰ Mit V. 15 wird die Einheit V. 10–15 abgeschlossen, das in V. 16 folgende כַּאֲשֶׁר נָתַתִּי אֶת־לִבִּי (ka"šær nātattī 'æt-libbī) eröffnet einen neuen Gedankengang Kohelets. In der Grundstruktur liegt mit V. 16f. eine zusammenhängende hypotaktische Satzstruktur vor: V. 16a ist als temporaler Nebensatz vorangestellt, mit V. 16b folgt eine Parenthese, V. 17aα-γ sind der eigentliche Hauptsatz, der in V. 17aδ in einem eigenen Konditionalgefüge noch einmal verstärkt und erläutert und in V. 17b mit

---

507 Vgl. Zimmerli, Buch des Predigers, 221: „Die Wahrnehmung, daß die göttliche Ordnung sich dem Zugriff der menschlichen Erkenntnis versagt, treibt Kohelet aber erneut nicht in den revolutionären Protest, auch nicht in eine Verzweiflung, die sich selber preisgibt, sondern zum Entscheid, in der Begrenzung nach der begrenzten Freude zu greifen, die dem einzelnen Tage gegeben ist."
508 Dass es sich dabei nicht nur um einen liminalen Punkt, sondern um mehr als ein einmaliges Ereignis handelt, bringt V. 15b mit dem Imperfekt יְלַוֶּנּוּ (jilwænnū) von der Wurzel לוה (lwh) I (vgl. Ges¹⁸, 599f.) zum Ausdruck: Die Lebensfreude kann den Menschen dauerhaft während der Lebenszeit begleiten, die Gott dem Menschen gibt (vgl. dazu Schwienhorst-Schönberger, Kohelet, 431f.).
509 Vgl. dazu Saur, Frevler, 388–390.
510 Zu den Problemen der Abgrenzung vgl. nur Galling, Prediger, 113, demzufolge Koh 8,15 einen deutlichen Abschluss bildet, so dass V. 16f. einen neuen Zusammenhang eröffnen, oder Hertzberg, Prediger, 175: „An sich könnten V. 16f. für sich stehen, da 15 ein Qoh gemäßer Abschluß sein kann. Dennoch sind sie besser – wenn auch lose anschließend – als Ausklang des Abschnittes zu nehmen." Als „relativ abgeschlossene kleine Einheit" versteht Krüger, Kohelet, 292, die Verse, Schwienhorst-Schönberger, Kohelet, 434, erkennt in ihnen den „Abschluss des dritten, vorwiegend ideologiekritischen Teils (6,16–8,17)" des Koheletbuches.

einem weiteren Konditionalgefüge abgeschlossen wird. Auf dem letzten Element liegt dabei ein gewisser Akzent: Die Auseinandersetzung mit dem Weisen, der meint, etwas begriffen zu haben, ist offensichtlich einer der Zielpunkte des Gedankengangs.

Die Einleitung der kurzen Passage lässt Kohelets Projekt aus Koh 1,12–2,26 anklingen: Kohelet nimmt sich noch einmal vor, die Welt zu verstehen, und betont dabei auch das große Engagement seines Vorhabens, das ihn Tag und Nacht umtreibt, kommt hier aber zu dem Schluss, den Leserinnen und Leser des Buches bereits aus den thematisch verwandten Passagen in Koh 3,10–15 und Koh 7,23–29 kennen: Der Mensch kann das, was unter der Sonne geschieht, nicht umfassend verstehen.[511] Durch die Wiederholung dieses Grundgedankens am Ende von Koh 8 wird zum einen seine bleibende Bedeutung für das Denken Kohelets unterstrichen, zum anderen spielt die Positionierung der beiden Verse an dieser Stelle eine wichtige Rolle, denn der Lobpreis der Lebensfreude aus V. 15 wird mit V. 16 f. unmittelbar in das anthropologische Gegenlicht der Begrenzung des Menschen gestellt.

Nach V. 16a geht es Kohelet zunächst um das Begreifen, Erfassen und Verstehen der Weisheit. Grundlage dafür ist nach wie vor die Betrachtung der Vorgänge in der Welt. Seinen erfahrungsgeleiteten Grundansatz des Verstehens verlässt Kohelet nicht. Die Parenthese in V. 16b unterstreicht dabei besonders eindringlich den Modus des Bemühens: Es ist ein großes und gewissermaßen unermüdliches Engagement, das den Menschen antreibt.[512]

In Koh 7,15–22 hat Kohelet jede Form des Übermaßes problematisiert, in Koh 8,16b wird nun eine Form von Maßlosigkeit thematisiert, der sich Kohelet zunächst offenkundig auch nicht entziehen kann. Denn es ist möglicherweise nicht allein der von ihm beobachtete עִנְיָן ('injān) der anderen, der ihn umtreibt, sondern durchaus auch sein eigenes Abmühen, das ihm nachts den Schlaf raubt. Vor diesem Hintergrund unruhiger Geschäftigkeit kommt es zu den Einsichten aus V. 17. Mit וְרָאִיתִי (wᵉrā'ītī) wird eine Beobachtung Kohelets eingeleitet, die das, was unter der Sonne geschieht, mit dem verbindet, was Kohelet hier als אֶת־כָּל־מַעֲשֵׂה הָאֱלֹהִים ('æt-kål-ma⁽ᵃ⁾śeh hā⁽ᵃ⁾lohīm) bezeichnet: Es ist für Kohelet als Werk Gottes zu betrachten, dass der Mensch die Vorgänge unter der Sonne nicht verstehen kann. Das knüpft an Koh 3,11 an. In Koh 8,17 wird allerdings deutlich stärker unterstrichen, dass die Begrenzung des Menschen als eine in der Schöpfung Gottes begründete anthropologische Grundgegebenheit zu verstehen ist: Gott hat den Menschen so gemacht, dass seine Erkenntnis fragmentarisch bleibt. Selbst wenn der Mensch sich über alle

---

511 Vgl. Krüger, Kohelet, 293.
512 Vgl. Koh 2,23; die Wendung ‚bei Tag und bei Nacht' klingt zudem an Ps 1,2 an.

Maßen abmüht, wird er nichts herausfinden.[513] Und aus dieser Einsicht folgt dann unmittelbar der Schlusssatz: Auch wenn der Weise behauptet zu erkennen und zu begreifen, ist er doch nicht im Stande etwas herauszufinden. Kohelet setzt sich hier offenkundig mit denjenigen auseinander, die das Ziel, alles zu verstehen, vor Augen haben. Während Kohelet dieses Ziel zunächst ebenfalls verfolgt, dann aber zu der Einsicht kommt, dass man es nicht erreichen kann, halten andere daran fest, die Welt verstehen zu wollen und verstehen zu können. Hier dürfte man „Kohelet nun einmal ganz offen an der Front sehen, an die er sich in all seinem Reden gestellt weiß. All seine Bemühung ist im Grunde ein großes Kampfgespräch mit der Weisheit, die meint, die Dinge der Welt in ihren Zusammenhängen, und damit auch Gott, verstehen zu können und die darauf ihre zuversichtliche Lebenskunde baut."[514]

Kohelets Position liegt hier nach wie vor auf einer Linie mit den Überlegungen zur Begrenzung menschlicher Erkenntnisfähigkeiten in Koh 3,10–15 und Koh 7,23–29. Liest man den Text darüber hinaus von Koh 7,15–22 her, entfaltet sich eine weitere, gewissermaßen befreiende Dimension: Kohelet warnt in Koh 7,16 davor, sich allzu weise zu geben, um sich nicht zugrunde zu richten. Wenn nun in Koh 8,16 f. das aussichtslose Bemühen Kohelets um ein angemessenes Verstehen herausgestellt wird, ist im Hintergrund Kohelets eigene Warnung mitzuhören, derzufolge das übermäßige Bemühen ohne allen Unterlass den Menschen in den Abgrund führt. Kohelet ist hier an dem Punkt angekommen, an dem er das Nicht-Wissen und das Nicht-Wissen-Können des Menschen als Teil der Schöpfung begreift. Kohelet selber hat alle Phasen des Forschens und Bemühens durchlaufen – und kommt aufgrund der ausbleibenden Erkenntnis zu dem Ergebnis, dass Gott dem Menschen eine Grenze gesetzt hat. Die Einsicht in die Grenzen des Menschen und die Anerkennung dieser Grenzen befreien den Menschen von allem Eifer und aller Maßlosigkeit in der Mühe, das Undurchschaubare durchschauen zu wollen. Dem Weisen, der nach wie vor meint, alles verstehen zu können, steht Kohelet mit einer aus der Betrachtung der Welt gewonnenen Gelassenheit gegenüber, die dazu führt, dass

---

513 Vgl. Schellenberg, Kohelet, 131.
514 Zimmerli, Buch des Predigers, 223. Zimmerli, Buch des Predigers, 223, fährt fort: „Hier weiß sich Kohelet als Gegenanwalt auf den Plan gerufen, wenn er schon selber kein munter fechtender, des klugen Spieles froher, sondern nur ein selber tief betroffener Anwalt des Lebensgeheimnisses sein kann, das Gott allein in Händen hält." Von Koh 8,15 her wird man allerdings fragen müssen, ob Kohelet sich nicht gerade ohne jede verzweifelte Betroffenheit mit der Begrenzung des Menschen einverstanden erklären und genau daraus seine Option für die Lebensfreude entwickeln kann.

er die Welt und vor allem sich selber annehmen kann.[515] Was unter der Sonne geschieht, entspricht dem Werk Gottes[516] – der Mensch kann es nicht umfassend verstehen, ihm bleibt aber die Gewissheit, dass die Wirklichkeit ihr Fundament in Gott hat.[517] Das Wissen um die Grenzen des Menschen führt unmittelbar zu dem, was man die Theologie Kohelets nennen könnte.[518]

2.24 Koh 9,1–10

1 Ja, alles dieses nahm ich mir zu Herzen, um zu prüfen alles dieses, dass nämlich die Gerechten und die Weisen und ihre Arbeiten in der Hand Gottes liegen.
Ob Liebe, ob Hass – keineswegs erkennt der Mensch alles vor sich.
2 Alles gleichwie alles! Ein Geschick trifft den Gerechten und den Frevler, den Guten und den Reinen und den Unreinen und den Opfernden und den, der nicht opfert,
wie den Guten so den Sünder, den Schwörenden wie den, der einen Schwur fürchtet.
3 Dieses ist ein Böses bei allem, was getan wird unter der Sonne, dass ein Geschick alle trifft.

---

515 Vgl. Schwienhorst-Schönberger, Kohelet, 436: „Kohelets Weisheitskritik ist letztlich schöpfungstheologisch begründet. Er weist überzogene Erkenntnisansprüche zurück, weil er groß von Gott und seiner Wirklichkeit denkt."
516 Vgl. dazu insbesondere Lohfink, Kohelet, 64f.: „Dieser Vers ist für das Verständnis des ganzen Buchs sehr wichtig, da er explizit das ‚Tun Gottes' mit dem ‚Tun, das unter der Sonne getan wird' gleichsetzt – was von der Passivformulierung her auch sonst zu vermuten war. Gemeint ist speziell alles menschliche Handeln. Dies ist also zugleich stets göttliches Tun. Gerade in dieser Dimension ist es jedoch dem Menschen, vor allem, wenn er auf das ‚Ganze' des göttlichen Tuns aus ist, nicht durchschaubar." Zur Auseinandersetzung mit Lohfink vgl. Krüger, Kohelet, 293f., der die Möglichkeiten, V. 17 zu verstehen, erörtert; Krüger zufolge fällt „das Handeln Gottes mit dem des Menschen nicht zusammen, sondern setzt diesem seine Grenze." (Krüger, Kohelet, 294). V. 17 ist mit Hilfe des polyvalenten כִּי (kī) aber möglicherweise bewusst offen formuliert: Das Werk Gottes und das, was unter der Sonne geschieht, sind aufeinander bezogen, entziehen sich aber beide dem verstehenden Zugriff des Menschen und bilden gerade damit eine Einheit (vgl. dazu auch Schwienhorst-Schönberger, Kohelet, 435).
517 Vgl. Zimmerli, Buch des Predigers, 222, und Crenshaw, Ecclesiastes, 157.
518 Insofern kann man fragen, ob die Überschrift „Das Erfolglose alles Philosophirens", die Delitzsch, Koheleth, 344, seiner Auslegung von Koh 8,16f. voranstellt, das Richtige trifft, denn an dieser Stelle erschließt sich die grundlegende Einsicht in die Begrenztheit des Menschen – auch wenn damit eine Limitierung benannt wird, ist das ja deswegen nicht weniger eine gewichtige philosophische und für Kohelet eben auch theologische Erkenntnis.

Aber ja, das Herz der Menschen ist angefüllt mit Bösem und Verblendungen sind in ihrem Herzen in ihrer Lebenszeit – aber danach hin zu den Toten.
4 Ja, wer allen Lebenden beigesellt ist[519], hat Hoffnung,
denn im Blick auf einen lebenden Hund – er ist besser als ein toter Löwe.
5 Denn die Lebenden wissen, dass sie sterben werden,
die Toten aber wissen gar nichts, und sie haben keinen Lohn mehr, denn vergessen ist ihr Gedenken.
6 Ihre Liebe, ihr Hass, ihre Eifersucht – längst zugrunde gegangen!
Einen Anteil aber gibt es nicht mehr für sie auf ewig an allem, was getan wird unter der Sonne.
7 Auf, iss mit Freude dein Brot und trink mit frohem Herzen deinen Wein,
denn längst schon hat Gott Gefallen gefunden an deinen Werken.
8 Zu aller Zeit seien deine Kleider weiß,
und an Öl auf deinem Haupt soll es nicht fehlen.
9 Genieße das Leben mit einer Frau, die du liebst, alle Tage deines flüchtigen Lebens, die er dir gegeben hat unter der Sonne, alle deine flüchtigen Tage, denn das ist dein Anteil im Leben und bei deiner Mühe, mit der du dich abmühst unter der Sonne.
10 Alles, was deine Hand findet, zu tun mit deiner Kraft, tue!
Denn weder Werk noch Plan, weder Erkenntnis noch Weisheit gibt es in der Totenwelt, zu der hin du unterwegs bist.

Koh 9,1–10 nimmt innerhalb des Koheletbuches eine herausragende Sonderstellung ein. Die bisherigen Ausführungen zur Lebensfreude in Koh 2,24; 3,12f.22; 5,17f.; 8,15 werden hier zu einer breit entfalteten Aufforderung umgestaltet, die dem Text ein eigenes Gewicht gibt.[520] Die Passage setzt mit einer ausführlichen Einleitung in V. 1 ein und ist dadurch von den vorangehenden Reflexionen abgesetzt. Mit שָׁבְתִּי (šabtī) in V. 11 wird ein neuer Auftakt in Kohelets Gedankengang markiert, der V. 1–10 als eine eigene literarische Einheit abgrenzt. Innerhalb dieser Einheit liegt eine Zäsur zwischen V. 6 und V. 7 vor: Während V. 1–6 den Charakter einer Reflexion haben[521] und damit stilistisch an die vorangehenden Abschnitte anknüpfen, wird der Leser ab V. 7 direkt angesprochen. Mit dem markanten לֵךְ (lek) zu Beginn von V. 7 wird diese Zäsur prägnant herausgestellt. Die Aufforderungen erstrecken sich von V. 7 bis

---

519 Lies mit Qere יְחֻבַּר (jᵉḥubbar) (vgl. Ges¹⁸, 320, sowie Krüger, Kohelet, 299, und Schwienhorst-Schönberger, Kohelet, 440f.).
520 Vgl. Schwienhorst-Schönberger, Kohelet, 456: „In 9,7–10 findet sich die breiteste Entfaltung des Carpe-diem-Motivs im Buch Kohelet."
521 Vgl. Zimmerli, Buch des Predigers, 224: „Die Sentenz läuft erst im persönlichen Ich-Stil an, vollzieht sich dann aber bis hin zu V. 6 in sachlicher Erörterung in beschreibendem Stil."

hin zu V. 10a, wohingegen mit V. 10b eine begründende Überlegung anschließt, die auf V. 1–6 zurückverweist. Von V. 10b her zeigt sich also, dass der Text nicht in zwei selbstständige literarische Einheiten untergliedert werden sollte, sondern ganz explizit als ein Zusammenhang zu verstehen ist, der von V. 1–6 herkommend auf die Aufforderungen in V. 7–10a zuläuft und mit V. 10b die gesamte Passage kohärent abschließt.[522]

Inhaltlich geht es in V. 1–10 um den Tod und das Leben. Dass beide miteinander verbunden sind und das Leben vom Tod umfangen ist, zeigt sich schon auf formaler Ebene, weil V. 1–6 und V. 10b den Aufruf zur Lebensfreude in V. 7–10a rahmen. Sachlich tritt der Zusammenhang von Leben und Tod dadurch deutlich hervor, dass Kohelet die Vorzüge des Lebens im Angesicht des Todes und seiner Abgründe entfaltet. Kohelet bewegt sich hier auf seiner anthropologischen Grundlinie: Das Leben in seiner Fülle ist nicht ohne Mühe und Beschwernis zu haben. Er stößt an dieser Stelle im Zusammenhang seiner breitesten Aufforderung zur Lebensfreude zu der tiefsten Mühe und Beschwernis menschlicher Existenz vor, nämlich der Vergänglichkeit, dem Sterben und dem Tod des Menschen, demgegenüber alle Unterschiede und Differenzen ihr Profil verlieren.

Zu Beginn knüpft Kohelet in V. 1 an eine Wendung aus Koh 8,16 an: Kohelet nimmt sich etwas vor (כִּי אֶת־כָּל־זֶה נָתַתִּי אֶל־לִבִּי [kī ʾæt-kål-zæh nātattī ʾæl-libbī]), um es dann sehr genau zu prüfen (וְלָבוּר אֶת־כָּל־זֶה [weˈlābūr ʾæt-kål-zæh]). Bemerkenswert ist eine Verschiebung im Detail: Während es in Koh 8,16 נָתַתִּי לִבִּי (nātattī ʾæt-libbī) heißt, liest man in Koh 9,1 נָתַתִּי אֶל־לִבִּי (nātattī ʾæl-libbī) – möglicherweise bringt die Wendung אֶל־לִבִּי (ʾæl-libbī) mit der Präposition אֶל (ʾæl) ein noch höheres Maß persönlicher Anteilnahme und Intensität des Nachdenkens zum Ausdruck als die Formulierung in Koh 8,16. Gegenstand der Prüfung Kohelets sind die Gerechten und die Weisen zusammen mit ihren Arbeiten. Die anthropologische Perspektive hat allerdings eine theologische Pointe: Gerechte, Weise und ihre Arbeiten liegen in der Hand Gottes.[523] Während der Mensch von dem, was vor ihm liegt, nicht alles er-

---

522 Vgl. Zimmerli, Buch des Predigers, 224, und Schwienhorst-Schönberger, Kohelet, 455: „Koh 9,7–10 und 9,1–6 bilden zusammen ein Paar (Diptychon)."
523 Die Vermutung, Kohelet setze sich hier mit einer zeitgenössischen Position auseinander (vgl. Michel, Untersuchungen, 170–183, und Schwienhorst-Schönberger, Kohelet, 441–444, sowie, mit Mehrdeutigkeit rechnend, Krüger, Kohelet, 300 f.) und V. 1aβ gebe gar nicht Kohelets Position, sondern eine fremde Meinung wieder, scheint angesichts der auch an anderen Stellen des Buches zu greifenden theonomen Verankerung unnötig weit vom Denken Kohelets wegzuführen: Wenn nach Koh 3,10–15 das Werk Gottes vollständig ist und der Mensch sich daran als einer Gabe Gottes erfreuen kann, so liegt die Aussage aus Koh 9,1aβ auf derselben theologischen Linie, die mit dem Verweis auf Gottes Wohlgefallen an den Werken des Menschen in V. 7 noch weiter ausgezogen wird – Kohelet sieht die Welt als ganze in Gott begründet und schließt daraus, dass Gerechte und Weise in seiner Hand sind.

kennen kann und sich ihm weder Liebe noch Hass, gewissermaßen die Grundformen menschlicher Emotionen, erschließen, sind die Gerechten und Weisen mit ihrem Tun in Gott verankert. Mit diesem Einstieg knüpft Kohelet an Koh 8,16 f. an: Den begrenzten Erkenntnismöglichkeiten des Menschen steht die Hand Gottes als das die Wirklichkeit Umfassende gegenüber.

In Koh 9,2 wird der Gedanke in eine neue Richtung weitergeführt. Nach Koh 3,19 trifft Menschen und Tiere dasselbe Geschick – nach Koh 9,2 gilt das für schlichtweg alle und alles. Der Gedanke aus Koh 3,19 wird damit in Koh 9,2 überstiegen: Alles trifft das ihm zukommende *eine* Geschick. Von Koh 3,19 her lässt sich bereits vermuten, worin dieses eine Geschick besteht – es wird wohl der Tod als das allen Entgegenkommende sein.[524] V. 2aß.b führt nach allen Richtungen hin aus, wen dieses eine Geschick treffen wird: Den Gerechten und den Frevler, den Guten und den Reinen und den Unreinen, den Opfernden und den, der nicht opfert, den Guten und den Sünder, den Schwörenden und den, der den Schwur fürchtet. Das eine Geschick, das alle trifft, ist der große Gleichmacher. Die teilweise großen Unterschiede zwischen den Menschen lösen sich offenkundig auf, wenn das eine gemeinsame Geschick sie einholt. Bemerkenswert ist die genauere Profilierung der Personen.[525] Zu Beginn wird mit dem Gerechten und dem Frevler eine sozialethische Perspektive eingenommen. Mit dem Reinen und dem Unreinen wie dem Opfernden und demjenigen, der nicht opfert, führt der Text in kultische Zusammenhänge. Doch weder Ethik noch Kult eröffnen für Kohelet Wege, dem einen Geschick zu entgehen. Vielmehr kommt dem Guten und dem Sünder zusammen mit dem, der schwört, und dem, der nicht schwört, das eine Geschick entgegen – die Begegnung ist unausweichlich. In Kohelets Umfeld gibt es offensichtlich Menschen, die nicht opfern und die nicht schwören und die sich damit von bestimmten kultischen und rechtlich-ethischen Praktiken absetzen. Kohelet stellt diesen Menschen wie auch denen, die in Ethik und Kult ihr Heil suchen, ein gemeinsames Geschick vor Augen.[526]

Nach V. 3 ist es etwas Böses, dass alle ein Geschick trifft. Dieses Böse aber korrespondiert mit dem Bösen, das das Herz des Menschen anfüllt, und mit den Verblendungen, die den Menschen sein Leben lang bestimmen. Kohelet spielt hier möglicherweise auf die anthropologischen Aussagen aus Gen 6,5; 8,21 an, denen zufolge das Planen des menschlichen Herzens böse ist zu aller Zeit und von Jugend

---

524 Vgl. dazu die Ausführungen zu מִקְרֶה (*miqræh*) unter 3.3.4.
525 Zu den genannten Gruppen und deren Einordnung vgl. Schwienhorst-Schönberger, Kohelet, 444–447.
526 Vgl. dazu Hertzberg, Prediger, 177, demzufolge es Kohelet hier darauf ankommt „zu zeigen, daß die *sittlichen und religiösen Qualitäten eines Menschen nichts an dem ihm bestimmten Schicksal ändern* – ‚auf daß sich kein Fleisch rühme'. Ein revolutionärer Gedanke für das AT!"

an.⁵²⁷ Diese Fülle des Bösen im menschlichen Herzen führt nach Kohelet zu dem Bösen des gemeinsamen Geschicks, das alle trifft und dessen Wesen am Ende von Koh 9,3 enthüllt wird: Der Lebensweg des Menschen in Bosheit und Verblendung führt ihn am Ende hin zu den Toten. Das eine Geschick, das alle ereilt, ist der Tod, der hier nicht abstrakt benannt, sondern in Gestalt der Toten personalisiert wird. Formal korrespondiert dem Weg der Lebenden zu den Toten ein bemerkenswert jäher Abbruch des Verses.⁵²⁸

In V. 4 wird die Gegenüberstellung von Lebenden und Toten scharf profiliert. Wer sich unter den Lebenden bewegt, hat nach V. 4a Hoffnung oder Zuversicht. Liest man das nur dreimal in der Hebräischen Bibel belegte Lexem בִּטָּחוֹן (biṭṭāḥōn) von den beiden anderen Belegen in 2. Kön 18,19 und Jes 36,4 her,⁵²⁹ wird mit diesem Begriff möglicherweise das Trügerische jeder Hoffnung und Zuversicht betont. Dennoch gibt es so etwas wie eine Perspektive oder Zukunft, auf die man sich beziehen kann, solange man lebt. In V. 4b greift Kohelet wohl einen Besser-als-Spruch aus der Weisheitstradition auf.⁵³⁰ Der Spruch geht von einer bekannten Hierarchie aus, innerhalb derer der Löwe deutlich über dem Hund steht. Der Hund wird in Syrien-Palästina verachtet,⁵³¹ der Löwe dagegen als König der Tiere verstanden und mit Macht und Stärke in Verbindung gebracht.⁵³² Besser als ein Hund hat es daher eigentlich der Löwe. Der Tod reißt allerdings die Hoheit des Hohen in die Tiefe, so dass am Ende der Verachtete, der noch lebt, besser da steht als der tote Ehrenmann. Das Leben steht über dem Tod.⁵³³

---

527 Vgl. zu den Formulierungen J. Kiefer, Gut und Böse. Die Anfangslektionen der Hebräischen Bibel (HBS 90), Freiburg im Breisgau u. a. 2018, 276–290.
528 Vgl. dazu Crenshaw, Ecclesiastes, 159: „In an exquisite phrase the syntax breaks off like life itself."
529 Vgl. Ges¹⁸, 139, und weiterführend Lohfink, Kohelet, 65f., der das Lexem an dieser Stelle in die Nähe der Gottesfurcht rücken möchte: „So ist ‚Zuversicht' zumindest für die, die lesen können, vielleicht doch als neues Wort für ‚Gottesfurcht' gemeint." (Lohfink, Kohelet, 66).
530 Vgl. Zimmerli, Buch des Predigers, 224.
531 Vgl. P. Riede, Art. Hund (2010), in: https://www.bibelwissenschaft.de/stichwort/21622/ (aufgerufen am 21.10.2022).
532 Vgl. dazu Köhlmoos, Kohelet, 205.
533 Diese Einsicht steht in einem deutlichen Kontrast zu ‚König Kohelets' Ausruf in Koh 2,17, er hasse das Leben; was in der Königstravestie in Koh 1,12–2,26 zum Ausdruck gebracht wird (vgl. dazu 2.3), ist wohl nicht unmittelbar mit den Gedanken gleichzusetzen, die Kohelet in den folgenden Reflexionen entwickelt. Aber auch in Koh 4,1–3 kommt Kohelet zu einer anderen Haltung als in Koh 9,4; das Lob auf die Toten in Koh 4,2 ist allerdings eng verbunden mit Kohelets Beobachtung von Gewalt und Unterdrückung, die ihm das Leben unerträglich macht (vgl. dazu 2.7).

V. 5 führt diesen Gedanken weiter aus: Die Lebenden wissen, dass sie sterben werden, die Toten dagegen wissen schlichtweg nichts. Für sie gibt es keinen Lohn, weil ihrer nicht gedacht wird. Wie in Koh 1,11 ist auch in Koh 9,5 der Gedanke leitend, dass es keine bleibende Erinnerung an irgendjemanden gibt. Der Mensch verschwindet vielmehr im Laufe der Zeit aus dem Gedächtnis der Nachwelt.[534] Auf den ersten Blick steht dem Unwissen der Toten das Wissen der Lebenden zu Beginn des Verses gegenüber. Doch dieses Wissen ist vor allem ein Wissen um das Sterben. Und Sterben heißt Wissen verlieren und vergessen werden. Das Wissen der Lebenden befindet sich demnach auf dem unmittelbaren Weg hin zum Unwissen der Toten. Von dem Besser-als-Spruch in V. 4 her verstanden, ist das Wissen der Lebenden in jedem Fall dem Unwissen der Toten vorzuziehen – etwas anderes könnte ein Weisheitslehrer wie Kohelet auch nicht vertreten. Ob das Wissen um das eigene Sterben allerdings eine Steigerung der Lebensqualität mit sich bringt, steht als Frage im Raum. Und genau um diese Frage geht es Kohelet: Das Wissen um die eigene Endlichkeit und den Tod gibt dem Leben seine Bedeutung und sein Gewicht. Wo nicht mit einem Leben nach dem Tod gerechnet wird, da zählt das Leben in seiner Gegenwart.

Kohelet greift in V. 6a noch einmal die beiden Grundformen menschlicher Emotionen auf, die in V. 1b bereits angeführt werden: Liebe und Hass. Beides ist nach V. 1b nicht zu erkennen, nach V. 6a sind Liebe und Hass zusammen mit der Eifersucht der Toten zugrunde gegangen. Nichts bleibt von denen, die zu den Toten gehören. Für sie gibt es keinen Anteil an dem, was unter der Sonne geschieht. Es ist eine eindringliche Darstellung der Toten und damit auch des Todes, von der ausgehend Kohelet seinen großen Aufruf zur Lebensfreude entwickelt. Kohelet muss zunächst ein Bewusstsein davon erzeugen, was am Ende alle erwartet, um dem Menschen von diesem Ende her die Zeit vor dem Ende als eine zu gestaltende Lebenszeit in und aus Gottes Hand auftragen zu können.

Mit dem Imperativ לֵךְ (lek) zu Beginn von V. 7 werden die folgenden Aufforderungen verstärkend eingeleitet: Der Mensch soll sein Brot mit Freude essen und seinen Wein mit frohem Herzen trinken. Wendungen wie diejenige aus Koh 3,13 stehen hier im Hintergrund, werden nun aber in die Form von Imperativen gebracht.[535] Der Aufforderung zum Genuss fehlt allerdings auch an dieser Stelle nicht die entscheidende theologische Pointe. Wie in Koh 3,13 die Lebensfreude als eine Gabe Gottes verstanden wird, so wird auch die Aufforderung zum Genuss in Koh 9,7 theologisch eingeordnet: Wenn Gott längst schon Gefallen an den Werken des

---

534 Vgl. Lohfink, Kohelet, 67: „Den Toten fehlt das, was die Lebenden auszeichnet und was das Bewusstsein erst wirklich konstituiert: die interpersonale Kommunikation. Sie richtet sich auf die Dauer nur auf die Lebenden."
535 Vgl. aber die imperativische Wendung בְּיוֹם טוֹבָה הֱיֵה בְטוֹב (bᵉjōm ṭōbāh hᵃjeh bᵉṭōb) in Koh 7,14.

Menschen gefunden hat, dann ist die Freude am Leben das Zeichen dafür, dass der Mensch sich von Gott angenommen wissen kann. Die Lebensfreude wird dem Wohlgefallen Gottes am Menschen zeitlich nachgeordnet. Oder umgekehrt formuliert: Das Wohlgefallen Gottes am Menschen geht jeder Annahme des Lebens in seiner Fülle voraus.[536] Die Freude am Leben ist daher eine unbedingte und von Gott her ermöglichte Freude.

Kohelet bleibt hier allerdings nicht beim fröhlichen Genuss von Brot und Wein stehen, sondern geht noch weiter: Nach V. 8 sollen die Kleider des Menschen zu aller Zeit weiß sein und Öl soll nicht auf seinem Haupt fehlen. Weiße Kleider und Öl stehen hier für eine festliche Erscheinung des Menschen. Bemerkenswert ist in diesem Zusammenhang die Wendung בְּכָל־עֵת (bᵉkål-'et) zu Beginn des Verses. Von dieser zeitlich entschränkenden Einleitung her kann die festliche Erscheinung des Menschen, um die es Kohelet geht, nur darauf hinweisen, dass der Mensch jeden Tag im Horizont des Festtages gestalten soll.[537] Kleider können schmutzig werden und an Öl kann es dem Menschen fehlen – das Bestreben des Menschen soll aber darin liegen, diesen Mängeln entgegen zu wirken und das Leben als ein Fest zu begreifen.

V. 9 geht nach Essen und Trinken und schöner Erscheinung noch einen Schritt weiter und fordert auf zum Genuss des Lebens[538] mit einer Frau, die man liebt. Dabei geht es möglicherweise auch um sexuelle Freude, vor allem verweist Kohelet hier aber auf das Miteinander in partnerschaftlicher Verbundenheit, die das Leben zu einem gelingenden Leben machen kann.[539] Dass Kohelet die Zweisamkeit hoch achtet, wurde bereits in Koh 4,7–12 deutlich. In Koh 9,9 wird diese Zweisamkeit auf

---

536 Vgl. Crenshaw, Ecclesiastes, 162: „Divine approval precedes human enjoyment."
537 Vgl. Schwienhorst-Schönberger, Kohelet, 459, der die Zeitangabe „im distributiven Sinn versteht: wann immer es möglich ist."
538 Der Imperativ רְאֵה חַיִּים (rᵉ'eh ḥajjīm) kann auch mit ‚siehe das Leben' oder ‚betrachte das Leben' übersetzt werden und steht hier als idiomatische Wendung für die Aufforderung zum Lebensgenuss, ohne dass dessen genaue Ausgestaltung damit ausgeführt würde.
539 Dass die Auslegungsgeschichte intensiv mit der Beantwortung der Frage beschäftigt ist, was es mit dem nicht determinierten Lexem אִשָּׁה ('iššāh) für ‚eine Frau' eigentlich auf sich habe (vgl. Crenshaw, Ecclesiastes, 163), spiegelt wohl eher den Hintergrund der Ausleger als ein Problem Kohelets: Ob hier nun die ‚Ehefrau' im Blick ist oder aber schlichtweg eine Partnerin, mit der das Ziel der Zweisamkeit im Leben erreicht werden kann, lässt sich vom Text her nicht beantworten und steht für Kohelet auch sicher nicht im Mittelpunkt; vgl. dazu Krüger, Kohelet, 307, und vor allem Schellenberg, Kohelet, 137, derzufolge Kohelet die Gemeinschaft zwischen Mann und Frau betont: „Ob das ‚all die Tage deines flüchtigen Lebens' die gleiche Frau ist oder nicht, interessiert Kohelet hier nicht."

die Beziehung zwischen Mann und Frau hin verdichtet.[540] Die Aufforderung zum Genuss des Lebens mit einer Frau wird tief in der Sprach- und Denkwelt Kohelets verankert. Zum Ersten verweist die zweifache Wendung חֶבְלֶךָ (חַיֵּי) כָּל־יְמֵי (kål-j^{e}mē [ḥajjē] hæblæka) auf Kohelets grundlegende Überzeugung von der Flüchtigkeit und Vergänglichkeit alles Menschlichen, zum Zweiten gehört die Wendung תַּחַת הַשֶּׁמֶשׁ (taḥat haššæmæš) zu den tragenden Formulierungen, mit denen Kohelet den menschlichen Lebensraum erfasst, und zum Dritten zählen sowohl das Lexem חֵלֶק (ḥelæq) als auch die Wurzel עמל ('ml) zu den für Kohelet typischen Begriffen, mit denen er den Anteil des Menschen am Leben und die Mühen, unter denen sich menschliches Leben vollzieht, beschreibt. V. 9 ist übervoll von dieser geprägten Sprache Kohelets. Genauso intensiv, wie Kohelet zur Lebensfreude auffordert, wird diese Lebensfreude im Bereich des הֶבֶל (hæbæl) und der Mühe des Menschen unter der Sonne verortet: Lebensfreude und Vergänglichkeit sind aufeinander bezogen. Aus genau diesem Grund folgen die Aufforderungen aus V. 7–9 direkt auf die Reflexionen in V. 1–6, die innerhalb des Koheletbuches am deutlichsten betonen, dass das Leben dem Tod vorzuziehen ist. Leben und Lebensfreude gehören zusammen und gewinnen da ihre eigentliche Tiefe, wo der Mensch um die Begrenztheit seines Daseins weiß. *Carpe diem* und *memento mori* sind nicht voneinander zu trennen,[541] sondern bilden die beiden handlungsleitenden Grundsätze Kohelets. Den Menschen sieht Kohelet dabei zur Fülle des Lebens befähigt: „Trotz aller Gefährdungen ist es dem Menschen möglich, *in diesem Leben* Glück zu erlangen."[542]

Einen besonderen Akzent setzt am Ende V. 10: Was vor den Händen liegt, das soll auch mit Kraft getan werden. Es ist das energische Gestalten, das kreative Planen, das weise Erkennen, was es in der Unterwelt, auf die der Mensch zugeht, nicht mehr geben wird. Das Leben erscheint als ein Gestaltungszeitraum oberhalb der Unterwelt.[543] Dieser Zeitraum erschließt sich allerdings nur demjenigen als gelingend, der ihn auch angemessen zu nutzen weiß. Kohelets Aufruf zur Lebensfreude angesichts aller Begrenzungen ist daher kein Plädoyer für ein berauschtes Leben ohne Sinn und Verstand. Echte Lebensfreude ist vielmehr dadurch gekennzeichnet, dass sie die Mühen der alltäglichen Ebene kennt und als Anteil des Menschen annimmt. Wo es keinen Alltag mit aller Mühe gibt, da kann es auch keine

---

540 Im Blick auf Kohelet und seine Adressaten vgl. Schellenberg, Kohelet, 136: „Trotz aller Hochschätzung der Frau erweist ihn sein Ratschlag dabei als Patriarchen bzw. als einen, der (zumindest hier) allein zu Männern spricht."
541 Vgl. Schwienhorst-Schönberger, Kohelet, 462.
542 Schwienhorst-Schönberger, Kohelet, 459.
543 Nach Schwienhorst-Schönberger, Kohelet, 463, wird hier deutlich, „dass die Freude, zu der das Buch aufruft, keinen selbstgefälligen Quietismus meint, der sich dem Leben verweigert, sondern eine Haltung, die ins Handeln führt und sich den Herausforderungen des Lebens stellt."

Unterbrechung des Alltags geben. Nicht immer sind alle Kleider weiß und nicht immer steht das Öl in Fülle zur Verfügung. Der Mensch sollte sein Leben aber darauf ausrichten, dass es ihm an Gutem nicht fehle. So kann der Alltag zum Fest werden.

Kohelet ist nicht der erste, der solche Konsequenzen aus der Einsicht in die Grenzen des Menschen zieht.[544] Im älteren mesopotamischen Gilgamesch-Epos trifft der Held Gilgamesch auf seiner Suche nach Unsterblichkeit auf die Wirtin Siduri, die ihn dazu auffordert, zu tanzen und zu spielen und mit gereinigten Kleidern gewaschen und gebadet zusammen mit Kind und Frau fröhlich zu sein. Die Passage aus dem Gilgamesch-Epos und Koh 9,7–10 geben eine Grundstimmung einer menschlichen Grenzsituation gegenüber wieder.[545] Aus der Erkenntnis der Begrenztheit des Menschen entsteht hier keine Verzweiflung, sondern Anerkenntnis und Annahme der *conditio humana*.

2.25 Koh 9,11 f.

11 Wiederum sah ich unter der Sonne, dass nicht für die Schnellen der Wettlauf und nicht für die Starken der Krieg und auch nicht für die Weisen Brot und auch nicht für die Einsichtigen Reichtum und auch nicht für die Wissenden Gunst ist –
vielmehr trifft Zeit und Widerfahrnis sie allesamt.
12 Denn es kennt ja der Mensch nicht seine Zeit: Wie die Fische, die sich verfangen im bösen Netz, und wie die Vögel, gefangen im Klappnetz –
ihnen entsprechend werden die Menschen verstrickt zur bösen Zeit, wenn sie plötzlich über sie fällt.

In Koh 9,11 f. wendet sich Kohelet einem Thema zu, mit dem er einen Gegenakzent zu den vorangehenden Versen setzt und gleichzeitig an frühere Überlegungen anschließt.[546] שַׁבְתִּי (*šabtī*) zu Beginn der Reflexion markiert auf formaler Ebene einen

---

544 Vgl. dazu oben 1.9 sowie Krüger, Kohelet, 308–310, und Schwienhorst-Schönberger, Kohelet, 466 f., vor allem aber Uehlinger, Qohelet, 183–191.
545 Vgl. Galling, Prediger, 113 f. Nach Zimmerli, Buch des Predigers, 227, geht es in beiden Texten „um das Greifen nach dem Teil angesichts der Unerreichbarkeit des Ganzen, die sich gerade in der Begrenzung des Lebens durch den Tod zeigt."
546 Vgl. dazu insbesondere die Zeitreflexionen in Koh 3,1–9.10–15.16–22.

Neueinsatz, inhaltlich wird die Passage vor allem durch V. 11b und V. 12b und den Kernbegriff עֵת ('et) verknüpft.⁵⁴⁷

Mit der Einleitungsformel שַׁבְתִּי וְרָאֹה תַחַת־הַשֶּׁמֶשׁ (šabtī wᵉrā'oh taḥat-haššæmæš) zu Beginn von V. 11 verweist Kohelet auf seine Erfahrung und verankert die folgenden Einsichten in dem, was sich in der Welt beobachten lässt. Es folgen fünf Konstellationen, von denen die ersten beiden und die letzten drei enger zusammengehören. Die ersten beiden Syntagmen werden nur mit לֹא (lo'), die letzten drei mit וְגַם לֹא (wᵉgam lo') konstruiert, was auf eine Steigerung innerhalb der Abfolge hinweist. Zunächst bestreitet Kohelet, dass der Wettlauf⁵⁴⁸ eine Sache für die Schnellen und der Krieg eine Sache für die Starken sei. Mit dieser Dekonstruktion von Zusammenhängen, die man gemeinhin als selbstverständlich betrachten würde, weckt Kohelet die Aufmerksamkeit seiner Leserinnen und Leser, für die sich die Frage stellt, was denn dann die Sache der Schnellen und der Starken sei bzw. wem denn dann der Wettlauf und der Krieg zukomme. Kohelet führt das nicht weiter aus, sondern verlässt den Bereich physischer und militärischer Kraft, um die Aussage in das Feld der Weisheit zu lenken. Dass die Weisen kein Brot, die Einsichtigen keinen Reichtum und die Wissenden keine Gunst haben, beleuchtet genau genommen denselben Sachverhalt von drei Seiten: Kohelet bestreitet hier aufgrund seiner Erfahrungen, dass Weisheit und ökonomische Sicherheit zwingend miteinander verbunden sind. Nach Kohelet lässt sich beobachten, dass das auseinanderfallen kann, was doch eigentlich zusammengehören müsste, nämlich der Läufer und der Wettlauf, der Krieger und der Krieg und der Weise und das Wohlergehen. Während Kohelet in Koh 7,11 f. auf die ökonomischen Vorzüge der Weisheit eingeht und behauptet, dass die Weisheit den Weisen am Leben erhalte, wird in Koh 9,11 eine andere Perspektive eingenommen: Brot, Reichtum und Gunst kommen dem Weisen nicht in jedem Fall zu – wie auch nicht jeder Läufer im Wettlauf siegt und nicht jeder Held den Krieg gewinnt.⁵⁴⁹ V. 11b führt den Grund dafür an: Dem Menschen sind auch die als selbstverständlich angenommenen Zusammenhänge unverfügbar,

---

547 Weiter fasst das Thema Galling, Prediger, 114: „Für diese selbständige kritische Reflexion kann der Skopus mit dem Stichwort ‚Zeit und Geschick' [...] gekennzeichnet werden."
548 Zum möglicherweise hellenistischen Hintergrund der Rede vom Wettlauf – das Lexem מֵרוֹץ (mērōṣ) ist Hapaxlegomenon (vgl. HAL, 599) – vgl. Galling, Prediger, 114, und Lohfink, Kohelet, 71.
549 Vgl. dazu Schwienhorst-Schönberger, Kohelet, 473: „Auch das Unwahrscheinliche *kann* eintreffen. Dies widerspricht nicht, wie oft behauptet wird, einer gerechten göttlichen Weltordnung. Es kann als eine kritisch-pointiert gefasste weisheitliche Explikation jener in der geschichtlichen und prophetischen Überlieferung Israels breit angelegten Überzeugung angesehen werden, derzufolge aller menschlichen Tüchtigkeit oft überraschend enge Grenzen gesetzt sind (vgl. Jes 1,31; 2,11 f.; 1 Sam 16,1–13)."

ihm kommen vielmehr Zeit und Widerfahrnis entgegen, ohne dass er irgendeinen Einfluss auf deren Verlauf nehmen könnte. Die Erfahrung lehrt Kohelet, dass das Tun und das Ergehen nicht zwingend in einem erkennbaren Zusammenhang stehen. Die Ordnung der Welt und in dieser Ordnung die Zeit erschließen sich für den Menschen nicht.[550] Das führt Kohelet in V. 12 noch weiter aus und stellt dem Vers die Aussage voran, dass der Mensch seine Zeit nicht kenne. Damit schließt Kohelet an seine Überlegungen aus Koh 3 an: Es gibt nach Koh 3,1–9 zwar für alles eine Zeit, nach Koh 3,11 kann der Mensch diese Zeitordnung der Welt aber nicht umfassend erkennen. Wie in Koh 3,19 wird der Mensch in Koh 9,12 mit den Tieren in Beziehung gesetzt: Die Fische des Meeres, die Vögel des Himmels und der Mensch auf der Erde gleichen sich im Blick auf ihre Verfangenheit und Verstrickung: Wie die Fische und Vögel von Fallen und Netzen gefangen werden können, so kann auch der Mensch zur bösen Zeit verstrickt und festgehalten werden.[551] Urplötzlich kann die böse Zeit über ihn hereinbrechen, ohne dass diese Zeit noch irgendein Gestaltungsraum für den Menschen wäre. Damit wehrt Kohelet jede übersteigerte Deutung seines Aufrufs zur Lebensfreude in Koh 9,7–10 ab.[552] Diesem Aufruf zufolge gibt es für den Menschen einen Zeitraum, der ihm zur Gestaltung aufgetragen ist. Nach V. 11f. macht der Mensch aber zugleich die Erfahrung, dass die Zeit sich seinem Verfügungsraum entziehen kann und ihm jede Möglichkeit der Gestaltung genommen ist, wenn die Zeit ihn förmlich überfällt.[553] Der Mensch, den Kohelet zwischen V. 7–10 und V. 11–12 vor Augen hat, bewegt sich zwischen seinen Möglichkeiten und seinen Grenzen. Genau das macht ihn aber als Menschen aus und kennzeichnet sein Wesen. Im Zusammenhang gelesen, macht Koh 9 deutlich, dass Kohelet weder eine Anthropologie menschlicher Hoheit und Gestaltungsmacht noch eine Anthropologie der Niedrigkeit und Beschränktheit entwickelt. Kohelet nimmt vielmehr wahr, dass der Mensch die Zeit in seinen Grenzen als unverfügbar anzunehmen hat – auch und vor allem dann, wenn sich in der Zeit und ihren Abläufen gerade nicht das erfüllt, was man erwartet, der Schnelle also nicht im Wettkampf siegt, der Starke

---

550 Krüger, Kohelet, 310, zufolge geht es hier um die „Erfahrung der Kontingenz im Leben" – diese Erfahrungen sind auch „durch Training und (Aus-)Bildung nicht völlig auszuschalten" (Krüger, Kohelet, 311).
551 Nach Zimmerli, Buch des Predigers, 228, geht es damit „um die Unauffindbarkeit des göttlichen Geheimnisses, das in ‚Zeit und Zufall' über dem Menschen regiert. Und wie in 8,16–17 ist auch hier alles gegen eine Haltung des Menschen gerichtet, die meint, das Leben und seine Fügungen in die Hand bekommen zu können."
552 Vgl. Köhlmoos, Kohelet, 211f.
553 Vgl. dazu Schellenberg, Kohelet, 138, derzufolge Kohelet darauf verweist, „dass Glück und Erfolg der Verfügungsgewalt des Menschen entzogen bleiben."

nicht den Krieg gewinnt und der Weise nicht in Wohlstand und Reichtum lebt. Die folgende Passage in V. 13 – 16 schließt daran an und führt aus, dass und wie Weisheit und Armut zusammentreffen können.

2.26 Koh 9,13 – 16

13 Auch dieses sah ich als Weisheit unter der Sonne –
und groß erschien es mir:
14 Es war eine kleine Stadt und wenig Männer darin.
Es zog aber gegen sie ein großer König heran und umzingelte sie und errichtete gegen sie große Belagerungsanlagen[554]
15 und fand in ihr einen armen, weisen Mann. Er aber hätte die Stadt retten können durch seine Weisheit –
doch niemand hat sich jenes armen Mannes erinnert.
16 Da dachte ich: Besser Weisheit als Stärke –
doch die Weisheit des Armen wird verachtet und seine Worte werden nicht gehört.

Mit גַּם־זֹה (gam-zoh) zu Beginn von V. 13 wird eine neue Einheit eröffnet, die sich durch diese Einleitung von der vorangehenden Passage abgrenzen lässt. Mit der auf גַּם־זֹה (gam-zoh) folgenden Verbform רָאִיתִי (rā'ītī) sowie dem Syntagma תַּחַת הַשָּׁמֶשׁ (taḥat haššāmæš) wird allerdings lexematisch an V. 11aα angeschlossen. Wie das in V. 11 f. Entfaltete sind auch die Überlegungen in V. 13 – 16 in der Beobachtung und Erfahrung Kohelets begründet. Beide Abschnitte lassen sich damit einerseits voneinander abgrenzen, sind andererseits aber auch aufeinander bezogen. Kohelet bringt den Gedankengang schrittweise voran und verknüpft seine Reflexionen miteinander.[555]

---

554 Lies מְצוֹרִים (mᵉṣōrīm) (zu den beiden hebräischen Handschriften, die diese Lesart bezeugen, vgl. aber die einschränkende Bemerkung in BHQ, 104*: „The two Masoretic mss. indicated in *BHS* have no Masorah and are of poor textual value.").
555 Das lässt sich im Blick auf die Abfolge von Koh 9,1 – 6.7 – 10.11 f.13 – 16.17 f. in ganz besonderer Weise beobachten und spiegelt sich auch in der Auslegung des Kapitels, für dessen Gliederung, insbesondere im Blick auf V.11 ff., sehr unterschiedliche Vorschläge gemacht werden, vgl. dazu Zimmerli, Buch des Predigers, der V. 13 – 15 in einem Zusammenhang mit Koh 9,16 – 10,3 liest, oder Hertzberg, Prediger, 185 f., der Koh 9,13 – 10,1 zusammen nimmt, oder Crenshaw, Ecclesiastes, 165 – 168, der Koh 9,13 – 18 unter der Überschrift „Wasted Wisdom" verhandelt, ähnlich Schellenberg, Kohelet, 139 – 141; Krüger, Kohelet, 313 – 316, und Köhlmoos lesen Koh 9,13 – 10,20 als Zusammenhang, der nach Köhlmoos eine „lockere Komposition" (Köhlmoos, Kohelet, 214) bildet; Schwienhorst-

Die Passage V. 13–16 lässt sich in eine Einleitung in V. 13, eine kurze Darstellung in V. 14 f. und eine Schlussfolgerung in V. 16 untergliedern. Die Einleitung und der Schluss bilden einen reflektierenden Rahmen, auf dessen Ende der Text zuläuft, denn V. 13–15 bereiten das dreiteilige Weisheitswort in V. 16 vor, das durch וְאָמַרְתִּי אָנִי (w^e'āmartī 'ānī) zum einen im Denken Kohelets verankert wird, sich zum anderen mit dem Besser-als-Spruch aber der Form nach ganz in den Bahnen der Spruchweisheit bewegt und von Kohelet zumindest in Teilen aus seiner Tradition übernommen worden sein könnte.

V. 13a eröffnet den Abschnitt in der geprägten Sprache Kohelets, der hier erneut etwas unter der Sonne beobachtet, das er als Weisheit bzw. als einen Fall für die Weisheit kennzeichnet und damit genaueren Nachdenkens für wert befindet. Die besondere Bedeutung des Folgenden wird durch die Wendung in V. 13b herausgestrichen: Was Kohelet ausführt und was daraus zu erschließen sein wird, erscheint ihm als groß und bedeutsam.

V. 14 f. bietet die knappe Darstellung einer Begebenheit. Handlungsträger sind die Bewohner einer kleinen Stadt, ein Großkönig[556] und ein armer, weiser Mann. Es handelt sich hier keineswegs um eine ausgreifende Erzählung mit komplexen Handlungsabläufen, sondern um eine narrative Konstellation mit paradigmatischem Charakter.[557] In der kleinen Stadt befinden sich nur wenige Männer, der heranziehende Großkönig belagert die Stadt mit schwerem Gerät und findet in ihr den armen Weisen, der die Stadt wohl hätte retten können, an den aber keiner der Bewohner dachte.

In V. 15aα ist sprachlich nur schwer zu entscheiden, wer Subjekt von וּמָצָא (ūmāṣā') ist. Im Anschluss an V. 14b, wo das Subjekt durchgehend der Großkönig ist, scheint es aber sachgemäß zu sein, ihn auch hier als Handlungsträger zu sehen.[558]

Schönberger, Kohelet, 476 f., betrachtet Koh 9,13–16 dagegen als eine in sich geschlossen gegliederte literarische Einheit.

556 Die Rede von einem מֶלֶךְ גָּדוֹל (mælæk gādōl) lässt keine Rückschlüsse auf die Entstehungszeit des Textes zu; von einem ‚großen König' bzw. einem ‚Großkönig' kann in der Hebräischen Bibel von der assyrischen bis in die hellenistische Zeit gesprochen werden (vgl. dazu Lohfink, Kohelet, 72, und Köhlmoos, Kohelet, 216).

557 Vgl. dazu Koh 4*; 6,1–6; 8,14. Zimmerli, Buch des Predigers, 231, spricht von einer „Schulgeschichte", Krüger, Kohelet, 316, von einer „weisheitliche[n] Lehrerzählung" und Köhlmoos, Kohelet, 216, von einer „Beispiel- oder Lehrerzählung" – solche Zuordnungen führen in den Bereich weisheitlicher Unterweisung; vgl. dazu Schwienhorst-Schönberger, Kohelet, 478: „Der ursprüngliche Sitz im Leben der kleinen Geschichte dürfte wohl in der Ausbildung politischer Ratgeber zu suchen sein."

558 Vgl. dazu Krüger, Kohelet, 317; eine unpersönliche Wendung im Sinne von ‚es wurde gefunden' oder ‚es fand sich' hätte wohl eher die Nif'alform ונמצא (wnmṣ') erfordert (eine solche liest etwa – ohne weitere Begründung – Galling, Prediger, 115).

Zwischen V. 14 und V. 15 muss man im Blick auf den Handlungsverlauf mit der Eroberung und Einnahme der Stadt durch den Großkönig rechnen, der dann in der Stadt auf den armen Weisen traf. In V. 15aβ bleiben im Blick auf den Modus des konsekutiven Perfekts וּמִלַּט (ûmillaṭ) Unsicherheiten. Zwar könnte ausgesagt sein, dass der arme Weise die Stadt durch seine Weisheit gerettet hat. Von V. 16 her ergibt das aber keinen Sinn, denn nach V. 16 wird die Weisheit des Armen ja geringgeschätzt und seine Worte werden nicht gehört.[559] Daher wird man V. 15aβ als eine Aussage im Potentialis der Vergangenheit deuten müssen:[560] Der arme Weise hätte die Stadt retten können, aber niemand hat an ihn gedacht. Erst der Großkönig findet nach Eroberung der Stadt heraus, dass es diesen armen Weisen gibt.

Die skizzierten Abläufe schildern eine für die Welt des 3. Jh. v. Chr. typische Konstellation. Seit dem Eroberungszug Alexanders des Großen im 4. Jh. v. Chr. ziehen in den folgenden Auseinandersetzungen um Syrien und Palästina seleukidische und ptolemäische Kriegsherren und Herrscher immer wieder gegen einzelne Städte heran. Kohelet geht es in seiner Darstellung nicht um irgendeine Form von Historiographie, sondern um das Beispielhafte, das sich anhand der geschilderten Konstellation zeigen lässt. Es ist daher nicht sinnvoll, historische Ereignisse hinter Koh 9,14 f. zu suchen,[561] denn das gesamte *setting* ist nur der Hintergrund für die Entfaltung einer Einsicht Kohelets im Blick auf die Wirkmacht der Weisheit. Nach den Überlegungen im vorangehenden Abschnitt kann es nicht überraschen, dass es so etwas wie einen armen Weisen gibt, denn dass Weisheit und Reichtum nicht notwendigerweise miteinander verbunden sind, wird in V. 11 ja eigens als Beobachtung Kohelets herausgestellt.[562] Für Kohelet ist es nun aber einer eigenen Betrachtung wert, dass und inwiefern Weisheit allein nichts ausrichten kann. Er legt anhand der beispielhaften Konstellation dar, dass Armut Weisheit überdecken kann und dass ein Weiser aufgrund seiner Armut nicht gehört wird. Welche fatalen Auswirkungen das haben kann, zeigen die Ereignisse in der kleinen Stadt, die durch die Weisheit des Armen hätte gerettet werden können, wenn man denn an ihn gedacht hätte. Doch derjenige, der den armen Weisen oder den weisen Armen findet, ist kein

---

559 Vgl. Schellenberg, Kohelet, 140.
560 Vgl. dazu die Erläuterungen von Hertzberg, Prediger, 183, und vor allem Schwienhorst-Schönberger, Kohelet, 477, demzufolge „im Prozess des Lesens ein Gefälle vom realen zum irrealen Verständnis" entsteht.
561 Lohfink, Kohelet, 72, meint: „Die Leser werden das Ereignis, auf das angespielt wird, erkannt haben. Wir kennen es nicht." Möglicherweise spielt Kohelet aber gar nicht auf irgendein Ereignis an, sondern entwirft eine exemplarische Konstellation, um seine Einsicht zu illustrieren.
562 Vgl. dazu auch Galling, Prediger, 115, der davon ausgeht, dass Kohelet in V. 13–16 „ein Exempel für die Nichtanerkennung des Weisen bietet, der besonders als Armer in der Stadt keine Beachtung findet."

Bewohner der Stadt, sondern der fremde Eroberer – eine besondere Pointe des Berichts.

V. 16 fasst die Absicht und das Ziel der Beispielerzählung in der Form prägnanter Einsichten zusammen, die mit וְאָמַרְתִּי אָנִי (w^e'āmartī 'ānī) als das Ergebnis des Nachdenkens Kohelets ausgewiesen werden. V. 16aβ.b setzt sich aus drei Teilen zusammen, nämlich erstens dem Besser-als-Spruch, demzufolge Weisheit besser ist als Stärke, zweitens der Einschränkung der Gültigkeit dieses Spruches im Blick auf die Weisheit des Armen, die verachtet und gering geschätzt wird, und drittens der Beobachtung, dass die Worte des Armen nicht gehört werden, seien sie weise oder nicht. Man kann in V. 16 das Ergebnis einer Reflexion Kohelets sehen, der in V. 16aβ wohl ein Weisheitswort aus der Tradition aufnimmt, dessen Geltungsanspruch aber kritisiert und mit Blick auf den Träger der Weisheit einschränkt.[563] Die Aussageabsicht von V. 16 reicht dabei über die Einsicht, dass man die Weisheit des Armen gering schätzt und seine Worte nicht hört, hinaus: In seiner Pragmatik zielt V. 16 mit der gesamten vorangehenden Passage auf die für Kohelet wichtige Erkenntnis ab, dass Weisheit sich nicht aus eigener Kraft durchsetzen und ihre Wirkung entfalten kann, sondern gewisser Machtstrukturen bedarf, die sie tragen.[564] In diesem Sinne ist das Verständnis von V. 15a, demzufolge der Großkönig den Armen als Weisen findet und erkennt, durchaus kohärent: Erst der Mächtige erschließt den Weisen als Weisen, an den Armen als Armen hat dagegen kein Bewohner der Stadt gedacht.

V. 13–16 schließen damit an V. 11f. an: Es kann sich auch das Unerwartete ereignen – auch der Arme kann weise sein. Damit diese Weisheit aber Früchte tragen würde, bedürfte es der Wahrnehmung und Achtung des Armen, dessen Möglichkeiten und Potentiale V. 15 zufolge von den Bewohnern der Stadt übersehen oder ignoriert werden.[565] Eine derart hintergründige Kritik an bestehenden Macht- und Einflussstrukturen und eine solche Option für das Potential der Armen gehören nicht zu den Hauptthemen Kohelets. Die besondere Markierung der gewonnenen Einsicht durch die Einleitung der Passage in V. 13b zeigt aber, dass Kohelet weiß, dass es hier um etwas Großes und Wichtiges geht. Kohelet mag zwar selber als Weis-

---

563 Vgl. Hertzberg, Prediger, 187, und Krüger, Kohelet, 318: „Die Behauptung einer besonderen ‚Stärke' der Weisheit wird [...] *zugleich* bestätigt *und* kritisch relativiert" (Krüger verweist auf entsprechenden Aussagen in Sir 13,21f.); nach Schwienhorst-Schönberger, Kohelet, 480, entlarvt Kohelet hier „die Selbstüberschätzung der Weisheit in Bezug auf die Macht".
564 Vgl. dazu Lohfink, Kohelet, 73: „Wissen muß finanziell abgestützt sein, sonst hilft es nichts." Sehr erhellend geht Schwienhorst-Schönberger, Kohelet, 479, noch weiter: „Die Abhängigkeit des Wissens von der Macht wird hier in einer Deutlichkeit ausgesprochen, die an die ideologiekritischen Arbeiten eines *Michel Foucault* erinnert. Ohne Rekurs auf informelle oder institutionalisierte Formen der Macht erlangt Wissen keine gesellschaftliche Anerkennung."
565 Vgl. Fox, Time, 298: „The anecdote demonstrates both wisdom's excellence and its vulnerability."

heitslehrer der gebildeten Oberschicht angehört haben. Dass er Weisheit aber nur in diesen Kreisen suchte, wird man vor dem Hintergrund von V. 13–16 nicht behaupten können.

2.27 Koh 9,17–10,20

9,17 Eher Worte von Weisen, mit Ruhe gehört,
     als Geschrei eines Herrschers unter den Toren.
18 Besser Weisheit als Kriegsgerät –
     und ein Sünder richtet zugrunde Gutes auf vielerlei Weise.
10,1 Tote Fliegen lassen stinken, gären[566] Öl eines Salbenmischers.
     Kostbarer als Weisheit, als Ehre ist ein wenig Torheit.
2 Der Verstand[567] des Weisen ist zu seiner Rechten,
     der Verstand des Toren aber zu seiner Linken.
3 Und auch auf dem Weg, wie der Tor ihn geht, fehlt es ihm an Verstand –
     und sagt so jedem, dass er ein Tor sei!
4 Wenn der Unmut des Herrschers sich gegen dich erhebt, verlasse deinen Platz nicht.
     Denn Gelassenheit lässt große Verfehlungen hinter sich.
5 Es gibt ein Übel, das ich gesehen habe unter der Sonne,
     gewissermaßen ein Versehen, das ausgeht vom Mächtigen:
6 Gesetzt ist die Torheit auf höchste Höhen,
     aber Reiche sitzen in der Niedrigkeit,
7 ich sah Knechte hoch zu Ross
     und Fürsten, die wie Knechte zu Fuß[568] gingen.
8 Wer eine Grube gräbt, fällt hinein,
     und wer eine Mauer einreißt, den beißt eine Schlange.
9 Wer Steine bricht, tut sich daran weh,
     wer Holz spaltet, bringt sich damit in Gefahr.
10 Wenn das Eisen stumpf wird, man aber die Schneiden nicht schärft, strengt man sich nach Kräften an.
     Ein Gewinn ist es aber, Weisheit anzuwenden!
11 Wenn die Schlange beißt ohne Beschwörung,
     gibt es keinen Gewinn für den Beschwörer.

---

566 Im Hebräischen stehen die Verbformen im Singular.
567 Hebräisch לֵב (leb).
568 Wörtlich ‚auf der Erde' (עַל־הָאָרֶץ [ʻal-hāʼāræṣ]).

12 Worte des Mundes eines Weisen sind Anmut,
    die Lippen eines Toren aber verschlingen ihn selbst.
13 Der Anfang der Worte seines Mundes ist Torheit,
    das Ende seines Mundes ist böse Verblendung.
14 Der Tor aber vervielfacht Worte.
    Nicht weiß der Mensch, was sein wird, ja, was sein wird nach ihm, wer könnte es ihm kundtun?
15 Mühe – die Toren! – ermüdet ihn!
    Er versteht nicht einmal, zur Stadt hin zu gehen!
16 Wehe dir, Land, dessen König ein Knabe ist
    und dessen Fürsten am Morgen tafeln!
17 Wohl dir, Land, dessen König ein Edler ist
    und dessen Fürsten zur rechten Zeit tafeln – zur Stärkung und nicht zum Besäufnis!
18 Bei doppelter Faulheit senkt sich das Gebälk,
    und beim Niederlegen der Hände wird das Haus undicht.
19 Zum Vergnügen bereiten sie ein Gastmahl und Wein erfreut das Leben,
    das Geld aber gewährt das alles.
20 Nicht einmal in deinem Verstand verfluche einen König und nicht in deiner Schlafkammer verfluche einen Reichen,
    denn ein Vogel des Himmels könnte den Laut forttragen und der Herr der Flügel könnte ein Wort kundtun.

2.27.1 Einführung

Der Übergang von der Lehrerzählung in Koh 9,13 – 16 zu der vielstimmigen Passage Koh 9,17 – 10,20[569] ist formal nicht eigens gekennzeichnet. Koh 9,17 f. schließen viel-

---

569 Zu dieser Abgrenzung vgl. vor allem Galling, Prediger, 115 – 118. Zimmerli, Buch des Predigers, 229 – 232, sieht in Koh 9,13 – 10,3 einen Zusammenhang und legt Koh 10,4 – 20 unter der Überschrift „Vermischte Einzelsprüche" (Zimmerli, Buch des Predigers, 232 – 238) aus. Crenshaw, Ecclesiastes, 169, hält Koh 10 für „not fully integrated into the book". Nach Krüger, Kohelet, 316, wird Koh 9,13 – 10,20 „im vorliegenden Textzusammenhang durch die einander korrespondierenden Abschnitte 9,1 – 12 und 11,1 – 12,7 gerahmt und zu einer Texteinheit verbunden. Die darin zusammengestellten Sprüche und Reflexionen stehen formal und inhaltlich in einem eher lockeren Zusammenhang, lassen sich aber durchaus sachlich aufeinander beziehen." Krüger, Kohelet, 316, sieht innerhalb des Zusammenhangs vor allem die Themen „Weisheit und Macht / Herrschaft" (Koh 9,13 – 10,1; 10,4 – 7.16 – 20) und „Weisheit und Torheit" (Koh 10,2 f.12 – 15) sowie „Weisheit und die Risiken menschlichen Handelns" (V. 8 – 11) bearbeitet; abgesehen von der Eröffnung der Einheit, die –

mehr an Koh 9,16 an: V. 16 und V. 17 f. bieten jeweils komparative Vergleiche, und mit der Form נִשְׁמָעִים (nišmāʿīm) am Ende von V. 16b und am Ende von V. 17a wird eine direkte lexematische Verbindung geschaffen.[570]

Inhaltlich sind V. 17 f. aber deutlich loser an V. 16 angeschlossen. Zwar geht es in allen Versen um die Weisheit, während V. 16 aber – als Schlussfolgerung Kohelets ausgewiesen – die vorangehende Darstellung abschließt, knüpfen V. 17 und V. 18 in Stichwortassoziationen zwar an V. 16 an, führen die Grundgedanken thematisch aber nicht mehr weiter aus, sondern lenken über zum Topos des Toren, der in Koh 10,2 f. dann profiliert entfaltet wird. Koh 9,17–10,1 bilden damit ein Scharnier innerhalb der Textabfolge. Es scheint, als habe Kohelet hier geprägtes Spruchgut aus seiner Tradition verwendet, um aus der geschlossenen Passage Koh 9,13–16 in den weiten Raum von Kapitel 10 überzuleiten.

Koh 9,17–10,1 sind damit der literarische Auftakt zur gesamten Einheit. In diesem Auftakt geht es um den Vorzug der Weisheit. Koh 10,2 f. bilden einen zweiten Einsatz, in dem der fehlende Verstand des Toren im Mittelpunkt steht. Damit scheint das erste Hauptthema von Koh 9,17–10,20 herausgestellt zu sein: die Torheit des Toren im Gegenüber zur Weisheit.

Mit Koh 10,4 wird ein zweites Thema gesetzt. Der Vers hebt sich durch die direkte Anrede in der Form des Vetitivs am Ende von V. 4a aus seinem Kontext heraus und normiert das Verhalten des Adressaten im Umfeld eines Herrschers. Mit der Wendung יֵשׁ רָעָה רָאִיתִי תַּחַת הַשָּׁמֶשׁ (ješ rāʿāh rāʾītī taḥat haššāmæš) in die geprägte Sprache Kohelets eingebunden, entfalten V. 5–7 Perspektiven auf den Mächtigen und die Auswirkungen seines Handelns auf Knechte und Fürsten.

In V. 8–11 wird das dritte Thema des Gesamtabschnitts verhandelt, nämlich der Vorteil und Gewinn der Weisheit als einer Kunstfertigkeit oder τέχνη (téchnē). V. 10b bildet, mit dem Lexem יִתְרוֹן (jitrōn) in der Sprache Kohelets verankert, das Zentrum des Textes.

V. 12–15 nehmen den Topos des Toren aus V. 2 f. auf und konzentrieren sich auf sein Reden. V. 16–19 lenken den Blick auf die Machthaber eines Landes und schließen damit thematisch an V. 4–7 an. In V. 20 wendet sich Kohelet mit zwei Vetitiven erneut direkt an seinen Adressaten, schließt damit formal an V. 4 an und setzt so einen Schlusspunkt unter das ausgesprochen vielgestaltige Kapitel.

---

nach der Beispielerzählung und ihrer Kommentierung in Koh 9,13–16 – erst in Koh 9,17–10,1 vorliegen dürfte, erscheint die von Krüger vorgelegte Gliederung in Koh 10,2 f.4–7.8–11.12–15.16–20 als eine sachgemäße Erschließung des Textes; vgl. dazu auch Schwienhorst-Schönberger, Kohelet, 480–507, der Koh 9,17–10,1; 10,2 f.4–7.8–11.12–15.16–20 als je eigene Abschnitte innerhalb von Koh 9,1–12,8 auslegt.
570 Vgl. Schwienhorst-Schönberger, Kohelet, 481 f.

In der gesamten Einheit Koh 9,17–10,20 greift Kohelet sehr häufig auf Worte aus der Weisheitstradition zurück.[571] Besonders hervorstehend sind die Besser-als-Sprüche in Koh 9,17f., die an V. 16 anschließen, und das Spruchgut in Koh 10,8–11 und V. 18, das, wie die Entsprechung zwischen Koh 10,8a und Prov 26,27a zeigt,[572] auch anderenorts gelehrt und gelernt wird. Kohelet zeigt sich hier in besonderer Weise als ein mit der Weisheitstradition von Grund auf vertrauter Lehrer, der seine Einsichten und Reflexionen aus dem weisheitlichen Denken seiner Zeit heraus entwickelt und in eine eigene literarische Form bringt. Dieses Eigene der literarischen Form machen insbesondere die für Kohelets Sprache und Denken typischen Formulierungen in V. 5a, V. 10b und V. 14b deutlich. Man gewinnt an dieser Stelle des Buches den Eindruck, dass Kohelet seine vorangehenden Ausführungen und Reflexionen wie auch seine Formen der Rezeption und Transformation weisheitlichen Denkens stark verdichtet und bündelt. Zusammen mit den folgenden Einheiten in Koh 11,1–6 und Koh 11,7–12,8 bildet Koh 9,17–10,20 daher einen großangelegten Abschluss des Buches.

2.27.2 Koh 9,17–10,1

Die Eröffnung des Textes in V. 17 ist durch einen verkürzten Besser-als-Spruch bestimmt, der sich von dem vorangehenden Spruch in V. 16 und dem folgenden Spruch in V. 18 dadurch abhebt, dass sich in V. 17 zwar die für komparative Wendungen konstitutive Präposition מִן (min) findet, allerdings kein den Vergleich profilierendes Adjektiv, wie das mit טוֹבָה (ṭôbāh) in V. 16 oder V. 18 der Fall ist. Die Pragmatik des Verses wird aufgrund des Kontextes dennoch klar: Den Worten von Weisen wird das Geschrei eines Herrschers parallel zu- und zugleich komparativ untergeordnet. Während die Worte von Weisen in Ruhe gehört werden, ereignet sich das Geschrei eines Herrschers unter den Toren. Dass Worte von Weisen, die in Ruhe gehört werden, dem Geschrei eines Herrschers vorzuziehen sind, versteht sich innerhalb des weisheitlichen Denkens von selber. Der Hitzkopf und Lärmer ist der Antitypos des Weisen.[573] Während der Herrscher unter den Toren schreit und brüllt, zeichnet den Weisen seine Ruhe und Besonnenheit aus, die ihm Wege zu vernunftgeleitetem Verhalten und Handeln eröffnet. Kohelet greift hier wohl einen Besser-als-Spruch

---

571 Vgl. Galling, Prediger, 116: „Die freie Kompilation verschiedener Sprüche [...] zeigt weithin traditionelles Gut."
572 Dass hier kein wörtliches Zitat vorliegt, zeigt die unterschiedliche Lexematik sehr deutlich. Gerade daran lässt sich aber erkennen, dass sachlich sich entsprechende Weisheitsworte in unterschiedlichen sprachlichen Gewändern tradiert werden können.
573 Vgl. dazu nur Prov 16,14; 22,24.

der Tradition auf,[574] der ihm geeignet erschien, vom Fazit in V. 16 her einen Übergang in den weiteren Horizont von Koh 9,17–10,20 zu eröffnen. Gleiches wird für den Besser-als-Spruch in V. 18a gelten, der der Weisheit das Kriegsgerät unterordnet und damit, wie V. 17 auch, den Bereich der Macht und den Bereich der Weisheit miteinander in Verbindung bringt, bestimmte Erscheinungsformen von Macht wie das Geschrei und den Krieg aber von der Weisheit abgrenzt. V. 18b knüpft mit טוֹבָה (ṭōbāh) an V. 18a an, wendet den Gedankengang aber auf den Einzelnen, der sich in seinem Handeln verfehlt und damit auf vielerlei Weise Gutes vernichten kann. Implizit könnte damit auf den Herrscher aus V. 17b angespielt sein, was sich insbesondere vom herrschaftskritischen Kontext des Gesamtzusammenhangs her nahelegt. Dass es nur eines Wenigen bedarf, um Gutes unbrauchbar zu machen, illustriert Kohelet in Koh 10,1a mit dem Spruch über die Wirkung der toten Fliegen im Salböl, der möglicherweise auf ein Wort aus der Weisheitstradition zurückgeführt werden kann.[575] Auch ohne den Kontext erschließt sich der Sinn unmittelbar: Bereits etwas Kleines kann gewichtige Konsequenzen nach sich ziehen. Die kleine Fliege zu Beginn des Verses korrespondiert wohl mit der Wendung סִכְלוּת מְעָט (siklūt mᵉʿāṭ) am Ende von V. 1. Damit wird die Aussage aus V. 1b, die für sich genommen überrascht, verständlich: Es geht nicht darum, die Torheit in ihrem Wesen der Weisheit und der Ehre vorzuordnen, sondern herauszustellen, dass schon ein wenig Torheit eine große Wirkung erzielen kann.[576] Sie ist nicht kostbarer, weil sie höher zu achten wäre, sondern sie hat höheres Gewicht, weil man sie auf ihre Folgen hin genauer im Blick zu behalten hat.[577]

Koh 9,17–10,1 führen unter Rückgriff auf weisheitliche Grundüberzeugungen in die Themenfelder des Gesamtzusammenhangs ein: Der Topos Macht und Herr-

---

574 Vgl. Michel, Untersuchungen, 264.
575 Vgl. Dell/Forti, Janus Sayings, 126: „It thus seems that the figurative saying of the fly functions as a Janus saying; whereas looking backwards, it concretizes the concept of the ‚relativization' of wisdom in 9,13–18 and forwards it introduces the positive view of wisdom as a counterbalance for Qohelet's more skeptical observation of the advantage of wise conduct in life in 8,1."
576 Zur Funktion von Koh 10,1a im Kontext vgl. T. Forti, The Fly and the Dog: Observations on Ideational Polarity in the Book of Qoheleth, in: R. L. Troxel u. a. (Hg.), Seeking Out the Wisdom of the Ancients. Essays Offered to Honor Michael V. Fox on the Occasion of His Sixty-Fifth Birthday, Winona Lake 2005, 235–255, 245: „Hence, the proverbial metaphor of dead flies falling into ointment is embedded as a kind of concretizing device that functions as fable and moral in illuminating the closing stiches of both sayings that sourround it".
577 Vgl. dazu Galling, Prediger, 116f. Etwa anders profiliert Schellenberg, Kohelet, 142, die Bedeutung des Verses: „Wenn Kohelet in der zweiten Vershälfte wenig Torheit als ‚wertvoll' qualifiziert, spielt er damit vielleicht auf entsprechende Aussagen über die Weisheit an (vgl. Hiob 28,16; Spr 3,15; 24,4). Vermutlich geht es ihm dabei nicht darum, dass bereits wenig Torheit Weisheit und Ehre zerstören kann [...], sondern darum, dass man sich weniger um Weisheit und Ehre kümmern sollte, sondern eher um die Torheit und darum, dass diese sich in Grenzen hält."

schaft bereitet die Ausführungen in Koh 10,4 – 7.16 – 20 vor, der Topos Torheit wird in V. 2f.12 – 15 breiter entfaltet und der Topos Weisheit, die vor dem Hintergrund des handwerklichen Bildes des Salbenmischers als eine Technik und Kunstfertigkeit erscheint, wird in V. 8 – 11 in den Mittelpunkt gestellt. Für Kohelets Bild des idealen Weisen ist der Einleitungsvers zugleich von über Koh 9,17 – 10,20 hinausgehender und grundlegender Bedeutung: Worte von Weisen werden ihrem Wesen nach in Ruhe, und das heißt: besonnen und gelassen angehört. Denn nur in einem solchen Modus der Rezeption kann sich die die Vernunft leitende Wirkung der Weisheit in allen ihren Vorzügen entfalten. Machtgetose und Krieg stehen einer solchen Wirkung entgegen.

2.27.3 Koh 10,2f.

Koh 10,2f. beschreiben das Wesen des Weisen und das Wesen des Toren.[578] Mit der Rede vom Herzen des Weisen auf der rechten und vom Herzen des Toren auf der linken Seite wird eine Rechts-Links-Typologie aufgegriffen, innerhalb derer die rechte Seite für die angemessene, förderliche und damit richtige Seite und die linke Seite für die unangemessene, zerstörerische und damit falsche Seite steht.[579] Das Herz als Sitz des Verstandes hat eine den Lebenswandel leitende Funktion – und der Sitz des Verstandes zeigt damit an, ob der Lebenswandel in die richtige oder die falsche Richtung geht. Der in der Weisheitstradition fest verankerte Kontrast zwischen dem Weisen und dem Toren wird hier im Blick auf das Herz bzw. den Verstand als dem menschlichen Orientierungsinstrument herausgearbeitet. V. 3 führt noch über V. 2 hinaus: „Der Tor benutzt seinen Verstand nicht *falsch*, er besitzt *überhaupt keinen Verstand* [...]. Vertrautes weisheitliches Spruchgut wird aufgegriffen (V 2) und kritisch weitergeführt (V 3)."[580]

Im direkten Anschluss an Koh 9,17 – 10,1 steht deutlich vor Augen, in wie großer Gefahr man sich befindet, wenn man einem Toren begegnet, denn Torheit, selbst in kleinen Mengen, ist zerstörerischer und gefährlicher, als man gemeinhin denkt. Eine besondere Pointe bietet die offene Formulierung am Ende von V. 3, die im

---

578 Zum Toren vgl. E. Levine, Qohelet's Fool: A Composite Portrait, in: Y. T. Radday/A. Brenner (Hg.), On Humour and the Comic in the Hebrew Bible (JSOT.SS 92), Sheffield 1990, 277– 294, der auf das selbstzerstörerische Moment im Handeln des Toren hinweist: „[W]hereas the Evildoer wrongs *others*, the Fool is *his own* worst enemy. And if Qohelet's *opus* were to bear an admonition as an explanatory sub-title, it might well read: *How not to be a fool within the parameters of the possible.*" (Levine, Fool, 280).
579 Vgl. dazu Hertzberg, Prediger, 188f.
580 Schwienhorst-Schönberger, Kohelet, 485.

hebräischen Text wie in der vorgeschlagenen deutschen Übersetzung uneindeutig bleibt:[581] Die Wendung וְאָמַר לַכֹּל סָכָל הוּא (w^e'āmar lakkol sākāl hū') kann zum einen bedeuten, dass der Tor sich durch sein Reden als ein Tor zu erkennen gibt,[582] sie kann aber auch meinen, dass der Tor jeden anderen zu einem Toren erklärt[583] und sich selber möglicherweise gerade nicht für einen solchen hält.[584] Beide Interpretationsmöglichkeiten zeigen die Gefahren auf, die mit dem Toren einhergehen: Der Tor erkennt selber in keinem Fall, dass er ein Tor ist. Er zeigt es aber entweder allen anderen in seinem Verhalten oder er spricht die Torheit den anderen direkt zu. Wie man den Text auch verstehen mag: Der Tor bleibt dadurch eine große Gefahr, dass er selber keine Einsicht in seine Torheit hat.

2.27.4 Koh 10,4–7

In Koh 10,4–7 steht das in Koh 9,17 bereits angeführte Themenfeld Herrschaft im Zentrum. Koh 10,4 knüpft mit הַמּוֹשֵׁל (hammōšel) direkt an Koh 9,17 an: Während in Koh 9,17 aber vom Geschrei eines Herrschers die Rede war, geht es in Koh 10,4 um seine רוּחַ ($rū^ah$), also die Stimmungslage, die sich gegen jemanden erheben kann. Formal ist V. 4a als ein Konditionalgefüge zu beschreiben: In der Protasis wird der Herrscher geschildert, dessen Stimmung sich gegen den in V. 4a angesprochenen Adressaten richtet; in der Apodosis wird der Adressat aufgefordert, seinen Platz nicht zu verlassen. Wie die Ruhe des Weisen und das Gebrüll des Herrschers in Koh 9,17 stehen sich in Koh 10,4a der aufbrausende Herrscher und der standhafte Weise gegenüber. Kohelet empfiehlt seinem Adressaten, angesichts unberechenbarer Verhaltensweisen des Herrschers nicht zu wanken, sondern an seinem Platz zu bleiben und Ruhe zu bewahren.

Das Verhalten eines Beamten im Umfeld des Königs ist vor allem in den ägyptischen Lehren ein zentrales Thema.[585] Weisheit gibt sich hier als eine Schule der Amtsführung zu erkennen. Möglicherweise ist anhand von Ermahnungen wie der aus V. 4a der soziohistorische Kontext zu erkennen, in den wohl nicht nur die Trägergruppen des Proverbienbuches, sondern auch Kohelet und seine Schüler

---

581 Vgl. Schwienhorst-Schönberger, Kohelet, 485.
582 Vgl. dazu exemplarisch die Übersetzungen von Zimmerli, Buch des Predigers, 230 („[...] und man sagt bei allem, daß er ein Tor sei."), und Michel, Qohelet, 161 („[...] und so macht er allen deutlich, daß er ein Narr ist.").
583 Vgl. dazu die Übersetzung von Krüger, Kohelet, 313.
584 Mit Blick auf den Toren vgl. Schellenberg, Kohelet, 142: „Indem er von allen anderen denkt, dass sie Toren sind, gibt er sich selbst als ein solcher zu erkennen [...]."
585 Vgl. aber auch Prov 16,14; dazu Galling, Prediger, 117.

gehören. Sie bilden zusammen das weisheitliche Milieu im hellenistischen Jerusalem, dessen wichtigste Aufgabe im Lehren und Lernen von Lesen und Schreiben lag, dessen Vertreter aber durchaus eigenständige Denkwege einschlagen konnten, wie das Beispiel Kohelets zeigt.

V. 4b scheint eine Begründung für die Empfehlung aus V. 4a zu geben, wie das einleitende כִּי (kī) zu erkennen gibt. Der Inhalt dieser Begründung erschließt sich allerdings nicht unmittelbar, weil die Form יַנִּיחַ (jannī^aḥ) in diesem Zusammenhang nicht eindeutig ist: Geht es darum, dass Gelassenheit – hier die Übersetzung für das hebräische מַרְפֵּא (marpe')[586] – große Verfehlungen bestehen lässt oder dass Gelassenheit große Verfehlungen verhindert oder sogar ungeschehen macht?[587] Bemerkenswert ist die doppelte Verwendung der Wurzel נוח (nwḥ) innerhalb des Verses. Blickt man auf die Bedeutung von נוח (nwḥ) in V. 4a, wo in der Form des verneinenden Vetitivs zur Standhaftigkeit aufgefordert wird, lässt sich eine Deutungsperspektive für V. 4b herausarbeiten: Kohelet scheint mit נוח (nwḥ) einen Vorgang der Bewegung zu assoziieren und rät in V. 4a von dieser Bewegung ab. Mit נוח (nwḥ) in V. 4b soll nun genau dieser Horizont der Beweglichkeit im Sinne einer gewissen Flexibilität zum Ausdruck gebracht werden. Die Flexibilität bezieht sich auf die großen Verfehlungen, denen mit Gelassenheit begegnet wird: Gelassenheit führt zu einem unaufgeregten Umgang mit Verfehlungen. Wenn der Herrscher sich in eine aufgewühlte Stimmungslage hineinsteigert, soll man in aller Ruhe standhaft bleiben, die Verfehlungen des Herrschers hinter sich lassen und über sie hinwegsehen.

Man kann nicht umhin, diese Ermahnung im Umgang mit dem Herrscher vor dem Hintergrund der Erfahrungen mit den hellenistischen Herrschaftsstrukturen zu verstehen. Auch wenn die Schüler Kohelets kaum direkt einem der seleukidischen oder ptolemäischen Könige gedient haben dürften, wird man doch auch in Jerusalem mit nachgeordneten Mächtigen in Kontakt gekommen sein. Das Bild dieser Machthaber ist hier deutlich geprägt von den weisheitlichen Gegenbildern gerechter Herrschaft. Der brüllende und aufbrausende Herrscher hat sich selber nicht im Griff, wobei doch genau diese Selbstkontrolle die Bedingung für eine gelingende politische Führung wäre.[588] Zu Ruhe und Gelassenheit werden angesichts solcher Verhältnisse nun aber gerade diejenigen aufgefordert, die im Umfeld der Macht ihre Arbeit verrichten. Kohelet empfiehlt damit den künftigen Amtsträgern,

---

586 Vgl. dazu HAL, 602 (,Gelassenheit', ,Lindigkeit').
587 Zur Bedeutung von נוח (nwḥ) im Hif'il und zur Übersetzung der Wurzel in Koh 10,4 vgl. Ges[18], 793f., und HAL, 642. Statt der aramaisierenden Form יַנִּיחַ (jannī^aḥ) könnte man auch die Form יָנִיחַ (jānī^aḥ) im Sinne von ,beschwichtigen' lesen (vgl. HAL, 642); aufgrund der ebenfalls aramaisierenden Form von נוח (nwḥ) in V. 4a empfiehlt sich das aber nicht. Zum Problem vgl. Schwienhorst-Schönberger, Kohelet, 486 f.
588 Vgl. Prov 16,14.

ein besseres Verhalten als die Herrschenden an den Tag zu legen – und sich damit als Weise zu erkennen zu geben.

Zwischen der Aufforderung in V. 4 und der Reflexion in V. 5–7 besteht eine sachliche Nähe, die allerdings durch eine lexematische Verschiebung gebrochen wird: Während in V. 4, wie auch in Koh 9,17, vom מוֹשֵׁל (mōšel) die Rede ist, werden in Koh 10,5 das Lexem שַׁלִּיט (šallīṭ) und in V. 7 das Lexem שַׂר (śār) verwendet.[589]

V. 5 eröffnet die Passage mit einer für Kohelet typischen sprachlichen Wendung: Mit רָאִיתִי תַּחַת הַשָּׁמֶשׁ (rā'ītī taḥat haššāmæš) steht Kohelet einmal mehr als derjenige vor Augen, der die Welt beobachtet und seine Einsichten aus der Erfahrung gewinnt.[590] Kohelet geht es an dieser Stelle um ein Übel, das vom Mächtigen ausgeht. Vor dem Hintergrund von V. 4 kann die Rede von Übel im Horizont der Macht nicht überraschen, verwunderlich ist eher, dass Kohelet dieses Übel als כִּשְׁגָגָה (kišᵉgāgāh) ausweist, also als einem Versehen entsprechend.[591]

V. 5 ist nur die Einleitung dessen, was dann folgt, allerdings wird dieses Folgende in V. 5 bereits in ein helles Licht gestellt: Es ist ein Übel und geht als Versehen vom Machthaber aus. Der eigentliche Gegenstand folgt in V. 6 f.: Die Torheit ist auf höchsten Höhen eingesetzt, Reiche sitzen dagegen in Niedrigkeit, Knechte reiten hoch zu Ross, Fürsten dagegen gehen wie Knechte zu Fuß. Im Gesamtzusammenhang von Koh 9,17–10,20 ist zunächst einmal die Eingangsbeobachtung, derzufolge die Torheit auf höchsten Höhen eingesetzt ist, zu beachten. Wo eigentlich die Weisheit ihren Ort hat,[592] nimmt nun die Torheit ihren Platz ein und thront gewissermaßen über dem Gemeinwesen. Das hat seine dichteste Parallele in Prov 9,14, wo von der Frau Torheit gesagt wird, sie sitze auf einem Thron (עַל־כִּסֵּא ['al-kisse']) auf den Höhen der Stadt (מְרֹמֵי קָרֶת [mᵉromē qāræt]). Dass die öffentlichen Verhältnisse damit auf den Kopf gestellt werden, kann nicht weiter verwundern: Nach Koh 10,6 f. befinden sich Reiche und Fürsten am Boden, Knechte dagegen hoch zu Ross. Für Kohelet ist das durchaus keine Perspektive auf eine erhoffte Änderung der in irgendeiner Weise als ungerecht erlebten gesellschaftlichen Verhältnisse, sondern eine gefährliche Verkehrung der sozialen Ordnung. Diese Verkehrung hat ihren Ursprung an höchster Stelle, nämlich da, wo ein Machthaber, wenn auch nur versehentlich, zulässt, dass die soziale Ordnung sich zersetzt. Kohelet sieht offenkundig, dass nicht die Besten politische Verantwortung tragen, sondern dass die

---

589 Zur Herrschaftsterminologie in diesem Abschnitt vgl. insbesondere Lohfink, *melek, šallîṭ* und *môšēl*, 71–82.
590 Zu Beginn von V. 7 steht noch einmal ein bekräftigendes רָאִיתִי (rā'ītī), das das Vorgetragene als Beobachtung Kohelets ausweist.
591 Zu שְׁגָגָה (šᵉgāgāh) vgl. auch Koh 5,5.
592 Vgl. Prov 8,2; 9,3.

Torheit in der Höhe thront und Knechte Macht erhalten.[593] Dass solche Verhältnisse in die Irre führen, zeigt der Zahlenspruch aus Prov 30,21–23, demzufolge die Erde erbebt und es nicht ertragen kann, wenn ein Knecht zum König wird. Auch hier teilt Kohelet Haltungen, die in der Weisheitstradition vertreten werden. Bemerkenswert ist aber die Benennung der Grundlage solcher die Ordnung destabilisierenden Verhältnisse. Wenn in V. 5 vom Übel als einem Versehen des Machthabers die Rede ist, ist das das eine – wenn in V. 6a die Torheit auf höchsten Höhen gesehen wird, ist das das andere. Was V. 5 vorsichtig formuliert, bringt V. 6a deutlich zum Ausdruck: Wenn die Machtstrukturen durcheinander geraten, ist das Problem an höchster Stelle zu suchen – und an dieser Stelle amtiert die Torheit. Trotz aller Vorsicht, die der Text erkennen lässt, scheint Kohelet eine grundlegend kritische Haltung gegenüber den bestehenden Machtverhältnissen einzunehmen. Er wendet sich allerdings nicht gegen Macht als solche, sondern gegen die konkret Handelnden an der Spitze und auf den nachgeordneten Ebenen der hellenistischen Herrschaftsstrukturen.[594] Kohelet gehört offenkundig nicht zu den Anhängern und Befürwortern der politischen Verhältnisse im Jerusalem des 3. Jh. v. Chr. – er lehrt vielmehr eine genaue und kritische Beobachtung dessen, was sich im Bereich der Macht unter der Sonne vollzieht.

2.27.5 Koh 10,8–11

Vorzug und Nutzen der Weisheit werden im Gesamtzusammenhang von Koh 9,17–10,20 bereits in Koh 9,17–10,1 verhandelt und in Koh 10,1 kommt mit dem Blick auf die Produktion von Öl und Salben auch das handwerkliche Tun in den Blick. Breit ausgestaltet wird der Topos der Weisheit als einer Kunstfertigkeit im Sinne der griechischen τέχνη (téchnē) in der Spruchsequenz V. 8–11. Die hier verdichteten Erkenntnisse führen in den Bereich des Handwerks und werden unmittelbar aus der Erfahrung gewonnen. Auch im Blick auf V. 8–11 lässt sich vermuten, dass Kohelet Spruchgut aus der Weisheitstradition in seinen Reflexionen verarbeitet. Es ist aber durchaus auch denkbar, dass Kohelet als ein in Sprache und Stil der Weisheit ausgebildeter Lehrer eigene Fomulierungen prägt und verdichtet.[595]

---

593 Vgl. Köhlmoos, Kohelet, 219: „Der ganze Zusammenhang beklagt offenbar eine völlig inkompetente Besetzung von Ämtern und Funktionen durch den Šallîṭ."
594 Vgl. Schwienhorst-Schönberger, Kohelet, 490 f.
595 Vgl. Michel, Untersuchungen, 107, der vermutet, „daß die vv. 8–10 eine Zusammenstellung aus der traditionellen Weisheit bilden, in der zunächst gefahrvolle bzw. schwierige Handlungen etwa nach Art eines Zahlenspruches oder eines Onomastikon genannt werden und dann in v. 10b das Fazit gezogen wird." Köhlmoos, Kohelet, 220, führt die Auslegung noch weiter: „In dieser Sequenz

Eine solche Annahme legt sich insbesondere im Blick auf V. 8a nahe. Denn der Spruch vom Fall in die Grube ist sachlich parallel auch in Prov 26,27a überliefert.[596] Während die Formulierung in Prov 26,27a jedoch כֹּרֶה־שַּׁחַת בָּהּ יִפֹּל (korœh-šaḥat bāh jippol) lautet, liest man in Koh 10,8a חֹפֵר גּוּמָּץ בּוֹ יִפּוֹל (ḥoper gūmmāṣ bō jippōl). Die lexematischen Verschiebungen sind offenkundig und insbesondere das Hapaxlegomenon גּוּמָּץ (gūmmāṣ)[597] an Stelle des gebräuchlichen שַׁחַת (šaḥat) für ‚Grube' ist auffällig. Es hat den Anschein, als zitiere Kohelet das Wort, das im Proverbienbuch überliefert wird, dem Sinne nach, wandle es in der Begrifflichkeit aber ab. Wie auch immer die Beziehungen zwischen Prov 26,27a und Koh 10,8a zu beschreiben sein mögen – die Parallele zeigt, wie nahe Kohelet der Spruchweisheit steht und wie souverän er mit ihrer Formensprache umgehen kann.

Die Sprüche aus Koh 10,8–10 stellen die Gefahren einzelner Handwerkstätigkeiten heraus. Wer eine Grube gräbt, kann nach V. 8a in sie hineinfallen. Es geht dabei nicht um das missgünstige Ausheben einer Grube als Falle für einen anderen, sondern schlichtweg um das Risiko im Umfeld einer bestimmten Bautätigkeit. Das gilt in gleicher Weise für V. 8b, denn das Einreißen einer wohl defekten Mauer birgt die Gefahr, dass in den Ritzen der Mauer nistende Tiere – wie etwa die hier genannte Schlange – den Abrissarbeiter verletzen können. V. 9a setzt die sachlich aufeinander bezogene Reihe von Einsichten fort: Wer Steine ausbricht, kann sich dabei verletzen, und wer Holz spaltet, bringt sich damit in Gefahr. Alle genannten Tätigkeiten sind im weiteren Umfeld des Bauwesens zu verorten: Gruben müssen ausgehoben werden, um Fundamente zu sichern oder Quellwasser zu gewinnen, Mauern müssen eingerissen werden, wenn sie baufällig sind oder wenn Platz für größere Gebäude geschaffen werden soll, Steine werden gebrochen und Holz wird gespalten, wenn man Baumaterial benötigt. Für diese Tätigkeiten benötigt man zudem Werkzeuge und mit dem Lexem בַּרְזֶל (barzæl) für ‚Eisen' in V. 10 wird ein Sammelbegriff verwendet, der auf alle vorangehend genannten Tätigkeiten bezogen werden kann: Wer eine Grube gräbt, wer eine Mauer einreißt, wer Steine bricht und wer Holz spaltet, braucht dafür taugliches Arbeitsgerät. Wo das Arbeitsgerät aber nicht in Stand gehalten wird, wird die Arbeit schwerer und gefährlicher. V. 10a bringt diese Erfahrung auf den Punkt.

Die dreigliedrige Struktur von V. 10a hebt sich allerdings von den vorangehenden Versen ab: Zunächst wird der anstehende Fall mit einem Konditionalsatz eingeführt (אִם־קֵהָה הַבַּרְזֶל ['im-qehāh habbarzæl]), dann in akzentuierter Weise

---

wird typisch weisheitliches Argumentieren erkennbar: Von einer Ordnungsparzelle soll auf die anderen geschlossen und so Weltgestaltung denkend nachvollzogen werden. Der ganze Abschnitt zielt so auf weisheitliche Klugheit, die sich in diesem Fall in politischem Handeln zu bewähren hat."
596 Vgl. auch Sir 27,26.
597 Vgl. dazu Crenshaw, Ecclesiastes, 172.

präzisiert (וְהוּא לֹא־פָנִים קִלְקַל [wᵉhū' lo'-pānīm qilqal]) und am Ende im Blick auf die Folgen durchdacht (וַחֲיָלִים יְגַבֵּר [waḥᵃjālīm jᵉgabber]). Vor allem die für einen Weisheitsspruch ungewöhnliche Präzisierung des Falles durch eine weitere Bedingung in V. 10aβ lässt vermuten, dass hier ein prägnantes Wort aus der Tradition, das möglicherweise in V. 10aα.γ vorliegt, um V. 10aβ erweitert wurde. Hinter dieser Erweiterung könnte Kohelet stehen, der damit die Einsicht aus V. 10b vorbereitet.

Denn V. 10b fasst die vorangehenden Sprüche zusammen und stellt in Form eines abschließenden Kommentars fest, dass es von Vorteil und Gewinn sei, Weisheit anzuwenden.[598] Mit der Wendung וְיִתְרוֹן הַכְשֵׁיר חָכְמָה (wᵉjitrōn hakšēr ḥåkmāh) führt Kohelet die Einsichten aus den vorangehenden Einzelsprüchen allerdings zugleich weiter und zeigt mit dem für seine Sprache charakteristischen Gebrauch von יִתְרוֹן (jitrōn), dass es im Bereich von Handwerk und Bauwesen einen Gewinn und Vorteil gibt, der sich mit dem Gebrauch der Weisheit einstellt. Weisheit wendet in diesen Bereichen derjenige an, der die eigene Tätigkeit als Technik beherrscht, weil er sich mit ihr beschäftigt und sie erlernt hat: „Weisheit meint hier das Wissen des Praktikers."[599] Kohelet macht einmal mehr deutlich, dass der tiefe Erkenntnisgrund der Weisheit in der Erfahrung liegt und dass sich Weisheit auch darin zeigt, dass man die Herausforderungen des alltäglichen Lebens aufgrund dessen, was man gelernt hat, bewältigen und meistern kann.[600] Der weise Handwerker und Baumeister ist damit dem seinen Aufgaben nicht gewachsenen Mächtigen aus V. 5 vorzuziehen. Möglicherweise liegt in dieser Einsicht das Ziel der Nebeneinanderstellung von V. 4–7 und V. 8–11 innerhalb des Gesamtzusammenhangs von Koh 9,17–10,20.

---

598 Hertzberg, Prediger, 184, meint im Blick auf Koh 10,10b: „Der abschließende Satz ist undeutbar." Zu diesem Ergebnis kommt er aber vor allem aufgrund seiner nicht sachgemäßen Unterscheidung von Weisheit und technischem Sachverstand (zum Problem vgl. Krüger, Kohelet, 328), die innerhalb des weisheitlichen Milieus aber durchaus zusammengedacht werden können (vgl. dazu etwa Hi 28). Hertzbergs Frage: „Ist es Qoh zuzutrauen, derartige Plattheiten zum Ergebnis eines Gedankenganges zu machen?" (Hertzberg, Prediger, 191) wird man daher mit ‚Ja!' beantworten müssen, ohne dabei allerdings den wertenden Terminus ‚Plattheiten' zu übernehmen. Zur inneren Dynamik und Interpretation von Koh 10,8–10 vgl. Michel, Untersuchungen, 264: „Die Zusammenstellung in vv. 8–10 zielt auf den letzten Satz von v. 10: Wenn man Weisheit richtig anwendet, kann man Gefahren vermeiden und Vorteil erlangen." Mit dem Zusammendenken von Weisheit und technischer Expertise steht der Text „in diametralem Gegensatz zu einer ‚elitären' Weisheitskonzeption, wie sie Sir 38,24–39,11 vertritt, wonach handwerkliche Arbeit und Weisheit einander ausschließen." (Krüger, Kohelet, 328).
599 Schwienhorst-Schönberger, Kohelet, 494.
600 Vgl. Zimmerli, Buch des Predigers, 235: „Hinter dem Spruch steht zunächst ganz unbefangen das Lob technischer Klugheit."

Nach dem deutenden Kommentar in V. 10b wirkt der folgende V. 11 eher sperrig.[601] Über das Schlüsselwort יִתְרוֹן (jitrōn) in V. 11b ist V. 11 allerdings mit V. 10b verbunden. Eine Stichwortassoziation zu den Sprüchen aus V. 8 f. besteht zudem im Blick auf das Lexem נָחָשׁ (nāḥāš), das in V. 8b und in V. 11a verwendet wird. Darüber hinaus bereitet das Syntagma בַּעַל הַלָּשׁוֹן (ba'al hallāšōn) in V. 11b die Bilder von Mund und Lippen in V. 12 f. vor. V. 11 bildet damit einen Scharniervers zwischen V. 8 – 11 und der folgenden Sequenz in V. 12 – 15. Das zeigt sich auch auf der syntaktischen Ebene, denn wie V. 10 wird auch V. 11 mit der Konjunktion אִם ('im) eröffnet: V. 11 hebt sich in seiner konditionalen Struktur formal von den Sprüchen in V. 8 f. ab, schließt zugleich aber direkt an V. 10 an. Inhaltlich verlässt V. 11 den engeren Bereich von Handwerk und Bauwesen, wenn nun der Schlangenbeschwörer in den Blick genommen wird. Im Blick auf den Gewinn des Schlangenbeschwörers führt V. 11 aus, dass ihm seine Kunst nichts einbringt, wenn er sie nicht zur rechten Zeit anwendet. Nach V. 10b ist es von Vorteil, Weisheit anzuwenden, nach V. 11 ist es von Nachteil, wenn man die rechte Zeit für das Anwenden seiner Fähigkeiten nicht erkennt.[602] Ob in der Positionierung des Verses nach der zentralen Einsicht in V. 10b eine gewisse Distanzierung Kohelets von der Kunst des Schlangenbeschwörers im Gegensatz zu den in V. 8 – 10 im Bauwesen verorteten Arbeiten zu erkennen ist, lässt sich nicht abschließend entscheiden. Dass der Beschwörer einer Schlange aber so viele Worte machen muss wie der Tor, um den es in den folgenden Versen, insbesondere in V. 14, geht, legt es nahe, in Kohelet nicht den vordersten Anhänger der Beschwörungskünste zu sehen.

2.27.6 Koh 10,12 – 15

In V. 12 – 15 wird im Anschluss an V. 2 f. noch einmal das Verhalten des Toren im Gegenüber zum Weisen verhandelt, insbesondere im Blick auf das Kommunikationsverhalten des Toren. In V. 12a werden die Worte aus dem Mund eines Weisen mit Anmut und Liebreiz gleichgesetzt.[603] Das schließt an die Rede von den Worten von

---

601 Lohfink, Kohelet, 76, hält V. 11 für die ‚Urzelle' von V. 8 – 11, was allerdings schon aufgrund seiner von V. 8 f. unterschiedenen sprachlichen Gestalt nicht wahrscheinlich ist.
602 Vgl. aber Schwienhorst-Schönberger, Kohelet, 494: „V 10 ist also ein kleines Lob der Weisheit. V 11 hält nun dagegen. Die Weisheit wird relativiert." Ob hinter der Zusammenstellung von V. 10 und V. 11 aber eine Relativierungsabsicht steht, erscheint fraglich; V. 11 bietet doch eine nachdrückliche Verstärkung des Aufrufs aus V. 10b, sich der Weisheit zu bedienen – und zwar zur rechten Zeit und bevor es zu spät ist.
603 Zum Bedeutungsspektrum von חֵן (ḥen) vgl. HAL, 318 f., wo neben ‚Anmut' und ‚Liebreiz' auch ‚Gunst' und ‚Beliebtheit' angeführt werden.

Weisen, die in Ruhe gehört werden, aus Koh 9,17 an. Im direkten Gegensatz zu solchen Worten steht das, was nach Koh 10,12b die Lippen des Toren auszeichnet: Sie verschlingen den Toren selbst. Es ist bezeichnend, dass hier gar keine Rede davon ist, was die Lippen des Toren hervorbringen, sondern direkt die Folge seiner Torheit ins Zentrum gerückt wird: Der Tor vertilgt sich mit dem, was er sagt, selber. Damit rezipiert Kohelet eine klassische Einsicht der Weisheit: Zur Vernichtung des Toren bedarf es keines Eingreifens von außen, im Tun des Toren liegt vielmehr der Kern seiner Selbstzerstörung.[604] V. 13 führt diesen Gedanken noch weiter aus, wenn der Anfang und das Ende der Worte aus dem Mund des Toren als Torheit und böse Verblendung gekennzeichnet werden. Hier gibt es keine Zwischentöne: Die gesamte Kommunikation des Toren umfasst nichts als abgründige Torheit. V. 14a bringt die Sequenz über den Toren abschließend auf den Punkt: Der Tor vervielfacht seine Worte. Zur mangelnden Qualität dessen, was er sagt, gesellt sich also auch noch eine überbordende Quantität an Unsinn. Auch hier greift Kohelet auf Erfahrungen zurück, die man unter der Sonne machen kann.

V. 14b führt unter Rückgriff auf Formulierungen aus Koh 3,22; 6,11f.; 8,7 und damit in der Sprache Kohelets vor Augen, wo dieses vervielfachte Reden des Toren vor allem zu finden ist, nämlich in den Debatten über Erkenntnis und Deutung der Zeit. Kohelet gesteht dem Menschen keinerlei Kenntnis über die Zukunft zu, ist in seinem Umfeld aber wohl mit Erwartungen und Perspektiven im Blick auf die Zukunft konfrontiert. Die Vertreter solcher Zukunftsvorhersagen verbannt Kohelet in den Bereich der Torheit. Wie schon in Koh 1,3–11 stellt sich Kohelet auch hier gegen die Annahme, dass man etwas über die kommenden Zeiten wissen könne, und vertritt damit noch einmal eine Gegenposition zu eschatologischen oder aufkommenden apokalyptischen Strömungen seiner Zeit. Für Kohelet offenbart sich im Wortschwall derjenigen, die über die Zukunft reden, nur deren Torheit.

Die Koh 10,14 abschließende Frage מִי יַגִּיד לוֹ (*mī jaggīd lō*) hat signifikante Parallelen in den Fragen aus Prov 30,4, denn an beiden Stellen werden Grenzen menschlicher Erkenntnisfähigkeiten ausgelotet.[605] Hier zeigt sich, dass Kohelet und die späten Trägergruppen des Proverbienbuches ähnliche Fragen an die Möglich-

---

604 Vgl. Zimmerli, Buch des Predigers, 236: „Daß die Rede des Weisen diesem Huld einträgt, während der Tor sich durch sein dummes Reden selber zugrunde richtet, ist verbreitete Erkenntnis des Weisen (Spr. 14,3; 18,7)."
605 Im weiteren Umfeld wären auch die an Hiob gerichteten Fragen Jhwhs aus dem Wettersturm in Hiob 38,1ff. zu nennen, die ebenfalls die Funktion haben, Hiob die Grenzen seiner Erkenntnismöglichkeiten vor Augen zu führen; vgl. dazu Witte, Hiob, 605: „Ebenfalls aus weisheitlichem Hintergrund stammen die zahlreichen Begriffe aus dem Bereich der Erkenntnis sowie die ironischen und traditionelle Gattungen parodierenden Akzente, die sich in den teilweise mehrgliedrigen Ketten rhetorischer Fragen an Hiob zeigen."

keiten des Menschen aufwerfen können. Das legt es nahe, Kohelet und die Verfasser von Prov 30,1–9 in einem ähnlichen Milieu zu vermuten. Die Grenzen menschlicher Möglichkeiten sind im Blick auf den Toren, wie er in Koh 10,12–15 gezeichnet wird, in jedem Fall schnell erreicht.

V. 15 setzt der Charakterisierung des Toren am Ende der Sequenz noch eine letzte Spitze auf: Die Mühe des Toren ermüdet ihn, auch wenn diese Mühe nichts Wesentliches hervorbringt. Die syntaktisch ungefügte Formulierung[606] in V. 15a spiegelt auf der Ebene der Sprache die Empörung Kohelets über diesen Vorgang: Der Tor – und zwar jeder einzelne aus der großen Menge aller denkbaren Toren – ist so sehr von seiner eigenen Torheit ermüdet, dass er am Ende nicht einmal mehr in der Lage ist, zur Stadt zu gehen.[607] Wie könnte nun allerdings jemand, der in einer derart eklatanten Weise orientierungslos unterwegs ist, ernsthaft in der Lage sein, selber Orientierung zu geben, noch dazu in einem so komplexen Themenfeld wie dem der Zeit und ihrer Deutung?

Mit dem Gedankengang in V. 14 f. setzt Kohelet im Verlauf seiner Argumentation einen entscheidenden Akzent, dessen inhaltliche Ausrichtung die vorangehenden, sehr konkreten Weisheiten in einen weiteren Horizont stellt. Der Bauarbeiter kommt mit Hilfe der Weisheit als einer τέχνη (téchnē) sehr gut voran und kann die Herausforderungen des Alltags trotz aller Gefahren und Risiken meistern. An den Fragen, die über das Alltägliche hinausgehen, scheitert der Mensch aber notwendigerweise. Wer hier zu reden beginnt, kommt zu keinem Ende und erweist sich letztlich doch immer nur als ein Tor. Was unmittelbar bevorsteht, lässt sich für konkrete Handlungen im näheren zeitlichen Kontext möglicherweise ermitteln: Bei Bauarbeiten kann es zu Verletzungen kommen und nicht gewartetes Werkzeug erfordert große Anstrengungen. In diesen Dingen kann und soll man sich auskennen. Die Zukunft an sich ist auf dem Weg der Erfahrung aber nicht erschließbar. Kohelet verweist damit auf den grundlegenden Unterschied zwischen praktischer Weisheit und Fragen, die über diese praktische Weisheit hinausgehen. So wird aus der Zusammenstellung der kleineren Einheiten des Gesamtzusammenhangs von Koh 9,17–10,20 eine mehrschichtige Abhandlung über Grenzen und Leistungsfähigkeit der Weisheit und die Notwendigkeit einer Unterscheidung von Weisheit und

---

[606] Es liegt eine auffällige Inkongruenz im Blick auf den Numerus vor: Während das Nomen הַכְּסִילִים (hakkᵉsīlīm) im Plural steht, ist die Verbform תְּיַגְּעֶנּוּ (tᵉjaggᵉʿænnū) um ein Singularsuffix erweitert. Die vorliegende Lesart ist in jedem Fall eine *lectio difficilior*. Der Plural הַכְּסִילִים (hakkᵉsīlīm) könnte hier eine akzentuierende Funktion haben oder distributiv im Sinne von ‚einen jeden einzelnen Toren' zu verstehen sein (vgl. Schwienhorst-Schönberger, Kohelet, 496).

[607] Zu der idiomatischen Wendung vgl. Krüger, Kohelet, 330, und Schwienhorst-Schönberger, Kohelet, 499 f.

Torheit, die nicht nur Kohelet, sondern der Weisheitsliteratur insgesamt ein zentrales Anliegen ist.

2.27.7 Koh 10,16–20

Ein deutlicher Neueinsatz liegt mit dem Weheruf in V. 16 und dem Glückwunsch in V. 17 vor. Im Anschluss an Koh 9,17; 10,4–7 wird hier erneut das Thema Herrschaft aufgegriffen und im Blick auf den König und seine Fürsten, aber auch im Blick auf den Umgang mit ihnen durchgeführt.

Während der Weheruf in der mit אִי ('î) eingeleiteten Form nur im Koheletbuch zu finden ist,[608] gehört der mit אַשְׁרֵי ('ašrê) eingeleitete Glückwunsch zu den breiter belegten weisheitlichen Sprachformen.[609] Beide Verse bilden in der vorliegenden Zusammenstellung ein Verspaar,[610] das in der Form eines antithetischen Parallelismus' die beiden möglichen Facetten der Ausübung von Herrschaft zum Ausdruck bringt.[611] Kohelet zeigt sich mit dieser literarisch anspruchsvollen Form als ein meisterhafter Stilist, der sein Niveau auch in der Rezeption eines Weisheitsspruches in V. 18, in der weiterführenden Zwischenreflexion in V. 19 und den abschließenden Mahnworten in V. 20 halten kann.

Der Weheruf in V. 16 folgt unmittelbar auf die Ausführungen über den Toren in V. 12–15. Adressat des Weherufes ist das Land. Implizit bezieht sich die Klage aber auf die politischen Anführer, nämlich den jungen König und seine schon am Morgen tafelnden Fürsten. Sowohl der König als auch seine Fürsten stehen textstrategisch im Licht des Toren aus V. 12–15. Das Verhalten der Fürsten, die zur Unzeit essen und trinken, erscheint daher nach den vorangehenden Ausführungen als eine weitere Form konkreter Torheit. Die Jugend des Königs ist wohl deswegen ein Problem, weil er dem Treiben seiner Fürsten aufgrund fehlender Erfahrung und mangelnder Autorität keinen Einhalt gebietet,[612] obwohl er doch Verantwortung für das Ge-

---

608 Außer in Koh 10,16 findet sich die Interjektion אִי ('î) nur noch in Koh 4,10.
609 Vgl. Prov 3,13; 8,32.34; 14,21; 16,20; 20,7; 28,14; Hi 5,17.
610 Nach Köhlmoos, Kohelet, 224, handelt es sich um eine „im Alten Testament singuläre Parallele eines Weherufs mit einem Makarismus".
611 Vgl. Zimmerli, Buch des Predigers, 236: „Weisheit wertet. Wo die Wertung voll ausgesprochen wird, kann es zum Unheils- und Heilsruf kommen."
612 Vgl. dazu Hertzberg, Prediger, 196: „נַעַר bezeichnet hier [...] einen noch sehr jungen Knaben, dem seine Minister, wie an ihrem Wohlleben deutlich wird, auf der Nase herumtanzen [...]." Crenshaw, Ecclesiastes, 175, nimmt hinter נַעַר (na'ar) ein etwas weiteres Bedeutungsspektrum an, folgert aber ganz ähnlich: „[...] here it must connote a ruler who is so young and inexperienced that he loses control over his kingdom."

meinwesen trägt. Der Glückwunsch in V. 17 ist als gegenläufige Parallele zu V. 16 gestaltet und zeichnet ein Bild gelingender Herrschaft: In V. 17 wird dem Land, das auch hier als Adressat angesprochen wird, Wohl zugesagt, da sein König Nachkomme eines freien und vornehmen Edelmannes[613] ist und seine Fürsten בְּעֵת (bā'et), also wohl zur rechten Zeit[614] und vor allem in der richtigen Absicht essen und trinken, nämlich zur Stärkung und nicht, um sich zu betrinken: בִּגְבוּרָה וְלֹא בַשְּׁתִי (bigᵉbūrāh wᵉlo' baššᵉtī). Kohelet erzielt mit den Kontrasten der beiden Verse eine eindrucksvolle Wirkung: Niemand möchte im Licht des Toren als König und Fürst agieren und niemand möchte Untertan in einem von solchen Machthabern geführten Gemeinwesen sein, sondern jeder will doch dort leben, wo die Amtsführung der Herrschenden sich durch eine Orientierung an Maß und Mitte auszeichnet.

V. 18 bietet einen Weisheitsspruch, der noch einmal in den Bereich des Bauwesens führt, dessen handwerkliche Grundlagen bereits in V. 8–10 verhandelt wurden. Dass übergroße Faulheit[615] und Untätigkeit die Substanz eines Hauses verrotten lassen und am Ende Dach[616] und Wände undicht werden, ist eine grundlegende Erfahrung, die jeder Hausbesitzer machen kann. Das Bild des Hauses ist hier aber weiter kontextualisiert: Das Haus steht, von V. 16 f. her gelesen, für das Gemeinwesen,[617] das von innen her zerfällt, wenn Macht und Herrschaft nicht sach- und zeitgemäß ausgeübt werden. Grundlage einer angemessenen Herrschaft ist die Fürsorge für das Gemeinwesen, die vor dessen Zersetzung schützt. Dafür bedarf es aber eines erfahrenen und weisen Herrschers, dem Nachkommen eines Edlen, dessen Fürsten sich in gleicher Weise als Edelleute zeigen – und nicht in Prasserei alles zunichte machen, sondern gestärkt und durchaus mit Freude ihre Aufgaben wahrnehmen.

V. 19 geht noch einen Schritt weiter und nimmt in der Form einer kurzen Zwischenreflexion,[618] die eine Eigenformulierung Kohelets sein dürfte, vorangehende Gedanken auf, akzentuiert diese aber neu: In einem Dreischritt wird zunächst das Bereiten eines Gastmahls zum Vergnügen beschrieben, dann die er-

---

613 Zu dieser Übersetzung von חֹר (ḥor) vgl. HAL, 334.
614 Die Anklänge an Koh 3,1–8 sind nicht zu überhören.
615 Der Dual עַצְלְתַיִם (ᵃṣaltajīm) für ‚Doppelfaulheit' in 18a könnte eine Anspielung auf die Dualform יָדַיִם (jādajim) für ‚Hände' in V. 18b sein – hier zeigt sich Kohelet einmal mehr als großer Stilist.
616 Vgl. Galling, Prediger, 118: „Der allgemeiner gehaltene Maschal in 18 setzt das gewalzte Flachdach des palästinischen Hauses voraus, das unter der Wucht der Winterregen leidet und ständig erneuert werden muß [...]."
617 Vgl. Lohfink, Kohelet, 78, und Schwienhorst-Schönberger, Kohelet, 505.
618 Vgl. Zimmerli, Buch des Predigers, 238: „Der Spruch ist wie manche Feststellungssprüche der Weisheit (etwa Spr. 10,15) nach allen Seiten hin offen. Man wird ihn nicht einseitig einengen dürfen. Es kann von ihm aus an die falsche Festfreude der Gewaltigen ebenso gedacht werden, wie an die von Kohelet empfohlene gottgewährte Freude (9,7–10)."

freuende Kraft des Weins wiederholt⁶¹⁹ und am Ende das Geld als das Mittel ausgewiesen, das die Grundlage einer Lebensgestaltung mit Vergnügen und Freude ist.⁶²⁰ Essen, Trinken und Freude am Leben stellen für Kohelet grundsätzlich kein Problem dar, in Koh 9,7–10 ruft er vielmehr ausdrücklich dazu auf, das Leben mit Freude zu genießen. Koh 10,19 steht nun aber im Schatten der vorangehenden Worte über Prasserei und Faulheit, so dass hier ein Akzent gesetzt wird, der Kohelets grundsätzlichen Aufruf zur Lebensfreude präzisiert: Lebensfreude hat für Kohelet nichts mit sinnlosem Konsumismus zu tun, sondern ereignet sich dann, wenn die verfügbaren Mittel in angemessener Weise eingesetzt werden.⁶²¹ V. 19 läuft auf die Einsicht zu, dass das Geld der Reichen ihnen alles ermöglicht. Was als eine nüchterne Aussage erscheint, hat im Kontext von V. 16–18 eine sehr spezifische Pragmatik: Wer über Geld verfügt, wird neben die prassenden Fürsten und die faulen Verantwortungsträger gestellt – Geld ermöglicht zwar alles, lässt seine Besitzer aber im schlimmsten Fall ihre Pflichten vergessen.⁶²² Kohelets Kritik an den führenden politischen Eliten ist subtiler als die direkten Gerichtsworte der Propheten, die sich gegen die Reichen und Machthaber richten.⁶²³ Als Weisheitslehrer gehörte Kohelet selber zur Oberschicht und verfügte möglicherweise auch über die nötigen Mittel, das Leben führen zu können, zu dem er aufruft. Kohelet weiß um die guten Seiten des Lebens, wendet sich in V. 19 aber gegen eine aus seiner Sicht falsche Grundhaltung, die im Geld das Mittel für alles sieht. Kohelet plädiert hier für Maß und Mitte bei allem Genuss. Der Exzess führt dazu, dass das Wesen der Freude sich dem Menschen entzieht und der Mensch auf ein rein konsumistisches Prassen zurückgeworfen wird. Auch wenn das Geld auf alles eine Antwort geben kann und alles zu ermöglichen scheint, liegt darin nicht der Grund des Lebens, zu dem hin Kohelet seine Adressaten führen möchte.

---

619 Vgl. Koh 9,7; Ps 104,15.
620 Wörtlich kann ענה ('nh) hier mit ‚Antwort geben' übersetzt werden (vgl. HAL, 806 [ענה [['nh]] I]), so dass der Satz insgesamt lautete: ‚Und das Geld gibt Antwort auf alles.' Das würde dann bedeuten, dass auf alle Herausforderungen des Lebens mit Geld geantwortet werden kann. Kohelet als Weisheitslehrer kann diese Einschätzung nicht teilen, denn für ihn ist es die Weisheit, die, recht angewendet, Antwort auf alles zu geben im Stande ist (vgl. V. 10b). Mit V. 19 liegt daher der Pragmatik des Verses nach eine Distanzierung Kohelets von den beschriebenen Verhaltensweisen vor.
621 Vgl. Schwienhorst-Schönberger, Kohelet, 504.
622 Vgl. Hertzberg, Prediger, 197.
623 Vgl. dazu nur Am 4,1–3; Mi 3,9–12. Dennoch ist Kohelet nicht unpolitisch: „Er beklagt Ungerechtigkeiten und Missstände in Gesellschaft und Politik, er warnt vor den Folgen des Verfalls staatlicher Institutionen. Er klagt aber nicht offen an wie die Propheten. Seine Rede ergeht weithin verdeckt, sie tarnt sich im Gewande der Tradition und macht sich unangreifbar im Gestrüpp der Mehrdeutigkeiten." (Schwienhorst-Schönberger, Kohelet, 507).

Wie schon in V. 4 werden diese Adressaten Kohelets in V. 20 noch einmal zu einem bestimmten Verhalten im Umfeld der Macht aufgerufen. Ging es in V. 4 um den aufbrausenden Herrscher, blickt V. 20 auf den König und den Reichen, die nicht einmal im Innersten verflucht werden sollen. Mit dem doppelt gebrauchten Vetitiv אַל־תְּקַלֵּל (*'al-t^{e}qallel*) warnt Kohelet seinen Adressaten vor einem solchen Fehlverhalten und der fatalen Fehleinschätzung, dass das, was im Innersten des eigenen Denkens oder des eigenen Hauses gesagt wird, nicht nach außen dringen werde. Nicht einmal der geheimste oder privateste Ort ist so geheim und privat, dass nicht die Vögel des Himmels den Klang des Fluchens weitertragen könnten. Und wer sich mit den herrschenden Eliten anlegt, bringt sich selber in Gefahr, denn der König ist nach Koh 8,4 mächtig zu tun und zu lassen, was er will.

Hintergrund dieser eindringlichen Mahnungen und Warnungen in Koh 10,20 ist, wie schon in V. 4, Kohelets Aufgabe, kommende Amtsträger auf ihre Aufgaben vorzubereiten und sie im Blick auf den Umgang mit den Mächtigen zu einem angemessenen Verhalten anzuleiten. V. 4 und V. 20 plädieren in unterschiedlicher Weise dafür, sich nicht hinreißen zu lassen zu Überreaktionen im Umgang mit den Mächtigen, die man später bereuen könnte.

Der Schlussabschnitt des Gesamtzusammenhangs von Koh 9,17–10,20 in Koh 10,16–20 richtet sich nicht nur gegen jeden Missbrauch der Macht in Form von Prasserei und Faulheit, sondern plädiert auch für ein Einhalten von Maß und Mitte, und zwar in doppelter Perspektive: Zum einen im Blick auf die Machthaber und Reichen und ihre Lebensgestaltung und zum anderen im Blick auf die Untergebenen und ihre Haltung den Mächtigen gegenüber. Wie bereits in Koh 7,15–22 entfaltet, steht Mäßigung im eigenen Handeln jedem Menschen gut zu Gesicht. Kohelet ist kein Sozialrevolutionär. Er geht in seinem Denken vielmehr von der bestehenden politischen und sozialen Ordnung aus, die sich aber erst dann als Ordnung erweist, wenn sich die öffentlichen Verhältnisse in einem angemessenen Rahmen bewegen. Wie die Faulheit der Machthaber oder die Maßlosigkeit der Reichen jeden Rahmen sprengen kann, so verlässt auch der Fluch über König und Reiche den Raum des einer Gesellschaft Zuträglichen. Kohelet hat beide Seiten im Blick und ruft alle gleichermaßen dazu auf, in ihrer Lebensgestaltung Maß zu nehmen und Maß zu halten.

2.27.8 Zusammenfassung

Der vorliegende Gesamtzusammenhang in Koh 9,17–10,20 scheint auf den ersten Blick sehr verstreute Sprüche, Gedanken und Reflexionen nebeneinander zu stellen. Bei genauerer Betrachtung zeigt sich aber, dass die drei Schwerpunkte – die Blicke auf den Toren, die Reflexionen über Macht und Mächtige und das Verständnis der Weisheit als einer Kunstfertigkeit und τέχνη (*téchnē*) – ein kleines Mosaik weisheitlicher Kernanliegen bilden. Im Mittelpunkt dieser mosaikartigen Dichtung steht V. 10b und die hier vertretene Überzeugung, dass es von Vorteil und ein Gewinn ist, Weisheit in rechter Weise anzuwenden. Darum geht es Kohelet ja in seinem gesamten Buch – und darum geht es auch in Koh 9,17–10,20. Der Tor zeigt auf Schritt und Tritt, welche Folgen es hat, wenn man Weisheit nicht anzuwenden versteht. Die Handwerker und Bauleute halten sich dagegen dann schadlos, wenn sie ihre Arbeit mit Expertise versehen. Und die Mächtigen als Handwerker und Bauleute am Gemeinwesen können sich entweder als Toren zeigen, wenn sie sich in ihrem Verhalten verfehlen, oder aber als Weise zu erkennen geben, wenn sie sich in ihrer Führung an Maß und Mitte orientieren. Dem in V. 4 und V. 20 direkt angesprochenen Adressaten Kohelets werden mit dem Mosaik in Koh 9,17–10,20 unterschiedliche Räume erschlossen, die aber doch alle unter das Dach der Weisheit gehören, die, richtig angewendet, Vorteil und Gewinn verspricht. Gerade von dieser Einsicht aus Koh 10,10b her verstanden, lässt sich Koh 9,17–10,20 als Eröffnung des Abschlusses der Reflexionen Kohelets lesen, die über die Überlegungen in Koh 11,1–6 auf das poetische Finale in Koh 11,7–12,8 zulaufen.

2.28 Koh 11,1–6

1   Wirf dein Brot auf die Fläche des Wassers,
     ja,[624] nach vielen Tagen wirst du es wiederfinden.
2   Gib Anteil an sieben oder sogar an acht,
     ja, du weißt nicht, was kommen wird für ein Unglück über die Erde.
3   Wenn sich anfüllen die Wolken mit Regen, ergießen sie sich auf die Erde. Und wenn ein Baum fällt nach Süden oder nach Norden –
     wohin der Baum fällt, da liegt er.[625]
4   Wer auf Wind achtet, sät nicht,
     und wer auf Wolken blickt, erntet nicht.

---

624 Zum Verständnis von כִּי (*kī*) in diesem Abschnitt vgl. Michel, Untersuchungen, 207–210, der hier Beispiele „für ein deiktisches כִּי in argumentativer Verwendung" (Michel, Untersuchungen, 207) erkennt und im Blick auf die Konstruktionen in V. 1f.6 hervorhebt, „daß Qohelet hier die Form eines Imperativs wählt und seinen Kommentar durch ein deiktisch/diskursives כִּי anschließt." (Michel, Untersuchungen, 208). Mit Hilfe eines solchen Verständnisses von כִּי (*kī*) wird die logische Zuordnung der Satzglieder in V. 1f.6 durchsichtig, was bei einer Übersetzung von כִּי (*kī*) mit begründendem ‚denn' nicht der Fall ist.
625 Zur Ableitung der aramaisierenden Form יְהוּא (*jᵉhū'*) von היה (*hjh*) bzw. הוה (*hwh*) vgl. Schoors, Preacher I, 42f., und Schwienhorst-Schönberger, Kohelet, 508.

5   Wie du nicht weißt, was der Weg des Windes ist – dem Gebein im Leib der Schwangeren gleich –,
    so wenig weißt du um das Werk Gottes, der das alles macht.
6   Am Morgen säe deinen Samen und zum Abend hin lass' nicht ruhen deine Hand,
    ja, du weißt nicht, was gelingen wird, ob dieses oder jenes oder ob beide zusammen – gut wie eins!

Wie in Koh 10,4.20 wendet sich Kohelet auch in Koh 11,1–6 mehrfach direkt an seinen Adressaten. Die Aufforderungen in V.1f. und V.6 rahmen den Gedankengang, der grundlegende Einsichten Kohelets zusammenstellt.[626] Zusammen mit der vorangehenden Einheit, in deren Zentrum die Einsicht steht, dass es ein Gewinn und von Vorteil sei, Weisheit anzuwenden, sind Koh 11,1–6 und Koh 11,7–12,8 am Ende des Buches als resümierende Schlussreflexionen zu verstehen, die der Weisheitslehrer Kohelet seinem Schüler mit auf den Weg gibt.[627]

Wie Koh 9,17–10,20 ist auch Koh 11,1–6 durch Spruchgut bestimmt, das Kohelet rezipiert und zugleich bearbeitet.[628] Kohelet erscheint auch hier als ein fest in der Weisheitstradition verankerter Lehrer, der seine Tradition aber nicht nur bewahrt, sondern das in der Tradition verdichtete Wissen weiterdenkt und fortschreibt.

Koh 11,1–6 kann aufgrund der Rahmung durch die Aufforderungen in V.1f. und V.6 als eine geschlossene literarische Einheit verstanden werden.[629] Diese Einheit hebt sich inhaltlich von den vorangehenden Themen in Koh 9,17–10,20 und der folgenden Reflexion in Koh 11,7–12,8 ab, denn Kohelet geht es in Koh 11,1–6 weder um die Anwendung der Weisheit wie in Koh 9,17–10,20 noch um die Lebenszeit des Menschen wie in Koh 11,7–12,8, sondern um die Grenzen menschlicher Erkenntnis. So wird die Wurzel ידע (*jdʿ*) insgesamt viermal verwendet, einmal in V. 2, zweimal in V. 5 und einmal in V. 6; sie steht in allen Fällen in einer verneinenden Konstruktion mit לֹא (*loʾ*) oder אֵין (*ʾēn*).

---

[626] Vgl. Galling, Prediger, 119 f.: „Wie 1 f. durch 3–5 erläutert wird und in 1 f. das eigentliche Anliegen der Reflexion zur Sprache kommt, so greift 6 auf diesen Einsatz zurück und rundet das Gesagte ab [...]."
[627] Vgl. Krüger, Kohelet, 339, und Schellenberg, Kohelet, 151, die betont, dass Kohelet dabei „ausführlich v. a. über die praktischen Konsequenzen spricht, die sich aus seiner kritischen Weltsicht ergeben."
[628] Vgl. Köhlmoos, Kohelet, 228: „Mindestens in Vv. 3 und 4 liegt Traditionsgut vor."
[629] Zu dieser Abgrenzung vgl. neben Galling, Prediger, 119, und Crenshaw, Ecclesiastes, 178, auch Schwienhorst-Schönberger, Kohelet, 508 f., sowie Schellenberg, Kohelet, 151, und Köhlmoos, Kohelet, 227.

Die bereits in Koh 3,10–15 grundlegend entfaltete Einsicht in die menschlichen Erkenntnisgrenzen wird in Koh 11,1–6 in eigentümlicher Weise mit der Aufforderung zum Handeln verknüpft. Damit wird wie schon in Koh 9,7–10 eine produktive Spannung erzeugt. In Koh 9,7–10 ergibt sich diese Spannung aus dem Nebeneinander des Aufrufs zur Lebensfreude und dem Imperativ עֲשֵׂה (*aśeh*) in der Wendung כֹּל אֲשֶׁר תִּמְצָא יָדְךָ לַעֲשׂוֹת בְּכֹחֲךָ עֲשֵׂה (*kol ᵃśær timṣā' jādᵉkā laᵃśōt bᵉkoḥᵃkā ᵃśeh*) in V. 10a. Am Ende wird in V. 10b als Gegenbild der empfohlenen und angemahnten *vita activa* die Unterwelt in Aussicht gestellt, auf die der Mensch zugeht und in der es keine Erkenntnis und keine Weisheit mehr geben wird.

In Koh 11,1–6 wird am Ende von V. 1 in der Form תִּמְצָאֶנּוּ (*timṣā'œnnū*) die Wurzel מצא (*mṣ'*) verwendet, mit der in Koh 9,10 das erfasst wird, was der Mensch als Aufgabe vorfindet. Möglicherweise lässt sich von dieser lexematischen Entsprechung her das geprägte Bildwort aus Koh 11,1 erhellen. Denn die Aufforderung, sein Brot auf die Fläche des Wassers zu werfen, erschließt sich nicht unmittelbar.[630] Wer sein Brot oder im weiteren Sinne sein Einkommen[631] auf die Wasseroberfläche wirft oder auf ihr aussendet, muss zunächst damit rechnen, dass alles untergeht. Der Deutungsraum des Bildes ist zum einen durch Unsicherheit und Unberechenbarkeit, zum anderen aber auch durch Wagemut und Bereitschaft zum Einsatz bestimmt.[632] Denn wohin das auf dem Wasser treibende Gut am Ende kommt, lässt sich nicht sicher sagen. Selbst ein Untergang ist ja keine endgültige Vernichtung oder Zerstörung, sondern ein Prozess, in dessen Verlauf es zu einem Wiederauf-

---

[630] In der bisherigen Forschung werden vor allem Deutungen im Horizont des Seehandels oder im Kontext von Almosengaben erwogen (vgl. dazu etwa Zimmerli, Buch des Predigers, 240f., und Lohfink, Kohelet, 79, sowie Krüger, Kohelet, 340–342, und Schwienhorst-Schönberger, Kohelet, 509–513). Während der Seehandel aber schon aufgrund der Wortwahl in Koh 11,1 – Kohelet schreibt vom Wasser, nicht vom Meer! – kaum im Hintergrund der Aussage stehen wird, zumal die Bildwelt des Seehandels in Jerusalem nicht die nächstliegende gewesen sein dürfte (vgl. dazu auch Hertzberg, Prediger, 200f.), ist die Fürsorge für die Bedürftigen ein wichtiges Thema im antiken Juda, wie sich nicht nur im Deuteronomium (vgl. Dtn 15,7.9.11), sondern auch im Psalter (vgl. Ps 112,9) zeigt: „Wohltätigkeit in Gestalt des ‚Almosen-Gebens' [sc. galt, MS] als Zeichen der Frömmigkeit." (Krüger, Kohelet, 341); Schwienhorst-Schönberger, Kohelet, 511, betont in diesem Zusammenhang: „Mildtätigkeit gegenüber dem Nächsten liegt im wohlverstandenen eigenen Interesse." Ob in Koh 11,1f. allerdings Sozialethik bzw. Almosengaben Kohelets Kernanliegen darstellen, bleibt fraglich, da das Thema im Koheletbuch ansonsten keine gewichtige Rolle spielt; vgl. auch Fox, Time, 312, der dafür plädiert, dass „the element of surprise [...] should be given greater emphasis. In other words: wager on charitable and gracious deeds, even if this seems like a long shot, because the unexpected may happen and your deeds pay off."
[631] Zu dieser Bedeutung von לֶחֶם (*læḥœm*) vgl. Ges[18], 605.
[632] Vgl. Zimmerli, Buch des Predigers, 240: „Der Spruch fordert dann vom Menschen das Wagnis, entschlossen auch ins ganz Ungesicherte hineinzugehen, in dem er keine Garantien mehr in Händen hat."

tauchen des Versenkten kommen kann.⁶³³ Was zu einem bestimmten Zeitpunkt und an einer bestimmten Stelle eingesetzt oder losgelassen wird, kann zu einem anderen Zeitpunkt und an einer anderen Stelle durchaus wieder begegnen und als Aufgabe vor Händen liegen. Deutet man מצא (*mṣ'*) am Ende von Koh 11,1 im Horizont von Koh 9,10 und sieht in Koh 11,1b das Achtergewicht des Verses, dann geht es in V. 1 zum einen um das Loslassen dessen, was man besitzt, zum anderen aber auch um das Wiederfinden und Weitergestalten dessen, was man aus den Händen gegeben hat und wieder in Händen halten kann. Mit dem Bild vom Brot auf dem Wasser wird die Unberechenbarkeit dieses Zusammenhangs von Loslassen und Wiederfinden betont. Unberechenbarkeiten und Unsicherheiten sind aber nicht notwendigerweise auch Unmöglichkeiten. Nach Koh 11,1 können sich dem Menschen gerade da Handlungsräume erschließen, wo das nicht unmittelbar zu erwarten wäre.

Diese Handlungsräume des Menschen eröffnen sich in den sozialen Netzwerken, in die der Mensch eingebunden ist. Kohelet macht das in V. 2 deutlich, wenn er dazu auffordert, sieben oder auch acht Menschen Anteil zu geben,⁶³⁴ weil man nicht wissen kann, was es an Unglück auf der Erde geben wird. Die Interpretation dieser Aufforderung hängt an der Bedeutung von חֵלֶק (*ḥelæq*). In Koh 3,22; 5,17f.; 9,9 wird die Lebensfreude als חֵלֶק (*ḥelæq*) des Menschen bestimmt. Möglicherweise wird die Aufforderung zu aktivem Handeln im Angesicht der Unsicherheiten in Koh 11,1 nun in V. 2 mit dem Aufruf verbunden, die Lebensfreude, die den Anteil des Menschen ausmacht, mit anderen zu teilen, gerade angesichts aller Unsicherheiten, die sich daraus ergeben, dass man nicht weiß, was noch alles auf der Erde geschehen kann.⁶³⁵ Koh 11,1f. würde damit die Grundgedanken aus Koh 9,7–10 noch einmal aufgreifen und mit dem Akzent auf dem Teilen der Lebensfreude als menschlichem Anteil weiterführen.

---

633 Vgl. Crenshaw, Ecclesiastes, 178: „One should be willing to take risks, confident that surprising results may follow." Ähnlich Seow, Ecclesiastes, 343: „Qohelet's point seems clear: one ought to take some risks in doing good, for even in those seemingly frivolous deeds one may find some surprising rewards."

634 Vgl. zu V. 2 aber auch Crenshaw, Ecclesiastes, 179: „The interpretation of this verse depends on that of the previous verse. Qohelet may advise diversifying one's investments in several ships, or he may counsel the befriending of several persons who would help if one's own circumstances were reversed." Dem ersten Ansatz folgend ginge es in V. 2 dann darum, „sein Kapital zugleich in verschiedene Geschäfte zu investieren, um im Unglücksfall nicht alles zugleich zu verlieren." (Krüger, Kohelet, 340). Der zweite Ansatz setzt dagegen beim sozialen Miteinander an und versteht das Anteil Geben als einen Handlungsvollzug innerhalb einer Gemeinschaft. Letzteres liegt aufgrund der Terminologie näher als die kapitalorientierte Deutung (vgl. dazu Krüger, Kohelet, 340).

635 Vgl. Köhlmoos, Kohelet, 229: „Gerade mit Blick auf die Ungewissheit der schlechten Zeiten empfiehlt Kohelet somit die Weitergabe des ‚Freuden'-Loses an andere."

Die Unsicherheiten, Unberechenbarkeiten und Unvorhersehbarkeiten, die das menschliche Leben prägen, werden in V. 3–5 im Blick auf die Grenzen menschlicher Erkenntnis weiter ausgeleuchtet. Kohelet greift hier auf geprägtes Spruchgut zurück, formt es aber neu und ordnet es eigenständig an. Die Bilder vom Regen in V. 3aα.β und vom Baum oder Gehölz[636] in V. 3aγ.b bringen zunächst einmal recht unspektakuläre Beobachtungen auf den Punkt: Wenn die Wolken sich füllen, wird es regnen, und wenn ein Baum umfällt, wird er da liegen, wo er hingefallen ist. Aus beiden Beobachtungen lassen sich gewisse Einsichten gewinnen, die aber nicht über einen engeren Nahkontext hinausreichen. Möglicherweise möchte Kohelet hier aber noch weitere Sinnräume eröffnen. Sowohl die Beobachtung der Wolken und des Himmels als auch das Fallen eines Holzes könnten in den Bereich mantischer Praktiken gehören, mit deren Hilfe man die Zukunft vorhersehbar zu machen versucht.[637] Kohelet tritt dem in der lapidaren Form seiner Darlegungen entgegen. Wenn Wolken aufziehen, kommt Regen. Das kann man aus den Wolken am Himmel erschließen – mehr aber auch nicht. Und wenn ein Orakelholz fällt,[638] dann ist das nichts anderes als ein Stück Holz. Es fällt dahin, wohin es fällt – mehr gibt es nicht zu erkennen.[639] V. 4 führt diese Gedanken noch weiter aus: Wer sich auf Wind und Wolken konzentriert, handelt nicht mehr zielführend, sondern verliert sich. Säen und ernten stehen hier für das Handeln, das nach Koh 9,10; 11,1 vor Händen liegt und dem man sich mit ganzer Kraft widmen soll, auch wenn man nicht alle Zusammenhänge und Hintergründe durchschauen kann und auch wenn sich nicht alles bis ins letzte Detail planen und berechnen lässt. Wie Prov 10,4 f. Trägheit, Fleiß und Ernteertrag in einen Zusammenhang stellen, fordert auch der Spruch in Koh 11,4 implizit dazu auf, nicht auf Wind und Wolken zu achten, sondern zu säen und zu ernten und damit den Aufgaben und Möglichkeiten des Menschen nachzukommen. V. 5 wendet den Gedankengang ins Grundsätzliche und richtet sich in direkter Anrede an den Adressaten: Wie der Mensch den Weg des Windes nicht kennt, auch wenn er ihn noch so lange beobachten mag, so kann er auch das Werk Gottes, der als erhaltender Schöpfer hinter allem steht, nicht durchschauen. Damit nimmt Kohelet seine Überlegungen aus Koh 3,10–15 auf[640] und ruft sie noch einmal in Erinnerung: Weil der Erkenntnis des Menschen Grenzen gesetzt sind, kann er nicht alles verstehen. Dennoch ist Kohelet von der Überzeugung getragen, dass auch das,

---

636 Zu עץ ('eṣ) vgl. HAL, 817 f.
637 Vgl. dazu Krüger, Kohelet, 343.
638 Vgl. Krüger, Kohelet, 342, und Köhlmoos, Kohelet, 230.
639 Vgl. dazu Schellenberg, Kohelet, 152: „Mit scharfem Spott weist Kohelet in diesem Vers auf die Begrenztheit von Prognosen (wobei er vielleicht konkrete Orakeltechniken im Blick hat) bzw. darauf, dass lediglich Trivialitäten vorausgesagt werden können."
640 Vgl. auch Koh 3,21 f.; 8,17; 9,12.

was der Mensch nicht versteht, das Werk Gottes ist. Vor allem die Profilierung Gottes – הָאֱלֹהִים אֲשֶׁר יַעֲשֶׂה אֶת־הַכֹּל ($h\bar{a}^{æ}lohīm\ ^{æ}śær\ ja^{æ}śæh\ 'æt\text{-}hakkol$) – macht deutlich, dass Kohelet mit einem durchgehenden Handeln Gottes im Sinne einer *creatio continua* rechnet. Im Gegensatz dazu wird der Mensch mit der Wendung כָּעֲצָמִים בְּבֶטֶן הַמְּלֵאָה ($ka^{æ}ṣāmīm\ b^{e}bæṭæn\ hamm^{e}le'āh$) näherhin charakterisiert: Während Gott alles erhält, ist der Mensch in seiner gesamten Existenz begrenzt und von Grund auf nur als עֶצֶם ($'æṣæm$) zu begreifen. Mit der Rede vom ‚Gebein im Leib der Schwangeren‘[641] wird die Todesverfallenheit des Menschen[642] schon vor der Geburt betont und in einer äußerst prägnanten Form zum Ausdruck gebracht. Kohelet schließt damit an Koh 3,20f.; 9,4f.10 an, bereitet zugleich aber auch die Schlussreflexion in Koh 11,7–12,8 vor.

Koh 11,3–5 rufen in ihrem gezielten Arrangement Grundthemen Kohelets in Erinnerung. Die Grenzen der Erkenntnis des Menschen, seine Todesverfallenheit und das demgegenüber durchgehende, wenn auch vom Menschen nicht vollständig erfassbare Handeln Gottes bilden den inneren Zusammenhang von Kohelets Anthropologie und Theologie. Dieser Zusammenhang verdichtet sich in Koh 11,1–6 und wird durch einen in besonderer Weise am Tun und Handeln des Menschen orientierten Akzent profiliert.

Das zeigt sich in besonderer Weise am Schlussvers der Einheit, der wie V. 1f. den Adressaten noch einmal direkt zum Handeln auffordert. Das Bild des Säens am Morgen in V. 6aα wird aus V. 4a heraus entwickelt, der Vetitiv in V. 6aβ, auch zum Abend hin die Hand nicht ruhen zu lassen, schließt an V. 1b an und ruft zur *vita activa* auf, wie sie schon in Koh 9,10 im Blick ist. Dass ein aktives Leben durch Unsicherheit bestimmt ist, ist für Kohelet kein Grund, das Handeln einzustellen.[643]

---

641 Zum lexematischen Feld von עֶצֶם ($'æṣæm$) vgl. HAL, 822f.
642 Vgl. zu diesem Topos Schwienhorst-Schönberger, Kohelet, 513, mit Blick auf den vorangehenden V. 3: „Mit dem Bild des fallenden Baumes klingt aber noch Weiteres an: der Tod." V. 3 und V. 5 würden demnach gleichermaßen an das Thema heranführen, das in Koh 11,7–12,8 in den Vordergrund rückt.
643 Vgl. Hertzberg, Prediger, 203, der hier besonders treffend kommentiert: „Gerade der Mensch, der sich der völligen Relativität des Irdischen bewußt ist, hat die innere Freiheit zu aktivem Tun." Ob Kohelet damit nun allerdings, wie Hertzberg ausführt, ein „unreflektierte[s] Schaffen in der Gegenwart" (Hertzberg, Prediger, 203) empfiehlt, scheint fraglich. Der Einsicht in die ‚Relativität des Irdischen‘ liegt doch ein hohes Maß an Reflexion voraus, zu der Kohelet seinen Adressaten gerade anleitet. Noch grundsätzlicher wird Zimmerli, Buch des Predigers, 242, im Blick auf Koh 11,1–6: „Kohelet ist darin ganz alttestamentlicher Mensch, daß er das Leben im Grunde mit allen Fasern liebt. Seine Negationen stammen nicht aus einer grundsätzlichen Skepsis, sondern aus dem Zusammenprall des von der allgemeinen Weisheit optimistisch genährten Lebenswillens mit der gottbestimmten und im Gottgeheimnis ruhenden Welt, die dem Menschen an jeder Stelle die eigene Sicherung seines Lebensweges und die ungefährdete Befriedigung seines Lebensbedarfes verweigert. Dieses Scheitern beim ‚weisen‘ Griff nach dem Leben zwingt ihn dazu, die rundherum be-

Denn der Mensch weiß ja gar nicht, was ihm unter welchen Umständen gelingen wird. Dass Kohelet in V. 6b, im Anschluss an Koh 10,10b, die Wurzel כשר (kšr) verwendet, spielt noch einmal auf die Notwendigkeit an, Weisheit in rechter Weise anzuwenden. Wer in Weisheit handelt, wird nach Koh 11,6 trotz aller Unwägbarkeiten Erfahrungen des Gelingens machen, gelegentlich sogar in überraschender Weise, wie das Ende des Verses herausstellt: Es gibt nicht nur ein ‚Entweder – Oder', sondern ebenso ein ‚Sowohl – Als auch', wenn es um den Erfolg menschlichen Handelns und Lebens geht. Dieser Erfolg ist von Gott, der alles tut, ermöglicht. Menschliche Bemühungen um Planung und Sicherheit führen am Ende nur zu leeren Händen. Wer dagegen auch einmal etwas auf das Wasser wirft, lässt dem Handeln Gottes Raum, der dem Menschen die Freude am Leben als seinen Anteil zuordnet und es ihm ermöglicht, diese Freude zu teilen, die sich am Ende in gemeinsamer Arbeit und gemeinsamem Genuss als gelingendes Leben einstellen kann. Beides ist für Kohelet gleichermaßen gut wie eins.

Koh 11,1 – 6 wird in V. 1 mit dem unberechenbaren Wiederfinden dessen, was auf das Wasser gegeben wurde, eröffnet und in V. 6 mit dem Akzent auf der Möglichkeit doppelten Gelingens beendet. Kohelet beschreibt den Menschen hier als ein in der Welt handelndes Wesen, erfasst aber vor allem Gott als denjenigen, der über alle vermeintlichen Kontingenzen verfügt und selbst das zum Ereignis machen kann, was sich jeder menschlichen Berechnung und Planung entzieht.

2.29 Koh 11,7 – 10; 12,1 – 8

11,7 Süß aber ist das Licht,
und gut für die Augen, die Sonne zu sehen.
8 Ja, wenn der Mensch Jahre vielerart[644] verlebt, freut er sich an alledem, wird aber auch denken an die Tage der Finsternis, denn vielerart werden sie sein – alles, was kommt, ist nichtig.

---

stehende Brüchigkeit des Lebens rückhaltlos aufzudecken. Diese ist die Wahrheit des Lebens." Dass Kohelet nun allerdings trotz der Einsicht in die grundlegende Brüchigkeit den Menschen zum aktiven Leben aufruft, legt den Blick auf ein Menschenbild frei, das die Fundamente menschlichen Seins nicht in solchen Sicherungen sieht, die der Mensch selber gemacht hätte, sondern das das menschliche Sein als von Gott ermöglicht und getragen begreift.

644 Die Form הַרְבֵּה (harbeh) sollte in der Übersetzung nicht als attributives Adjektiv unterbestimmt werden, denn dafür wäre in V. 8a in Verbindung mit שָׁנִים (šānīm) das Adjektiv רַבּוֹת (rabbōt) und in V. 8b רַבִּים (rabbīm) zu erwarten. Der hier von Kohelet verwendete absolute Infinitiv von רבה (rbh) im Hif'il (vgl. Schoors, Preacher II, 263) setzt dagegen einen adverbialen Akzent (vgl. G-K § 75 ff; 113 h-k) und betont damit nicht vorrangig die Dauer der Jahre und Tage in quantitativer Perspektive, sondern vor allem deren Wesen und Gestaltung in qualitativer Weise.

9   Freue dich, junger Mann, in deiner Jugend, und es erfreue dich dein Herz in deinen Jugendtagen! Und gehe auf den Wegen deines Herzens und im Blickfeld deiner Augen!
    Und erkenne, dass über alle diese (Dinge) dich setzen wird Gott ins Recht![645]
10 Und entferne Verdruss aus deinem Herzen und lass vorbeigehen Übles an deinem Leib!
    Gewiss, die Jugend und die Morgenröte[646] sind nichtig.
12,1 Gedenke aber deines Schöpfers in deinen Jugendtagen,
    solange noch nicht[647] kommen die Tage des Übels und eintreffen Jahre, von denen du sagen wirst: „Sie gefallen mir nicht!",
2   solange noch nicht sich verfinstert die Sonne und das Licht und der Mond und die Sterne
    und wiederkehren die Wolken nach dem Regen
3   am Tag, an dem zittern die Wächter des Hauses und sich krümmen die kraftvollen Männer
    und untätig sind die Mahlenden, weil sie wenige sind, und sich verfinstern, die aus den Fenstern schauen,
4   und verschlossen werden die Türflügel zur Straße hin beim Niedersinken des Klanges der Mühle,
    und man aufsteht zum Vogelgezwitscher, und doch verklingen alle Töne des Liedes,
5   und man sich sogar vor einer Anhöhe fürchtet – Schrecknisse aber sind auf dem Weg! –, und blüht der Mandelbaum und sich dahinschleppt die Heuschrecke und aufbricht die Kaper –
    gewiss geht der Mensch in sein ewiges Haus und es ziehen durch die Straße die Klagenden –,

---

645 Wörtlich wäre die Form יְבִיאֶךָ (*jᵉbîᵃkā*) – von der Wurzel בוא (*bwʾ*) im Hifʿil für ‚bringen' – zu übersetzen: „Und erkenne, dass über alle diese (Dinge) *dich bringen/führen wird* Gott ins Gericht/ Recht." Entscheidend ist die Deutung von מִשְׁפָּט (*mišpāṭ*): Geht es um ein (möglicherweise eschatologisches) Gericht oder um das Recht, das Gott durchgehend als Teil seiner Ordnung aufrecht erhält? Die Grundbedeutung des Lexems (vgl. HAL, 615f.) spricht für die zweite Möglichkeit (vgl. auch Schoors, Preacher II, 234–238, und die folgenden Ausführungen zu V. 9).
646 Zu dieser Übersetzung von שַׁחֲרוּת (*šaḥᵃrût*) vgl. Ges¹⁸, 1343, sowie Zimmerli, Buch des Predigers, 242 Anm. 3, und Crenshaw, Ecclesiastes, 184. Seow, Ecclesiastes, 346.350 f., übersetzt mit ‚dawn of life' und führt aus: „Whatever the etymology, it is difficult to believe that the audience would not have connected the word with dawn." (Seow, Ecclesiastes, 351); anders dagegen Schoors, Preacher II, 468: „The ‚black' etymology is preferable [...]."
647 Zu dieser Übersetzung von עַד אֲשֶׁר לֹא (*'ad ᵃšær loʾ*) vgl. Ges¹⁸, 923 („während [noch] nicht").

6   solange noch nicht sich auftrennt⁶⁴⁸ der Silberfaden und zerbricht die goldene Schale
    und zerschmettert wird der Krug an der Quelle und zerbrochen ist das Schöpfrad zur Grube hin –
7   und zurückkehre der Staub zur Erde, gleichwie er war,
    und der Geist zurückkehrt zu Gott, der ihn gegeben hat.
8   Ganz und gar nichtig, sprach Kohelet, alles ist nichtig.

Mit Koh 11,7–12,8 ist das Ende der Reflexionen Kohelets erreicht, auf das die vorangehenden Einheiten in Koh 9,17–10,20 und Koh 11,1–6 bereits zulaufen.⁶⁴⁹ Von den Aufforderungen in Koh 11,1f.6 her gelesen, haben die Imperfektformen in V. 8 einen normativen, zum Jussiv hin tendierenden Aspekt, der zwischen den Imperativen bzw. Vetitiven in V. 1f.6 und Koh 11,9–12,1 eine eigene sprachliche Pragmatik entfaltet.⁶⁵⁰ Koh 11,7f. nehmen schon von daher eine Sonderstellung ein, die sich am ehesten als Überleitung zwischen Koh 11,1–6 und Koh 11,9–12,8 interpretieren lässt. So nimmt V. 7 das Lexem טוב (ṭōb) aus V. 6 auf, V. 8 verweist mit der Wurzel שׂמח (śmḥ) auf den Imperativ am Anfang von V. 9 voraus. Hier lässt sich eine Verknüpfung zwischen der vorangehenden und der folgenden Einheit erkennen, die als Auftakt des Gesamtzusammenhangs von Koh 11,7–12,8 zu verstehen ist.⁶⁵¹ Es wäre daher nicht sachgemäß, Koh 11,7f. zu stark von Koh 11,9–12,8 zu trennen. Dagegen sprechen neben den engeren lexematischen Verknüpfungen auch inhaltliche Gründe, denn nach der Reflexion in Koh 11,1–6 eröffnet V. 7 mit der Rede von Licht und Sonne ein neues Themenfeld, das deutlich auf die kommenden Verse vorverweist. Während die Imperfektformen in V. 8 noch zwischen deskriptiver und normativer Pragmatik oszillieren, folgt mit V. 9f. ein von Imperativen geprägter Abschnitt, der

---

648 Dieser Übersetzung von יִרְחַק (jerāḥeq) liegt die Bedeutung ‚fern sein' oder ‚entfernt sein' von רחק (rḥq) im Qal zugrunde (vgl. HAL, 1139; Ges¹⁸, 1237f.). Die in Koh 12,6 vorliegende Form im Nifʿal ist wohl im Sinne von ‚sich entfernen' oder ‚entfernt werden' zu verstehen, was im Blick auf die Einzelfäden des Silberfadens als ‚sich auftrennen' oder ‚sich auflösen' gedeutet werden kann. Das ist ohne Zweifel eine unsichere Lesart, die aber allen Konjekturen vorzuziehen ist.
649 Zu dieser Abgrenzung vgl. Galling, Prediger, 120–123, der innerhalb der Einheit aber mit einer Reihe von Fortschreibungen rechnet. Anders etwa deutet Zimmerli, Buch des Predigers, 241f., Koh 11,7f. als Abschluss von Koh 11,1–6; nach Schwienhorst-Schönberger, Kohelet, 520, sind die beiden Verse dagegen „als vorauslaufende Interpretation des Schlussgedichtes zu lesen." Crenshaw, Ecclesiastes, 181–183, sieht Koh 11,7–12,7 als Zusammenhang, so auch Schellenberg, Kohelet, 153f.
650 In der vorliegenden Übersetzung wird diese Tendenz durch die Wiedergabe von יִשְׂמָח (jiśmāḥ) mit dem Präsens und die Wiedergabe von וְיִזְכֹּר (wᵉjizkor) und יִהְיוּ (jihjū) mit dem Futur nachgezeichnet, um das Gefälle der Imperfektformen aus V. 8 hin zum Imperativ in V. 9 abzubilden (vgl. dazu Krüger, Kohelet, 345f.).
651 Zu weiteren lexematischen Verbindungen vgl. Schwienhorst-Schönberger, Kohelet, 517.

durch die Einleitung mit שְׂמַח (śᵉmaḥ) bestimmt ist. Wie in V. 8 die Wurzeln שׂמח (śmḥ) und זכר (zkr) nebeneinander stehen, prägt die Abfolge von Freude und Gedenken auch Koh 11,9–12,8, denn der Eröffnung mit שְׂמַח (śᵉmaḥ) in Koh 11,9 korrespondiert der Imperativ וּזְכֹר (ūzᵉkor) in Koh 12,1. Koh 11,7 f. bilden demnach eine überleitende Eröffnung des Gesamtzusammenhangs von Koh 11,7–12,8. Der gesamte Abschnitt wird im weiteren Verlauf durch die Imperative in Koh 11,9 f. und Koh 12,1a, durch die konjunktionale Wendung עַד אֲשֶׁר לֹא ('ad ªšær loʾ) in V. 1b.2a.6a und durch das Signalwort הֶבֶל (hæbæl) in Koh 11,8b.10b; 12,8 strukturiert. Aufgrund dieser Beobachtungen lässt sich keine gleichmäßige Gliederung des Textes ermitteln, es sind aber doch die Elemente erkennbar, die dem Text Form und Gestalt geben: Koh 11,7 f. als Auftakt, Koh 11,9 f. mit Koh 12,1a als Aufforderungskette und Koh 12,1b.2–5.6 f. als von Koh 12,1a abhängiges Temporalgefüge. Seinen Abschluss findet der Text in V. 8, der nicht nur Koh 11,7–12,8 beendet, sondern zusammen mit Koh 1,2 auch einen Rahmen um das Buch legt.

Blickt man zunächst etwas genauer auf den Auftakt des Textes in Koh 11,7 f., fällt das bereits erwähnte Nebeneinander von V. 1–6 und V. 7 auf: Auf die Reflexion über die Grenzen des Menschen folgt in V. 7 ein Hochgesang auf das Licht und die Sonne.[652] V. 7 hat dabei den beschreibenden Charakter eines Weisheitsspruches. Formal liegt hier aber kein gleichmäßig aufgebauter Parallelismus vor. V. 7b ist vielmehr deutlich breiter ausgestaltet als die knappe Aussage in V. 7a: Der gesamte Vers läuft auf die Schlusswendung לִרְאוֹת אֶת־הַשָּׁמֶשׁ (lirʾōt ʾæt-haššāmæš) zu, die in die Sprachwelt Kohelets führt.[653] In V. 6b werden bereits überraschende und sogar übergroße Möglichkeiten gelingenden Lebens in Aussicht gestellt. V. 7 führt mit der Rede von der Süße des Lichts und dem Sehen der Sonne in den strahlenden Bereich dessen, was für den Menschen gut ist.[654] Mit diesem Auftakt ist das Vorzeichen vor die folgenden Verse gesetzt: Wo das Leben des Menschen gelingt, ist es hell und licht. In V. 8 wird das Helle und das Lichte in die Vielgestaltigkeit menschlichen Lebens hinein ausdifferenziert: Menschliches Leben ereignet sich über die Jahre hinweg in unterschiedlicher Art und Weise – und gerade an dieser[655] Vielgestaltigkeit und Vielfalt freut sich der Mensch und soll das auch tun. Dieser Freude ist

---

652 Vgl. Lohfink, Kohelet, 80: „Der Kosmos selbst wird anders, wenn von Gott her das Glück ins Leben des Menschen eintritt. Vers ⁷ reißt mit seinen wenigen Worten den Leser in die Stimmung kosmischer Fülle und Leuchtkraft zurück, die das Einleitungsgedicht 1⁴⁻¹¹ kennzeichnete." Zu einer Reihe von Parallelen vgl. Crenshaw, Ecclesiastes, 183.
653 Nach Köhlmoos, Kohelet, 233, hat Kohelet „wahrscheinlich eine umlaufende Sentenz aufgegriffen." Aufbau und Struktur des Verses sprechen allerdings dagegen.
654 Das wird mit der Formulierung וְטוֹב לַעֵינַיִם (wᵉṭōb laʿēnajim) zum Ausdruck gebracht.
655 בְּכֻלָּם (bᵉkullām) bezieht sich wohl auf das adverbiale הַרְבֵּה (harbeh) und macht damit die Vielgestaltigkeit und Vielfalt zum Objekt der beschriebenen und anempfohlenen Freude.

aber ein Gedenken zugeordnet, das für Kohelets Weisheit konstitutiv ist: Zu jeder Fülle des Lebens in Helligkeit und Licht gehören auch Tage der Finsternis, die sich ebenfalls in unterschiedlicher Weise zeigen können.[656] Dessen gerade in der Freude zu gedenken, unterbricht die Freude nicht, sondern vertieft sie: Es gehört für Kohelet zur Fülle des Lebens, sich des ganzen Lebens in Licht und Finsternis bewusst zu sein.[657] Kohelet setzt damit bei seinen Leserinnen und Lesern ein hohes Maß an Selbstreflexivität und Erkenntnisfähigkeit im Blick auf das eigene Leben voraus. In V. 7f. wird damit in prägnanter Form verdichtet, was in Koh 11,9–12,8 breiter ausgestaltet wird.[658]

In Koh 11,9f. folgt eine Kette von Imperativen, die sich an einen explizit genannten Adressaten, nämlich den בָּחוּר (bāḥūr), richten. Mit dieser nur hier verwendeten Anrede unterscheidet sich das Koheletbuch von den Anreden des Proverbienbuches, das sich häufig an den בֵּן (ben) richtet.[659] Mit בָּחוּר (bāḥūr) wird der ausgewählte, vornehme junge Mann angesprochen.[660] Das ist möglicherweise ein Hinweis auf die fortgeschrittene Beschäftigung mit der Weisheit im Kreis der Adressaten Kohelets: Kohelet richtet sich mit seinen Reflexionen nicht an Anfänger. Der in Weisheitsfragen bereits kundige junge Mann wird in V. 9a mit dem Imperativ שְׂמַח (śᵉmaḥ) zur Lebensfreude[661] und mit der Wendung וְהַלֵּךְ בְּדַרְכֵי לִבְּךָ (wᵉhallek bᵉdarkē libbᵉkā) zu weiser Lebensgestaltung aufgerufen. Dass in V. 9a gleich zweimal לִבְּךָ (libbᵉkā) verwendet wird, unterstreicht den Aspekt des Vernünftigen und Rationalen, der sich mit dem Lexem לֵב (leb) regelmäßig verbindet. Die Lebensfreude, zu der Kohelet aufruft, ist gewissermaßen eine reflektierte Form der Freude.[662] Dieses Moment des Reflexiven spiegelt sich zugleich zu Beginn von V. 9b in dem Imperativ וְדָע (wᵉdāʿ), der von der in der weisheitlichen Sprache fest verankerten Wurzel ידע (jdʿ) abgeleitet ist. Es geht hier um das Begreifen, Erfassen und Erkennen und damit um für die Weisheit grundlegende Handlungsformen. Mit dem Imperativ וְדָע (wᵉdāʿ) wird zu diesem Begreifen, Erfassen und Erkennen aufgerufen und damit unmittelbar an die vorangehenden Imperative in V. 9aα und V. 9aγ angeschlossen.

---

656 Dass in V. 8 die Jahre im Horizont des Lichtes und der Freude stehen und die Finsternis mit Tagen korreliert wird, zeigt deutlich, dass Kohelet den Akzent auf der Freude und ihrer Dauer setzt.
657 Vgl. Lohfink, Kohelet, 81.
658 Vgl. Lohfink, Kohelet, 81: „Das Gedicht ist in 11^7f intensivst vorbereitet."
659 Vgl. nur Prov 1,8.10.15; 19,27; 23,15.19.26; 24,13.21; 27,11; 31,1f.
660 Vgl. Ges^18, 136, sowie Schwienhorst-Schönberger, Kohelet, 527, und Köhlmoos, Kohelet, 239.
661 Vgl. dazu Krüger, Kohelet, 346f.: „Die Aufforderung an den jungen Mann, sich in seiner Jugend zu freuen, nimmt der Sache nach 3,12f.22; 5,17–19; 8,15 und vor allem 9,7–10 auf." Nach Krüger „kann Koh 11,9a als Zusammenfassung der Ethik des Koheletbuchs [...] verstanden werden" (Krüger, Kohelet, 347).
662 Vgl. Galling, Prediger, 121: „Der Aufruf an den Jüngling [...] wäre mißverstanden, wenn er als ein Aufruf zu einem ‚Sichausleben' aufgefaßt würde."

Sowohl der Imperativ וְדָע (wᵉdāʻ) zu Beginn von V. 9b als auch die folgende Wendung עַל־כָּל־אֵלֶּה (ʻal-kål-ʼellœh) können daher nicht aus dem Zusammenhang herausgelöst werden, sondern bilden integrale Bestandteile des Verses. Die rationalen Erwägungen des jungen Mannes sollen sich auf die Erkenntnis richten, dass Gott ihn über alle Dinge, die seine Lebensfreude und seine Lebensgestaltung betreffen, in ein Rechtsverhältnis setzen wird. Mit der Formulierung יְבִיאֲךָ הָאֱלֹהִים בַּמִּשְׁפָּט (jᵉbīᵃkā hāˣᵉlohīm bammišpāṭ) wird hier ein eigener Akzent gesetzt, der nicht im Sinne eines (End-)Gerichts, das hier in Aussicht gestellt würde, misszuverstehen ist.[663] Im Horizont von Koh 12,1 und der Aufforderung, des Schöpfers zu gedenken, ist der Topos des göttlichen Richtens vielmehr schöpfungstheologisch zu deuten: Weil Gott als

---

663 Wer Koh 11,9b in diesem Sinne deutet, muss den Halbvers mehr oder weniger zwingend als späteren redaktionellen Einschub einordnen, da sich die Vorstellung eines Endgerichts nicht mit dem Denken Kohelets vermitteln lässt; vgl. etwa Galling, Prediger, 120 f., und Zimmerli, Buch des Predigers, 245, sowie Köhlmoos, Kohelet, 239. Anders votiert Fox, demzufolge es hier zwar um „God's judgment as a future event" (Fox, Qohelet, 123) geht, der aber zugleich bemerkt: „Though commentators often remove this sentence as a gloss [...], the belief of man's accountability for his deeds is not foreign to Qohelet [...]." (Fox, Qohelet, 279; ähnlich Fox, Time, 318). Mit den methodischen Instrumenten der Literar- und Redaktionskritik lässt sich eine Differenzierung zwischen V. 9a und V. 9b jedenfalls nicht begründen, da zwischen V. 9a und V. 9b kein sprachlicher oder syntaktischer Bruch vorliegt. Wer hier literarhistorisch differenziert, betreibt Tendenzkritik und begibt sich damit auf sehr unsicheres Terrain (vgl. zu den Problemen Schwienhorst-Schönberger, Kohelet, 527 f.). Lohfink hält Koh 11,9b zwar für einen Zusatz bzw. Einschub „vom Verfasser des zweiten Nachworts", führt dann aber weiter aus: „Ob an ein jenseitiges Totengericht gedacht ist, wird nicht ganz deutlich. Es ist eher unwahrscheinlich. Denn dann hätten die Aussagen des Buchs über den Tod als radikales Ende des Menschen ebenfalls einer solchen Korrektur bedurft." (Lohfink, Kohelet, 83). Damit wird implizit das Dilemma literarkritischer Thesen im Blick auf V. 9b deutlich: Welcher Fortschreiber hätte nur hier eingegriffen und dann nicht das gesamte Buch in seinem Sinne bearbeitet? Sollte man daher nicht eher unsachgemäße Vorverständnisse im Blick auf die Bedeutung von מִשְׁפָּט (mišpāṭ) hinterfragen, um dann zu einer angemessenen Deutung von V. 9b in seinem Kontext zu gelangen? So hält Krüger, Kohelet, 347 f., die verbreitete These, in V. 9b liege ein redaktioneller Einschub vor, für unwahrscheinlich: „Eher leuchtet demgegenüber die [...] Interpretation von V. 9b als Bekräftigung des Aufrufs in V. 9a ein: ‚Der Mensch wird Rechenschaft über alles geben müssen, was er sah und nicht genoss' (bNed 10a). Dabei ist dann allerdings kaum an einen speziellen Gerichtstermin im Diesseits oder Jenseits zu denken." (Krüger, Kohelet, 348; vgl. auch Krüger, Dekonstruktion, 116 f.124– 127). Vgl. dazu die Deutung von Seow, Ecclesiastes, 371: „Human beings are supposed to enjoy life to the full because that is their divinely assigned portion, and God calls one into account for failure to enjoy." Ähnlich Schoors, Ecclesiastes, 792, der V. 9 folgendermaßen übersetzt: „Rejoice in your youth, follow the ways of your heart and the desires of your eyes, and know that concerning all this God *puts you in that condition.*" – Die oben für V. 9b vorgeschlagene Übersetzung versucht über Krügers, Seows und Schoors Ansätze hinaus, den Aspekt der dauernden Einordnung des Menschen in die göttliche Rechtsordnung zu betonen. Aus dem grundlegenden göttlichen Handeln erwächst dabei eine implizite Anforderung, denn es ist in jedem Fall klar erkennbar, „dass Kohelet seine Zuhörerschaft an ihre Verantwortung gegenüber Gott erinnert." (Schellenberg, Kohelet, 156).

Richter der Welt ihre Ordnung Tag für Tag erhält und befestigt,[664] soll auch jeder einzelne wissen, dass er täglich diesem Berichtigungshandeln Gottes unterworfen wird. In Koh 3,17 spricht Kohelet bereits von einem solchen Rechtshandeln Gottes. In diesem Sinne ist auch im Blick auf Koh 11,9 das richtende Handeln Gottes als ein gegenwärtiges Handeln im Horizont der Vorstellung einer *creatio continua* zu verstehen.[665] Es geht in V. 9 darum, dass der zu jugendlicher Lebensfreude und reflektiertem Lebenswandel bestimmte junge Mann sein Leben im weiteren Horizont des ordnenden Handelns Gottes verortet weiß.

V. 10 setzt die Aufrufe aus V. 7–9 fort. Mit weiteren Imperativen wird der junge Mann dazu aufgefordert, Verdruss und Übel von Herz und Leib fernzuhalten. V. 10 verhält sich damit zum Aufruf zur Lebensfreude aus V. 9a komplementär:[666] Wer sich des Lebens freut, lässt Ärger und Böses hinter sich – im Blick auf seinen Verstand und im Blick auf seinen Leib, also hinsichtlich des ganzen Menschen.[667] Gerade weil Jugend und Morgenröte in ihrer Flüchtigkeit am Ende nichtig sind, sollen Verdruss und Übel diese Phase des Lebens nicht bestimmen, sondern die Freude als süßes Licht alles überstrahlen.

Die Imperative aus V. 9f. laufen in ihrer Dynamik auf die Aufforderung aus Koh 12,1 zu.[668] Der Vers setzt mit וּזְכֹר אֶת־בּוֹרְאֶיךָ (*ūzᵉkor ’et-bōrᵉ’ækā*) ein, das folgende בִּימֵי בְּחוּרֹתֶיךָ (*bīmē bᵉḥūrotǣkā*) schließt an Koh 11,9aβ an. Der Imperativ וּזְכֹר (*ūzᵉkor*) greift lexematisch Koh 11,8b und pragmatisch die Imperative aus V. 9f. auf. Sachlich wird mit dem Aufruf zum Gedenken des Schöpfers die Aufforderung aus V. 9b

---

664 Zu dieser Form richtenden (und damit zugleich barmherzigen) Handelns Gottes vgl. B. Janowski, Der barmherzige Richter. Zur Einheit von Gerechtigkeit und Barmherzigkeit im Gottesbild des Alten Orients und des Alten Testaments, in: R. Scoralick (Hg.), Das Drama der Barmherzigkeit Gottes. Studien zur biblischen Gottesrede und ihrer Wirkungsgeschichte in Judentum und Christentum (SBS 183), Stuttgart 2000, 33–91, 55–64; Janowski profiliert hier das richtende Handeln Gottes im Horizont der Vorstellung einer ‚rettenden Gerechtigkeit', „die ihrerseits nicht auf der *Aufhebung* der Gerechtigkeit durch Barmherzigkeit, sondern auf der *Einheit beider Wirkweisen Gottes* beruht. Diese Einheit impliziert aber nicht die Leugnung der Verschiedenheit von Gerechtigkeit und Barmherzigkeit, sondern meint ihre spannungsreiche Integration in die Erfahrung, daß Gott richtet *und* rettet oder genauer: daß er rettet, *indem* er richtet." (Janowski, Richter, 78).
665 Vgl. Hertzberg, Prediger, 209: „Die Vorstellung von einem Richten Gottes [...] ist Qoh etwas Selbstverständliches. So ist der Satz 9b im Rahmen der Theologie Qoh's schon durchaus möglich."
666 Damit ergibt sich zugleich eine gewisse Zentralstellung von V. 9b, der durch die sich entsprechenden Aufforderungen in V. 9a und V. 10 gerahmt wird.
667 Vgl. Krüger, Kohelet, 348, und Schwienhorst-Schönberger, Kohelet, 529.
668 Vgl. Hertzberg, Prediger, 209. Zu literarkritischen Diskussionen im Blick auf Koh 12,1a vgl. Krüger, Kohelet, 349, der die Gegenargumente zusammenstellt, und Schwienhorst-Schönberger, Kohelet, 531, der zur Deutung von V. 1a als einer ‚Glosse' anmerkt: „Damit ist der Charakter des Buches durchaus verkannt. [...] Der Aufruf zur Freude (11,9–10) *und* zum Gedenken des Schöpfers (12,1–7.8) gehören dem Selbstverständnis des Buches nach wesentlich zusammen."

ausgeführt: Dem ordnenden Rechtshandeln Gottes, das in V. 9b als Objekt der Erkenntnis des jungen Mannes angeführt wird, entspricht nun der Schöpfer, dessen der Angeredete gedenken soll. Koh 12,1a ist der Zielpunkt der vorangehenden Verse in Koh 11,7–10. Zugleich hängt von Koh 12,1a die folgende Sequenz in V. 1b–7 ab. V. 1a ist offenkundig der strukturelle Mittelpunkt des Textes. Dieser formalen Zentralstellung entspricht auch sein inhaltliches Gewicht. Denn trotz aller Distanz zwischen Gott und Mensch, die die vorangehenden Reflexionen Kohelets bestimmt, wird in V. 1a zu einer engen Beziehung zwischen dem Menschen und seinem Schöpfer aufgerufen.

Der in der Priesterschrift[669] und bei Deuterojesaja für das Schöpfungshandeln Gottes zentrale Terminus ברא (br') wird von Kohelet nur an dieser Stelle verwendet. In der Partizipialform im Plural klingt der Majestätsplural אֱלֹהִים (*ᵃᵉlohīm*) zumindest mit an.[670] Das Suffix der 2. Person bringt die Intensität der Beziehung zwischen Gott als dem Schöpfer und dem Menschen als dem hier angesprochenen Adressaten zum Ausdruck, die sich in ähnlicher Weise vor allem in Psalmen findet, die in den Bereich der persönlichen Frömmigkeit gehören.[671] Dass die im vorliegenden Text bezeugte Form בּוֹרְאֶיךָ (*bōrᵉ'ækā*) mit der Form בּוֹרְךָ (*bōrᵉkā*) für ‚deine Grube'[672] homophon sei,[673] ist eine falsche Annahme, da das hebräische Aleph in der Form בּוֹרְאֶיךָ (*bōrᵉ'ækā*) als anlautender Laryngal durchaus gesprochen und gehört wird.

Das stark untergliederte Satzgefüge in V. 1b–7 hängt von der voranstehenden Aufforderung, des Schöpfers zu gedenken, ab. Mit der dreimaligen Verwendung der konjunktionalen Wendung עַד אֲשֶׁר לֹא (*'ad ᵃᵃšær lo'*) zu Beginn von V. 1b.2a.6a wird der Dauer der Jugendzeit, in der sich der Adressat des Textes befindet, die beschwerliche Zeit des Alters zugeordnet. Die Bilder des alten und sterbenden Menschen sind dabei in erster Linie als Grenzpunkte des Zeitraums zu verstehen, den Kohelet eigentlich im Blick hat, nämlich die Zeit der Jugend. Die gesamte Sequenz ist aber durch eine eigentümliche Spannung geprägt, die sich durch den kurzen Aufruf in V. 1a und die langen Ausführungen in V. 1b–7 ergibt. Auch wenn sich der Text eigentlich an den jungen Mann richtet, wird das Alter zum bestimmenden Thema

---

669 Vgl. dazu insbesondere Gen 1,1–2,4a. Nimmt man diese Beobachtungen mit den Entsprechungen zwischen Koh 12,7 und Gen 2f. zusammen, lässt sich darauf schließen, dass Kohelet Gen 1–3 *en bloc* rezipiert. Die Formation von Gen 1–11 war zur Entstehungszeit des Koheletbuches demzufolge bereits abgeschlossen.
670 Schon Delitzsch, Koheleth, 387, deutet die Form als Majestätsplural und verweist auf parallele Pluralbildungen von der Wurzel עשׂה (*'śh*) für ‚machen' in Hi 35,10; Jes 54,5; Ps 149,2 (vgl. dazu auch Galling, Prediger, 122, der auf ähnliche Stellen in Hi 32,22; 36,3 verweist).
671 Vgl. dazu Schwienhorst-Schönberger, Kohelet, 532.
672 Vgl. dazu Koh 12,6b, wo sich אֶל־הַבּוֹר (*'æl-habbōr*) findet.
673 So Köhlmoos, Kohelet, 241, und – etwas vorsichtiger – Schwienhorst-Schönberger, Kohelet, 523.

und tritt deutlich in den Vordergrund.[674] In Form und Inhalt wird hier auf Koh 11,7f. zurückgegriffen. Doch wird der Kontrast zwischen den dort genannten Jahren heller Freude und den Tagen der Finsternis in Koh 12,1b aufgelöst und zu einer langen Rede von Tagen des Übels und Jahren, an denen man keinen Gefallen mehr findet,[675] transformiert. Von Jahren oder wenigstens Tagen der Freude wird hier nicht mehr gesprochen.

Diese Verengung des Blickwinkels wird inhaltlich allerdings reich gefüllt.[676] Mit עַד אֲשֶׁר לֹא (*'ad ˀšær lo'*) zu Beginn von V. 2 wird ein bis V. 5 reichender Abschnitt eröffnet, bevor עַד אֲשֶׁר לֹא (*'ad ˀšær lo'*) in V. 6 den Abschluss der Sequenz einleitet. Der gesamte Abschnitt V. 2–5 ist geprägt von Sprachbildern, die über das jeweilige Bild hinaus in weitere Deutungshorizonte führen. Ob die Bilder dabei eindeutige Korrelate haben, bleibt unsicher. Es scheint vielmehr so, als gestalte Kohelet hier einen Raum der Uneindeutigkeit, innerhalb dessen Wörter, Bilder und Rezipientinnen und Rezipienten in einen hochkomplexen Prozess dynamischer Bedeutungsformationen eintreten.[677]

Die Sprachbilder aus V. 2 lenken mit der Rede von Sonne, Licht, Mond und Sternen den Blick in den Himmel, wo auch die Wolken und der Regen ihren Ort haben.[678] Zunächst fällt in V. 2a die merkwürdige Reihung von Lichtern auf. Dass das Lexem אוֹר (*'ōr*) der Sonne nachgeordnet wird, weist darauf hin, dass Kohelet hier nicht nur Himmelsgestirne aufzählen möchte, sondern eine umfassende Verfinsterung im Blick hat, die sich zwischen Mensch und Kosmos bewegt.[679] Die Rede von der Verfinsterung kann sich durchaus auf die nachlassende Sehkraft des Menschen beziehen, hat vor allem aber eine weitergehende Dimension, die Kohelet jedoch

---

674 Vgl. dazu vor allem Lohfink, Kohelet, 82: „Syntaktisch ist bis zum Ende die Aufforderung zur Freude durchgehalten. Doch der Tod drängt sich dazwischen und wird so mächtig und allesbeherrschend, daß er doch alles überlagert und das Wort von der Freude immer mehr verdrängt. Ein eigentümlicher Schwebezustand entsteht. Man weiß nicht mehr genau, was nun eigentlich Thema war: Aufruf zum Lebensgenuß in der Jugend oder Meditation des Tods."
675 Zu חֵפֶץ (*hepæṣ*) in diesem Zusammenhang vgl. Schellenberg, Kohelet, 156.
676 Vgl. Zimmerli, Buch des Predigers, 246: „Der zweite Beschreibungsgang (V. 2–5) holt voller aus."
677 Die Auslegungsgeschichte spiegelt in der Vielfalt ihrer Vorschläge zur Vereindeutigung der einzelnen Bilder wohl genau diese Dynamik, die freizusetzen in der Absicht Kohelets gelegen haben wird (vgl. dazu Krüger, Kohelet, 351f.).
678 Vgl. dazu Koh 11,3f. Crenshaw, Ecclesiastes, 182, bemerkt: „The interplay of human and non-human images throughout this unit emphasizes the intimate association of humankind with nature."
679 Nach Krüger, Kohelet, 353, legt sich „ein Verständnis von V. 2 als Beschreibung einer universalen kosmischen Katastrophe nahe, welche die gewohnte Erfahrungswirklichkeit umstürzt [...] und die Grundlagen der Schöpfung [...] rückgängig macht (vgl. auch Jer 4,23). Zu vergleichen sind hierzu insbesondere Jes 13,10 und Joel 2,10, wo der ‚Tag Jahwes' mit einer Verfinsterung von ‚Sonne, Mond und Sternen' einhergeht."

nicht ausführt, sondern anthropologisch bricht: Was dem einzelnen Menschen als eine kosmische Verfinsterung erscheinen mag,[680] ist am Ende doch nicht mehr als das Nachlassen der eigenen Kräfte.[681] Die in V. 2b genannten Wolken sind einerseits die Träger des am Ende des Sommers ersehnten Regens, zum anderen scheinen diese Wolken aber immer wieder zu kommen und kein Ende zu haben. Damit wird aus dem ersehnten Regen eine dauernde Bedrohung, die zum Verschwinden des Lichts hinter den Wolken führt.[682] V. 2 steht damit den Ausführungen in V. 3–5 als Vorzeichen voran und entwirft mit den Wolken, dem Regen und der Verfinsterung des Lichts das Gegenbild zu Koh 11,7, wo die Bilder von Licht und Sonne die Süße des Lebens zum Ausdruck bringen. Wo Licht und Sonne an Glanz verlieren und von Wolken und Regen verdunkelt werden, büßt das Leben seine Süße ein und bringt immer mehr Beschwernisse mit sich. Das führen die folgenden Bilder aus.

V. 3a beschreibt das Zittern der Wächter des Hauses und das Krümmen der kraftvollen Männer. Mit בַּיִת (bajit) wird hier ein Leitbild eingeführt, an dem entlang sich die weiteren Bilder deuten lassen. Das Zittern und Krümmen bringt große Gefahren mit sich, denn Sicherheit ist da nicht mehr gegeben, wo die Bewachung des Hauses geschwächt ist. Vom Zittern und Krümmen her gelesen, könnten hier Arme und Beine des Menschen gemeint sein, wenn von Wächtern und Männern die Rede ist.[683] Nach V. 3b werden die wenigen Mahlenden untätig und es wird bei denen dunkel, die aus den Fenstern schauen. Das Bild vom Fenster ordnet sich dem Leitbild des Hauses zu, die Mahlenden sind damit allerdings nur locker verbunden. Diese Mahlenden könnten für die Zähne des alternden Menschen stehen und die aus dem Fenster Schauenden könnten auf die Augen des Menschen verweisen,[684]

---

680 Nach Lohfink, Kohelet, 84, „zieht Kohelet hier die Topik apokalyptischen Redens vom Weltuntergang, die seinen Lesern durchaus bekannt ist, ins individuelle Leben hinein." In ähnlicher Weise wirft Schellenberg die Frage auf, warum Kohelet „das Ende des Menschen hier in ‚apokalyptischen' Bildern beschreibt", und vermutet, dass es Kohelet darum geht, „apokalyptische Vorstellungen von Weltuntergang und Gericht innerweltlich zu interpretieren und damit zu ‚entmythologisieren'" (Schellenberg, Kohelet, 157).
681 Nach Krüger, Kohelet, 356f., liegt die Intention Kohelets darin, „die Erwartung (als Hoffnung oder Befürchtung) eines ‚Weltuntergangs' auf die Erwartung des individuellen Todes zu reduzieren […]. Selbst wenn ein (‚apokalyptischer') ‚Weltuntergang' bevorstünde, lägen darin für den Einzelnen nicht mehr ‚Schrecken' – aber auch nicht mehr Hoffnungen! – als in seinem ‚natürlichen' Tod." Schwienhorst-Schönberger, Kohelet, 533, schließt daraus: „Kohelet nimmt den Tod an und ruft im Schlussgedicht seinen Schüler zu eben dieser Annahme auf."
682 Zimmerli bezieht die Bilder auf den Winter und sieht hier die „widrige Jahreszeit mit der widrigen Lebenszeit des Alters verglichen" (Zimmerli, Buch des Predigers, 246); ähnlich deutet den Zusammenhang Crenshaw, Ecclesiastes, 185: „Life becomes a long winter, dark and cold."
683 Vgl. Hertzberg, Prediger, 211.
684 Vgl. Zimmerli, Buch des Predigers, 246.

wobei die lexematischen Anklänge an das Bild der Verfinsterung, das sich bereits in V. 2 findet, nicht übersehen werden sollten.

V. 4 führt den Gedankengang zunächst im Leitbild des Hauses weiter, denn in V. 4a ist von den geschlossenen Türen zur Straße hin die Rede. Wenn dann aber das Niedersinken des Klanges der Mühle angeführt wird, ist das Leitbild des Hauses verlassen. Wo die Türen zur Straße als dem Ort der Kommunikation im Alltag geschlossen werden und wo der Klang der Mühle verklingt, da nimmt der Mensch nicht mehr am Leben teil. Man muss wohl davon ausgehen, dass es in V. 4a um das Gehör des Menschen geht. Wenn beide Türflügel, also das Ohrenpaar,[685] zur Straße hin verschlossen sind, hat die aktive Teilnahme und Teilhabe am Alltagsleben ein Ende. Mit V. 4b lässt Kohelet das Leitbild des Hauses hinter sich. Die Rede vom Aufstehen zum Vogelgezwitscher und vom Verklingen aller Töne eines Liedes knüpft an das vorangehende Bild vom Niedersinken des Klanges der Mühle an. Auch V. 4b bewegt sich im Bereich des Hörens, das offenkundig immer schwieriger wird. Daneben wird mit dem Hinweis auf das Aufstehen beim Vogelgezwitscher wohl darauf angespielt, dass der alte Mensch trotz nachlassenden Gehörs einen so leichten Schlaf hat, dass ihn das Zwitschern der Vögel am Morgen aus dem Schlaf reißt. Damit würden zwei unterschiedliche Seiten des Klanges angesprochen: Der unerwünschte Gesang der frühen Vögel wird wahrgenommen, der erwünschte Klang der Lieder kann dagegen nicht mehr gehört werden.

V. 5aα.β führt die Beschwernisse des Alters im Blick auf die Fortbewegung vor Augen: Die Furcht vor einer Anhöhe und der Verweis auf die Schrecknisse auf dem Weg verweist auf die Mühe, die ein Anstieg für denjenigen mit sich bringt, der nicht mehr gut zu Fuß ist. Bemerkenswert ist hier die Wortwahl: Sowohl die Wurzel ירא (jrʾ) als auch das Lexem חַתְחַת (ḥatḥat) greifen sehr weit aus und können in den Bereich der Angst und des Terrors führen.[686] Hier einen solchen Bedeutungsradius anzunehmen, führt im Blick auf die konkrete Anhöhe mit ihren Hindernissen sicherlich zu weit, doch öffnet Kohelet das semantische Feld deutlich und zeichnet die Beschwernisse des Alters in dramatischer Begrifflichkeit. Ab V. 5aγ folgt eine Trias von Frühjahrs- und Sommerbildern, die in einem deutlichen Kontrast zur abnehmenden Kraft des altersschwachen Menschen stehen.[687] Der Mandelbaum blüht im Frühjahr in strahlenden Farben, die Heuschrecke schleppt sich im Sommer voll-

---

685 Der Dual דְּלָתַיִם (dᵉlātajim) spricht für eine solche Deutung; vgl. dazu Fox, Time, 348.
686 Vgl. dazu Krüger, Kohelet, 355, und Schoors, Ecclesiastes, 808: „In the first stich the verb ‚to fear‘ occurs, and the meaning of the parallel can only be ‚terror‘. The reduplication has intensive force [...]."
687 Vgl. Hertzberg, Prediger, 213, sowie Lohfink, Kohelet, 83, und Schwienhorst-Schönberger, Kohelet, 534.

gefressen dahin und zur ungefähr selben Zeit bricht die reife Kapernfrucht auf. Die Natur zeichnet in Syrien und Palästina vor allem im Frühsommer ein Bild übervollen Lebens. Das Altern eines einzelnen Menschen, so sehr er auch von Furcht und Schrecken gepeinigt sein mag, hält den Lauf der Dinge nicht auf. Der Mensch geht am Ende in sein ewiges Haus,[688] doch selbst dann geht das Leben weiter, wie das Bild von den Klagenden auf der Straße zeigt. Der einzelne Mensch ist in den steten Lauf des natürlichen und sozialen Lebens eingebunden. Sein Tod beendet zwar sein Leben, dieser Tod ist aber nicht das Ende der Welt. Kohelet greift hier auf seine Eingangsreflexion in Koh 1,2–11 zurück, in der die Beständigkeit des Kosmos und das Kommen und Gehen der einzelnen Generationen einander zugeordnet werden. In Koh 12,5b ist nun vom einzelnen Menschen die Rede, der in sein ewiges Haus geht. Die Natur und das Leben innerhalb der menschlichen Gemeinschaft brechen dabei aber nicht zusammen.

V. 6 knüpft mit עַד אֲשֶׁר לֹא ('ad ᵃšær lo') wieder an das übergeordnete וְזָכֹר (ūzᵉkor) aus V. 1 an und setzt damit einen Akzent. Noch einmal wird hier in voller Bildsprache der in V. 5b indirekt beschriebene Tod illustriert. Die in den Bereich des Sterbens und des Todes gehörenden Bedeutungsdimensionen von V. 6 erschließen sich von der Schlusswendung אֶל־הַבּוֹר ('æl-habbōr), denn das Lexem בּוֹר (bōr) bezeichnet im Hebräischen sowohl die Zisterne als auch die Grube, in die der Mensch nach seinem Tod hinabfährt.[689] V. 6 setzt die offene Bedeutung des Lexems ein und zeichnet Bilder von der technischen Ausstattung einer Zisterne, die an Wert und Kostbarkeit sehr übersteigert daherkommen. Der silberne Faden ist dabei wohl als ein silbernes Zugseil zu verstehen, das sich auftrennt oder löst, die goldene Schale ist wahrscheinlich ein besonders kostbares Behältnis für das Wasser, das von dem aufgelösten Faden nicht mehr gehalten werden kann und deswegen beim Herabfallen zerbricht.[690] Kein Brunnen in Palästina wird mit silbernen Seilen und gol-

---

688 Zu diesem vor allem in ägyptischen Texten geprägten Bild für den Tod vgl. etwa Ps 49,12 und weiterführend Galling, Prediger, 122f., und Hertzberg, Prediger, 213f., sowie Crenshaw, Ecclesiastes, 188.
689 Vgl. dazu HAL, 111f., und zur *consecutio temporum* Hertzberg, Prediger, 214: „Das nach den drei Imperfekta auffallende Perf. גָּלַ soll vielleicht das endgültige ‚Aus' dartun."
690 Der silberne Faden und die goldene Schale werden gelegentlich als eine Leuchteinrichtung verstanden: Die goldene Schale hänge an einem silbernen Faden, der sich löse und dadurch die dann herabstürzende Schale zerstöre (so etwa Zimmerli, Buch des Predigers, 247, und Lohfink, Kohelet, 85, sowie Köhlmoos, Kohelet, 245). Diese Deutung ist dekontextualisiert durchaus ansprechend, hat aber innerhalb des Zusammenhangs von V. 6 mit seinem Zielbild der Grube keine Referenz. Daher sollte man versuchen, auch den Faden und die Schale im Kontext des Brunnens zu deuten; vgl. dazu L. Levy, Das Buch Qoheleth. Ein Beitrag zur Geschichte des Sadduzäismus, Leipzig 1912, 137: „Wir haben es hier nur mit einem einzigen, schön ausgeführten Bilde zu tun: V. 6 schildert einen Ziehbrunnen."

denen Schalen ausgestattet gewesen sein. Kohelet überzeichnet hier gezielt den Wert dessen, was am Ende seinen Weg in die Grube findet. Mag der einzelne Mensch auch noch so reich und wohlhabend gewesen sein, am Ende führt sein Weg ihn so in die Grube, wie die goldene Schale in den Brunnen fällt. Konkreter noch sind die Bilder vom Krug und vom Schöpfrad: Der Krug ist das Gefäß zum Transport des Wassers und das Schöpfrad ist die Einrichtung, an der letztlich alles hängt und die am Ende in die Zisternengrube hinein zertrümmert wird. Mit den Bildern von den kostbaren Gerätschaften am Brunnen illustriert Kohelet die Zerbrechlichkeit und Todesverfallenheit des Menschen.[691]

Die Verankerung Kohelets in den Traditionen seiner Zeit zeigt sich an V. 7: Der Staub möge zurückkehren zur Erde und der Geist wird zurückkehren zu Gott.[692] Kohelet lehnt sich hier einerseits an die Sprache der nichtpriesterschriftlichen Schöpfungs- und Paradieserzählung in Gen 2f.* an,[693] setzt andererseits aber lexematisch eigene Akzente. So verwendet Kohelet nicht wie die Verfasser von Gen 2,7; 3,19 das Lexem אֲדָמָה (*ᵃdāmāh*),[694] sondern den Begriff אֶרֶץ (*'æræṣ*) für ‚Erde‘, der der Mensch entspreche. Und Kohelet verwendet auch nicht wie die Verfasser von Gen 2,7 das Lexem נְשָׁמָה (*nᵉšāmāh*), sondern spricht von רוּחַ (*rūᵃḥ*), wenn er das bezeichnet, was den Menschen belebt.[695] Man wird den Vers nicht überinterpretieren dürfen. Man kann ihn aber doch auch nicht aus der theologischen und anthropologischen Konzeption des Buches ausklammern. Kohelet entwickelt im Anschluss an die nichtpriesterschriftliche Schöpfungs- und Paradieserzählung ein Verständnis des menschlichen Lebensendes, demzufolge dem Menschen nicht nur seine Rückkehr zum Staub bevorsteht, sondern zugleich eine Form der Gemeinschaft mit Gott bleibt. Kohelet deutet das hier nur an und enthält sich jeder weiteren

---

691 Vgl. Zimmerli, Buch des Predigers, 247: „Das Zerreißen und Zerbrechen der hier gebrauchten Geräte schildert eindringlich die böse Verwüstung des Todes."
692 Auffällig ist das Nebeneinander von Jussiv- und Imperfektformen innerhalb des Verses (vgl. Hertzberg, Prediger, 208). Kohelet steht hier mit seinen Aussagen zwischen Wunsch und Wirklichkeit und zudem in einem Feld, das die Zukunft betrifft und über das der Mensch nach Kohelets Überzeugung am Ende nichts wissen kann. Von dieser Überzeugung her ergibt sich auch keine bedeutsame Spannung zwischen Koh 12,7 und Koh 3,20f. (vgl. Hertzberg, Prediger, 215, und Schellenberg, Kohelet, 159).
693 Vgl. dazu J. C. Gertz, Das erste Buch Mose. Genesis. Die Urgeschichte Gen 1–11 (ATD 1), Göttingen ²2021, 82–151, und K. Schmid, Die Unteilbarkeit der Weisheit. Überlegungen zur sogenannten Paradieserzählung Gen 2f. und ihrer theologischen Tendenz, in: ZAW 114 (2002), 21–39.
694 Vgl. Gertz, Genesis, 102–109.146f.
695 Vgl. dazu aber Gen 7,22 (נִשְׁמַת־רוּחַ [*nišmat-rūᵃḥ*]).

Konkretion. Es bleibt bei einem Gedankensplitter.[696] Kohelets Leserinnen und Leser wissen, dass Kohelet an dieser Stelle weiter geht, als sein eigener Ansatz es ihm erlaubt, denn sein Denken ist ja von der Überzeugung getragen, dass der Mensch nicht wissen kann, was nach ihm kommen wird.[697]

In V. 1–7 arbeitet Kohelet noch einmal mit großer Eindringlichkeit die Begrenztheit menschlichen Lebens heraus. Das Leben, das von der Jugend herkommt, geht doch auf das Verblühen, das Eintrüben und letztlich das Zerbrechen zu und wird erst in dieser Zerbrechlichkeit zum Leben des Menschen. Der Staub kehrt nach V. 7 zur Erde zurück, die nach Koh 1,4 für immer Bestand hat.[698] Die רוּחַ (rūᵃḥ) kehrt dagegen zu Gott zurück, der sie gegeben hat und der nach Koh 3,15 auch das noch sucht, was verloren zu gehen droht. Gerade Koh 12,7 lässt letztlich mehr Fragen offen, als Kohelet zu beantworten bereit ist. Ob hinter dem Nebeneinander von עָפָר ('āpār) und רוּחַ (rūᵃḥ) eine dichotomische Anthropologie anzunehmen ist, erscheint vor dem Hintergrund der ganzheitlichen Anthropologie der Hebräischen Bibel zweifelhaft. V. 7 ist wohl eher im Kontext der in Koh 1–3 entwickelten Vorstellung von der Beständigkeit der Erde und der Fürsorge Gottes zu lesen: עָפָר ('āpār) und רוּחַ (rūᵃḥ) haben nach Koh 12,7 an beidem ihren Anteil.[699]

Es ist nur sachgemäß, wenn V. 8 die sich hier ergebenden Aporien mit der Einschätzung, dass alles grundlegend הֶבֶל (hæbæl) sei, abschließt. Das große Schlussgedicht, das sich an den jungen Menschen richtet, faktisch aber vom alten und sterbenden Menschen spricht und damit in einem funktionalen Merismus das Leben insgesamt im Blick hat, mündet ein in die Grundeinsicht Kohelets, derzufolge am Ende alles nichtig ist. Damit steht das Schlussgedicht des Buches[700] in auffälliger Weise in Korrespondenz mit dem Eröffnungsgedicht in Koh 1,2.3–11,[701] das in V. 2 mit der Einsicht in die umfassende Nichtigkeit beginnt. Das Nichtigkeitstheorem

---

696 Vgl. dazu Schwienhorst-Schönberger, Kohelet, 537–540, der betont: „In einer begrifflich kaum einholbaren, hochpoetischen Form wird hier der Tod als Abbruch *und* Übergang zugleich gedeutet." (Schwienhorst-Schönberger, Kohelet, 540).
697 Vgl. dazu nur Koh 3,21; Koh 11,1–6.
698 Schwienhorst-Schönberger, Kohelet, 534f.: „So bestätigt sich am Ende des Buches das, was an seinem Anfang gesagt wurde: Menschen kommen und gehen, doch die Erde steht in Ewigkeit (1,4: עוֹלָם). War zu Anfang aber noch nicht klar, wohin der Mensch geht, so wird das Geheimnis am Ende offenbar: Der Mensch geht in das ‚Haus seiner Ewigkeit' (בֵּית עוֹלָמוֹ)."
699 Nach Schwienhorst-Schönberger „artikuliert sich hier die tief in der biblischen Tradition verwurzelte Erfahrung, dass Leben nur in der Gemeinschaft mit Gott als bleibendes gedacht und erfahren werden kann" (Schwienhorst-Schönberger, Kohelet, 538).
700 Zur Form vgl. aber auch Krüger, Kohelet, 353: „Aufgrund der sprunghaften und unregelmäßigen Wechsel in Form und Inhalt wirkt 12,1b–7 eher wie eine ‚Collage' als ein gleichmässiges ‚Gedicht' (vgl. demgegenüber 1,3–11 und 3,1–9)."
701 Vgl. Köhlmoos, Kohelet, 241.

bildet nicht nur den Abschluss von Koh 11,7–12,8, sondern formt zusammen mit Koh 1,2 einen hermeneutischen Rahmen, der das Koheletbuch insgesamt einfasst. Doch liest sich die Aussage in Koh 12,8 nach dem Durchgang durch das Buch anders als in Koh 1,2.[702] Aus der anfänglichen Behauptung der Nichtigkeit ist am Ende des Buches eine weitergehende Erkenntnis und Einsicht geworden, die das Nichtige und Flüchtige nicht einfach nur konstatiert. Auf dem Fundament des dem Menschen von Gott gegebenen Zeitraums und im Wissen um dessen Vergänglichkeit entwickelt Kohelet eine Lehre von der Gestaltung des Lebens, das zu einem gelingenden Leben werden kann, wenn der Mensch auf die Beständigkeit des Kosmos' vertraut, die eigenen Grenzen anerkennt, des Schöpfers gedenkt und vor diesem weiten Horizont das Leben mit Freude annimmt.[703]

2.30 Koh 12,9 – 11.12 – 14

9   Und es bleibt noch, dass Kohelet ein Weiser war.
    Immerfort lehrte er Erkenntnis das Volk und hörte und erforschte, berichtigte Sprüche vielerart.
10 Kohelet suchte zu finden gefällige Worte
    und recht aufzuschreiben[704] wahrhaftige Worte.
11 Worte von Weisen sind wie die Ochsenstacheln und wie eingeschlagene Nägel sind Leitworte von Sammlungen –
    sie sind gegeben von einem Hirten.

---

702 Vgl. dazu Lohfink, Kohelet, 85: „Der Rahmenvers ist nicht mehr der vollausgebaute Treppenparallelismus von 1². Eine solche Emphase des noch Unbekannten, sich gerade erst Einführenden ist hier am Ende nicht mehr nötig. Inzwischen hat der Satz sich mit einem ganzen Buch voller Reflexion bereichert und muß nur noch einmal wie ein leiser Ton angeschlagen werden, damit er im Leser nachhallt." Nach Krüger, Kohelet, 361, „fordert 12,8 die Leser am Ende dazu auf, das Buch aus diesem Blickwinkel noch einmal neu zu lesen." Für Schwienhorst-Schönberger, Kohelet, 539, ist damit „*eine* Voraussetzung für seine Kanonisierung gegeben. Das Buch enthält ein Sinnpotential, das sich im Prozess eines prinzipiell unbegrenzten Lesens und Hörens nicht erschöpft, sondern immer tiefer erschließt."
703 Vgl. Schellenberg, Kohelet, 159. Damit liegt eine vollkommen andere Deutung vor, als sie etwa Delitzsch und in seiner Nachfolge viele andere Ausleger des Koheletbuches gegeben haben: „Der Verf. ist nun zu Ende. Sein Koheleth-Salomo hat alles Irdische klein geschlagen und bleibt schließlich auf diesem Schutthaufen von *vanitas vanitatum* sitzen." (Delitzsch, Koheleth, 411). Der vorliegenden Auslegung zufolge ist am Ende des Koheletbuches kein Schutthaufen zu finden, sondern die gelassene Anerkenntnis der *conditio humana*.
704 Die Masoreten lesen in Koh 12,10b mit וְכָתוּב ($w^e k \bar{a} t \bar{u} b$) ein passives Partizip im Qal. Aufgrund des Parallelismus zu der Infinitivkonstruktion in V. 10a ist in V. 10b wohl aber eher וְכָתוֹב ($w^e k \bar{a} t \bar{o} b$) als *infinitivus absolutus* anzunehmen (vgl. dazu etwa Krüger, Kohelet, 364).

12   Und es bleibt noch, darüber hinaus: Mein Sohn, lass dich warnen –
     das vielerart Büchermachen hat kein Ende und vielerart Studieren bedeutet
     Ermüdung des Leibes!
13   Als Schluss einer Erörterung wird das Ganze gehört:
     Den Gott fürchte und seine Gebote halte! Ja, dies' ist der ganze Mensch!
14   Ja, jedes Werk setzt Gott ins Recht über alles Verborgene hinweg,
     es sei gut oder böse.

Das Koheletbuch schließt mit einem zweiteiligen Nachwort. Mit וְיֹתֵר (wᵉjoter) zu Beginn von Koh 12,9 und von V. 12 wird dieses Nachwort als doppelter Nachtrag kenntlich gemacht und von dem durch Koh 1,2 und Koh 12,8 gerahmten Buchkorpus abgesetzt. Koh 12,9–14 steht damit auf einer Ebene mit Koh 1,1[705] und bildet als Unterschrift mit der Überschrift den äußeren Rahmen des Buches. Dieser äußere Rahmen weist in Koh 1,1 auf Kohelet als den Sohn Davids hin, einen König in Jerusalem. Koh 12,9–11 und V. 12–14 führen diese Profilierung Kohelets weiter aus und schaffen damit Verbindungen zwischen dem Koheletbuch und anderen Kontexten: In V. 9–11 tritt der Anschluss an die salomonisch geprägte Weisheitstradition hervor, in V. 12–14 rücken Gottesfurcht und Gebotsgehorsam in die Mitte. Beide Abschnitte des Nachwortes stehen dabei in keinem grundsätzlichen Gegensatz zu Kohelets Erörterungen im Buchkorpus, führen aber doch mit gezielt gesetzten Stichworten über diese Erörterungen hinaus. Es hat den Anschein, als solle durch die beiden Schlussabschnitte das Koheletbuch gezielt mit bei der Leserschaft bekannten Vorstellungen verknüpft werden, um Kohelets Denken als einen integralen Bestandteil allgemeiner und weiterreichender Bildungsgehalte auszuweisen.[706]

In V. 9–11 steht zunächst Kohelet als Weiser im Fokus. Bemerkenswert ist die Wortwahl, denn das V. 9 eröffnende וְיֹתֵר (wᵉjoter) leitet sich wie auch das Nomen יִתְרוֹן (jitrōn) von der Wurzel יתר (jtr) ab.[707] Während Kohelet in Koh 1,3; 2,11.13; 3,9; 5,15 allen bleibenden Gewinn als fragwürdig einstuft, scheint in Koh 12,9 mit וְיֹתֵר (wᵉjoter) nun etwas Verbleibendes in Aussicht gestellt zu sein, wobei die Bedeutung

---

705 Vgl. Krüger, Kohelet, 365.
706 Vgl. Krüger, Kohelet, 365, dem es möglich erscheint, „das Nachwort des Koheletbuchs als dessen ursprünglichen literarischen Abschluss zu verstehen [...], durch den es noch einmal pointiert in den Horizont der zeitgenössischen theologischen Diskussionen eingeschrieben wird."
707 Das (partizipiale) Nomen יֹתֵר (joter) ist nicht nur in den Nachworten in Koh 12,9.12 belegt, sondern insgesamt in der Begriffswelt Kohelets verankert; vgl. dazu Koh 2,15; 6,8.11; 7,11.16. Zu den philologischen Problemen vgl. N. Lohfink, Zu einigen Satzeröffnungen im Epilog des Koheletbuches, in: A. A. Diesel u. a. (Hg.), „Jedes Ding hat seine Zeit ...". Studien zur israelitischen und altorientalischen Weisheit. Diethelm Michel zum 65. Geburtstag (BZAW 241), Berlin/New York 1996, 131–147, 131–139.

der Formulierung zwischen Zusammenfassung und Nachtrag oszilliert. Als Zusammenfassung kann sicherlich die Aussage קֹהֶלֶת חָכָם (qohælæt ḥākām) verstanden werden, denn dass Kohelet ein Weiser war, ergibt sich aus den Erörterungen des Buches. Das Profil dieses Weisen, das in V. 9b gezeichnet wird, geht allerdings über die Erörterungen Kohelets hinaus: Zum einen sei Kohelet durchgehend als Lehrer des Volkes wirksam gewesen,[708] zum anderen habe er Sprüche gehört, erforscht und gerade gemacht, und zwar auf vielerlei Weise.

Kohelets Umgang mit den מְשָׁלִים (meš̄ālīm) wird an dieser Stelle mit einer Trias von Tätigkeiten gekennzeichnet: וְאִזֵּן וְחִקֵּר תִּקֵּן (weʾizzen weḥiqqer tiqqen) – worum geht es dabei? Nach 1. Kön 3,9 bittet Salomo um ein ‚hörendes Herz', ein לֵב שֹׁמֵעַ (leb šomeaʿ), um das Volk recht richten und zwischen Gut und Böse unterscheiden zu können. Der für den Weisen offensichtlich elementare Vorgang des Hörens, für den in 1. Kön 3,9 die Wurzel שׁמע (šmʿ) verwendet wird, wird in Koh 12,9 mit der Wurzel אזן (ʾzn) beschrieben.[709] Mit der zweiten Wurzel חקר (ḥqr) wird das genaue Erforschen und Ergründen erfasst.[710] Das Lexem wird besonders häufig im Hiobbuch verwendet.[711] So wird etwa das Erforschte nach Hi 5,27 von Elifas als etwas aufgefasst, das gehört und begriffen werden kann: Auf das Erforschen folgen Hören und Erkenntnis.[712] Nach Koh 12,9 steht das Hören dagegen am Anfang und wird durch das intensive Erforschen des Gehörten weitergeführt. Bei der dritten Wurzel תקן (tqn), die nur im Kohelet- und im Sirachbuch belegt ist,[713] handelt es sich wohl um eine Variante zu תכן (tkn), wobei auch die Wurzeln קנה (qnh) und כון (kwn) verwandt sein dürften.[714] Insgesamt wird hier das semantische Feld des Gerade-

---

[708] Zu diesem Aspekt vgl. Schwienhorst-Schönberger, Kohelet, 545 f., der die mit V. 9 dokumentierte Breitenwirkung Kohelets herausstellt.
[709] Gesenius[17], 21, geht von einer Wurzel אזן (ʾzn) II aus, die allerdings nur in Koh 12,9 belegt wäre, und bemerkt: „technischer Ausdruck, der sich wahrsch. auf d. Versmaß od. d. Parallelismus bezieht." Weiterführend schlägt Gesenius[18], 30, unter Berufung auf das arabische wazana für ‚wägen' und das ugaritische MZN für ‚Gewicht' vor: „wägen i. d. Bdtg. v. entsprechend den Regeln i. Versen dichten". Ähnlich wird in HAL, 27, ‚abwägen' als Bedeutung angegeben. Derartige Vermutungen bestimmen die Übersetzungsgeschichte von Koh 12,9; vgl. nur Hertzberg, Prediger, 216, der etwa meint: „Doch kommt man weder über ‚hören' noch ‚hören lassen' zu einem rechten Sinn." Das stimmt allerdings nicht. Es ist vielmehr vollkommen überflüssig, für Koh 12,9 eine nur einmal belegte Wurzel אזן (ʾzn) II anzunehmen, da das semantische Feld von אזן (ʾzn) I für ‚hören' die Aussageabsicht in Koh 12,9 sehr genau trifft (vgl. dazu auch Schwienhorst-Schönberger, Kohelet, 543.546).
[710] Vgl. HAL, 334.
[711] Vgl. Hi 5,27; 13,9; 28,3.27; 29,16; 32,11 und dazu die Belege für das Nomen חֵקֶר (ḥeqær) in Hi 5,9; 8,8; 9,10; 11,7; 34,24; 36,26; 38,16.
[712] Vgl. Witte, Hiob, 157.
[713] Vgl. Koh 1,15; 7,13; 12,9 sowie Sir 47,9.
[714] Vgl. Ges[18], 1455 f.

und Geordnetseins abgesteckt:[715] Kohelet wird als ein Weiser beschrieben, der מְשָׁלִים (*mᵉšālīm*) ordnet, begradigt und berichtigt, nachdem er sie gehört und erforscht hat. Der absolute Infinitiv הַרְבֵּה (*harbeh*) am Ende von V. 9 wird hier – wie auch in Koh 11,8 – nicht attributiv, sondern adverbial gebraucht:[716] Es geht nicht um die Menge der Sprüche, sondern die Vielfalt der Bearbeitungsformen. Koh 12,9 beschreibt insgesamt einen Prozess der Erkenntnisbildung und Erkenntnissicherung, der Kohelets Vorgehen sehr sachgemäß erfasst: Am Anfang steht das Wahrnehmen, dann die intensive Erforschung und am Ende der Versuch einer Einordnung und möglicherweise auch Berichtigung.[717] Das Profil der weisheitlichen Bemühungen Kohelets wird in Koh 12,9 sehr zutreffend bestimmt.

Kohelet ist offenkundig ein vielseitiger Weiser, der öffentlich wirkt, sich aber auch durch eine genaue und intensive Auseinandersetzung mit der Spruchtradition auszeichnet, die er nicht nur hört und erforscht, sondern auch konstruktiv voranbringt, indem er sie da gerade macht, wo sie ihm schief zu sein scheint.

V. 10 liest sich wie eine Auslegung von V. 9b. Kohelet geht es in seiner Weisheit darum, gefällige und das heißt doch wohl: eingehende und verständliche Worte zu finden und diese in sachgemäßer Weise als wahrhaftige Worte aufzuschreiben.[718] Das Bild eines öffentlich wirksamen Weisheitslehrers, der mit מְשָׁלִים (*mᵉšālīm*) umzugehen weiß, schafft zunächst eine Kompatibilität zwischen Kohelet und den Weisen des Proverbienbuches, innerhalb dessen die Weisheit ebenfalls im öffentlichen Raum verortet wird[719] und das sich durch große Sammlungen von מְשָׁלִים (*mᵉšālīm*) auszeichnet.[720] Kohelet geht mit seiner Weisheit aber einen Schritt weiter, wenn er nicht nur hört und erforscht, sondern auch berichtigend voranbringt, was

---

715 Vgl. HAL, 1642, und M. Delcor, Art. תכן, in: THAT II (³1984), 1043–1045.
716 Vgl. oben Anm. 644.
717 Vgl. dazu Krüger, Kohelet, 368: „Weisheit definiert sich demnach hier nicht mehr in erster Linie durch eine materiale Tradition, sondern durch die Fähigkeit zur kritischen Reflexion von Traditionen im Blick auf eigene Erfahrungen." Für Schwienhorst-Schönberger, Kohelet, 546, liegt insbesondere der Aspekt des Berichtigens „ganz auf der Linie dessen, was der Hörer in 1,2–12,8 vernommen hat, und es entspricht der Aussage von V 9abα, derzufolge Kohelet mehr war als ein gewöhnlicher Weiser. Kohelet hat also nicht in erster Linie – wie es in Sir 21,15 heißt – weise Worte gelobt und weitere hinzugefügt, sondern überliefertes Wissen geprüft und, wo es nötig erschien, richtig gestellt."
718 Vgl. dazu Zimmerli, Buch des Predigers, 249, der hinter V. 10 einen doppelten Anspruch erkennt: „Es ist ein literarisch-ästhetischer Anspruch. Der Spruch will formvollendet und geistvoll sein. Dazu kommt aber der moralisch-erzieherische Anspruch. Der Spruch will zuverlässige Weisung und Lebenskunde geben."
719 Vgl. nur die programmatische Rede der Weisheit in Prov 1,20–33; vgl. dazu Lohfink, Kohelet, 85 f.: „Falls das Rufen der Weisheit auf den Straßen und Plätzen in Spr 1–9 dasselbe meint, sollte man fast annehmen, daß diese Kapitel nicht älter sind."
720 Vgl. die beiden מְשָׁלִים(*mᵉšālīm*)-Sammlungen in Prov 10,1–22,16 und in Prov 25–29.

er gelernt hat, um auf diesem Weg angemessene Worte zu finden. In V. 11a wird in der Form eines Gleichspruchs, wie er sich auch in den Sprüchen des Proverbienbuches finden könnte, das Ergebnis und Ziel der Arbeit Kohelets auf den Punkt gebracht: Die Worte von Weisen[721] sind wie Ochsenstachel und wie eingeschlagene Nägel sind die Leitworte der Sammlungen. דִּבְרֵי חֲכָמִים (dibrē ḥᵃkāmīm) und בַּעֲלֵי אֲסֻפּוֹת (baᵃlē ᵃsuppōt) stehen in V. 11a in chiastischer Entsprechung: Während mit der Wendung דִּבְרֵי חֲכָמִים (dibrē ḥᵃkāmīm) die Einzelworte der Weisen herausgestellt werden, betont das Syntagma בַּעֲלֵי אֲסֻפּוֹת (baᵃlē ᵃsuppōt) Leitworte von Sammlungen, in denen die Weisheitssprüche zusammengefasst und überliefert werden. Verglichen werden diese Sprüche zum einen mit einem Instrument aus der Viehhaltung und zum anderen mit einem Mittel der Handwerkskunst: Der Ochsenstachel treibt den Ochsen an und hält ihn, nötigenfalls auch schmerzhaft, auf dem rechten Weg, die eingeschlagenen Nägel halten zusammen, was ohne Nägel auseinanderzufallen drohte.[722] Mit diesen Bildern wird das lenkende und mitunter schmerzhafte, aber immer auch haltende und festigende Wesen eines Weisheitswortes herausgestellt. Einen doppeldeutigen Schlusspunkt unter das erste Nachwort setzt V. 11b: Dass die Weisheitsworte von einem einzigen Hirten gegeben seien, erschließt sich keineswegs unmittelbar. Das Hirtenbild bezieht sich in der Hebräischen Bibel häufig auf Gott selber.[723] So verstanden, würde mit V. 11b die Weisheitstradition mit Gott als deren Quelle verknüpft. Die deutlichen Anklänge in Koh 12,9–11 an die Spruchtraditionen des durch den Bezug auf Salomo autorisierten Proverbienbuches und die kompositionelle Entsprechung der Überschrift des Koheletbuches in Koh 1,1 mit den Nachworten in Koh 12,9–14 sprechen allerdings eher dafür, hinter dem in V. 11b genannten Hirten nicht Gott, sondern den König zu vermuten. Der König, um den es dabei geht, ist derjenige, der in Koh 1,1 als Sohn Davids erscheint und in Prov 1,1; 10,1; 25,1 eng mit der Weisheit verbunden wird, nämlich Salomo.[724] Wie in Koh 1,1 wird auch in Koh 12,11b Salomo nicht explizit genannt. Das gesamte Buch ist aber von der Salomofiktion bestimmt und der implizite Salomobezug macht das Salomonische des Buches fast noch durchdrin-

---

[721] Vgl. zu דִּבְרֵי חֲכָמִים (dibrē ḥᵃkāmīm) die wörtliche Entsprechung in Prov 22,17, was ebenfalls auf die gezielt gestaltete Verbindung von Koh 12,9–11 mit dem Proverbienbuch deutet.
[722] Vgl. Schwienhorst-Schönberger, Kohelet, 547: „So wird der Vergleich mit Ochsenstecken durch den Vergleich mit eingeschlagenen Nägeln ausbalanciert: Die Worte der Weisen treiben an *und* geben Bestand."
[723] Vgl. dazu nur exemplarisch Ps 23,1 oder Ez 34,11–15.
[724] Vgl. in ähnlicher Richtung, allerdings (unter Absehung der Salomofiktion) auf Kohelet ausgerichtet die Deutung Schwienhorst-Schönbergers, Kohelet, 549: „Wenn man bedenkt, dass sich altorientalische Könige als Hirten ihrer Völker verstanden, die Hirtenmetapher also zugleich eine Königsmetapher ist, dann kann von 1,1 und der Königstravestie her gelesen V 11b auch auf Kohelet selbst bezogen werden. *Er* wäre dann der Hirt, der antreibt und die Richtung weist."

der, als es jede explizite Erwähnung hätte leisten können. Die Verfasser des Nachwortes rücken Proverbien- und Koheletbuch hier sehr eng aneinander, um das Ergänzende und Komplementäre, aber auch das aufeinander Aufbauende und Weiterführende beider Weisheitsschriften herauszustellen. Es ist ein und derselbe Salomo, ob nun explizit genannt wie im Proverbienbuch oder implizit prägend wie im Koheletbuch, der als Quelle der Weisheit verstanden wird. Das Proverbienbuch und das Koheletbuch sind demnach zwei buchgewordene Flussarme desselben Weisheitsstromes, der unter der Autorität Salomos steht. V. 9–11 schaffen es auf diese Weise, von der Profilierung des Weisen Kohelet ausgehend das Koheletbuch in die Reihe salomonischer Weisheitsschriften zu integrieren und die Entstehung eines weisheitlichen Bildungskanons voranzutreiben.[725] Wer das Proverbienbuch in allen seinen Sammlungen durchgearbeitet hat, muss nun auch das Koheletbuch lesen, um sein Wissen und seine Weisheit zu vertiefen.[726]

---

[725] Hertzberg, Prediger, 219, erkennt hinter V. 9–11 ein apologetisches Interesse und sieht darin einen „Hinweis darauf, daß das Werk Qoh's schon bald nach seiner Veröffentlichung Gegenstand der Kontroverse war." Eine Apologie setzt aber wohl eine schärfere Auseinandersetzung voraus, als sie für die Rezeption Kohelets in seiner Zeit tatsächlich anzunehmen sein dürfte. Kohelet denkt die weisheitliche Überlieferung eigenständig weiter und kommt zu neuen Einsichten, die offenkundig aber sehr bald überlieferungsfähig waren. Das erste Nachwort fasst in diesem Zusammenhang der Überlieferung des Koheletbuches schlichtweg Kohelets Profil zusammen und macht vor allem in V. 9 deutlich, wie Kohelet mit seinem Stoff umgeht. Die Ambiguitätstoleranz im Weisheitsdiskurs des antiken Juda war möglicherweise größer als diejenige der späteren Ausleger der weisheitlichen Schriften, denn von diesen wird die Überlieferung zu oft nach Klassizität und Abweichung sortiert, ohne die wechselseitigen Beziehungen der Schriften in den Blick zu nehmen (vgl. zu diesem Problem Kynes, Orbituary, 107–145). Die Kohärenz und Zusammengehörigkeit der Weisheit besteht allerdings gerade in der in den Weisheitsschriften dokumentierten Fähigkeit, Klassisches und Innovatives nebeneinander stehen lassen und Unterschiedliches *miteinander* aushalten zu können. Hertzberg, Prediger, 220, sieht das auf der formalen Ebene wohl ganz ähnlich: „Die verschiedenen Stimmen am Schluß des Buches wirken geradezu *wie Gutachten zur Frage seiner Kanonisierung*; im späten Judentum ist dann ja diese Art, zu einem bestimmten Problem mehrere Meinungen einfach nebeneinanderzustellen, stark ausgebildet worden." Ob aber mit dieser Formulierung ‚diese Art' einer ‚einfachen Nebeinanderstellung' in ihrer ganzen und vor allem herausragenden Leistungsfähigkeit zur Erschließung geistiger Felder angemessen erfasst ist, bleibt doch fraglich, denn es ist ja nun doch eben nicht ‚einfach', die Dinge in ihrer Vielfalt nebeneinander stehen lassen zu können. Vgl. dazu Lohfink, Les épilogues, 85–96, der nachzeichnet, wie das Koheletbuch zum einen durch Koh 12,9–11 zu einem ‚Klassiker' gemacht und zum anderen in V. 12–14 das Sirachbuch abzuwehren versucht wird; Lohfink geht dabei davon aus, „que le livre des Proverbes resta en usage, et que celui de Qohélet fut réservé à des élèves plus avancés" (Lohfink, Les épilogues, 85).

[726] Schwienhorst-Schönberger, Kohelet, 545, eröffnet seine Auslegung von V. 9–11 ganz sachgemäß und pointiert: „Das *erste Nachwort* (V 9–11) macht Kohelet zu einem Klassiker." Köhlmoos, Kohelet, 248, geht davon aus, „dass das Buch Kohelet [...] als Korrelat (oder Anhang) zum Proverbienbuch konzipiert wurde und für die weitere Ausbildung genutzt werden sollte."

Das zweite Nachwort in V. 12–14 tritt der in V. 9–11 verfolgten Absicht mit einem eigenen Akzent zur Seite. Während in V. 9–11 Kohelet als Weisheitslehrer und Experte der Spruchdichtung profiliert wird und V. 11a wie ein Gleichspruch aus der Proverbientradition erscheint, wird in V. 12–14 ein imperativisch-paränetischer Ton angeschlagen, der Kohelet zwar nicht fremd ist,[727] sich aber doch vom ersten Nachwort abhebt.

V. 12a schließt an V. 9 an und markiert doch zugleich einen Neueinsatz. וְיֹתֵר (wᵉjoter) entspricht wörtlich der Einleitung des ersten Nachwortes, das folgende מֵהֵמָּה (mehemmāh) bringt aber unmittelbar einen Abstand zwischen V. 9–11 und V. 12–14 zum Ausdruck: Was in V. 9–11 zu lesen war, ist das eine – was nun folgt, ist etwas anderes. Mit der Anrede בְּנִי (bᵉnī) wenden sich die Verfasser in V. 12a unmittelbar an den Leser, der in der Sprache des Proverbienbuches[728] angesprochen und offensichtlich als Weisheitsschüler verstanden wird.[729] Der Imperativ הִזָּהֵר (hizzāher) hat dabei allerdings nicht weisheitliche, sondern prophetische Obertöne: Es steht etwas potentiell Bedrohliches im Raum, wenn man sich warnen lassen soll, wie Ez 3,16b-21 und Ez 33,1–9 zeigen, wo die Mehrzahl der Belege der Wurzel זהר (zhr) zu finden ist.[730] Dieses potentiell Bedrohliche wird in Koh 12,12b näher erläutert: Die Buchproduktion auf vielerlei Art hat kein Ende und das vielfältige intensive Studieren führt zur körperlichen Erschöpfung. Wenn in V. 9–11 von der intensiven Lehr- und Forschungstätigkeit Kohelets und von Weisheitsworten und Leitwortsammlungen die Rede war, als deren Quelle am Ende in V. 11b der eine Hirte *alias* Salomo-Kohelet genannt wird, so liest sich die Warnung vor zu viel Bücherschreiben und Studieren in V. 12b wie ein unmittelbares Echo auf V. 9–11. Dieses Echo muss dabei aber nicht als Einspruch oder Formulierung einer Gegenposition aufgefasst werden. V. 12 könnte vielmehr im Sinne Kohelets das μηδὲν ἄγαν (*medén 'ágan*) im Blick auf V. 9–11 formulieren: Das Studium der Weisheit ist zwar eine durchaus lenkende und festigende Angelegenheit, es kann den Menschen aber auch erschöpfen und am Ende zu Grunde richten. Daher bedarf es einer Warnung vor dem Zuviel.[731] Einen Ausweg aus dem Gefahrenbereich des Zuviel weist V. 13. Nach V. 13a kommt eine Art Schlussfolgerung aus den bisherigen Erörterungen zu Gehör,

---

727 Vgl. dazu nur Koh 12,1.
728 Vgl. nur Prov 1,8.10.15 u. ö.
729 Nach Schwienhorst-Schönberger, Kohelet, 550, zeigt die Anrede בְּנִי (bᵉnī), „die innerhalb des Koheletbuches nur an dieser Stelle begegnet [...], dass wir uns jetzt im traditionellen Schulmilieu bewegen".
730 Vgl. daneben den Gebrauch der Wurzel in Ex 18,20 und Ps 19,12 im Kontext von Gesetzen und Geboten.
731 Vgl. dazu Hertzberg, Prediger, 220, demzufolge die „Warnung vor dem zu vielen Studieren und Schreiben [...] gewiß ein wesentliches Stück der Meinung Qoh's erfaßt."

wenn in V. 13b die Aufforderung zur Gottesfurcht mit dem Imperativ וְאֶת־מִצְוֹתָיו שְׁמוֹר (wᵉ'æt-miṣwotāw šᵉmōr) verbunden wird und diese Verbindung von Gottesfurcht und Gebotsgehorsam als dasjenige erfasst wird, was den Menschen insgesamt ausmache bzw. ihm aufgegeben sei. Die Bedeutung der Gottesfurcht arbeitet Kohelet im Buchkorpus mehrfach heraus,[732] die Gebote und deren Beachtung sind für ihn dagegen kaum ein Thema.[733] Hier zeigt sich, wie die Verfasser des zweiten Nachwortes im – auf den ersten Blick – Anschluss an Kohelet bei genauerem Hinsehen weitere Horizonte zu eröffnen versuchen und das Koheletbuch an Gebots-, Gesetzes- und möglicherweise auch Toratraditionen anzuschließen versuchen. Mit dem Begriff מִצְוֺתָיו (miṣwotāw) wird auf diesen Traditionsbereich zwar nur vage angespielt. Wer von Gottesfurcht und Gebotsgehorsam spricht, ruft aber die Vorstellung einer Verbindung von Weisheit und Tora hervor, wie sie nicht erst im Sirachbuch,[734] sondern auch in den Weisheits- bzw. Torapsalmen[735] und in einigen Abschnitten des Proverbien-[736] und des Hiobbuches[737] zu greifen ist.[738] V. 13a gibt diese Verbindung zwar als Summe des Koheletbuches aus. Es spricht aber wenig dafür, dass die Verfasser das Denken Kohelets mit dem Verweis auf die Gottesfurcht und den Gebotsgehorsam neutralisieren oder überbieten wollten. Mit V. 12–14 liegt – nach V. 9–11 – vielmehr ein zweiter Versuch vor, das Koheletbuch in einen größeren Bildungskanon einzulesen: Was die Verfasser von V. 9–11 im Blick auf die Verankerung

---

732 Vgl. Koh 3,14; 5,6; 7,18; 8,12 f.
733 Vgl. aber Koh 8,5.
734 Vgl. dazu vor allem Sir 24.
735 Vgl. Ps 1; 111 f.; 119 und dazu M. Saur, Beständige Gerechtigkeit. Zum Zusammenhang von Theologie, Anthropologie und Weisheit in Psalm 111–112, in: S. Grätz u. a. (Hg.), Ein Freund des Wortes. Festschrift Udo Rüterswörden, Göttingen 2019, 263–285.
736 Vgl. vor allem Prov 2 und dazu B. U. Schipper, Hermeneutik der Tora. Studien zur Traditionsgeschichte von Prov 2 und zur Komposition von Prov 1–9 (BZAW 432), Berlin/Boston 2012, 221–279.
737 Vgl. dazu Witte, Hiob, 33, der in diesem Zusammenhang aber anmerkt: „Der positiven Rezeption der mosaischen Torah in der Weisheit steht aber gerade im Hiobbuch eine kritische Auseinandersetzung mit der in ihr vertretenen Bestimmung des Verhältnisses von Gerechtigkeit und Leben, von göttlicher Offenbarung und menschlicher Erkenntnis gegenüber." Das verbindet sich mit den Beobachtungen von T. Krüger, Die Rezeption der Tora im Buch Kohelet, in: L. Schwienhorst-Schönberger (Hg.), Das Buch Kohelet. Studien zur Struktur, Geschichte, Rezeption und Theologie (BZAW 254), Berlin/New York 1997, 303–322, der nach seinem Durchgang durch das Koheletbuch zu folgendem Ergebnis kommt: „Einzelne Bestimmungen der Tora werden aufgenommen, weil und insofern sie vernünftig erscheinen. Das Konzept der Tora als einer letztinstanzlich-normativen, ‚kanonischen' Weisung Gottes für die menschliche Lebensführung wird jedoch theologisch kritisiert und relativiert." (Krüger, Rezeption, 321).
738 Vollkommen offen ist in diesem Zusammenhang freilich, was in den genannten Texten genau mit ‚Tora' gemeint ist, wenn das Schlüssellexem תּוֹרָה (tōrāh) explizit genannt wird (wie etwa in Ps 1,2; 37,31; Ps 119 *passim*).

des Koheletbuches in der Weisheitstradition verfolgen, ist den Verfassern von V. 12–14 hinsichtlich der Verbindung des Koheletbuches mit Gesetzes- und Toratraditionen ein Anliegen. Dass die Verbindung von Gottesfurcht *und Gebotsgehorsam* aber den ganzen Menschen bestimme, dass hier also gewissermaßen das Zentrum der Anthropologie liege, würden die Verfasser von Ps 1; 111f.; 119 und die Trägerkreise des Sirachbuches möglicherweise an der Seite der Verfasser von Koh 12,12–14 mit vertreten können. Das Denken Kohelets ist damit sicherlich nicht sachgemäß zusammengefasst, sondern allenfalls weiterführend kontextualisiert worden. Denn Gottesfurcht als Weisheit hat für Kohelet nichts mit Geboten oder Tora, sondern mit Grenzen menschlicher Erkenntnisfähigkeit zu tun, wie der anthropologische Spitzentext Koh 3,10–15 zeigt. Möglicherweise hat Koh 12,14 in diesem Zusammenhang die Funktion, die außergewöhnliche Kontextualisierung, die in V. 13 vorgenommen wird, durch einen näher an Kohelet heranreichenden Gedanken[739] ein Stück weit zu mildern und zurückzunehmen und das zweite Nachwort damit zu einem Kohelet näher stehenden Abschluss zu bringen. Nach Koh 7,13 kann kaum jemand das gerade machen, was Gott gekrümmt hat, nach Koh 3,17 wird Gott aber den Gerechten wie auch den Frevler bzw. nach Koh 11,9b den jungen Mann ins Recht setzen, gewissermaßen gerade machen und damit die Ordnung der Dinge in der Welt wieder herstellen. Koh 12,14 nimmt diese Grundgedanken Kohelets auf und fasst sie weiter, wenn nun von jedem Werk die Rede ist, das Gott ins Recht setzt bzw. zurecht rückt und begradigt.[740] Dass dieses die Dinge der Ordnung der Welt entsprechend ausrichtende und dauernde Schöpfungshandeln sich עַל כָּל־נֶעְלָם (*'al kål-nœ'lām*) vollzieht, darf dabei nicht unterbestimmt werden, denn die Präposition עַל (*'al*) bringt hier eine adversative Verhältnisbestimmung zum Ausdruck. Die Wendung עַל כָּל־נֶעְלָם (*'al kål-nœ'lām*) ist daher mit ‚entgegen allem Verborgenen' oder ‚über alles Verborgene hinweg' zu übersetzen. Im durchgehend ausrichtenden Schöpfungshandeln Gottes kann demnach nichts im Verborgenen bleiben, es gehört vielmehr zum Wesen dieser *creatio continua*, dass das Verborgene und Verhüllte zurückgedrängt und durch die Neuausrichtung allen Tuns letztlich von Gott her überwunden wird. Ob es sich bei diesem Verborgenen um Gutes oder Schlechtes handelt, ist am Ende unbedeutend. Mit אִם־טוֹב וְאִם־רָע (*'im-ṭōb wᵉ'im-rāʻ*) wird in der Form des Merismus alles von Gut bis Böse erfasst – was auch immer das richtende, und das heißt: das die Dinge recht ausrichtende Handeln Gottes durchlaufen hat,

---

739 Nach Lohfink, Kohelet, 86, greift V. 14 „auf einen wichtigen Aspekt von Kohelets Lehre zurück: daß wir Menschen die Dinge nicht durchschauen".
740 Zu dieser explizit nicht eschatologischen Deutung von V. 14 vgl. auch Krüger, Kohelet, 373f., und Schwienhorst-Schönberger, Kohelet, 552.

kann nicht verborgen bleiben, sondern ist in diesem Handeln Gottes aufgehoben.[741] Das schließt an den großen und rätselhaften Schlusssatz aus Koh 3,15 an, demzufolge in Gott auch das vermeintlich Verschwundene aufgehoben ist. Koh 12,14 steht damit in der Tradition des Denkens Kohelets[742] und verknüpft das Koheletbuch zugleich mit der großen Herausforderung, die Durchsetzung der Ordnung der Welt durch Gott zu erfassen – eine Herausforderung, die den weisheitlichen Diskurs im antiken Juda bestimmt und die in den großen Weisheitstexten ihre vielgestaltigen Spuren hinterlassen hat. Kohelet und die Herausgeber des Koheletbuches stehen innerhalb dieses Diskurses weder am Rand noch markieren ihre Denkansätze eine wie auch immer zu verstehende ‚Krise der Weisheit'. Die Weisheit Kohelets und das Koheletbuch bilden vielmehr einen integralen Bestandteil des weisheitlichen Diskurses im antiken Juda. Darauf weisen auch die beiden Nachworte des Buches hin.

---

741 Vgl. dazu auch Zimmerli, Buch des Predigers, 251: „Kohelet weiß von der Verborgenheit des Gerichtes und der angesichts dieser Verborgenheit relativen Erkenntnis von Gut und Böse. Als Wächter vor diesem Geheimnis, das auch der Epilogist nach seiner Formulierung in V. 14 (‚Gott bringt ins Gericht alles Verborgene') als ein Hauptanliegen Kohelets richtig verspürt haben dürfte, tut er seinen unaufgebbaren Dienst an der Pforte des geoffenbarten Gotteswortes, das nie eine der Freiheit Gottes entzogene und von menschlicher Lebenskunde einkalkulierbare Größe werden darf."
742 Vgl. dazu Schellenberg, Kohelet, 164 f., derzufolge der Verfasser des zweiten Nachwortes so mit Kohelet umgeht, wie „Kohelet selbst es mit der ihm vorgegebenen Tradition machte. Insofern bei dieser Art des Umgangs mit älteren Ansichten klar bleibt, dass es zu zentralen Fragen kontroverse Ansichten gibt, wird die Zuhörerschaft dazu eingeladen, selbst Stellung zu beziehen."

3 Vom und zum Verstehen des Koheletbuches

Nach Annäherungen an das Koheletbuch und Vertiefungen in den Text sollen nun Wege zum Verstehen des Koheletbuches beschritten werden. Vor dem Hintergrund der vorangehenden Analysen stellt sich Kohelet keineswegs als ein ‚unheimlicher Gast'[743] im Weisheitsdiskurs des antiken Juda ein, sondern tritt als ein Weisheitslehrer entgegen, der sich in den Traditionen der Weisheit bewegt und diese produktiv weiterdenkt. Diesen Traditionen soll zunächst nachgegangen werden. Vor diesem Hintergrund sollen dann Kohelets Denkwege in einer knappen Skizze zusammengestellt werden. Auch wenn sich im Koheletbuch kein einliniger Argumentationsgang rekonstruieren lässt, kann man doch so etwas wie das Denken Kohelets zu erfassen versuchen.[744] Im dritten Teil soll das anthropologische, theologische und kosmologische Profil des Koheletbuches herausgearbeitet werden. Die Ausführungen können dabei auf die vorangehenden Analysen zurückgreifen. Die thematische Fokussierung auf Mensch, Gott und Welt soll zeigen, dass Kohelets Denken um das Verständnis des Menschen kreist, dass dieses Denken im anthropologischen Feld am Ende aber immer wieder bei Gott als dem Ermöglichungsgrund menschlichen Seins und zugleich bei Gott als dem Schöpfer und Erhalter der Welt ankommt. Anthropologie, Theologie und Kosmologie werden von Kohelet zusammengedacht und stecken gewissermaßen von drei Seiten her das Feld des Denkens ab, das Kohelet bearbeitet.[745] Am Ende steht die Frage nach dem Verste-

---

743 Vgl. dazu den Titel des Aufsatzes von H.-P. Müller, Der unheimliche Gast. H.-P. Müller deutet hier das ‚Denken Kohelets' im Horizont des Nihilismus und hält fest: „Wenn sich im Denken Kohelets eine nihilistische Atmosphäre vorbereitet, die durch das fossile Stehenbleiben weisheitlicher Ordnungspostulate nur noch stabilisiert wird, so warnt dies den christlichen Theologen davor, die alttestamentliche Weisheit zu überschätzen – sei es, daß er sie mit einer ‚Mitte des Alten Testaments' harmonisiert, sei es, daß er in ihr, offenbarungsmüde, das Suchen nach einer allgemein verbindlichen Vernunftreligion befriedigt findet." (H.-P. Müller, Gast, 458). – Ausgangspunkt dieser Überlegungen ist H.-P. Müllers These einer „Verflüchtigung Gottes zum fernen Deus otiosus" (H.-P. Müller, Gast, 456) im Koheletbuch, der allerdings die Aussagen Kohelets entgegenstehen, die Gott als Schöpfer *und* Erhalter der Wirklichkeit zeichnen; dahinter verbirgt sich gerade kein ‚fossiles Stehenbleiben weisheitlicher Ordnungspostulate', sondern Kohelets konstruktive Weiterentwicklung weisheitlicher Denkmuster, die ihn gerade nicht als ‚unheimlichen Gast', sondern als besonderen Gastgeber im Haus der Weisheit erscheinen lässt.
744 Zu solchen Fragen des Denkens und der Rekonstruktion einer Denkgeschichte vgl. die Studien von J. Dietrich, Hebräisches Denken. Denkgeschichte und Denkweisen des Alten Testaments (BThSt 191), Göttingen 2022; zu Koh 1,18 und Koh 5,19 vgl. insbesondere Dietrich, Denken, 185–199.
745 Diese Verknüpfung von Anthropologie, Theologie und Kosmologie verbindet Kohelet mit anderen Stimmen wie etwa denen der Psalmisten, die im Psalter Mensch, Gott und Welt ebenfalls zusammendenken, dabei aber doch zu anderen Ergebnissen als Kohelet kommen.

hen. Kohelet entwirft in seiner Weisheitsschrift keine systematische Hermeneutik. Im Koheletbuch finden sich aber hermeneutische Bausteine, die ausgehend von den Wegen des Verstehens, die Kohelet selber beschreitet, ein Fundament schaffen, auf dem das Verstehen des Koheletbuches gründen kann. Kohelet leitet mit seiner Weisheitsschrift dazu an, in Auseinandersetzung mit dem, was man im Blick auf den Menschen, auf Gott und auf die Welt gelernt hat, nun vor allem eines zu tun, nämlich selber zu denken – und sich damit auch selber besser zu verstehen.

3.1 Traditionen

Kohelet ist ein Weisheitslehrer aus dem antiken Juda der hellenistischen Zeit. Mit seinem Denken ist Kohelet in der Weisheitstradition verwurzelt.[746] Das Koheletbuch zeigt an vielen Stellen, wie Kohelet mit dieser Tradition umgeht. Zum einen greift er auf die Sprachmuster und Formen seiner Tradition zurück, was sich insbesondere an den vielen Sprüchen zeigt, die Kohelet in seiner Schrift anführt. Man wird mit Verweis auf Koh 12,9 davon ausgehen können, dass Kohelet nicht nur bereits geprägte Weisheitsworte übernommen, sondern auch eigene Sprüche und Sentenzen gedichtet hat, die sich auf der Linie des Denkens bewegen, das auch das Proverbienbuch prägt. Dieses Denken hat sein Fundament in der Annahme eines Zusammenhangs von Tun und Ergehen und hat in vielen Situationen des menschlichen Alltags eine hohe Erschließungskraft, weil es auf Erfahrungen gründet, diese

---

[746] Zur Einordnung Kohelets in der älteren Forschung vgl. etwa Galling, Prediger, 78: „Das Charakteristische der Reflexionen Q.s wird deutlich, wenn man sie im Gegenüber zu einer Weisheitstradition sieht, die ihm nicht nur beiläufig bekannt war, sondern in der er auch aufgewachsen ist." Galling verortet Kohelet offenkundig in der Weisheitstradition, sieht sein Denken aber ‚im Gegenüber' zu dieser Tradition; damit wird im Blick auf Kohelet und seine Weisheitsschrift eine Alterität erzeugt, die die Auslegung des Buches stark geprägt hat. Vgl. dazu auch von Rad, Weisheit, 299f.: „Wie unmittelbar Kohelet in der Lehrtradition steht, wird daran deutlich, wie er von Gott redet. Verstünde man seine Lehre als eine in sich abgeschlossene ‚Philosophie', so müßte man ihm angesichts so schwacher theologischer Prämissen Inkonsequenz vorwerfen. Aber in dieser Sache – daß Gott ist und souverän in der Welt handelt – teilt er ganz die Auffassung der älteren Lehrer." Von Rad sieht Kohelets theologisches Denken ganz auf einer Linie mit der Weisheitstradition. Die sich daraus ergebenden anthropologischen Konsequenzen setzt von Rad allerdings von der Weisheitstradition ab: „Der starke Wille zur Lebensbemächtigung – ein Hauptcharakteristikum der älteren Weisheit – ist gebrochen. Der Mensch hat den Kontakt mit den Widerfahrnissen der Außenwelt verloren. Obschon unablässig von Gott durchwaltet, ist ihm die Welt stumm geworden." (von Rad, Weisheit, 300). Ob auf diese Weise Kohelets Sicht auf die ‚Widerfahrnisse der Außenwelt' sachgemäß erfasst wird, erscheint fraglich. Kohelet bemüht sich ja trotz seines Wissens um die Grenzen des Menschen durchgehend um die Beobachtung und Deutung dessen, was unter der Sonne geschieht. Kohelet steht wohl auch damit durchaus an der Seite der ‚älteren Lehrer' und deren Heuristik.

verdichtet und damit überlieferungsfähig und lehrbar macht. Kohelet gehört zu denen, die diese Überlieferung tragen. Er ist ein Lehrer der Weisheit, der Formen und Inhalte seiner Tradition beherrscht. Kohelet ist kein Einzelgänger oder Fremder innerhalb des Weisheitsdenkens im antiken Juda. Neu ist allerdings sein Bemühen, auf den Grundlagen seiner Tradition über den Alltag und seine Herausforderungen hinauszudenken und die Erkenntnismöglichkeiten des Menschen auch über den konkreten Alltag hinaus zu verhandeln. Angestoßen wird dieses Bemühen durch Diskussionen in seinem Umfeld, die die Leistungsfähigkeit der Weisheit in Frage stellen. Dass sich Tun und Ergehen keineswegs immer entsprechen, wird ja nicht nur von Kohelet problematisiert, sondern ist das Thema des Hiobbuches wie auch der Weisheitspsalmen Ps 49 und Ps 73, die nur einen Ausschnitt aus einer breiteren Debatte um die Erschließungskraft weisheitlichen Denkens spiegeln dürften. Kohelet hält zunächst an den Formen seiner Tradition fest und verwendet Gleichsprüche, Besser-als-Sprüche, aber auch Lehrreden, um seine Anliegen zu vermitteln. Kohelet hält zudem auch an der Methode seiner Tradition fest, die ja tief in der Erfahrung, dem beobachtenden, verdichtenden und ordnenden Zugriff auf die Welt, verankert ist. Kohelet stützt sich auf sein Sehen und Beobachten und verweist immer wieder auf das, was sich unter der Sonne ereignet. Was er auf dieser Grundlage erkennt, bestätigt ihm allerdings nicht, was sein Traditionswissen lehrt. Es ist vielmehr so, dass Tun und Ergehen von Frevlern und Gerechten auseinanderfallen können und dass am Ende beiden dasselbe entgegenkommt, ein gemeinsames Geschick, dem sie nicht entgehen können. Vor dem Hintergrund dieser Einsichten stellen sich für Kohelet neue und weiterreichende Fragen, die den Menschen, Gott und die Welt in den Blick nehmen. Im Blick auf die Welt als Schöpfung teilt er mit seiner Tradition die Vorstellung, dass die Welt für immer Bestand habe. Das ist eine grundlegende Überzeugung weisheitlichen Denkens und hat ein schöpfungstheologisches Fundament, das sich nicht nur bei Kohelet, sondern auch in Texten wie Prov 8,22–31, Hi 38,1–42,6, aber auch Ps 19 spiegelt. Das Verständnis der Welt als Schöpfung, die zudem Bestand hat und also erhalten wird, verweist implizit und explizit auf Gott, der als Urheber und Garant letztlich der eigentliche Souverän ist. Was den Menschen angeht, stellt Kohelet grundsätzliche Fragen nach den menschlichen Erkenntnismöglichkeiten, wie sie in der Weisheit auch anderenorts breit verhandelt werden, wie sich etwa in Prov 30,1–9, Hi 28 oder Ps 49; 73 zeigt. Kohelets Beitrag zu dieser Debatte liegt darin, die Aporien im Umfeld dieser Fragen in einer anderen Weise zu bewältigen, als das im Hiobbuch oder in den Weisheitspsalmen der Fall ist. Mit der Problematisierung der Erschließungskraft des Tun-Ergehen-Zusammenhangs steht Kohelet in einem breiteren Strom der Auseinandersetzung. Die zu axiomatisch-mechanistische Rezeption und Affirmation dieses Denkens und insbesondere die sich in diesem Denken verbreitende Überzeugung, Welt und Wirklichkeit umfassend durchschauen zu können, nimmt

Kohelet zum Anlass, sich konstruktiv mit den sich hier stellenden Herausforderungen auseinanderzusetzen und vor dem Hintergrund seiner Tradition neue Wege aufzuzeigen und eine andere Blickrichtung auf die Welt und den Menschen einzunehmen. Kohelet ist in diesem Sinne kein Kritiker der Weisheit und das Koheletbuch ist auch kein Symptom einer ‚Krise der Weisheit'. Das Koheletbuch ist vielmehr eine klassische Weisheitsschrift, deren Entfaltungen sich allerdings auf einer Ebene fortgeschrittener Auseinandersetzung mit der Weisheitstradition bewegen. Die Erfahrung bleibt für Kohelet durchweg leitend und weitergehende Spekulationen, wie sie an anderen Orten der Weisheitspflege entwickelt und immer weiter fortgesponnen werden, lehnt er ab. Kohelet grenzt sich in Koh 7,29 ganz ausdrücklich von denen ab, die große Gedankengebäude errichten, und bleibt bei der Grundaussage stehen, dass Gott den Menschen gerade und recht gemacht habe. Nicht nur hier, sondern auch in anderen Zusammenhängen ist Gott für Kohelet die entscheidende Referenz und der Bezug auf Gott die eigentliche Grundlage seines Denkens. Dass menschliche Weisheit, wenn sie erschließend sein soll, in Gott ihr Fundament haben muss, ist dabei nicht nur für Kohelets Denken konstitutiv. Diese Einsicht bestimmt durchaus auch die Spruchtradition, das Hiobbuch und die Weisheitspsalmen, die sich allesamt in je eigener Perspektive als theologisch begründet verstehen lassen. Kohelets Gottesrede ist allerdings zurückhaltender und von dem Wissen um die grundlegende Distanz zwischen Gott und Mensch bestimmt. Dieses Wissen führt Kohelet immer wieder zurück zu dem, was sich tatsächlich beobachten lässt, nämlich der Mensch und die Welt, in der der Mensch lebt. In Auseinandersetzung mit seiner Tradition und vor dem Hintergrund seiner Erfahrungen kommt Kohelet hier zu Einsichten, die ihm trotz aller Spannungen und Widersprüche einen gelassenen Blick auf das Leben ermöglichen. Dabei ist vor allem Kohelets Erkenntnis der Begrenztheit des Menschen und seine konstruktive Annahme dieser Begrenztheit das entscheidende Moment, das ihn über die Weisheit seiner Lehrer und deren Denken hinausführt. Die Einsicht in die Begrenztheit des Menschen ist ein Erkenntnisfortschritt. Und die gelassene Akzeptanz dieser Einsicht ist eine neue Haltung, mit der Kohelet seine Leser vertraut machen möchte.

3.2 Denkwege

Kohelet schreitet in seiner Weisheitsschrift einen Weg ab. Mit der Metapher vom Denkweg soll dem Textbefund im Blick auf Koh 1,2 – 12,8 Rechnung getragen werden. Denn Kohelets Denken erschließt sich nicht durch eine klare Gliederung oder Disposition der Argumentation. Sein Denken erschließt sich aber in der Pragmatik des Koheletbuches, das seine Leserinnen und Leser auf einen Weg in den Text und die in ihm verhandelten Probleme führt. Dieser Weg führt nicht geradeaus, sondern nimmt hier und da Wendungen, die neue Richtungen einschlagen, hier und da auch wieder zu bereits Bekanntem zurückführen. Durchgehend bleibt Kohelet aber mit seinem Denken in einer Bewegung, die ihn von seinen grundlegenden Reflexionen in Koh 1,2–3,22 ausgehend auf den einzelnen Etappen in Koh 4,1–6,12, Koh 7,1–9,16 und Koh 9,17–12,8 immer wieder zu den Grundfragen nach dem Menschen, Gott und der Welt führt. Leserinnen und Leser des Koheletbuches schreiten diese Etappen zusammen mit Kohelet ab und arbeiten damit an der Seite des Lehrers Kohelet nicht nur an einem angemessenen Verständnis von Gott und der Welt, sondern auch an ihrem eigenen Selbstverständnis.

Kohelets Denkweg beginnt mit Koh 1,2. Am Anfang steht Kohelets Leitbegriff הֶבֶל (hæbæl), der hier aber zunächst nicht mehr als eine Leerstelle ist, die sich erst noch inhaltlich füllen muss. In V. 3–11 erörtert Kohelet die Spannung zwischen der Beständigkeit der Welt und der Begrenztheit des Menschen, dessen Kommunikations- und Erinnerungsfähigkeiten limitiert sind. In der Maske eines Königs begehrt Kohelet in Koh 1,12–2,26 gegen diese Grundeinsicht auf: Es muss doch möglich sein, etwas zu erkennen! Seinen Lesern führt Kohelet hier exemplarisch vor, wie er als ‚König Kohelet' mit dem Versuch scheitert, sich in sich selber zu begründen: Die Selbstbezogenheit des Menschen kann nur selbstzerstörerisch wirken. Dieser Selbstbezogenheit steht in Koh 3,1–9 die Zeit als geordnete Zeit gegenüber. Die zufallenden Zeiten sind dem Menschen zwar unverfügbar. Wenn die Zeit sich aber in ihren jeweiligen Zeitfenstern öffnet, erschließt sich ein Gestaltungsraum für den Menschen. Koh 3,10–15 weist die Richtung der Gestaltung auf: Angesichts und trotz der begrenzten Erkenntnisfähigkeiten des Menschen, der aber darum weiß, dass Gott alles zu seiner Zeit schön geordnet hat, bleibt dem Menschen die Freude am Leben als erste Option seiner Lebensgestaltung. Denn Mensch und Tier teilen nach Koh 3,16–22 dasselbe Geschick: Ihnen kommt der Tod entgegen. Mehr kann der Mensch nicht wissen – und gerade daher gibt es nichts Besseres für ihn als die Freude am Leben. Damit endet Kohelets Grundlegung in Koh 1,2–3,22.

Auf einer ersten Etappe in Koh 4,1–6,12 wird Kohelet nun konkreter. In Koh 4,1–3 preist Kohelet die Toten vor den Lebenden und in Koh 4,4–6 kritisiert er vor allem die Nichtigkeit des Neids und zieht die Ruhe dem übertriebenen Aktionismus vor. Nach Koh 4,7–12 liegt in der Relationalität des Menschen ein Ermöglichungsgrund für das gelingende Leben. Und in Koh 4,13–16 warnt Kohelet vor falschen Hoffnungen auf signifikante Verbesserungen der gesellschaftlichen Verhältnisse. Nach Koh 4,17–5,6 gibt es Möglichkeiten für das Gelingen von Kommunikation, wenn sich diese in der Furcht Gottes vollzieht. In Koh 5,7f. blickt Kohelet erneut auf die politischen Verhältnisse und scheint kleine Organisationsformen größeren hierarchischen Komplexen vorzuziehen. An diese Stelle gehört auch der Reichtum, vor dem Kohelet in Koh 5,9–16 warnt, denn Reichtum richtet den Menschen nach Kohelet falsch aus und macht ihn damit am Ende unglücklich. Eigentlicher Reichtum liegt nach Koh 5,17–19 in der Freude am Leben bei aller Mühe. Lebensfreude ist eine Gabe Gottes, der dem Menschen Reichtum als ihm zustehenden Anteil am Leben gibt. Koh 6 blickt auf die erste Etappe zurück und fasst Denklinien zusammen. Nach Koh 6,1–6 steht das durch Vergänglichkeit und Tod bestimmte Leben des Menschen immer am Rand des Scheiterns. Gott allein kann das Gelingen des Lebens ermöglichen. Mühe und Unersättlichkeit des Menschen sind nach Koh 6,7–9 dagegen nichtig und nichts als Greifen nach Wind. Der Mensch hat nichts Festes in der Hand, worauf er sich aus sich heraus gründen könnte. In Koh 6,10–12 fragt Kohelet erneut danach, was der Mensch von dem wissen kann, was gut ist und was kommen mag. Auf der ersten Etappe seines Denkwegs zieht sich das Wissen um die Vergänglichkeit des Menschen und die Überzeugung, dass Gott gelingendes Leben ermöglichen kann, als roter Faden durch die Texte.

Auf der zweiten Etappe in Koh 7,1–9,16 erörtert Kohelet Optionen des Handelns und Gestaltens im Horizont der Weisheit. Nach Koh 7,1–14 stecken die Grenzen des Menschen einen von Gott eröffneten Raum des Lebens ab, in dem sich der Mensch bewegen und Grenzen auch als Grenzsteine eines Ermöglichungsraums erfahren kann. Koh 7,15–22 zufolge führt die Anerkenntnis dieser Grenzen zu einer Annahme der Mitte als Maß des Menschen. Tun und Ergehen fallen der Erfahrung nach immer wieder auseinander. Wer aber im Horizont eines rechten Maßes handelt, bleibt auf dem richtigen Weg und kommt aus allem gut heraus. Der Mensch ist nach Koh 7,23–29 in seiner Begrenztheit ja recht gemacht – für diese Einsicht bedarf es nicht hochkomplexer Gedankengebäude. Alles andere bleibt dem Menschen eher undurchsichtig – fern und sehr tief ist das, was war. In Koh 8,1–9 kommt Kohelet auf Fragen der Macht zurück und führt aus, dass es ein Übel ist, wenn ein Mensch Macht über den anderen habe. Und in Koh 8,10–15 wird das Problem des Auseinanderfallens von Tun und Ergehen der Frevler und Gerechten weiter verhandelt. Die ganze Angelegenheit ist für Kohelet nichtig. Ihm bleibt nur der Lobpreis der Freude bei aller Mühe in der von Gott gegebenen Lebenszeit. Nach Koh 8,16 f. findet der Mensch die Grundstrukturen des Werkes Gottes bei allem noch so übersteigerten Erkenntnisstreben doch nicht heraus. Vielmehr kommt Koh 9,1–10 zufolge Frevlern und Gerechten, allen gleichermaßen, ein Geschick entgegen. Die Toten wissen nichts und sind vergessen – und gerade daraus folgt Kohelets Aufforderung zur Lebensfreude. Der Mensch ist ja nach Koh 9,11 f. in seine Grenzen verstrickt wie Fisch und Vogel im Fangnetz. Ohne Macht- und Gestaltungsoptionen bleibt die Weisheit nach Koh 9,13–16 ohne Wirkung und wird nicht erkannt. Auf der Etappe Koh 7,1–9,16 bleiben Vergänglichkeit und Grenzen des Menschen ein Thema, Kohelet führt aber auch Handlungsoptionen vor und fordert direktiv zur Lebensfreude auf. Der Denkweg Kohelets ist ein Annäherungsprozess, mit dem Kohelet seine Leser zu diesem Imperativ der Lebensfreude führt. Vergänglichkeit und

Grenzen, Verstrickung und Scheitern des Menschen werden von daher neu ausgeleuchtet.

Auf der dritten Etappe in Koh 9,17–12,8 bleibt Kohelet zunächst auf dem Weg konkreter Handlungsoptionen. In der langen und viele Themen umfassenden Sequenz Koh 9,17–10,20 erörtert Kohelet den Wert der Weisheit als einer Kunstfertigkeit und Technik. Nach Kohelet ist es von Vorteil, die Weisheit sachgemäß anwenden zu können. Dass Kohelet das kann, zeigt er hier, wenn er seinen Weg zur Weisheit, seine Methode, exemplarisch vorführt, ob an Beispielen aus dem Handwerk, der Beschwörung oder der Politik. Im Anschluss macht Kohelet in Koh 11,1–6 gegen alle zögerlichen Berechnungen und trotz aller Gefahren des Scheiterns Mut zum Handeln. Gott allein ist Herr über die Kontingenzen des Lebens und kann das Werk des Menschen gelingen lassen. Am Ende steht in Koh 11,7–12,8 der an den jungen Mann gerichtete Aufruf zur Freude im Blick auf das kommende Alter. Mit der Wendung עַד אֲשֶׁר לֹא ('ad ^{a}šær lo'), dem ‚Solange‘, wird hier der Lebenszeitraum des Menschen abgesteckt. Am Ende stehen der Staub und die רוּחַ ($rū^ah$). Sehr tastend bringt Kohelet in Koh 12,7 die Auflösung und Restitution des Menschen zur Sprache – und bricht gleich ab und hegt seine Gedanken ein durch die Schlussaussage, dass alles הֶבֶל (hæbæl) sei. Mit Koh 12,8 fällt sich Kohelet in dem Moment selber ins Wort, wo er im Begriff ist, mehr zu sagen, als er seinem eigenen Ansatz entsprechend eigentlich sagen kann. Kohelet schließt seinen Denkweg mit dem Gedanken ab, mit dem er zusammen mit seinen Leserinnen und Lesern aufgebrochen ist. Wer aber הֶבֶל (hæbæl) in Koh 12,8 liest, liest הֶבֶל (hæbæl) anders, als er es in Koh 1,2 getan hat. הֶבֶל (hæbæl) ist durch das gesamte Buch hindurch Kohelets Leitbegriff und der gesamte Denkweg spiegelt eine intensive Auseinandersetzung mit dem הֶבֶל(hæbæl)-Sein von Welt und Wirklichkeit. Der Denkweg Kohelets ist ein Arbeitsweg zu einer Transformation des Verständnisses von הֶבֶל (hæbæl) und damit zugleich zu einer Transformation des Verständnisses dieser Welt und ihrer Wirklichkeit, die für Kohelet ja gleichermaßen הֶבֶל (hæbæl) sind. Leserinnen und Leser des Koheletbuches verstehen ihre Welt und sich selber anders als am Anfang ihrer Lektüre. Kohelet leitet seine Weggefährten dazu an, das, was unter der Sonne geschieht, genau zu durchdenken und auf seine Erschließungskraft hin zu überprüfen. Die Welt wird ihm dabei zu einem Gleichnis oder Gleichspruch, einem großen מָשָׁל (māšāl) für das הֶבֶל(hæbæl)-Sein von allem. Die Aufgabe des Menschen besteht darin, am הֶבֶל(hæbæl)-Sein nicht zu scheitern, sondern in Auseinandersetzung mit ihm das zu gewinnen, was aufgrund des Durchbrechens Gottes die lichten Momente ermöglicht: Eine Ahnung von der Schönheit der Welt, ein Wissen um den Wert der

Freude und das Vertrauen darauf, dass Gott auch dem noch nachgeht, was verloren zu gehen droht[747] – und sei es die רוּחַ (*rū^aḥ*) auf ihrem Weg zurück zu Gott.[748]

3.3 Profile

Für die Rekonstruktion anthropologischen Denkens innerhalb der Hebräischen Bibel ist die Polarität der Rede vom Menschen grundlegend. Nach Ps 8,6 ist der Mensch nur in einem geringen Abstand von Gott selbst geschaffen und nach Gen 1,26 f. repräsentiert er Gott in der anfänglichen Schöpfung als dessen Ebenbild. Nach Ps 144,4 ist der Mensch dagegen dem הֶבֶל (*hæbæl*) gleich und Gen 2 f. zufolge in seinen Möglichkeiten sehr begrenzt, auch wenn Frau und Mann vom Baum der Erkenntnis von Gut und Böse gegessen haben mögen.[749] In allen diesen Texten zeigt

---

[747] Versteht man mit D. Rudman, The Use of הבל as an Indicator of Chaos in Ecclesiastes, in: A. Berlejung/P. van Hecke (Hg.), The Language of Qohelet in its Context. Essays in Honour of Prof. A. Schoors on the Occasion of his Seventieth Birthday (OLA 164), Leuven u. a. 2007, 121–141, הֶבֶל (*hæbæl*) im Kontext alttestamentlicher Chaosvorstellungen, steht der Mensch bei seiner Auseinandersetzung mit dem הֶבֶל(*hæbæl*)-Sein der Welt gewissermaßen in einem weisheitlichen Chaoskampf an der Seite Gottes, der in Texten wie Ps 29 oder Ps 93 als Kämpfer gegen das Chaos in Form der chaotischen Wassermassen auftritt. Wie die chaotischen Wasser kann auch das הֶבֶל(*hæbæl*)-Sein der Welt nicht endgültig vernichtet, aber doch so eingehegt werden, dass der Mensch einen konstruktiven Umgang damit findet: Kohelets „programme was not about how the world could be made perfect. Instead, Qoheleth sought ways in which human beings could adapt to a chaotic existence." (Rudman, Use, 141). Und diese Adaption wird dadurch ermöglicht, dass der Mensch um Gottes Sorge für die Welt weiß.

[748] Vgl. dazu die Charakterisierung Kohelets durch Renan, L'Ecclésiaste, 545: „Cohélet voit l'inutilité des tentatives pour concilier la justice de Dieu avec le train du monde. Il en prend son parti. Une fois que l'homme a rempli ses devoirs élémentaires envers son créateur, il n'a plus qu'à vivre en paix, jouissant à son aise de la fortune qu'il a honnêtement acquise, attendant tranquillement la vieillesse, la décrivant en jolies phrases. Le tempérament fin et voluptueux de l'auteur montre qu'il avait pour se consoler de sa philosophie pessimiste plus d'une douceur intérieure. Comme tous les pessimistes de talent, il aime la vie; [...]." Auch wenn man bei der Einschätzung der Worte Kohelets über das Alter, die Renan als ‚jolies phrases' liest, oder bei der Einordnung des Denkens Kohelets als einer ‚philosophie pessimiste' nicht mitgehen möchte, scheint Renan mit der Annahme einer ‚douceur intérieure' und einer Liebe zum Leben, die er Kohelet attestiert, dem Verfasser des Koheletbuches doch sehr nahe zu kommen.

[749] Zur Bedeutung von Gen 2 f. in diesem Zusammenhang vgl. K. Schmid, Unteilbarkeit, 34–39, und Schellenberg, Erkenntnis als Problem, 240–254, insbesondere 244: „Durch das Nebeneinander zweier Tendenzen der Beurteilung wird die Entwicklung von einem ‚paradiesischen' Urzustand zu der ‚realen' Welt in Gen 2 f weder eindeutig negativ als Dekadenz, noch eindeutig positiv als Fortschritt gezeichnet; vielmehr wird die Ambivalenz der Wirklichkeit als Ergebnis eines ebenfalls schon ambivalenten Prozesses zu erklären versucht, in dessen Verlauf der Mensch die ‚Erkenntnis des Guten und des Bösen' gewonnen, die Gottesnähe und die Möglichkeit einer Überwindung der Sterblichkeit aber verloren hat."

sich eine Verflochtenheit anthropologischer Themen mit theologischen und kosmologischen Fragen. Die Rede vom Menschen ist offenkundig ohne die Rede von Gott und der Welt als Schöpfung Gottes nicht zu haben. Kohelets Denken schließt an diese Kontextualisierungen an.[750] Wie die Verfasser von Ps 144 sieht auch Kohelet den Menschen im Bereich des הֶבֶל (hæbæl) verortet. Das hat viele Ausleger des Koheletbuches veranlasst, das Buch und seinen Verfasser als Außenseiter innerhalb des Alten Testaments zu betrachten.[751] So beschließt Hans Wilhelm Hertzberg, nachdem er Kohelet einen ‚schicksalhaften Gottesbegriff' attestiert hat, seinen Kommentar mit folgenden Worten: „Und diesen Tatsachen auf der Gottesseite entspricht die Bewertung der Menschenseite, das הבל am Anfang, in der Mitte und am Schluß. Hier war das Alte Testament im Begriff, sich totzulaufen. Hinter diesem völligen Nichts auf der Menschenseite war nur noch die ‚neue Kreatur' des NT als Hilfe möglich. Das Buch Qoh, am Ende des AT stehend, ist die erschütterndste messianische Weissagung, die das AT aufzuweisen hat."[752] Ist diese Sicht auf das Denken Kohelets sachgemäß? Lässt sich aus Kohelets Überzeugung, dass alles הֶבֶל (hæbæl) sei, tatsächlich folgern, dass hier etwas ‚sich totlaufe'? Die vorangehenden Textanalysen haben zu zeigen versucht, dass das keineswegs der Fall ist. Nicht nur die Rede vom Menschen, sondern auch der Blick auf Gott und die Welt kommen im Koheletbuch gerade nicht zum Stillstand, sondern werden produktiv vorangebracht. Damit wird der Diskursraum deutlich geweitet. Das lässt sich exemplarisch an Kohelets Vorstellung, dass alles הֶבֶל (hæbæl) sei, zeigen, denn es ist ja keineswegs so, dass diese Vorstellung im Koheletbuch nicht selber gebrochen und in ihrer Bedeutung jeweils neu kontextualisiert würde. הֶבֶל (hæbæl) ist im Koheletbuch gerade kein statischer Begriff. Zwischen Koh 1,2 und Koh 12,8 liegt vielmehr ein weites Feld an Überlegungen, die den Blick auf das, was denn nun הֶבֶל (hæbæl) sei, sehr differenzieren. Genau deshalb liest sich Koh 12,8 anders als Koh 1,2, auch wenn die Verse fast wörtlich übereinstimmen. Hinter der Lektüre von Koh 12,8 liegt ein Denkweg, den man beim Lesen von Koh 1,2 noch vor sich hat. Es ist genau diese

---

750 Vgl. Seow, Ecclesiastes, 54f.
751 Vgl. dazu A. Lauha, Kohelet (BKAT XIX), Neukirchen-Vluyn 1978, 19, der im Blick auf Kohelets Beziehungen zur Weisheitstradition ausführt: „Der Zusammenhang mit der Schulweisheit ist also nur äußerlicher Art, der tiefere Inhalt seiner Lehre kontrastiert mit der konventionellen Denkweise." Lauha weist von diesem Verständnis her auch andere Einordnungen zurück, die Kohelet deutlich näher in die Weisheitstradition einordnen: „Ungeachtet aller derartiger Einwände ergibt die eingehende Analyse der Sentenzen Kohelets doch, daß er bewußt und schroff nicht nur von der konventionellen Weisheit, sondern sogar von einigen grundlegenden israelitischen religiösen Auffassungen abweicht." (Lauha, Kohelet, 20). – Die neuere Forschung am Koheletbuch konnte gegen Lauhas Deutung nachweisen, dass das Koheletbuch fest in der Weisheitstradition und den Überlieferungen Israels und Judas verankert ist.
752 Hertzberg, Prediger, 237f.; ähnlich Lauha, Kohelet, 24.

Dynamik, die das Denken und Verstehen Kohelets prägt und auch seine Rede über den Menschen, Gott und die Welt bestimmt.

3.3.1 Vom Menschen

Die großen Themen des Koheletbuches sind eng miteinander verknüpft und es fällt schwer, im Blick auf Kohelets Rede vom Menschen analytisch Topos für Topos abzuschreiten, ohne dabei Gefahr zu laufen, die Kontextualisierungen Kohelets aus dem Blick zu verlieren. Es lassen sich aber einige Hauptlinien herausarbeiten. (1) Das Problem menschlicher Erkenntnis in ihrer Begrenztheit bildet für Kohelet einen wichtigen Ausgangspunkt seiner Erörterungen.[753] Das Thema wird in Koh 1,13.17; 3,11; 7,23–29; 8,17; 9,10; 11,5 angeführt und mehrfach neu durchdacht, um möglichst breit zu begründen, warum es für den Menschen unmöglich ist, weitergehende Einsichten zu gewinnen. (2) Damit verbunden ist Kohelets Wissen um die brüchige Erinnerungsfähigkeit und die Unkenntnis des Menschen im Blick auf die Zeit, die vor ihm liegt. In Koh 1,11; 2,16; 6,12; 7,14; 10,14; 11,2 wird diese Begrenzung des Menschen im Blick auf seine Wahrnehmung von Vergangenheit und Zukunft thematisiert. (3) Und dieses Thema ist wiederum verwoben mit Kohelets Behandlung des Todes, der den Menschen trifft und der für den Menschen die unausweichliche Zukunft darstellt, wie in Koh 3,20 f.; 4,2; 5,14; 6,4.6; 8,8; 9,5 f.10; 12,7 dargelegt wird. (4) Der Tod ist das *eine* Geschick, das dem Menschen nach Koh 9,2[754] entgegenkommt und das er mit den Tieren teilt, wie Kohelet in Koh 3,19–22 herausgestellt. Zwischen Frevlern und Gerechten besteht im Blick auf das *eine*, beiden gemeinsame Geschick nach Koh 7,15–17; 8,14; 9,2 kein Unterschied – wohl nicht zuletzt deshalb, weil für Kohelet nach Koh 7,20 kein Mensch nur gerecht sein kann.[755] (5) Dass das Leben dem Menschen große Mühe macht, ist eine Grundthese Kohelets, die in Koh 1,13; 2,18.21; 3,10; 4,4; 5,15; 6,7 dargelegt wird und die im zweiten Nachwort in Koh 12,12 im Blick auf das Studieren, das den Leib ermüdet, einen Nachhall findet. Dabei gibt es nach Koh 1,3; 2,22; 3,9; 5,15 keinen Gewinn oder bleibenden Ertrag für den Menschen. Dennoch sind für Kohelet Handeln und Aktivität wichtige Grundbestimmungen des Menschen, wie die Ausführungen in Koh 2,4–9; 3,12; 7,18; 9,10; 11,1.6 belegen. Dass eine *vita activa* in Gemeinschaft jeder Form der Vereinzelung vorzuziehen ist, legt

---

[753] Vgl. dazu Fox, Qohelet, 94f.: „Qohelet conceives of knowledge as a product of thought and discovery, not as an entity independent of the individual mind. […] For Qohelet there is no body of truth standing above the individual and demanding assent, no Dame Wisdom who was created before mankind and who would exist even if all humans were fools."
[754] Vgl. auch Koh 2,16; 6,8.
[755] Vgl. dazu u. a. Hi 4,17; 15,14; 25,4.

Kohelet eindrücklich in Koh 4,9–12 dar. Hier kann es nach Koh 8,9; 9,13–16 aber auch zu verhängnisvollen Machtkonstellationen kommen, die dem Menschen schaden können. Dabei sind vor allem menschliche Sprache und Kommunikation Bereiche, die nach Koh 1,8 nicht nur Mühe, sondern Koh 5,1–4; 6,11; 10,20 zufolge auch Gefahren mit sich bringen. (6) Durch die Zeit ist nach Koh 3,1–8; 9,11f.; 12,1–7 der Lebenszeitraum des Menschen abgesteckt und begrenzt. Dieser Lebenszeitraum ist nach Kohelet aber ein Gestaltungsraum, auch wenn die Gestaltungsmöglichkeiten im Alter beschränkter sind als in der Jugendzeit. (7) Aus alledem folgt für Kohelet die Einsicht in die Bedeutung der Lebensfreude, die er Koh 2,1.10.24 zufolge zunächst auf Abwegen suchte, dann aber nach Koh 3,12f.22; 5,17–19; 8,15 als Anteil des Menschen und als Gabe und Ermöglichung Gottes erkennt, und so am Ende seines Buches in Koh 9,7–10; 11,9f. ausdrücklich dazu auffordert, diese Lebensfreude von Gott her anzunehmen.[756] Nach Koh 7,14 sind der gute und der böse Tag dabei gleichermaßen von Gott gemacht worden und entsprechend aus seiner Hand zu nehmen.[757] Gerade hinter dieser letzten Einsicht steht eine Grundhaltung, die sich mit dem Lebenszeitraum, der dem Menschen von Gott erschlossen wird, einverstanden erklärt. Der Mensch findet in diesem *gelasz*[758] seines Lebens Ruhe und gelingendes Leben. Darauf deutet Kohelet in Koh 4,6; 10,4 hin und gestaltet diese Einsicht in Koh 7,13.16–18 mit seiner Empfehlung der Mitte als dem dem Menschen

---

756 Vgl. dazu Krüger, Kohelet, 11f., und Michel, Untersuchungen, 280: „Was der Mensch erreichen kann, ist Freude – freilich aber nicht Freude oder Glück als ein durch die Erkenntnis des Weltsinnes erreichbarer und garantierbarer Gewinn, sondern Freude als die Möglichkeit, die unverfügbar bei seinem Mühen je und je auftauchen kann." Die Unverfügbarkeit ist in der Tat das zentrale Kennzeichen von Freude und Momenten des Glücks, die der Mensch nicht selber herbeiführen kann, sondern die sich als von Gott her erschlossen ereignen. Vgl. dazu vertiefend die Ausführungen Schwienhorst-Schönbergers, Kohelet, 70–82; seiner Meinung nach steht im „Zentrum des Koheletbuches […] die Frage nach Inhalt und Bedingung der Möglichkeit menschlichen Glücks" (Schwienhorst-Schönberger, Kohelet, 70), wobei sich Kohelet gegen die Vorstellung richte, „Glück sei in einem eigentlichen und letztgültigen Sinn vom Menschen machbar" (Schwienhorst-Schönberger, Kohelet, 78); Glück sei für Kohelet vielmehr „ein spezifischer Modus der *Erfahrung*" (Schwienhorst-Schönberger, Kohelet, 78): „Der ‚innere Mensch' kommt in den Blick. Das äußerlich Sichtbare und Benennbare bekommt seinen eigentlichen Wert erst durch etwas Inneres. Dieses Innere ist eine spezifische Form der Wahrnehmung, die mit ‚sättigen' (6,3) und ‚sehen' (6,6) umschrieben wird. Erst von dieser Wahrnehmung her bekommen die Dinge des Lebens ihren Wert." (Schwienhorst-Schönberger, Kohelet, 78). Das Glück bzw. die Freude des Menschen liegen diesem Verständnis zufolge in einem unverfügbaren Resonanzereignis begründet, in dessen Verlauf die Welt im Inneren ihres Betrachters zum Klingen kommt.
757 Der Anklang an Hi 2,10 ist hier nicht zu überhören.
758 Vgl. dazu oben 2.9.

zuträglichen Raum auch in handlungsleitender Richtung aus.⁷⁵⁹ Bei aller Begrenztheit und Mühe, die den Menschen bestimmen, entwickelt Kohelet in seinem Denken ein hohes Maß an Gelassenheit dem gegenüber, was unter der Sonne geschieht, und führt seinen Lesern damit vor, in welcher Haltung sich der Mensch in seinem Lebenszeitraum auf das Gelingen seines Lebens ausrichten kann.⁷⁶⁰ Wenn im zweiten Nachwort in Koh 12,13 im Blick auf Gottesfurcht und Gebotsgehorsam gesagt wird, dass diese den ganzen Menschen ausmachten (כִּי־זֶה כָּל־הָאָדָם [kī-zæh kål-hā'ādām]), so verkürzt das Kohelets Bild vom Menschen um die Gelassenheit, die Kohelets Denken prägt und bestimmt.

3.3.2 Von Gott

Nach Koh 5,1 ist Gott im Himmel und der Mensch auf der Erde. Jedes Reden von Gott ist durch diese grundlegende Distanz bestimmt und erlaubt eigentlich nicht viele

---

759 Vgl. Schellenberg, Erkenntnis, 199 f.: „Die Konsequenz, die Qohelet aus seinen Reflexionen über die begrenzte Reichweite menschlichen Erkennens zieht, ist daher auch an keiner Stelle ein resigniertes Aufgeben angesichts der Undurchschaubarkeit des göttlichen Tuns, der Zukunft und damit des menschlichen Lebens insgesamt, sondern ein Aufruf zu Lebensfreude und tatkräftigem Handeln. Gerade weil der Mensch so vieles nicht erkennen und daher auch nicht vorausberechnen kann, gilt es, sich auf das Jetzt zu konzentrieren und das Leben im Moment zu gestalten und zu geniessen."
760 Vgl. die ganz andere Deutung Gallings, Prediger, 79: „In 2 von 7 Stellen [...] ruft Q. direkt zu der Lebensfreude auf, aber das gehört mit dem auch außerbiblisch zu belegenden Weisheitstopos zusammen, der zur Freude angesichts des kommenden Todes auffordert." Ein solches Verständnis der Lebensfreude unterläuft die theonome Anthropologie, die Kohelet in seiner Weisheitsschrift entwickelt – es geht Kohelet gerade nicht um irgendeine Lebensfreude angesichts des Todes, sondern um gelingendes Leben, das Gott ermöglicht. Dem Menschen bleibt in der Tat „als einzige Möglichkeit, die *Gegenwart so, wie sie ist, d. h. also aus Gottes Hand, entgegenzunehmen*" (Hertzberg, Prediger, 225); daraus erwächst nun aber kein Gottesbegriff mit ‚fatalistischen Zügen', wie Hertzberg folgert, demzufolge „Gott selbst zu einer Art Fatum wird" (Hertzberg, Prediger, 226). Die Rede vom *fatum* verstellt den Blick auf das, was Kohelet mit מִקְרֶה (*miqræh*) bezeichnet und was das bestimmt, was dem Menschen von Gott her entgegenkommt, nämlich Spielräume zur Gestaltung seines Lebens. Darum ist Hertzberg auch zu widersprechen, wenn er Kohelets Aufruf zur Lebensfreude als ‚letztlich freudlos' versteht: „Es ist keine Ethik, sondern ein Verzicht darauf. Es ist trotz des lebensbejahenden Tones doch eine traurige Pointe." (Hertzberg, Prediger, 237). – Ein freudloser Aufruf zur Lebensfreude würde keine Freude am Leben auslösen können. Kohelets Denkweg verläuft aber anders: Sein Wissen um die Grenzen des Menschen führt ihn gerade nicht in die Traurigkeit, sondern aufgrund seines Vertrauens auf das Wirken Gottes in einen Raum erschlossener Möglichkeiten, das Leben zu genießen (vgl. dazu Lohfink, Kohelet, 5).

Worte.[761] Kohelet weiß um diese Problematik.[762] Er entwickelt aber dennoch aus seinem Blick auf den Menschen einen Blick auf Gott, der ihm trotz aller Distanz als derjenige erscheint, auf den sich der Mensch mit seinem Blick auf die Welt gründen kann.[763] Kohelets Reden von Gott verdichtet sich daher insbesondere in der Vorstellung von Gott als dem Schöpfer.[764] Gott hat den Menschen und die Welt gemacht.

---

761 Zur Rede von Gott im Koheletbuch vgl. A. Vonach, Nähere dich um zu hören. Gottesvorstellungen und Glaubensvermittlung im Koheletbuch (BBB 125), Berlin u. a. 1999. Nach Vonach hält Kohelet „an der Schöpfungstheologie im Sinne einer Gottgewirktheit und Gottgegebenheit aller Dinge fest, und er tut dies in der Überzeugung, daß Gott in Form einer ‚creatio continua' ständig am Werk ist und auch bleibt. Dadurch ist er für den Menschen erfahrbar, nicht jedoch völlig durchschaubar." (Vonach, Nähere dich, 148).
762 Vgl. Schellenberg, Kohelet, 25: „Gemäss Kohelet spielt Gott im Leben der Menschen eine zentrale Rolle, der Kontakt bleibt in der Regel aber indirekt."
763 Vgl. im Blick auf das Gottesbild Kohelets aber auch A. A. Fischer, Skepsis, 249 f.: „Als Lehrer in einer Umbruchsituation hat er die Verstehbarkeit Gottes zugunsten seiner Allmacht in die verborgene Weisheit zurückgestellt und dadurch in Kauf genommen, daß er dem Menschen als *deus absconditus* begegnet. Indem er alles Glück des Menschen als Gabe Gottes zu erkennen und damit den Glauben an die Güte Gottes in einer sich verfinsternden Welt zu erretten suchte, hat er den Frommen seiner Zeit zweifellos viel abverlangt. Darüber hinaus hat er sich nicht etwa auf den Gedanken der göttlichen Vorsehung zurückgezogen, sondern die Ambivalenz der Welt ausgehalten und der verborgenen Weisheit Gottes anheimgestellt." – Ob aufgrund der Einsicht in die von Gott eröffnete Möglichkeit gelingenden Lebens Gott sachgemäß als *deus absconditus* erfasst wird, bleibt allerdings zu fragen; dass Kohelet die ‚Ambivalenz der Welt' aushalten kann, hat seinen Grund in Kohelets Überzeugung, dass Gott dieser Welt ein bleibendes Fundament gibt und sich dem Menschen genau darin erschließt. Dass der Einsicht in die ‚Ambivalenz der Welt' eine ‚ambivalente Rede von Gott' entspricht, hat Backhaus, Zeit, 384, herausgestellt: „Der Grund einer solchen ambivalenten Rede von Gott, die sich weder zur Anklage gegen Gott (vgl. Hiob) noch zum Gotteslob (vgl. Sirach) durchringen kann, sondern in der doppelten Grundhaltung des carpe diem und der Gottesfurcht verbleibt, ergibt sich einerseits aus dem Widerspruch der Maximen einer theologischen Weisheit mit der Realität, die Qohelet unter der Sonne beobachtet, andererseits aus der Unfähigkeit des Menschen, Gott und sein Handeln zu verstehen."
764 Vgl. dazu Krüger, Kohelet, 13: „Gott wird im Koheletbuch als Schöpfer des Menschen und seiner Erfahrungswirklichkeit betrachtet. Dabei wird das schöpferische Wirken Gottes […] nicht auf einen zeitlichen Anfang der Welt beschränkt. Vielmehr geht auch der Wechsel der Zeiten in der Erfahrungswelt auf Gott zurück." Schwienhorst-Schönberger, Kohelet, 93, führt dazu weiter aus: „Legt man die der Tradition geläufige Unterscheidung von creatio prima und creatio continua zugrunde, so rückt der Akzent bei Kohelet eindeutig auf die Seite der creatio continua." Zur Schöpfungstheologie des Koheletbuches vgl. F. Fitschen, „Eine Gabe Gottes ist es." Schöpfungstheologie im Koheletbuch (Kieler Theologische Reihe 17), Münster 2020; nach Fitschen ist Gott „im Koheletbuch der souveräne Schöpfer und sein Schöpfungshandeln ist gut. Die Größe und Unergründbarkeit Gottes sowie seines Handelns bewirkt im Menschen Ehrfurcht vor Gott. All diese Aussagen entsprechen alttestamentlicher Schöpfungstheologie." (Fitschen, Gabe, 435).

Im Hebräischen werden hier vor allem Formen der Wurzel עשׂה (*'śh*) verwendet,[765] eine von dem klassischen Terminus für Gottes Schöpfungshandeln ברא (*br'*) abgeleitete Form findet sich nur in Koh 12,1.[766] Nach Koh 3,11 hat Gott alles schön gemacht zu seiner Zeit, von Anfang bis Ende kann der Mensch das Werk Gottes aber nicht erfassen. Man gewinnt hier den Eindruck, dass Kohelet auch die Begrenztheit des Menschen als ein Schöpfungswerk Gottes versteht und auch darin seine Schönheit sieht. In Koh 7,13 f.29; 8,17; 11,5; 12,1.7 werden diese Linien – Gott als Schöpfer und Erhalter der Welt, der Mensch als begrenztes Wesen – weiter ausgezogen und das Gottesbild weiter profiliert. Gott wird dabei nicht personal erfasst, er tritt aber dennoch in Relationen auf, sei es in seiner Beziehung zum Menschen, sei es in seiner Beziehung zur Welt. Kohelet kann nicht von Gott sprechen, ohne auch immer vom Menschen und der Welt als dem Werk Gottes zu sprechen.

Theologische, anthropologische und kosmologische Denklinien sind daher im Koheletbuch eng miteinander verbunden. Die Spannung zwischen Kohelets Einsicht, dass die gesamte Wirklichkeit הֶבֶל (*hæbæl*) sei, und dem Aufruf an den Menschen, sich des Lebens zu freuen, löst sich in Kohelets Denken mit Hilfe seiner Theologie: Im Blick auf Gott, den er als Schöpfer und Erhalter allen Seins erkennt, verliert das הֶבֶל(*hæbæl*)-Sein der Welt für Kohelet seine existential bedrohliche Dimension. Die Existenz des Menschen steht im Blick auf Gott und sein Schöpfungshandeln nicht im Lichte des הֶבֶל (*hæbæl*), sondern ist bestimmt vom grundlegenden Vertrauen in die Schönheit und Beständigkeit der Welt, die Gott als ihr Schöpfer und Erhalter absichert. Das sind zum einen zutiefst weisheitliche Sichtweisen auf die Wirklichkeit und zum anderen Bilder des Menschen, die nicht beim הֶבֶל(*hæbæl*)-Sein der Welt stehenbleiben, sondern das Gelingen menschlichen Lebens von Gott her als eine Möglichkeit des Menschen skizzieren.

Trotz seiner ganzen Unverfügbarkeit ist Gott für Kohelet damit der helle Grund des Seins.[767] Kohelet kann die Nichtigkeit der Welt nicht beiseite schieben, die sich

---

[765] Mit dem Gebrauch der Wurzeln עשׂה (*'śh*) und נתן (*ntn*) (mit Gott als Subjekt) zeigt sich im Koheletbuch „eine an Monotonie grenzende Einheitlichkeit [...]; Qohälät baut seine Gottesvorstellung also mit Hilfe weniger einfacher Begriffe auf." (H.-P. Müller, Wie sprach Qohälät von Gott?, in: VT 18 [1968], 507– 521, 508).

[766] Zur Funktion der Schöpfungstheologie am Ende des Koheletbuches vgl. die Bemerkungen von H.-P. Müller, Gast, 452: „Daß Lebensfreude nicht mehr als Alternative einer der Skepsis verfallenen Weisheit, sondern positiv als ein Verhalten legitimiert wird, durch das man seines Schöpfers gedenkt, geht über das bisher Gesagte hinaus. Die Rückorientierung an einer genuin israelitischen Schöpfungstheologie ist Kohelets Problemlösung – freilich auch eine Problemverkürzung: Daß derselbe Schöpfer die Mittel der Lebensfreude nach weisheitlichen Kriterien willkürlich zumißt, scheint vergessen."

[767] Vgl. dazu aber die Sichtweise Köhlmoos', Kohelet, 58: „Kohelets Gott ist der Schöpfer, aber nicht der Erlöser, weil es in dieser Welt nichts besser zu machen gibt" – gerade anhand des Koheletbuches

ihm überall aufdrängt. Neid, Missgunst, Gewalt, bedrohliche Machtkonstellationen, vergebliche Mühe und dauerndes Greifen nach Wind stehen Kohelet bei seiner Beobachtung dessen, was unter der Sonne geschieht, deutlich vor Augen. Die Einsicht in die Nichtigkeit der Welt führt Kohelet aber nicht in die Verzweiflung. Zum Hass auf das Leben kommt Kohelet nur an der Stelle, wo er selber in der Rolle des Königs sein Leben zu bestimmen und in eigenem Erkenntnisbemühen abzusichern versucht. Nach diesem gescheiterten Versuch der Selbstabsicherung schlägt Kohelet in seinem Denken einen anderen Weg ein und buchstabiert aufgrund der Erfahrung des Scheiterns eigener Absicherungsbemühungen die grundlegende Begrenztheit des Menschen durch und kommt dabei zu der Einsicht, dass Gott dem Menschen gezielt letzte Sicherungen vorenthalten hat.[768] Alles ist schön zu seiner Zeit, aber dieses Alles ist für den Menschen nicht von Anfang bis Ende zu durchschauen. Daran kann man verzweifeln und das Gelingen des Lebens aus dem Blick verlieren. Kohelet tut das aber nicht. Er gewinnt vielmehr die entscheidende Einsicht, dass es nicht das umfassende Wissen um die Schönheit der Welt, sondern das Vertrauen in den Begründer und Erhalter dieser Schönheit ist, das dem Menschen diese Schönheit erschließt. In diesem vertrauensvollen Blick auf die Welt liegt der tiefe Grund der Theologie Kohelets. Vertrauen ist aber etwas anderes als Wissen und Erkenntnis. Vertrauen eröffnet eine Perspektive nach vorn. Vertrauen erschließt eine Zukunft, auch wenn der Mensch nicht wissen kann, was nach ihm kommt. Es

---

stellt sich aber die Frage, inwieweit Schöpfung und Erlösung nicht zwei Seiten derselben Medaille sind: Wenn der Schöpfer seine Schöpfung bleibend durchdringt und erhält, ist diese Schöpfung von Anfang an erlöst und in ihrer Schöpfungsqualität durch nichts zu trüben.

768 Nach Zimmerli ist für eine Weisheit, die nach Sicherungen sucht, „der Tod in stärkstem Maße störendes Element" (Zimmerli, Struktur, 196). In seinem Denken begegnet Kohelet, „bei dem die Fragestellung der Weisheit mit viel größerer Entschlossenheit und mehr Mut zu Ende gedacht ist" (Zimmerli, Struktur, 197), diesem ‚störenden Element'. Kohelet stellt sich der großen Grenze des Menschen: „Hier ist an (sic!) einer gewissen Leidenschaft zu ehrlicher Lebensschau heraus der große Gegner ins Gesichtsfeld getreten, demgegenüber das Selbstverständnis des Weisen versagen muß […]." (Zimmerli, Struktur, 197). Zimmerli attestiert Kohelet in diesem Zusammenhang eine ‚resigniert-gebrochene Haltung' (Zimmerli, Struktur, 197). Eine solche Haltung lässt sich aus dem Koheletbuch aber keineswegs zwingend erheben. Die Einsicht in die Grenzen des Menschen – seien es die Grenzen menschlicher Erkenntnisfähigkeit oder die Grenzen menschlicher Lebenszeit – hindert Kohelet ja nicht daran, das Leben als einen Gestaltungsraum zu begreifen: „Akzeptiert man […] die eigenen Möglichkeiten und Grenzen, dann ist das Leben alles andere als sinn- und trostlos, dann kann man trotz der Vergänglichkeit alles Irdischen fröhlich sein und das genießen, was das Leben an Möglichkeiten je zu ihrer Zeit bietet." (Bartelmus, Haben oder Sein, 59). Es hat den Anschein, als führe gerade die radikale Einsicht in die Grenzen des Menschen Kohelet zu einer gelassenen Sicht auf das Leben und die mögliche Freude daran, die den Tod zwar nicht eliminieren, ihm aber seine Abgründigkeit nehmen kann. Wer sich auf eine solche Weise dem Tod stellt, braucht keine weiteren (Ab-)Sicherungen mehr, weil sich ihm gerade das Leben erschließt.

ist das Ergebnis der Wirklichkeitsanalyse Kohelets, dass der Mensch sein Leben genau dann in den Bereich des Gelingens führt, wenn er die Absicht, alles zu analysieren und zu erschließen, hinter sich lässt und – aus dem Modus der Analyse heraustretend – Vertrauen und Zuversicht gewinnt. Das kann gelingen, weil Gott alles schön gemacht hat zu seiner Zeit. In Koh 3,11 erscheint diese Aussage im Modus der menschlichen Ahnung. Aus dieser Ahnung wird keine Erkenntnis. Aus dieser Ahnung entsteht für Kohelet aber eine in Gott gegründete Zuversicht – diese für den Menschen grundlegende Transformation hat einen tiefen theologischen Grund.

Wenn alles schön ist zu seiner Zeit, die Welt für immer Bestand hat und Gott nach Koh 3,15 selbst das sucht, was verloren zu gehen droht, dann ist das הֶבֶל(hæ-bæl)-Sein der Welt Teil dieser Schönheit und Beständigkeit und trägt nichts mehr in sich, was den Menschen in seinem Sein erschüttern könnte. Beständigkeit und Schönheit sind überhaupt erst aufgrund ihres הֶבֶל(hæbæl)-Seins das, was sie sind.[769] Mit diesen Einsichten liegt eine Neuorientierung vor. Die Welt in Gott gegründet zu wissen, auch wenn der Mensch diese Welt nicht umfassend durchschauen kann, kann als eine Entlastung des Menschen verstanden werden. Wenn sich am Ende ohnehin nicht alles erkennen und verstehen lässt, dann muss sich der Mensch auch nicht damit abmühen. Der Mensch ist nicht dazu bestimmt, alles zu erkennen – und er muss sich mit dieser Absicht auch nicht durchgehend selbst überfordern. Denn diese Überforderung richtet den Menschen zugrunde und zerstört die von Gott erschlossenen Möglichkeiten gelingenden Lebens. Kohelets Gedankenschritt – Schönheit und Beständigkeit der Schöpfung Gottes auf der einen und Grenzen des Menschen auf der anderen Seite – führt ihn zu seiner Gelassenheit, mit der er vertrauensvoll auf Gott zugehen kann. Wer nicht mehr versucht, sich und sein Leben selber abzusichern, und wer gelassen damit umzugehen weiß, dass dieser Versuch immer nur הֶבֶל (hæbæl) sein kann, dem erst kann das Leben gelingen. Wo man den gezwungenen Zugriff, der doch scheitern muss, aufgibt, erschließt sich das Leben ganz und gar zwanglos – als Gabe Gottes. Das ist Kohelets gute Nachricht am Ende seiner Denkwege im anthropologischen und theologischen Feld.

---

[769] Vgl. Sneed, הבל, 879–894, der sich gegen eine Übersetzung von הֶבֶל (hæbæl) mit ‚absurd' ausspricht; nach Sneed „one could legitimately speak of Qoheleth as a ‚Preacher of Limited Joy'! This ethic is his primary advice that he hopes his readers will adopt, if God enables them. Life ‚under the sun' as הבל is then the foundation for this ethic. In a world where traditional wisdom offers little help, it makes sense to live for the moment and seize the day." (Sneed, הבל, 894).

3.3.3 Von der Welt

Dass alles הֶבֶל (hæbæl) sei, ist der erste und der letzte Satz Kohelets. Damit ist aber längst nicht alles gesagt, was Kohelet zu sagen hat. Nach Koh 1,4 hat die Erde für immer Bestand, nach Koh 3,11 hat Gott sie schön gemacht und nach Koh 7,13 ist Gott auch derjenige, der Krummes macht, was der Mensch nicht begradigen kann.[770] Die Flüchtigkeit und Vergänglichkeit des Seins ist für Kohelet ein Teil der Schöpfung Gottes. Daneben stehen aber Schönheit und Beständigkeit zugleich. In der Tiefenstruktur der Vergänglichkeit lässt sich demnach als Grundelement etwas Prozessuales erkennen, das die Welt bestimmt. Vergänglichkeit heißt in diesem prozessualen Verständnis dann nicht, dass etwas ganz und gar vergeht, sondern dass es sich verändert und Transformationen durchläuft. In diesem Sinne hat die Welt in aller Vergänglichkeit am Ende doch Bestand. Verloren geht nichts, denn Gott ist nach Koh 3,15 derjenige, der auch das noch sucht, was verloren zu gehen droht, und der damit die Beständigkeit der Welt absichert. Kohelet bringt hier in seiner Sprache das zum Ausdruck, was für die Weisheit insgesamt als tragendes Fundament bestimmt werden kann, was sich aber auch über die Weisheit hinaus als leitendes Theologumenon der Hebräischen Bibel findet: Gott ist nicht nur der anfängliche Schöpfer der Welt, sondern derjenige, der sie durchgehend erhält. Kohelet hat an diesem Denken im Horizont der *creatio continua* Anteil.[771]

In einer Welt, die im beständigen Werden und Vergehen begriffen ist, die dabei aber nicht ihr Sein verliert, sondern dieses Sein genau darin konstituiert findet, ist die innere Dynamik der Welt der tiefere Grund des Seins. Gott sichert diesen prozessualen Grund ab.[772] Angesichts der gesicherten inneren Beständigkeit der Welt, die sich nach außen als flüchtig und nichtig zu erkennen gibt, sieht Kohelet die Lebensfreude als den Anteil des Menschen an innerer Beständigkeit und äußerer Flüchtigkeit der Welt. Die kosmologischen Grundeinsichten spiegeln sich in einer Anthropologie, die aufgrund des הֶבֶל(hæbæl)-Seins der Welt auch den Menschen im

---

770 Sehr pointiert bringt Delitzsch, Koheleth, 187, auf den Punkt, warum Kohelet die Welt nicht ohne Gott denken kann: „Wenn man die Welt ohne Gott ansieht, so bleibt sie was sie ist: ein großartiges Ineinander abgestufter Wesenklassen, verketteter Ursachen und Wirkungen, wolberechneter Mittel und Ziele. Aber das Weltganze bleibt bei dieser Anschauung ein Räthsel."
771 Vgl. Dell, Cycle, 189, die von Koh 1,3 –11 her für das gesamte Buch folgert: „The author displays an understanding of the cyclical character of life, from planetary elements, to the weather, to human life and death and there is an appreciation of the circularity of the process. The earth and its abundance can be appreciated afresh by each generation – there is a permanence about it that doesn't really change despite seeming to and the Creator himself is behind the process, holding the key to the mystery of life itself."
772 Vgl. dazu M. Saur, Dynamische Ordnung. Natur und Schöpfung zwischen *physis* und *ṣædæq*, in: B. Janowski/G. Thomas (Hg.), Natur und Schöpfung (JBTh 34 [2019]), Göttingen 2020, 65–90.

Bereich von Flüchtigkeit und Nichtigkeit verortet, zugleich aber den inneren Bestand des Menschen in einem festen Vertrauen und einer gesicherten Zuversicht sieht, die es ihm ermöglicht, mit Freude seinen Lebenszeitraum zu gestalten. Das zeigt sich besonders deutlich an der Textdynamik von Koh 3,10–15: Kohelet schließt aus der Schönheit der Schöpfung Gottes und den Grenzen des Menschen auf das, was dem Menschen innerhalb dieser Grenzen bleibt, nämlich die Freude am Leben. Und genau diese Lebensfreude wird als eine Gabe Gottes verstanden und damit theonom fundiert.

Aus dem Bereich des הֶבֶל (hæbæl) tritt der Mensch da heraus, wo er sich seinen Lebenszeitraum als einen Zeitraum der Freude von Gott her ermöglichen lässt. Wie Kohelet nicht an der Erkenntnis der Begrenztheit eigener Möglichkeiten zerbricht, scheitert er genausowenig an der Einsicht in die Vergänglichkeit der Welt. Aus der Entdeckung der Korrespondenz von kosmologischer und anthropologischer Begrenztheit und dem gleichzeitigen Wissen um die beständigen Fundamente, die Welt und Mensch tragen, entwickelt Kohelet in gelassener Grundhaltung eine Anthropologie der Annahme des Lebens und der Freude, die aus der Anerkenntnis von Grenzen entsteht.

3.3.4 Konstellationen und Kontextualisierungen

Dass Anthropologien sich am besten von ihren unterschiedlichen Konstellationen und Kontextualisierungen her erschließen, ist ein Ergebnis anthropologischer Forschung der letzten Jahre. Historische Anthropologie fragt nicht nach dem Menschen an sich, sondern nach dem Menschen in Beziehung.[773] Das Koheletbuch zeichnet den Menschen in seinen Beziehungen. Dabei geht es um Beziehungen zwischen Menschen, vor allem aber um Beziehungen des Menschen zu Gott und zu der Welt, in der der Mensch lebt und in der er sich verortet. Aufgrund dieser mehrfachen Relationalitäten lässt sich anthropologisches Denken im Koheletbuch nicht als einlinige Lehre vom Menschen rekonstruieren. Kohelet bringt den Menschen nicht auf einen Punkt. Für Kohelet steht der Mensch vielmehr im Feld seines Lebenszeitraums. Dieser Lebenszeitraum bringt den Menschen in unterschiedliche Konstellationen, die ihn unterschiedlich herausfordern und im Umgang mit diesen Herausforderungen auch unterschiedlich ausleuchten. Die Grundkonstellation, in der Kohelet den Menschen verortet sieht, ist das, was Kohelet mit dem hebräischen Begriff מִקְרֶה (miqræh) bezeichnet. Von מִקְרֶה (miqræh) ist in Koh 2,14f.; 3,19; 9,2f. die Rede. Nach Koh 2,14f. sind es der

---

773 Vgl. dazu oben den Prolog.

Weise und der Tor, die von *einem* מִקְרֶה (*miqræh*) bestimmt werden; nach Koh 3,19 kommt Mensch und Tier *ein* מִקְרֶה (*miqræh*) entgegen; und nach Koh 9,2f. sind es Gerechter und Frevler, Reiner und Unreiner, Opfernder und nicht Opfernder, Guter und sich Verfehlender, Schwörender und nicht Schwörender – also eigentlich: alle, denen *ein* מִקְרֶה (*miqræh*) begegnet. An allen Stellen ist von מִקְרֶה אֶחָד (*miqræh 'æḥād*) die Rede. Hier gibt es nichts Zweifaches und keine Varianten – מִקְרֶה (*miqræh*) gibt es nur als Einheit. מִקְרֶה (*miqræh*) ist das, was dem Menschen entgegenkommt und ihm begegnet. Das hat durchaus eine zeitliche Dimension. Vor allem bezeichnet מִקְרֶה (*miqræh*) aber die grundlegende Relationalität und Konstellativität des Menschen. Was dabei mit מִקְרֶה (*miqræh*) genau gemeint ist, bleibt häufig unbestimmt oder unscharf. Es geht Kohelet bei seiner Verwendung des Begriffs nicht um die Ausdifferenzierungen der Widerfahrnisse, die den Menschen im einzelnen treffen können. Es geht vielmehr um eine Grundbestimmung: Der Mensch ist durch seine Relationalität gekennzeichnet und diese Relationalität konstituiert sich durch das, was ihm entgegenkommt. Die Konstellationen und Kontextualisierungen des Menschen denkt Kohelet dabei erneut keineswegs statisch, sondern prozessual als auf den Menschen zukommend. Diese anthropologischen Perspektiven fasst Kohelet mit dem Begriff מִקְרֶה (*miqræh*) zusammen und unterstreicht damit, dass der Mensch auch das ist, was ihn trifft – von Gott her in der Welt und ihrer Zeit.

3.3.5 Von Mensch, Gott und Welt

Das Nachdenken über den Menschen, über Gott und die Welt und das Nachdenken über die Verwobenheit von Mensch, Gott und Welt bilden die Grundachsen der Weisheit Kohelets. Kohelet schließt damit an die großen Themen der Weisheit an, die auch im Proverbienbuch, im Hiobbuch und in den Weisheitspsalmen verhandelt werden. Auf den ersten Blick scheint Kohelets Schwerpunkt dabei auf dem Menschen zu liegen. Die Möglichkeiten und Grenzen des Menschen sind sein bleibendes Thema und in seiner inneren Dynamik läuft das Denken Kohelets auf die Aufforderung zu, sich des Lebens in seiner erschlossenen Tiefe zu freuen. Beim Ausloten dieser Tiefe wird aber deutlich, dass die Lebensfreude als eine Gabe Gottes zu verstehen ist, wie Koh 3,13 explizit herausstellt. Das gelingende Leben des Menschen erschließt sich demnach als Gabe und Geschenk Gottes. Kohelets Suche nach dem gelingenden Leben kommt in der Einsicht zu ihrem Ziel, dass Gott der Ermöglichungsgrund dieses Lebens ist. Nach Koh 3,11 hat derselbe Gott alles schön eingerichtet, auch wenn der Mensch das Werk Gottes nicht umfassend begreifen kann. Der Mensch ist in diese Welt, die von Kohelet als Schöpfung Gottes verstanden wird, eingeordnet. Die Welt als Schöpfung und Kosmos ist der Raum, innerhalb dessen das dem Menschen von Gott ermöglichte Leben gelingen kann. Kohelets Denken geht immer wieder vom Menschen und seinen Erfahrungen aus, Gott als Ermöglichungsgrund des Lebens und die Welt als Lebensraum bilden dabei aber die fundamentalen Korrelate.[774] Das anthropologische Denken Kohelets ist ohne sein theologisches und das damit verbundene kosmologische Denken nicht sachgemäß zu erfassen.

3.3.6 Schluss

Der Mensch kann die Welt als Werk und Schöpfung Gottes nicht umfassend erschließen. Zwischen Gott, der dem Menschen sein Leben ermöglicht, und dem Menschen selber besteht ein Abstand, der in Koh 5,1 mit dem Verweis darauf, dass Gott im Himmel, der Mensch aber auf der Erde sei, besonders deutlich herausgestrichen wird. Gott überbrückt diesen Abstand durch seine Ermöglichung gelingenden Lebens, das vom Menschen nur in seinem הֶבֶל(hæbæl)-Sein erfahren werden kann. Der Mensch kann diesen Abstand zwischen sich und Gott nicht von sich aus überbrücken. Der Mensch kann sich aber mit Gott in eine Beziehung setzen, die Kohelet mit dem Konzept der Gottesfurcht begrifflich erfasst. Kohelets Aufrufe zur Gottesfurcht in Koh 3,14; 5,6; 7,18; 8,12 und deren Nachhall im Nachwort in Koh 12,13 verbinden das Denken Kohelets mit entsprechenden Vorstellungen des Proverbienbuches, des Hiobbuches und der Weisheitspsalmen.[775]

---

774 Zu den theologischen Implikationen vgl. Leuenberger, Gott in Bewegung, 277 f.: „Wenn Qohelet [...] vom schöpferischen Tun Gottes, das er (zumindest fragmentarisch) ‚sieht', spricht, so erweist sich als hintergründige Leistung seiner konsequenten (aber eben nicht empiristischen oder naturalistischen) Erfahrungstheologie, dass sie in, mit und unter weltlichen Erfahrungen zugleich Gotteserfahrungen (d. h. Erfahrungen des schöpferischen Tuns Gottes) zur Sprache bringt: Derart wahrt das die menschliche Erfahrungswelt und Erkenntnisfähigkeit transzendierende Tun des Schöpfergottes (weisheits)theologisch die Unverfügbarkeit und Freiheit Gottes."
775 Zur Vorstellung der Gottesfurcht innerhalb der Weisheitsliteratur vgl. Saur, Sapientia, 238–242, und Saur, Discussing Wisdom. The Reception of Wisdom Topics in the Psalms, in: BN (2023) (im Druck). Zum Profil der Gottesfurcht im Koheletbuch vgl. Krüger, Kohelet, 14: „Sie ist nicht einfach identisch mit der üblichen religiösen Praxis, sondern leitet dazu an, an dieser Praxis kritisch teilzunehmen: Auf Gott zu hören und die eigene Schuld vor ihm einzugestehen ist als Ausdruck der Furcht und des Respekts vor Gott religiös wertvoller als Opfer und Gebete, Gelübde und Träume. Weil ein Mensch, der Gott fürchtet, um seine Fehler weiß und die Kontingenz der Zeit als Gericht Gottes akzeptiert, erwartet er keine Belohnung von Gott: Die Gottesfurcht hat ihren Wert in sich selbst." Vgl. dazu Schwienhorst-Schönberger, Kohelet, 100: „Offensichtlich sah sich Kohelet genötigt, sein Konzept der Gottesfurcht von alternativen Konzepten abzugrenzen. Kohelets Verständnis von Gottesfurcht ist nicht teleologisch engzuführen. Es gibt, rein äußerlich gesehen, keine Erfolgsga-

Gottesfurcht ist dabei als eine Haltung des Menschen zu begreifen, die als die ethische Wendung der anthropologischen, theologischen und kosmologischen Einsichten Kohelets verstanden werden kann.[776] Diese Haltung darf aber nicht mit einer Leistung verwechselt werden. Eine Leistung, die irgendeinen bleibenden Gewinn mit sich bringen würde, kann es für den Menschen nicht geben. Gleich zu Beginn seiner Weisheitsschrift fragt Kohelet in Koh 1,3 nach dem menschlichen Gewinn (יִתְרוֹן [jitrōn]) und greift den Topos in Koh 2,11.13; 3,9; 5,8.15; 7,12; 10,10 f. in mehreren Durchführungen auf: Einen Gewinn als ein vom Menschen selbst erarbeitetes Gut kann es nach Kohelet deshalb nicht geben, weil das menschliche Tun durch sein grundlegendes הֶבֶל (hæbæl)-Sein bestimmt ist. Genau aus dieser Einsicht heraus ergibt sich Kohelets Warnung vor übertriebenem Gewinnstreben, vor übertriebener Mühsal und vor selbstausbeuterischer Arbeit: Der Mensch kann durch sein eigenes Handeln das Gelingen seines Lebens nicht selber produzieren.[777] Das gilt auch im Blick auf die Gottesfurcht, durch die der Mensch nichts erreichen kann und auch nichts erreichen soll. Als angemessene Haltung sollte sie das Verhältnis zwischen Mensch und Gott bestimmen. Dass eine so verstandene Furcht Gottes nichts mit Angst und Schrecken zu tun haben kann, sondern als eine respektvolle, ehrfürchtige Haltung zu begreifen ist, ergibt sich aus dem Bild Gottes, das Kohelet insgesamt zeichnet: Gott als Ermöglichungsgrund gelingenden Lebens ist kein Gott, der Angst und Schrecken verbreitet, sondern ein Gott, der sich dem Menschen zuwendet und in dem der Mensch sich geborgen wissen kann. Koh 3,15 bringt diese Fürsorge Gottes in der Sprache Kohelets zum Ausdruck: Gott sucht auch das, was zu verschwinden droht. Kohelet hält eine gewisse Distanz zu emotionalen oder affektiven Bildern, mit denen die Beziehung zwischen Gott und Mensch etwa in den Psalmen beschrieben werden kann. In der Tiefenstruktur teilt er aber die Überzeugung, dass Gott sich der Welt und dem Menschen sorgend erschließt. Dieses Wissen um die Geborgenheit in

---

rantie für den Gottesfürchtigen [...]. Gottesfurcht scheint nach Kohelet eine in sich sinnvolle Haltung zu sein [...]."

776 Vgl. dazu Delitzsch, Koheleth, 190: „Man könnte deshalb das B. Koheleth eher das Hohelied der Gottesfurcht nennen, als wie H. Heine das ‚Hohelied der Skepsis'; denn so groß auch der Weltschmerz ist, welcher sich darin ausspricht – die religiöse Ueberzeugung des Verf. bleibt davon unangekränkelt und inmitten alles Misbehagens (sic!) an der gegenwärtigen Welt steht der Glaube an Gott und an Gottes Gericht, also an den Sieg des Guten wie ein Fels, an dem zuletzt alle Wogen sich brechen."

777 Das hat auch für das Denken und alle Denkbemühungen Konsequenzen: „Denken macht traurig wenn es – wie das philosophische und weisheitliche Denken – im Übermaß betrieben wird. Die Zerstreuung durch Freude kann und soll dem Denken nicht nur Atempausen verschaffen, sondern sein Übermaß reduzieren und verhindern, dass sich das Denken in Philosophie und Weisheit überhitzt." (Dietrich, Denken, 198) – auch hier gilt also μηδὲν ἄγαν (mēdén 'ágan)!

der Fürsorge Gottes ist für den Menschen Grund genug, das Leben und das, was als מִקְרֶה (*miqræh*) entgegenkommt, gelassen anzunehmen und zu gestalten.

3.4 Hermeneutische Horizonte

Kohelets Denken ist tief in der Weisheit und ihren Traditionen verwurzelt. Wer nach dem Vorgang des Verstehens im Koheletbuch fragt, begegnet Kohelet daher zunächst einmal als einem Rezipienten und Ausleger der Weisheit. Koh 12,9 charakterisiert Kohelet ganz zutreffend in dieser Weise, wobei die Rezeption und Auslegung hier auch mit dem Moment des Berichtigens verbunden ist und damit deutlich wird, dass Kohelet ein konstruktiver und den Stand der Diskussion weiterführender Rezipient und Ausleger ist. Auszulegen heißt für Kohelet zu prüfen – und dieses Prüfen hat im Koheletbuch sein Fundament in der Beobachtung dessen, was unter der Sonne vor sich geht. Kohelet ist seinem Anspruch nach ein Empiriker. Gleichwohl überschreitet er immer wieder den Referenzraum dessen, was sich konkret mit den eigenen Augen und Sinnen beobachten und erfassen lässt. Kohelet führt das Beobachtbare und Erfahrbare auf diese Weise in einen weiteren Raum anthropologischen, theologischen und kosmologischen Denkens. Es ist gerade diese Verschränkung der epistemischen Ebenen, die Kohelet zu einem besonderen Denker macht.

Kohelet versucht in seiner Weisheitsschrift, die Welt im Spiegel seines Denkens abzubilden und damit den vielfachen Phänomenen eine Entsprechung in der Sprache zu geben.[778] Mit diesem Vorgehen steht er an der Seite der Dichter der Weisheitssprüche, deren Ziel genau darin liegt, in ihren Gleichsprüchen Wirklichkeiten zu erfassen. Das Koheletbuch erscheint vor diesem Hintergrund wie ein großangelegter מָשָׁל (*māšāl*).[779] Denn ein מָשָׁל (*māšāl*) ist in seiner Grundstruktur ein Gleichspruch, der eine Erfahrung oder Beobachtung prägnant erfasst. Das Koheletbuch gründet auf Erfahrungen. Kohelet verdichtet diese Er-

---

[778] Dabei entsteht aufgrund der Grenzen des Menschen eine Spannung zwischen Anspruch und Umsetzbarkeit, vgl. W. Zimmerli, ‚Unveränderbare Welt' oder ‚Gott ist Gott'? Ein Plädoyer für die Unaufgebbarkeit des Predigerbuches in der Bibel, in: H.-G. Geyer u. a. (Hg.), „Wenn nicht jetzt, wann dann?" Aufsätze für Hans-Joachim Kraus zum 65. Geburtstag, Neukirchen-Vluyn 1983, 103–114, 108: „Der Teil und das Ganze! Menschliche Weisheit strebt nach der Übersicht über das Ganze. Gegeben ist dem Menschen ‚sein Teil'. Das weist auf die innere Spannung, in die hinein das ‚Geben' Gottes den Menschen führt."

[779] Vgl. dazu F. Ellermeier, Qohelet. Teil I. Abschnitt I. Untersuchungen zum Buche Qohelet, Herzberg 1967, 49: „Man kann die Gattung des Buches Qohelet kurzweg Maschal nennen." Ellermeier verzichtet allerdings auf weitere Ausführungen zu dieser These.

fahrungen, gleicht Erfahrungen und Denken miteinander ab und schafft in einer weit ausgreifenden Weise das, was der מָשָׁל (māšāl) im Kleinen leistet.⁷⁸⁰ Kohelet greift auf eine Form zurück, die denjenigen, die sich um Weisheit bemühen, bekannt und vertraut ist. Kohelet führt aber zugleich vor, dass und wie Vertrautes weitergedacht werden kann und muss, wenn es neuen Herausforderungen angemessen begegnen will. Nach Koh 10,10 ist es von Vorteil, Weisheit sachgemäß anzuwenden. Genau das nimmt Kohelet sich vor. Formen der Weisheit, die in praktischen Fragen dabei helfen, sich im Alltag zurechtzufinden, behalten für Kohelet durchaus ihre Bedeutung für die Bewältigung der Herausforderungen des Lebens. Wo der Bereich dieser Fragen aber verlassen wird und die großen Themen wie Zeit, Vergänglichkeit und Grenzen der Erkenntnis verhandelt werden, kann ein knapper מָשָׁל (māšāl) keine Orientierung mehr geben. Daher entwirft Kohelet seinen großen מָשָׁל (māšāl), der nicht nur eine einzelne Situation erfasst, sondern aufs Ganze geht und alles in den Blick nimmt – und genau damit aus dem Binnenraum der Weisheit heraus ihre Sprach- und Deutungsräume erweitert. Kohelet bindet dabei Erkenntnistheorie und Ethik zusammen. Erkenntnistheoretisch findet sein Denken bei der Einsicht in das הֶבֶל(hæbæl)-Sein der Welt seine Grenzen. Ethisch führt ihn sein Denken über diese Grenzen hinaus zum Aufruf zur Lebensfreude und zur Ermahnung zur Gottesfurcht. Kohelets Theorie der Wirklichkeit fußt auf beidem und begründet damit sein Anthropologumenon der Gelassenheit. Kohelets Gelassenheit ist aber nicht das Ergebnis

---

780 Vgl. dazu O. Eißfeldt, Der Maschal im Alten Testament. Eine wortgeschichtliche Untersuchung nebst einer literargeschichtlichen Untersuchung der משל genannten Gattungen ‚Volkssprichwort' und ‚Spottlied' (BZAW 24), Gießen 1913, 34–44, und weiterführend Zimmerli, Struktur, 184–186. K. Schöpflin, מָשָׁל – ein eigentümlicher Begriff der hebräischen Literatur, in: BZ 46 (2002), 1–24, 22 f., kommt bei ihrer Analyse des Begriffs zu folgendem Ergebnis: „Ein משל entsteht durch einen Vergleichsvorgang. [...] Dem für die Bildung eines משל konstitutiven Vergleichsvorgang entspricht ein ‚Vergleichen' bei der Rezeption desselben. [...] Insofern, als ein משל sowohl seinem Urheber als auch seinem Rezipienten eine intellektuelle Leistung in Gestalt von Wahrnehmung und folgender Übertragung, Anwendung, Interpretation abverlangt, ist er weisheitlich zu nennen." Zur Problematik einer formgeschichtlichen Engführung der Rede vom מָשָׁל (māšāl) vgl. die weiterführende Studie von J. Vayntrub, Beyond Orality. Biblical Poetry on its Own Terms (The Ancient World), London/New York 2019, 36–69, die in einem instruktiven Überblick zeigt, „how the term *mashal* continues to be a problematic category for our own taxonomy of genres imposed on biblical literature." (Vayntrub, Orality, 59). Vayntrub plädiert für eine genauere Beachtung der Formen literarisierter Mündlichkeit im Umfeld der Rede vom מָשָׁל (māšāl): „Beyond close attention to biblical poetry's patterning structures, a study of biblical poetry *as* speechmaking should strive to understand its various rhetorical strategies and connect these strategies to underlying cultural ideas that give them their persuasive power." (Vayntrub, Orality, 217). – Vor dem Hintergrund einer solchen Suche nach der Pragmatik des מָשָׁל (māšāl) ist die Einordnung des Koheletbuches als eines מָשָׁל (māšāl) zu verstehen.

irgendeiner Resignation oder Zeichen müßiger Untätigkeit, sondern erwächst als eine Grundhaltung aus der Erfahrung, die für Kohelet Quelle und Anfang seines Denkens ist.[781]

Die hier greifbaren Erkenntnisdynamiken und Verstehenprozesse sind ausgesprochen komplex und nicht in Form einer hermeneutischen Linie zu erfassen. Kohelets Erkennen und Verstehen gleicht vielmehr einem Gewächs,[782] das sich nach verschiedenen Seiten hin entwickelt; es ist ein Denken, das Mensch, Gott und Welt in immer neuen Zugriffen zu begreifen versucht und dabei Lebensfreude, Gottesfurcht und Gelassenheit als dem hermeneutischen Vorhaben angemessene Haltungen miteinander ins Spiel bringt und im Ausgleich hält.

Verglichen mit den Weisheitsreden des Proverbienbuches, die die Weisheit als hermeneutischen Generalschlüssel für die Deutung der Welt besingen, nimmt Kohelet eine weitaus zurückhaltendere Position ein und erklärt, dass auch am Ende aller Deutungen nur die Einsicht bleibe, dass alles הֶבֶל (hæbæl) sei, weil Gott sich und seine Schöpfung nicht umfassend zu erkennen gebe. Die damit einhergehende Distanz zwischen Gott und Mensch, die innerhalb des Hiobbuches in existentieller Weise am Beispiel des Ringens Hiobs mit der Souveränität Gottes problematisiert wird, wird im Koheletbuch gelassen als eine Signatur der Wirklichkeit hingenommen. Kohelet kann mit dieser Distanz leben, weil er von dem Vertrauen getragen ist, dass Gott auch in dem, was sich dem Menschen nicht erschließt, als ein sorgender Gott gelten kann. In Kohelets Verständnis für diese andere Seite des הֶבֶל(hæbæl)-Seins der Welt liegt ein grundlegender Teil seiner Weisheit, die sich ihrem Selbstverständnis nach nicht überschätzt und übersteigert, die sich aber zugleich auch nicht von ihren Fundamenten, die in der Erfahrung liegen, abbringen lässt.

---

781 Nach H.-P. Müller, Wie sprach, 520, wird dagegen bei Kohelet „Gottesfurcht [...] zur Resignation. Was Qohälät an religiöser Ethik übrigbehält, verdankt er seiner Inkonsequenz." Eine ‚religiöse Ethik', die sich in Form von Gottesfurcht und Lebensfreude zeigt, ist aber sicher nicht das Ergebnis irgendeiner ‚Inkonsequenz', sondern die zwingende Folge einer realistischen Einschätzung menschlicher Möglichkeiten und der Anerkenntnis ihrer Grenzen.

782 Vgl. dazu Hilgert, ‚Listenwissenschaft', 305, der die altorientalische Listenwissenschaft, gewissermaßen eine weisheitliche ‚Urgattung', metaphorisch als ‚rhizomorphes Geflecht' beschreibt (s. oben 1.1). Die hinter dieser Wissenschaftsform stehenden ‚non-linearen Wissenspraktiken' (Hilgert, ‚Listenwissenschaft', 307) sind möglicherweise der weitere Rückraum des Denkens Kohelets, dessen Weisheitsschrift sich ja auch nicht durch eine lineare Disposition auszeichnet. Für das Koheletbuch gilt vielmehr, was Hilgert im Blick auf die altorientalischen Listen herausarbeitet, dass sie nämlich „vor allem auf die möglichst breite ‚Entfaltung' des als stets unvollkommen wahrgenommenen, sich non-linear ausdehnenden Wissensobjekts zielten" (Hilgert, ‚Listenwissenschaft', 307).

Kohelet ist vor diesem Hintergrund weder als Pessimist noch als Skeptiker zu verstehen.[783] Das Koheletbuch als einen pessimistischen oder skeptischen Text zu lesen, führt auf Abwege[784] und unterläuft das durchgehend konstruktive und produktiv weiterführende Denken, das sich hier dokumentiert. Kohelet hält aber in der Tat Abstand von einer Weisheit, die meint, alles erklären zu können, und die glaubt,

---

[783] Vgl. dazu etwa Michel, Qohelet, 87–89, der sich von der Einordnung Kohelets als eines Pessimisten abgrenzt, ihn aber als Skeptiker verstehen möchte: Bei Kohelet sei „der erkenntnistheoretische Optimismus der frühen Weisheit in einen erkenntnistheoretischen Skeptizismus umgeschlagen" (Michel, Qohelet, 89). Dabei bleibt allerdings ungeklärt, ob sich mit den Bemühungen um eine erfahrungsbezogene Betrachtung der Wirklichkeit und damit verbundene Erkenntnisse nicht eine grundlegend konstruktive Haltung Kohelets erkennen lässt, die seiner Einordnung als Skeptiker widerrät. Zur Debatte vgl. Schellenberg, Erkenntnis, 45–62; Schellenberg weist in diesem Zusammenhang auf eine wichtige Differenzierung hin: „Offenbar können zwei verschiedene Interessen die Frage nach einem atl. Skeptizismus leiten: Einerseits ein ‚epistemologisches', bei dem Skepsis als das verminderte Vertrauen in die menschliche Erkenntnisfähigkeit in den Blick rückt, andererseits ein ‚kosmologisches', bei dem es um das daraus resultierende verminderte Vertrauen in die Wirklichkeit geht." (Schellenberg, Erkenntnis, 49). Kohelets Erkenntnisweg ist nun aber gerade durch die Einsicht bestimmt, dass menschliche Grenzen theonom fundiert sind und daher für den Menschen trotz dieser Grenzen ‚Vertrauen in die Wirklichkeit' möglich ist. Vgl. dagegen aber H.-P. Müller, Kohelet im Lichte der frühgriechischen Philosophie, in: D. J. A. Clines u. a. (Hg.), Weisheit in Israel (ATM 12), Münster u. a. 2003, 67–80, 79 f.: „Ein radikaler Skeptiker könnte auch keinen Pessimismus vertreten; die Ausdünnung des Gottesbegriffs bei Kohelet steht der theonomen Begründung seiner Skepsis im Wege. Offenbar ist es aber deren Beheimatung in einer gleichsam widerständigen Transzendenz, die diese Widersprüche beschwichtigt und so seiner Skepsis ein religiöses Gepräge lässt." Ob man allerdings im Blick auf das Koheletbuch von einer ‚Ausdünnung des Gottesbegriffs' sprechen kann, bleibt zweifelhaft, wenn man etwa die theologischen Spitzenaussagen aus Koh 3,10–15 angemessen berücksichtigt; für Skepsis als einem umfassenden Vertrauensverlust in die Wirklichkeit ist da gerade kein Raum. Kohelet erscheint in seinem Denken am Ende weniger skeptisch als vielmehr konstruktiv und weiterführend. In eine ähnliche Richtung geht Weeks, Ecclesiastes and Scepticism, 169: „It is not scepticism or even pessimism that characterizes Qohelet's ideas, then, so much as a sense that humans are missing the point, and he presents himself as a man seeking to steer others away from the false expectations and disappointment which he experienced himself, by opening their eyes to the reality of their situation. If his analysis is largely negative, that is because, in a world of illusion, there is value in disillusion." Vielleicht liegt gerade in diesem Wert der Desillusionierung, den Weeks herausstellt, der Grund für Kohelets Gelassenheit einer Welt gegenüber, die er nicht umfassend begreifen und verstehen kann, und das wäre dann keineswegs ‚largely negative', sondern konstruktiv und einem gelingenden Leben förderlich.
[784] Vgl. dazu nur Lauha, Kohelet, 23 f.: „Infolge seiner dem alttestamentlichen Gottesglauben fremdartigen Grundanschauung dürfte Kohelets Schrift aber in ihrer Gesamtintention kaum die Chance haben, persönliche Glaubensüberzeugung im biblischen Sinne wachzurufen und zu festigen." Dem widerspricht allerdings zu Recht Lang, Mensch, 133: „Eine pauschale Verurteilung Kohelets kann ich nur für einseitig und ungerecht halten. *Die Zustimmung zu Kohelet, das Ja zu seiner Sicht muß groß und eindeutig am Anfang seiner Beurteilung stehen.*"

die Ordnungen der Welt umfassend zu durchschauen.⁷⁸⁵ Im Gespräch mit den Trägergruppen des Proverbienbuches markiert Kohelet deutlich die Grenzen menschlicher Möglichkeiten des Verstehens, um die etwa auch die Verfasser von Prov 30,1–9 wissen. Während diese Position im Proverbienbuch aber nur am Rand aufscheint, steht das Wissen um die Problematik menschlichen Erkennens im Zentrum des Koheletbuches.⁷⁸⁶

Kohelet weiß um die grundlegende Distanz zwischen Gott und Mensch. Während die Erfahrung dieser Distanz im Hiobbuch als eine Erschütterung des weisheitlichen Denkens erfasst wird, gibt sich Kohelet angesichts dieser Einsicht als ein realistischer und nüchterner Denker zu erkennen, der in unaufgeregter Weise einsieht, dass alles Streben des Menschen letztlich im Bereich des הֶבֶל(hæbæl)-Seins der Welt liegt und der Mensch daher letztlich keinen bleibenden Gewinn davon tragen kann. Daraus zieht Kohelet mit großer Gelassenheit den Schluss, dass der Mensch das Leben genießen müsse⁷⁸⁷ – trotz aller Widersprüche und Spannungen, die diese Welt bestimmen. Während im Proverbienbuch die Systematiker der Weisheit am Werk sind, die Gottes Handeln und Wirken grundsätzlich für geordnet, gerecht und erkennbar halten, und während Hiob gegen diese Systematik aufbegehrt und sich erst am Ende über diese Staubdebatte erheben kann,⁷⁸⁸ steht Kohelet gelassen vor seinen Einsichten zu

---

785 Vgl. Zimmerli, Buch des Predigers, 135, mit Blick auf Kohelets Haltung zur Weisheit: „[D]as Rühmen der Weisheit ist ihm unmöglich geworden. Es ist ihm in der Tiefe zerbrochen." Und dennoch bleibt „dieses Geschäft des Weisen geradezu schöpfungsmäßig in der ‚gottebenbildlichen' Auszeichnung des Menschen verankert. Der Mensch muß über sein Tagesgeschäft hinaus nach dem weiten Zusammenhang der Dinge, muß nach dem Vorher und dem Nachher [...] fragen. An eben diesem eigentlich menschlichen Geschäft steht der Weise mit seinem Fragen." (Zimmerli, Buch des Predigers, 134). – Das ist nun aber etwas anderes als Skepsis oder Pessimismus; was Zimmerli hier treffend erfasst, ist die Bestimmung der Aufgaben eines Weisheitslehrers, der seine Tradition weiterdenkt, und zwar nicht in hymnischer Affirmation des Erreichten, sondern in einer konstruktiven Grundhaltung des Beobachtens und Fragens: „Es handelt sich somit, von der Erfahrungsbasis aus gesehen, nicht um eine pessimistische oder gar nihilistische, sondern um eine durchaus realistische Theologie, die freilich sehr genau um ihre eigenen Grenzen weiß." (Leuenberger, Gott in Bewegung, 273). Kohelets Denken ist insgesamt von einem solchen Realismus bestimmt und die Einsicht in die Grenzen des Menschen ist in jedem Fall eine sehr reale, wirklichkeitsnahe Einsicht.
786 Vgl. Schellenberg, Erkenntnis als Problem, 35–200.
787 Vgl. dazu T. Zimmer, Zwischen Tod und Lebensglück. Eine Untersuchung zur Anthropologie Kohelets (BZAW 286), Berlin/New York 1999, 222: „Wo anfangs der Haß auf den Tod und daraus folgend der Haß auf das Leben stand, steht nun die Freude an den von Gott geschenkten Momenten des Glücks und das Bekenntnis, daß dieses Leben von Gott kommt, in seiner Hand liegt und schließlich zu ihm zurückkehrt."
788 Vgl. Hi 42,6 (vgl. dazu Witte, Hiob, 672–680).

Gott, Mensch und Welt, die ihn jedoch nicht in einen Nihilismus hineinführen, sondern ihm das Leben überhaupt erst erschließen: Wenn alles הֶבֶל (hæbæl) ist, dann zählt das Jetzt, dem das Beste abgewonnen werden muss, ohne dass davon irgendetwas Bleibendes zu erwarten wäre.[789] Wer Kohelet verstehen will, muss diese Wege seines Denkens nachvollziehen und auf ihnen mitgehen können.

In seiner hermeneutischen Grundstruktur erscheint das Koheletbuch damit als das Werk eines Dekonstruktivisten und Konstruktivisten zugleich. Das Verstehen vollzieht sich im Koheletbuch in einer Dekonstruktion bestimmter Denkmodelle,[790] deren Auflösung aber zugleich konstruktiv gewendet wird. Denjenigen, die meinen, mit ausgreifenden Erklärungs- und Verstehensmodellen die Welt konzeptionell in den Griff bekommen zu müssen, hält Kohelet seine Grundeinsicht entgegen: Alles ist הֶבֶל (hæbæl) und nichts hat Bestand. Kohelets Wendung dieser Einsicht ist aber ein konsequentes Ja zur Welt und zum Leben in seiner ganzen Unverständlichkeit und Widersprüchlichkeit. Kohelets Lebensbejahung trotz allen הֶבֶל(hæbæl)-Seins und seine im Vertrauen auf das sorgende Wirken Gottes begründete Freude im Angesicht der Fragilität des Seins machen Kohelet zu einem herausragenden Denker der hebräischen Tradition. Kohelet bindet sich zurück an Gott, von dem er weiß, dass er im Himmel ist. Der Flüchtigkeit des Selbst- und Weltbewusstseins steht hier eine Festigkeit des Gottesbewusstseins gegenüber, die aus der Erfahrung und ihrer intellektuellen Durch-

---

[789] Vgl. dazu H. U. Gumbrecht, der in einer Interpretation des Essays „L'homme révolté" von Albert Camus schreibt: „Wem es gelingt, für Momente allein in der Gegenwart zu leben, der kann ‚kühn und nüchtern' denken, denken im Licht, der kann großzügig sein, der kann wissen, dass er allein diese Welt und dieses Leben als Gegenstand für seine Liebe hat – nur sie." (Gumbrecht, Provinz. Von Orten des Denkens und der Leidenschaft, Springe 2021, 216). – Ob Kohelet sich diesem ‚nur sie' angeschlossen hätte, muss offen bleiben. Wahrscheinlich hätte er aber in den vorangehenden Worten Gumbrechts sein Anliegen einer notwendigen und radikalen Erschließung der Gegenwart sachgemäß wiedergegeben gesehen.

[790] Vgl. in diesem Zusammenhang aber M. Sneed, (Dis)closure in Qohelet: Qohelet Deconstructed, in: JSOT 27 (2002), 115–126, der darauf verweist, dass Kohelet dichotomischen Denkmustern nicht entgeht: „As ancients, Qohelet and the traditional wise men also, of course, fail to perceive that their dichotomous thinking involves a social and ideological dimension. ‚Wise' and ‚fool', ‚righteous' and ‚wicked', ‚God-fearer' and ‚non-God-fearer' – all these pairs are socially constructed categories where the first member is deemed superior to the second." (Sneed, [Dis]closure, 121). Sneed zufolge dekonstruiert Kohelet zwar durchaus, bleibt dabei aber gewissermaßen auf halber Strecke stehen, weil er das dichotomische Denken nicht überwindet: „Qohelet indeed does a service to wisdom by deconstructing traditional dichotomies like wisdom/folly and righteousness/wickedness. However, both his radicalism and conservatism are demonstrated in his alternative to these: the fearing God/ not fearing God dichotomy." (Sneed, [Dis]closure, 125).

dringung erwächst.⁷⁹¹ Aus der Erfahrung werden hier aber keine Ordnungen und Sicherheiten in der Welt konstruiert.⁷⁹² Das הֶבֶל(hæbæl)-Sein der Wirklichkeit wird vielmehr produktiv angenommen und konstruktiv gewendet – und damit im Aufgeben aller Sicherungen das Leben in seiner Fülle gewonnen.

Diese Absage an letzte Sicherungen und mit Gott zu verrechnende Leistungen verbindet Kohelets anthropologisches Denken mit dem Menschenverständnis der Rechtfertigungslehre,⁷⁹³ die ebenfalls von der Überzeugung getragen ist, dass durch menschliche Leistungen keine letzten Sicherheiten gewonnen werden können – vielmehr sind solche vermeintlichen Sicherungen in letzter Konsequenz, mit Kohelet gesprochen, הֶבֶל (hæbæl).⁷⁹⁴

Es fällt vielleicht zunächst nicht ganz leicht, sich auf diesen abenteuerlichen Denkweg Kohelets einzulassen. Die Spannungen und Aporien, die Kohelet seinen Lesern zumutet, sind manchmal nur schwer auszuhalten und scheinen in Krisen zu führen.⁷⁹⁵ Eine κρίσις (krísis) spiegelt das Buch aber nur im eigentlichen griechischen Wortsinn:⁷⁹⁶ In Kohelets Weisheitsschrift vollzieht sich eine umfassende Prüfung des Denkens seiner Zeit und eine intensive Auseinandersetzung mit diesem Denken. Diese kritische Zeitgenossenschaft ist aber keine ‚Krise der Weisheit', die hier an irgendwelche Grenzen gelangte – sie ist vielmehr die notwendige Bedingung für jeden produktiven Fortschritt im Denken, wenn es sich nicht in Erstarrung auflösen will.⁷⁹⁷

---

791 Vgl. dazu – freilich von einem anderen Grundverständnis Kohelets her – H.-P. Müller, Neige, 263: „Gerade weil Gott in majestätischer Distanz bleibt, gibt er dem Menschen Anlaß, das Nächstliegende, die Lebensfreude, zu ergreifen. Qohäläts Gottesbewußtsein stellt insofern seinem Wirklichkeitsbewußtsein ein ironisierendes Motiv gegenüber: Es weist den Dingen die ihnen zukommenden Proportionen zu, damit der Mensch unter ihnen leben kann."
792 Vgl. Zimmerli, Buch des Predigers, 135: „Kohelet entdeckt die bedrohliche Wirklichkeit der aus verborgenem Geheimnis heraus fallenden Zeit […], die dem Menschen jede absolute Sicherungsmöglichkeit raubt."
793 Vgl. dazu G. Ebeling, Luther. Einführung in sein Denken (UTB 1090), Tübingen ⁴1981, 157–177, aber auch Wölfel, Luther, 185–195, sowie umfassend J. Rohls, Theologie reformierter Bekenntnisschriften. Von Zürich bis Barmen (UTB 1453), Göttingen 1987, 139–145.
794 Vgl. dazu die Überlegungen von Zimmerli, Buch des Predigers, 140–142.
795 Vgl. dazu Preuß, Einführung, 132f., und H.-P. Müller, Wie sprach, 520f.
796 Vgl. dazu R. Koselleck, Art. Krise I., in: Historisches Wörterbuch der Philosophie 4 (1976/2019), 1235–1240, 1235.
797 Zur weiteren Bedeutung dieser kritischen Zeitgenossenschaft vgl. Lohfink, Les épilogues, 96: „L'arrangement que Qohélet propose entre sa société en crise et les modèles helléniques, c'est peut-être justement le travail de garde du berger autour du ‚canon'." In der Tat ist das Koheletbuch nicht das Symptom einer ‚Krise der Weisheit'; Kohelet tritt vielmehr als Weisheitslehrer in einer kritischen gesellschaftlichen Situation auf, in der er zwischen den Traditionen und dem aufkommenden Hellenismus sein eigenes Denken entwickelt.

Tritt man mit diesem Grundverständnis an die Weisheit Kohelets heran, kann man sich der Faszination, die sein מָשָׁל (*māšāl*) auslöst, kaum entziehen. Kohelet erscheint gerade aufgrund seiner Distanz zu den *grands récits* und den weit ausgreifenden Erklärungsansätzen, die für ihn ihre deutende Kraft längst verloren haben – wenn sie sie überhaupt jemals hatten –, als ein Zeitgenosse der Spät- und Postmoderne.[798]

---

[798] Vgl. dazu J.-F. Lyotard, Beantwortung der Frage: Was ist postmodern?, in: Postmoderne und Dekonstruktion. Texte französischer Philosophen der Gegenwart. Mit einer Einführung herausgegeben von P. Engelmann, Stuttgart 1990, 33–48, und die lehrreiche Einordnung von Daniel-Pascal Zorn, Die Krise des Absoluten. Was die Postmoderne hätte sein können, Stuttgart 2022, 550–564, der zu Recht bemerkt: „Es ist ironisch, dass dieser Text in wenigen Jahren selbst zu einer Metaerzählung der Postmoderne geworden ist." (Zorn, Krise, 557). Nach Zorn ist die Postmoderne durch einen ‚Wechsel zur Metaanalyse' gekennzeichnet: „In ihr werden nicht einfach Regeln angewendet, sondern es wird die Gültigkeit dieser Regeln kritisch hinterfragt." (Zorn, Krise, 557). Dieses kritische Hinterfragen des bislang in Geltung Stehenden kennzeichnet auch das Denken Kohelets, der in seiner Zeit das betreibt, was Zorn den ‚Wechsel zur Metaanalyse' nennt.

Epilog: Was ist der Mensch?

Wer als Mensch nach dem Menschen fragt, tritt in ein offenes Verhältnis zu sich selbst und lässt sich auf einen Prozess der Infragestellung ein. Dieser Satz steht am Anfang des Prologs zu der vorliegenden Auslegung des Koheletbuches.[799] Leserinnen und Leser des Koheletbuches lassen sich auf eine solche Offenheit und Infragestellung gleichermaßen ein und stehen mit Kohelet an der Seite eines antiken Weisen, der in seiner Schrift einen Denkraum erschließt, innerhalb dessen Leserinnen und Leser in Auseinandersetzung mit den Reflexionen Kohelets ihre eigenen Fragen vertiefen können.

Kohelet zeigt in diesem Zusammenhang, dass die Frage nach dem Menschen nicht ohne die Kontexte, in denen sich der Mensch bewegt, bedacht werden kann. Neben Gott und der Welt als zwei zentralen Kontexten, von denen Kohelet den Menschen bestimmt sieht, sind für Kohelet die Gottesfurcht, die Lebensfreude und die sich aus beidem ergebende Gelassenheit für den Menschen bestimmend. Angesichts der Einsicht in die Vergänglichkeit der Welt und in die Flüchtigkeit des Augenblicks entwirft Kohelet ein Menschenbild, das über die reine Beschreibung hinausgeht. Aufgrund seiner Beobachtungen und Erfahrungen zeichnet er ein Bild davon, was und wie der Mensch sein könnte: Aus der Annahme der Grenzen des Menschen gewinnt Kohelet eine Gelassenheit der Welt und dem Leben gegenüber, die ihm trotz aller Aporien eine Freude am Leben erschließt. Kohelets anthropologisches Denken zielt damit mehr auf eine Haltung als eine Beschreibung dessen ab, was denn der Mensch sei. Das Wesen des Menschen an sich ist nicht das Thema des Koheletbuches, wohl aber das mögliche Sein des Menschen in der Welt, das sich aber in der jeweiligen Gegenwart des einzelnen Menschen ereignen muss.

Kohelet nimmt seine Leserinnen und Leser mit auf diesen Denkweg. Die Pragmatik des Koheletbuches liegt genau darin, Leserinnen und Leser zu Denkerinnen und Denkern auf den Wegen und in den Spuren Kohelets zu machen. Das bedeutet im Horizont des Denkens Kohelets nun gerade nicht, dass Leserinnen und Leser des Koheletbuches die Positionen und Perspektiven Kohelets als verbindliche Lehrgegenstände übernehmen und sich also sachlich und inhaltlich Kohelets Denken anschließen würden. In der Nachfolge Kohelets gilt vielmehr, dass Leserinnen und Leser anhand des Koheletbuches lernen, wie Weisheit angeeignet werden kann[800] – nämlich durch aufmerksames Rezipieren und eigenständiges

---

799 Vgl. oben den Prolog.
800 Vgl. Seow, Ecclesiastes, 69: „Like any wise teacher, Qohelet was keenly aware of the environment in which his audience found themselves. So he did not only draw on the wisdom tradition, he

Durchdenken des Überlieferten.[801] Kohelet legt keine material verbindliche Weisheitslehre vor, sondern skizziert eine Form weisheitlichen Denkens, das durch die Auseinandersetzung mit den vorliegenden Einsichten und Erkenntnissen bestimmt ist, diese prüft und dadurch die Weisheit insgesamt konstruktiv voranbringt.

Kohelet erweitert mit dieser konstruktiven und produktiven Grundhaltung die ihm aus der Weisheitstradition heraus zur Verfügung stehenden Möglichkeiten. Er tritt letztlich mit Gelassenheit und Freude in ein offenes Verhältnis zu sich selber. Zunächst beschreitet er einen notwendigen Irrweg als ‚König Kohelet'. Nach dem Scheitern dieser Maskerade wird er mehr und mehr zu einem Suchenden, der um die begrenzten Zeiten und die beschränkten Erkenntnisfähigkeiten des Menschen zu wissen lernt. Diese Grenzen und Schranken stellen Kohelet in Frage. Aber auf seinem Weg der Auseinandersetzung mit dieser Infragestellung gewinnt Kohelet aus der Erkenntnis und Annahme seiner liminalen Existenz eine neue Sicht auf sich selbst, Gott und die Welt. Er findet dabei heraus, dass er selber eigentlich nichts herausfinden kann. Es ist vielmehr Gott, der dem Menschen das Gelingen seines Lebens ermöglicht. Gott als Ermöglichungsgrund gelingenden Lebens ist und bleibt dem Menschen aber unverfügbar. Er entzieht sich jeder Berechenbarkeit. Gott erschließt sich aber, wenn der Mensch dem Unverfügbaren und Unberechenbaren Raum lässt. Kohelets Weisheit zielt damit nicht auf Wissen und feste Sicherungen ab, sondern auf Infragestellungen und Fragilität, die ein besonderer Nährboden für die Begegnung mit dem Unverfügbaren sind. Kohelets Menschenbild ist getragen von einem unabgesicherten Vertrauen auf die Präsenz und Wirksamkeit Gottes. Gerade die rätselhaftesten Sätze des Koheletbuches lassen dieses Vertrauen erkennen. Wenn Gott nach Koh 3,15 das sucht, was zu verschwinden droht, und wenn die רוּחַ (rūᵃḥ) nach Koh 12,7 zu Gott zurückkehren wird, der sie gegeben hat, dann sind das liminale Aussagen. Gerade an diesen Grenzpunkten der Erkenntnis, die Kohelet berührt, erschließt sich ihm aber der Mensch als ein auf Vertrauen angewiesenes und von Vertrauen getragenes Wesen. Das הֶבֶל (hæbæl)-Sein der Welt, um dessen Erschließung und Bewältigung Kohelet sich in seiner Schrift bemüht, kann keineswegs mehr als eine Form der Nichtigkeit verstanden werden, wenn das Vertrauen des Menschen darauf Raum gewinnt, dass Gott alles schön macht zu seiner Zeit und sich auch um das scheinbar Verlorene kümmert. Und so steht Kohelet mit seinen Leserinnen und Lesern dem הֶבֶל (hæbæl)-Sein in Koh 12,8 anders

---

brought the tradition to bear on the experiences of his generation. He employed the vocabulary of his day to address the concerns of his audience."

801 Vgl. dazu Forti, Ecclesiastes, 529: „Ambiguity – as opposed to ambivalence – intentionally lends itself to an enhanced role for the reader [...]. The challenge then is not so much in pinning down one true meaning as in navigating between different and even opposing attitudes towards the meaning of life that different readers may find."

gegenüber, als das zu Beginn des Buches in Koh 1,2 der Fall ist. Niemand kommt so aus dem Koheletbuch heraus, wie er oder sie hineingegangen ist. Der Denkweg Kohelets stößt eigene Denkwege an und eröffnet neue Perspektiven. Direktiv ist Kohelet am Ende nur dann, wenn er zur Lebensfreude aufruft. Im Grunde lässt er seinen Leserinnen und Lesern den nötigen Raum, um sich selber im Text und im Leseverlauf zu entdecken.

Das Koheletbuch ist damit ein sehr zeitgemäßer Text.[802] In einer Situation pluraler Offenheit und Vielstimmigkeit der Diskurse ist Kohelets Weisheitsschrift zum einen offen und vielstimmig genug, um überhaupt noch verstanden zu werden, und zum anderen profiliert genug, um nicht als beliebige Stimme unterzugehen. Das gilt für die Rezeption des Koheletbuches in der Gegenwart, mag aber auch schon für seine ersten Leser gegolten haben. Stimmen wie diejenige Kohelets sind besonders dann nötig, wenn es anderenorts zu direktiv und zu fordernd wird und wenn manche vorgeben, sehr genau zu wissen, wie der Mensch, Gott und die Welt zu verstehen und zu erfassen seien. Kohelet mahnt hier vorsichtig, aber doch auch beharrlich zur Mäßigung – unter Verweis auf die Grenzen menschlicher Möglichkeiten. Die immer neuen Durchgänge durch die anthropologischen Grundkonstellationen des Menschen mit seinen Grenzen unterstreichen ostentativ die Notwendigkeit großer Zurückhaltung bei ausgreifenden und anspruchsvollen Deutungen von Mensch, Gott und Welt. Mit seinem Hinweis auf die Grenzen des Menschen und seinem Plädoyer für eine Mäßigung der Deutungsansprüche bleibt Kohelet eine wichtige Stimme im anthropologischen Diskurs – gerade dann, wenn sich in diesem Diskurs die Bilder vom Menschen verfestigen und große Stabilität, Sicherheit und Reichweite beanspruchen. Das galt bereits im antiken Juda, gilt aber auch in der Gegenwart des 21. Jahrhunderts.

Mit dem Koheletbuch wird eine Position aus dem anthropologischen Diskurs des antiken Juda greifbar, die sich zwischen Profilierungen verorten lässt, wie sie sich im Psalter oder in der Urgeschichte finden. Auch zwischen Ps 8 und Ps 144 oder zwischen Gen 1 und Gen 2f. wird ein anthropologisches Feld abgesteckt, das bei einer Lektüre der gesamten Textlinien gerade keine Eindeutigkeit für sich beanspruchen kann. Ps 8 und Gen 1 zeichnen ein Bild des Menschen, der – wenig niedriger als Gott – als Gottes Repräsentant in der Schöpfung verstanden werden

---

802 Vgl. Lohfink, Kohelet, 5: „Für manchen modernen Agnostiker ist Koh die letzte Brücke zu Bibel." Lohfink fährt allerdings fort: „Es gibt heute Christen, für die ist Koh die verrucht-geliebte Hintertür, durch die sie jene skeptisch-melancholischen Empfindungen ins Bewußtsein einlassen können, denen am Haupteingang, wo Tugendpreis und Jenseitsglaube auf dem Namensschild stehen, der Zugang nicht gestattet würde." (Lohfink, Kohelet, 5). – ‚Skeptisch-melancholischen Empfindungen' tritt Kohelet allerdings in seiner Weisheitsschrift mit Erfahrung und Gelassenheit entgegen. Kohelet zu lesen, heißt vielfach auch: Vorverständnisse des Buches in Frage zu stellen.

kann; Ps 144 und Gen 2f. entwerfen dagegen eine Sicht auf den Menschen, die den Menschen im Bereich von הֶבֶל (hæbœl) und Fragilität verortet. Kohelet stellt in diesem Zusammenhang heraus, dass weder eine ‚hohe' noch eine ‚niedrige' Anthropologie das Wesen des Menschen sachgemäß erschließen. Zwischen Ahnung und Erkenntnis, zwischen dem tastenden Orten von Erkenntnisräumen und dem Scheitern an deren tieferer Erschließung erfasst Kohelet den Menschen durchaus in seiner Unabgeschlossenheit und Brüchigkeit. Dieser Fragilität steht bei Kohelet aber ein Wissen um das Wirken Gottes zur Seite, das Kohelet zu einer Gelassenheit führt, die ihm das Leben als etwas potentiell Gelingendes erschließt – trotz aller Grenzen menschlicher Möglichkeiten. Im anthropologischen Diskurs des antiken Juda wird Kohelet mit dieser Sicht auf den Menschen seine Gesprächspartner provoziert haben, sowohl diejenigen, die den Menschen nur wenig von Gott unterschieden sehen, als auch diejenigen, die den Menschen als von Anfang an gebrochen und gescheitert verstehen. Kohelet weiß um die vielfältigen Möglichkeiten anthropologischer Rede – und um ihre Gefahren. Kohelet weicht beiden Positionen nicht aus, geht aber auf einer grundsätzlicheren Ebene vor allem der Frage nach, wer dem Menschen denn sage, dass er an den Himmel heranreiche oder dass er eigentlich im Abgrund liege. ‚Nichts zu sehr' – oder μηδὲν ἄγαν (mēdén 'ágan) – heißt in dieser Diskurskonstellation für Kohelet, darauf hinzuweisen, dass es hier am Ende keine Sicherheit geben kann.

Wenn angesichts dieser fehlenden Sicherheiten Unabgeschlossenheit und Fragilität Kennzeichen des Menschen sind, so ist Kohelets Denken unmittelbar anschlussfähig im Blick auf gegenwärtige Debatten.[803] Dazu sollen hier nur noch einige knappe Hinweise gegeben werden.

(1) Für die Arbeit im Bereich der historischen Anthropologie bietet das Koheletbuch einen Einblick in eine breitere Konstellation des Redens vom Menschen, wie sie sich im antiken Juda zwischen Schöpfungserzählungen, Psalmen und Weisheit abzeichnet. Kohelets Beitrag zu diesem Diskurs liegt in seiner Problematisierung menschlicher Möglichkeiten und Grenzen. Über diese Problematisierung hinaus gelingt es Kohelet zudem, eine Haltung den herausgearbeiteten Aporien gegenüber zu entwickeln, die sich als Gelassenheit beschreiben lässt. Mit diesem Begriff tritt

---

803 Vgl. zur Anschlussfähigkeit Kohelets Lang, Mensch, 133–136, der in einen Dialog mit Kohelet eintritt und zu dem Schluss kommt: „Nehmen wir Kohelets Aufklärung der Hilflosigkeit zu unserem Bündel von Aufklärungen hinzu, dann ergibt sich ein Realismus, der sich empirisch, philosophisch und theologisch verantworten läßt. Dieser Realismus enthält die Hilflosigkeit des Menschen und rechnet mit ihr, aber er legt den Menschen nicht pathologisch auf sie fest. Wer sich zu diesem Realismus bekennt, darf auch von einem Gott reden, der freundlichere Züge hat als der Kohelets. Eine solche Rede von Gott braucht den Areopag unserer Gesellschaft nicht zu scheuen." (Lang, Mensch, 136).

man allerdings bereits an das komplexe Feld der historischen Emotionenforschung heran und muss sich darüber Rechenschaft ablegen, dass mit einem deutschen Begriff wie dem der Gelassenheit nur annäherungsweise zu erfassen versucht werden kann, was Kohelets Denken zwischen Analyse und Emotionen bestimmt haben könnte. Dass hier auf Schritt und Tritt methodische und analytische Fallstricke lauern, soll nicht unterschlagen werden.

(2) Im Blick auf die gegenwärtig intensiv geführte Debatte um die ‚inneren Tiefen' des Menschen und ihre möglichen Ausformungen im hebräischen Denken lässt sich das Koheletbuch als ein Dokument solcher Tiefenreflexion verstehen. Hier meldet sich mit der Stimme Kohelets ausdrücklich ein Ich zu Wort, das sich zu anderen Stimmen in Beziehung setzt und damit den Diskurs, an dem dieses Ich teilhat, als einen Gesprächszusammenhang vor Augen führt, innerhalb dessen nicht nur, aber auch die Frage nach ‚inneren Tiefen' ausgelotet wird. Kohelet – wie auch manche Dichter der Psalmen oder Trägergruppen prophetischer Texte – lässt ein Maß an Selbstreflexivität erkennen, das späteren Denkbemühungen im Bereich von Individualität und Subjektivität kaum nachsteht. Kohelets Versuch, sich autonom zu entwerfen, scheitert nach Koh 1,12 – 2,26 deutlich. Und daraus folgt für Kohelet, dass die Heteronomie des Menschen vor allem als Theonomie zu erfassen ist. Diese Profilierung des Menschen ist aber gerade nicht das Ergebnis einer strukturellen Heteronomie seines Denkens, sondern das Resultat der selbstreflexiven Einsicht in die Relationalität als dem grundlegenden Kennzeichen menschlicher Verfasstheit. Diese Relationalität führt nach Kohelet dann zum Gelingen des Lebens, wo sie sich als theonom konstituierte Relationalität ereignet – es ist gerade der Verzicht auf Autonomie, der dem Menschen das Leben als Möglichkeitsraum eröffnet.

(3) Für eine evangelische Theologie, die von der Fehlbarkeit des Menschen ausgeht und damit auch von der Einsicht in seine Grenzen und Brüchigkeiten bestimmt ist, bleibt das Koheletbuch eine unverzichtbare biblische Stimme, die einer zu eklatanten harmatiologischen Anthropologie zum einen Kohelets μηδὲν ἄγαν (*mēdén 'ágan*) und zum anderen seinen Aufruf zur Lebensfreude entgegensetzt. Darin liegt zwar nicht der einzige, aber doch ein wichtiger Grund zur Hoffnung im Leben und im Sterben: Bei allen Grenzen und Fehlbarkeiten, oder deutlicher: bei aller Sündenverfallenheit bleibt der Mensch letztlich auf Gott als den Ermöglichungsgrund gelingenden Lebens verwiesen.[804] Dieses tiefen Grundes menschli-

---

804 Vgl. dazu – mit beständigem Bezug auf Luthers Auslegung des Koheletbuches – Wölfel, Luther, 147: „Wieder ist es also das Vertrauen auf Gott, die certitudo in die promissio Gottes, die die Kehre herbeiführt: Qui non credit verbo, nihil boni faciet. Wer aber auf Gott vertraut, der sieht nicht auf die Welt und das [sic!] was sie einbringt; der kann den Sinn des Schenkens nun gerade darin sehen, sich selbst etwas abzubrechen und es anderen zu geben. So wird das wirklich gute Werk aus der

chen Seins ist sich Kohelet gewiss. Und eine evangelische Theologie kann sich dieses Grundes ebenso sicher sein und in den Farben dieses Denkens auch ihre Rede von Tod und Auferstehung ausmalen.

(4) Für die Rekonstruktion einer Philosophie- und Ideengeschichte liegt mit dem Koheletbuch eine Weisheitsschrift vor, deren Verbindungen zu Denkschulen im östlichen Mittelmeerraum und der Ägäis bislang nur in Ansätzen erschlossen sind. Möglicherweise ist es in diesem Bereich weniger wichtig, nach bis in die einzelnen Formulierungen hinein auffindbaren Entsprechungen oder sogar literarischen Abhängigkeiten zu suchen. Solche Verbindungen lassen sich ja kaum finden. Kohelet scheint aber für das antike Juda eine Stimmungslage kritischer Infragestellung und konstruktiver Prüfung zu bezeugen, die auch anderenorts in der mediterranen Antike zu greifen ist. Mit der methodisch schwierigen, aber dennoch unverzichtbaren Arbeit an einer Ideengeschichte und Geschichte des Denkens scheinen solche Bewegungen zumindest in Ansätzen einholbar zu sein.[805]

(5) Auch für post- und nachpostmodernes Denken bietet Kohelet Anstöße, über die Brüchigkeiten und Uneindeutigkeiten hinaus weiterzudenken und erkenntnistheoretische Aporien mit ethischen Reflexionen zu verbinden. Gibt es überhaupt eine postmoderne Ethik? Kohelet führt vor, wie aus der Einsicht in die Grenzen des Menschen Gelassenheit und Lebensfreude als Möglichkeiten des Menschen hervortreten, die für Kohelet allerdings nicht ohne Gottesfurcht zu haben sind. Möglicherweise ist es die mit der Einsicht in die Notwendigkeit der Gottesfurcht verbundene Absage an das Projekt menschlicher Autonomie, die überhaupt erst so etwas wie gelingendes Menschsein ermöglicht? Der in einer langen philosophiegeschichtlichen Traditionslinie bezeugte Traum von der Autonomie des Subjekts ist ja aufgrund seines Gefälles hin zum Albtraum längst ausgeträumt und dem wachen Bewusstsein gewichen, dass der Mensch gerade durch seine Abhängigkeiten und Heteronomien zu dem wird, was er ist. Bedeutend ist dabei nur, von was und von wem der Mensch abhängig ist. In sich selbst kann der Mensch sich jedenfalls nicht begründen. Diesen *grand récit* entzaubert zu haben, ist ein wesentliches Verdienst postmodernen Denkens, das ja keineswegs ein destruktives Denken ist, sondern das als ein de*kon*struktives Unternehmen beschrieben werden muss – und das damit an der Seite des hörenden, denkenden und korrigierenden Dekonstruktivisten Kohelet steht.

(6) Kohelet geht von der Erfahrung aus und bezieht sich damit auf die Wirklichkeit, die empirisch erschlossen werden kann. Aufgrund seiner Betrachtung der

---

Vertrauenshaltung gegen Gott geboren, und wer das Wort Gottes verloren hat, der hat auch das gute Werk verloren: Qui amittit verbum, amittit etiam opus."
805 Vgl. dazu Dietrich, Denken, 17–51.

vorfindlichen Wirklichkeit ist Kohelet damit ein Realist. Möglicherweise war Kohelets weisheitlicher Entwurf in seiner Entstehungszeit auch ein Plädoyer für einen solchen ‚neuen Realismus', mit dem Kohelet den spekulativen Theorien bestimmter Weisheitskreise entgegentreten wollte.[806] Kohelets auf Empirie gestützter ‚neuer Realismus' ist damit im antiken Weisheitsdiskurs auch ein Vorläufer derjenigen, die in der gegenwärtigen philosophischen und wissenschaftstheoretischen Debatte für einen *new realism* eintreten, damit einer zu weit ausgreifenden Metaphysik ins Wort fallen und die Philosophie als eine Wirklichkeitswissenschaft zu ihren Gegenständen zurückrufen.[807]

Diese Reihe von möglichen Anknüpfungspunkten und Anstößen bleibt notwendigerweise eine Skizze. Als solche sollte sie aber am Ende dieser Auslegung des Koheletbuches nicht fehlen, um zumindest an einigen wenigen Beispielen vorzuführen, wie es um die bleibende Relevanz des Koheletbuches und des Weisheitsdiskurses aus dem antiken Juda steht, wenn man die Perspektiven Kohelets und seiner Gesprächspartner in die gegenwärtigen Debatten einbringt.

Zwei Jahrhunderte vor dem Auftreten Kohelets verdichtet der griechische Dramatiker Sophokles die antiken Überlieferungen von Antigone in seiner gleichnamigen Tragödie. Im ersten Standlied lässt Sophokles den Chor dabei das Folgende rezitieren:

> πολλὰ τὰ δεινὰ κοὐδὲν ἀνθρώπου δεινότερον πέλει[808]
>
> Ungeheuer ist viel – doch nichts ungeheuerer als der Mensch.

Mit diesem Satz verdichtet Sophokles im 5. Jh. v.Chr. – gewissermaßen in der Form eines griechischen מָשָׁל (*māšāl*) – das weite Spektrum dessen, was sich über den Menschen sagen lässt. οὐδὲν δεινότερον ('*oudén deinóteron*) – nichts Unglaublicheres, nichts Unfassbareres, nichts Gewaltigeres gibt es als den Menschen, und zwar in seiner ganzen Ambivalenz. In dem griechischen Komparativ δεινότερον (*deinóteron*) lässt sich dabei etwas Wesentliches erkennen: Der Mensch kann nur in Komparation und Relation erfasst werden. Von genau dieser Einsicht ist auch das Denken Kohelets getragen, innerhalb dessen der Mensch, Gott und die Welt in ihren vielschichtigen Beziehungen ausgelotet werden. Bei diesen Explorationen Er-

---

806 Vgl. dazu Lang, Mensch, 136, und Leuenberger, Gott in Bewegung, 273.
807 Vgl. dazu aus philosophischer Perspektive M. Gabriel, Was ist (die) Wirklichkeit?, in: M. Gabriel/M. D. Krüger, Was ist Wirklichkeit? Neuer Realismus und hermeneutische Theologie, Tübingen 2018, 63–117. Zur Verortung der Debatte innerhalb der Theologie und den Implikationen vgl. M. D. Krüger, Die Realismus-Debatte und die Hermeneutische Theologie, in: M. Gabriel/M. D. Krüger, Was ist Wirklichkeit? Neuer Realismus und hermeneutische Theologie, Tübingen 2018, 17–62.
808 Sophokles, Antigone 332f.

kenntnistheorie, Anthropologie und Ethik zusammenzudenken, gehört explizit zu dem, was den Menschen zu einem ungeheueren Wesen macht, wie es der Chor bei Sophokles zum Ausdruck bringt. Das Ungeheuere des Menschen liegt darin, dass er sich selber nicht fassen kann, weil er auf eine Wirklichkeit bezogen ist, die nach Kohelet nichts als הֶבֶל (hæbæl) ist. Das Ungeheuere des Menschen liegt aber zugleich auch darin, dass er trotz dieser Fassungslosigkeit immer wieder versucht, Antworten auf die Frage zu geben, was denn der Mensch sei und was er sein könnte. Beim Nacherzählen dieser Antworten entsteht aus vielen Bausteinen eine Diskursgeschichte der Anthropologie. Diese Geschichte kann niemand allein rekonstruieren. Sie entsteht vielmehr im Vorgang des Erzählens und Nacherzählens. Im Blick auf das Alte Testament bleibt das Erzählen und Nacherzählen die angemessenste Form der erschließenden Darstellung.[809] Das gilt auch für die alttestamentliche Weisheitsliteratur und das Koheletbuch.

---

[809] Vgl. dazu die klassische Formulierung von Rads, Theologie, 126: „Die legitimste Form theologischen Redens vom Alten Testament ist deshalb immer noch die Nacherzählung."

Literaturverzeichnis

Die Abkürzungen richten sich nach S. M. Schwertner, IATG³ – Internationales Abkürzungsverzeichnis für Theologie und Grenzgebiete, Berlin/Boston ³2014.

1 Quellen

Die Bibel. Nach Martin Luthers Übersetzung. Lutherbibel. Revidiert 2017, Stuttgart 2017.
Biblia Hebraica Quinta. Hg. v. A. Schenker u. a. Band 18: General Introduction and Megilloth, Stuttgart 2004.
Biblia Hebraica Stuttgartensia. Hg. v. K. Elliger und W. Rudolph, Stuttgart ⁴1990.
Cicero, M. T., De officiis. Translated by W. Miller (LCL 30), Cambridge 1913.
Das Gilgamesch-Epos. Neu übersetzt und kommentiert von S. M. Maul, München ⁸2020.
Pausanias, Description of Greece. Volume IV. Books 8.22–10. Translated by W. H. S. Jones (LCL 297), Cambridge/London 1935.
Plato, Volume II: Laches. Protagoras. Meno. Euthydemus. Translated by W. R. M. Lamb (LCL 165), Cambridge/London 1924.
Die Schrift. Band 4. Die Schriftwerke. Verdeutscht von Martin Buber, Darmstadt 1992.
Septuaginta. Id est Vetus Testamentum graece iuxta LXX interpretes I–II. Hg. v. A. Rahlfs, Göttingen 1935/Stuttgart 1979.
Sophocles, Volume II: Antigone. The Women of Trachis. Philoctetes. Oedipus at Colonus. Edited and translated by H. Lloyd-Jones (LCL 21), Cambridge/ London 1994.
Texte aus der Umwelt des Alten Testaments (hg. v. O. Kaiser). Band III. Weisheitstexte, Mythen und Epen, Gütersloh 1990–1991 (= TUAT III).
Voltaire, Précis de l'Ecclésiaste, in: N. Cronk (Hg.), Les œuvres complètes de Voltaire 49 A, Oxford 2010, 201–221.
Das Zeitalter des Barock. Texte und Zeugnisse. Hg. v. A. Schöne (Die Deutsche Literatur vom Mittelalter bis zum 20. Jahrhundert III), München ³1988.
Zürcher Bibel, Zürich 2007.

2 Hilfsmittel

Accordance Bible Software. Version 12, OakTree Software, Inc., © 2018.
Gesenius, W., Hebräische Grammatik, völlig umgearbeitet von E. Kautzsch, Nachdruck der 28. Aufl., Hildesheim 1962 (= G-K).
Ders., Hebräisches und Aramäisches Handwörterbuch über das Alte Testament. In Verbindung mit H. Zimmern, W. M. Müller und O. Weber bearbeitet von F. Buhl. Unveränderter Neudruck der 1915 erschienenen 17. Auflage, Berlin u. a. 1962 (= Ges¹⁷).
Ders., Hebräisches und Aramäisches Handwörterbuch über das Alte Testament unter verantwortlicher Mitarbeit von U. Rüterswörden bearbeitet und hg. v. R. Meyer und H. Donner. 18. Aufl., Berlin u. a. 1987ff. (= Ges¹⁸).
Jenni, E./Westermann, C. (Hg.), Theologisches Handwörterbuch zum Alten Testament I, Gütersloh ⁴1984 (= THAT I).

Dies. (Hg.), Theologisches Handwörterbuch zum Alten Testament II, Gütersloh ³1984 (= THAT II).
Köhler, L./Baumgartner, W., Hebräisches und Aramäisches Lexikon zum Alten Testament. Neu bearbeitet von W. Baumgartner, J. J. Stamm und B. Hartmann, Leiden/Boston ³1967–1995 (Nachdruck 2004) (= HAL).
Lisowsky, G., Konkordanz zum hebräischen Alten Testament, Stuttgart ²1958.

3 Sekundärliteratur

Albertz, R., Art. הֶבֶל, in: THAT I (⁴1984), 467–469.
Allison, Jr., D. C., Art. Book of Ecclesiastes II. New Testament, in: EBR 7 (2013), 278 f.
Assmann, J., Ma'at. Gerechtigkeit und Unsterblichkeit im Alten Ägypten, München 1990.
Backhaus, F. J., „Denn Zeit und Zufall trifft sie alle". Studien zur Komposition und zum Gottesbild im Buch Qohelet (BBB 83), Frankfurt am Main 1993.
Bartelmus, R., Haben oder Sein – Anmerkungen zur Anthropologie des Buches Kohelet, in: BN 53 (1990), 38–67.
Becker, U., Exegese des Alten Testaments. Ein Methoden- und Arbeitsbuch (UTB 2664), Tübingen ⁵2021.
Beentjes, P., „Who is like the Wise?": Some Notes on Qohelet 8,1–15, in: A. Schoors (Hg.), Qohelet in the Context of Wisdom (BETL 136), Leuven 1998, 303–315.
Beiroth, U., Facetten von Gerechtigkeit. Das Lexem צדק in Spr 10,1–22,16; 25–29 (WMANT 170), Göttingen 2022.
Braun, R., Kohelet und die frühhellenistische Popularphilosophie (BZAW 130), Berlin/New York 1973.
Bremer, J., Wo Gott sich auf die Armen einlässt. Der sozio-ökonomische Hintergrund der achämenidischen Provinz Yəhūd und seine Implikationen für die Armentheologie des Psalters (BBB 174), Göttingen 2016.
Chaniotis, A., Die Öffnung der Welt. Eine Globalgeschichte des Hellenismus, Darmstadt 2019.
Cotoni, M.-H., Introduction. Voltaire, Précis de l'Ecclésiaste. Précis du Cantique des cantiques. Edition critique, in: N. Cronk (Hg.), Les œuvres complètes de Voltaire 49 A, Oxford 2010, 143–200.
Crenshaw, J. L., Ecclesiastes. A Commentary (OTL), London 1988.
Dahood, M., Canaanite-Phoenician Influence in Qohelet, in: Bib. 33 (1952), 30–52.191–221.
Dahood, M., The Phoenician Background of Qohelet, in: Bib. 47 (1966), 264–282.
Delcor, M., Art. תכן, in: THAT II (³1984), 1043–1045.
Delitzsch, F., Hoheslied und Koheleth (BCAT IV/4), Leipzig 1875.
Dell, K. J., The Cycle of Life in Ecclesiastes, in: VT 59 (2009), 181–189.
Dell, K. J., Solomon and the Solomonic Collection, in: W. Kynes (Ed.), The Oxford Handbook of Wisdom and the Bible, Oxford 2021, 321–335.
Dell, K./Forti, T., Janus Sayings: A Linking Device in Qoheleth's Discourse, in: ZAW 128 (2016), 115–128.
di Vito, R. A., Alttestamentliche Anthropologie und die Konstruktion personaler Identität, in: B. Janowski (Hg.), Der ganze Mensch. Zur Anthropologie der Antike und ihrer europäischen Nachgeschichte, Berlin 2012, 129–152.
Dieckmann, D., „Worte von Weisen sind wie Stacheln" (Koh 12,11). Eine rezeptionsorientierte Studie zu Koh 1–2 und zum Lexem דבר im Buch Kohelet (AThANT 103), Zürich 2012.
Dietrich, J., Hebräisches Denken. Denkgeschichte und Denkweisen des Alten Testaments (BThSt 191), Göttingen 2022.
Ebeling, G., Luther. Einführung in sein Denken (UTB 1090), Tübingen ⁴1981.

Eco, U., Streit der Interpretationen (Konstanzer Bibliothek 8), Konstanz 1987.
Eco, U., Zwischen Autor und Text. Interpretation und Überinterpretation, München 1996.
Ehlich, K., הבל – Metaphern der Nichtigkeit, in: A. A. Diesel u. a. (Hg.), „Jedes Ding hat seine Zeit …". Studien zur israelitischen und altorientalischen Weisheit. Diethelm Michel zum 65. Geburtstag (BZAW 241), Berlin/New York 1996, 49 – 64.
Eißfeldt, O., Der Maschal im Alten Testament. Eine wortgeschichtliche Untersuchung nebst einer literargeschichtlichen Untersuchung der משל genannten Gattungen ‚Volkssprichwort' und ‚Spottlied' (BZAW 24), Gießen 1913.
Elayi, J., Histoire de la Phénicie, Paris 2013.
Ellermeier, F., Qohelet. Teil I. Abschnitt I. Untersuchungen zum Buche Qohelet, Herzberg 1967.
Fischer, A. A., Beobachtungen zur Komposition von Kohelet 1,3 – 3,15, in: ZAW 103 (1991), 72 – 86.
Fischer, A. A., Skepsis oder Furcht Gottes? Studien zur Komposition und Theologie des Buches Kohelet (BZAW 247), Berlin/New York 1997.
Fischer, S., Die Aufforderung zur Lebensfreude im Buch Kohelet und seine Rezeption der ägyptischen Harfnerlieder (Wiener Alttestamentliche Studien 2), Frankfurt am Main u. a. 1999.
Fitschen, F., „Eine Gabe Gottes ist es." Schöpfungstheologie im Koheletbuch (Kieler Theologische Reihe 17), Münster 2020.
Forti, T., The Fly and the Dog: Observations on Ideational Polarity in the Book of Qoheleth, in: R. L. Troxel u. a. (Hg.), Seeking Out the Wisdom of the Ancients. Essays Offered to Honor Michael V. Fox on the Occasion of His Sixty-Fifth Birthday, Winona Lake 2005, 235 – 255.
Forti, T. L., Ecclesiastes, in: W. Kynes (Hg.), The Oxford Handbook of Wisdom and the Bible, Oxford 2021, 515 – 532.
Fox, M. V., The Identification of Quotations in Biblical Literature, in: ZAW 92 (1980), 416 – 431.
Fox, M. V., Qohelet and His Contradictions (JSOT.SS 71), Sheffield 1989.
Fox, M. V., A Time to Tear Down and a Time to Build Up. A Rereading of Ecclesiastes, Eugene 1999.
Fredericks, D. C., Art. Book of Ecclesiastes IV. Christianity, in: EBR 7 (2013), 290 f.
Freuling, G., „Wer eine Grube gräbt …". Der Tun-Ergehen-Zusammenhang und sein Wandel in der alttestamentlichen Weisheitsliteratur (WMANT 102), Neukirchen-Vluyn 2004.
Gabriel, M., Was ist (die) Wirklichkeit?, in: M. Gabriel/M. D. Krüger, Was ist Wirklichkeit? Neuer Realismus und hermeneutische Theologie, Tübingen 2018, 63 – 117.
Galling, K., Kohelet-Studien, in: ZAW 50 (1932), 276 – 299.
Galling, K., Der Prediger, in: Die fünf Megilloth (HAT I/18), ²1969, 73 – 125.
Gertz, J. C., Das erste Buch Mose. Genesis. Die Urgeschichte Gen 1 – 11 (ATD 1), Göttingen ²2021.
Giebel, M., Das Orakel von Delphi. Geschichte und Texte, Stuttgart 2001.
Gilbert, M., Les cinq livres des Sages. Proverbes – Job – Qohélet – Ben Sira – Sagesse (Lire la Bible 129), Paris 2003.
Gordis, R., Quotations in Wisdom Literature, in: JQR 30 (1939), 123 – 147.
Grimm, J./Grimm, W., Art. GELASZ, in: Deutsches Wörterbuch. Vierten Bandes Erste Abtheilung. Zweiter Theil, Leipzig 1897, 2870 – 2872.
Gumbrecht, H. U., Provinz. Von Orten des Denkens und der Leidenschaft, Springe 2021.
Gunkel, H., Art. Vergeltung im Alten Testament, in: RGG V (²1931), 1529 – 1533.
Havsteen, S. R., Art. Book of Ecclesiastes VII. Musik, in: EBR 7 (2013), 297 – 300.
Hengel, M., Judentum und Hellenismus. Studien zu ihrer Begegnung unter besonderer Berücksichtigung Palästinas bis zur Mitte des 2. Jhs v. Chr. (WUNT 10), Tübingen ²1973.
Hertzberg, H. W., Palästinische Bezüge im Buche Kohelet, in: ZDPV (1957), 13 – 24.
Hertzberg, H. W., Der Prediger (KAT XVII/4), Gütersloh ²1963.

Hilgert, M., Von ‚Listenwissenschaft' und ‚epistemischen Dingen'. Konzeptuelle Annäherungen an altorientalische Wissenspraktiken, in: Journal for General Philosophy of Science 40 (2009), 277–309.
Hogrebe, W., Ahnung und Erkenntnis. Brouillon zu einer Theorie des natürlichen Erkennens (stw 1294), Frankfurt am Main 1996.
Holm-Nielsen, S., On the Interpretation of Qoheleth in Early Christianity, in: VT 24 (1974), 168–177.
Holm-Nielsen, S., The Book of Ecclesiastes and the Interpretation of it in Jewish and Christian Theology, in: ASTI 10 (1975/76), 38–96.
Janowski, B., Rettungsgewißheit und Epiphanie des Heils. Das Motiv der Hilfe Gottes „am Morgen" im Alten Orient und im Alten Testament. Band I: Alter Orient (WMANT 59), Neukirchen-Vluyn 1989.
Janowski, B., Die Tat kehrt zum Täter zurück. Offene Fragen im Umkreis des „Tun-Ergehen-Zusammenhangs", in: ZThK 91 (1994), 247–271.
Janowski, B., Der barmherzige Richter. Zur Einheit von Gerechtigkeit und Barmherzigkeit im Gottesbild des Alten Orients und des Alten Testaments, in: R. Scoralick (Hg.), Das Drama der Barmherzigkeit Gottes. Studien zur biblischen Gottesrede und ihrer Wirkungsgeschichte in Judentum und Christentum (SBS 183), Stuttgart 2000, 33–91.
Janowski, B., Konstellative Anthropologie. Zum Begriff der Person im Alten Testament, in: Ders. (Hg.), Der ganze Mensch. Zur Anthropologie der Antike und ihrer europäischen Nachgeschichte, Berlin 2012, 109–127.
Janowski, B., Was sich wiederholt. Zu einem vernachlässigten Aspekt des alttestamentlichen Zeitverständnisses, in: Ders., Das hörende Herz. Beiträge zur Theologie und Anthropologie des Alten Testaments. Band 6, Göttingen 2018, 269–289.
Jenni, E., Das Wort ʿōlām im Alten Testament, Berlin 1953.
Jenni, E., Art. עֵת, in: THAT II (³1984), 370–385.
Kaiser, O., Dike und Sedaqa. Zur Frage nach der sittlichen Weltordnung. Ein theologisches Präludium, in: Ders., Der Mensch unter dem Schicksal. Studien zur Geschichte, Theologie und Gegenwartsbedeutung der Weisheit (BZAW 161), Berlin/New York 1985, 1–23.
Kaiser, O., Judentum und Hellenismus. Ein Beitrag zur Frage nach dem hellenistischen Einfluß auf Kohelet und Jesus Sirach, in: Ders., Der Mensch unter dem Schicksal. Studien zur Geschichte, Theologie und Gegenwartsbedeutung der Weisheit (BZAW 161), Berlin/New York 1985, 135–153.
Kaiser, O., Die Sinnkrise bei Kohelet, in: Ders., Der Mensch unter dem Schicksal. Studien zur Geschichte, Theologie und Gegenwartsbedeutung der Weisheit (BZAW 161), Berlin/New York 1985, 91–109.
Kaiser, O., Grundriß der Einleitung in die kanonischen und deuterokanonischen Schriften des Alten Testaments. Band 3: Die poetischen und weisheitlichen Werke, Gütersloh 1994.
Kessler, R., Micha (HThKAT), Freiburg im Breisgau u. a. ²2000.
Kiefer, J., Gut und Böse. Die Anfangslektionen der Hebräischen Bibel (HBS 90), Freiburg im Breisgau u.a. 2018.
Kiperwasser, R., Art. Book of Ecclesiastes III. Judaism A. Rabbinic Judaism, in: EBR 7 (2013), 279 f.
Koch, K., Gibt es ein Vergeltungsdogma im Alten Testament?, in: ZThK 52 (1955), 1–42.
Köhlmoos, M., Kohelet. Der Prediger Salomo (ATD 16,5), Göttingen 2015.
Korte, O., Die Ekklesiastische Aktion von Bernd Alois Zimmermann. Untersuchungen zu einer Poetik des Scheiterns (Berliner Musik Studien 29), Sinzig 2003.
Koselleck, R., Art. Krise I., in: Historisches Wörterbuch der Philosophie 4 (1976 [Neuausgabe 2019]), 1235–1240.
Kottsieper, I., Die Sprache der Aḥiqarsprüche (BZAW 194), Berlin/New York 1990.

Krüger, M. D., Die Realismus-Debatte und die Hermeneutische Theologie, in: M. Gabriel/M. D. Krüger, Was ist Wirklichkeit? Neuer Realismus und hermeneutische Theologie, Tübingen 2018, 17–62.
Krüger, T., Dekonstruktion und Rekonstruktion prophetischer Eschatologie im Qohelet-Buch, in: A. A. Diesel u. a. (Hg.), „Jedes Ding hat seine Zeit …". Studien zur israelitischen und altorientalischen Weisheit. Diethelm Michel zum 65. Geburtstag (BZAW 241), Berlin/New York 1996, 107–129.
Krüger, T., Die Rezeption der Tora im Buch Kohelet, in: L. Schwienhorst-Schönberger (Hg.), Das Buch Kohelet. Studien zur Struktur, Geschichte, Rezeption und Theologie (BZAW 254), Berlin/New York 1997, 303–322.
Krüger, T., Kohelet (Prediger) (BKAT XIX Sonderband), Neukirchen-Vluyn 2000.
Kynes, W., An Orbituary for „Wisdom Literature". The Birth, Death, and Intertextual Reintegration of a Biblical Corpus, Oxford 2019.
Lang, B., Ist der Mensch hilflos? Das Buch Kohelet, in: Ders., Wie wird man Prophet in Israel? Aufsätze zum Alten Testament, Düsseldorf 1980, 120–136.
Lang, B., Schule und Unterricht im alten Israel, in: Ders., Wie wird man Prophet in Israel? Aufsätze zum Alten Testament, Düsseldorf 1980, 104–119.
Langenhorst, G., „Gebenedeit sei die Nichtigkeit". Kohelet im Spiegel moderner Literatur, in: Stimmen der Zeit 7/2021, 527–539.
Lauha, A., Kohelet (BKAT XIX), Neukirchen-Vluyn 1978.
Leuenberger, M., Gott in Bewegung. Religions- und theologiegeschichtliche Beiträge zu Gottesvorstellungen im alten Israel (FAT 76), Tübingen 2011.
Leuenberger, M., „Gott ist im Himmel und du auf der Erde" (Koh 5,1). Exegetische und theologische Überlegungen zur Gottesvorstellung (nicht nur) nach Kohelet, in: BZ 58 (2014), 211–238.
Levine, E., Qohelet's Fool: A Composite Portrait, in: Y. T. Radday/A. Brenner (Hg.), On Humour and the Comic in the Hebrew Bible (JSOT.SS 92), Sheffield 1990, 277–294.
Levy, L., Das Buch Qoheleth. Ein Beitrag zur Geschichte des Sadduzäismus, Leipzig 1912.
Loader, J. A., Polar Structures in the Book of Qohelet (BZAW 152), Berlin/New York 1979.
Lohfink, N., Les épilogues du livre de Qohélet et les débuts du canon, in: P. Bovati/R. Meynet (Hg.), Ouvrir les écritures. Mélanges offerts à Paul Beauchamp à l'occasion de ses soixante-dix ans (LeDiv 162), Paris 1995, 77–96.
Lohfink, N., Zu einigen Satzeröffnungen im Epilog des Koheletbuches, in: A. A. Diesel u. a. (Hg.), „Jedes Ding hat seine Zeit …". Studien zur israelitischen und altorientalischen Weisheit. Diethelm Michel zum 65. Geburtstag (BZAW 241), Berlin/New York 1996, 131–147.
Lohfink, N., Das Koheletbuch: Strukturen und Struktur, in: L. Schwienhorst-Schönberger (Hg.), Das Buch Kohelet. Studien zur Struktur, Geschichte, Rezeption und Theologie (BZAW 254), Berlin/New York 1997, 39–121.
Lohfink, N., Koh 5,17–19 – Offenbarung durch Freude, in: Ders., Studien zu Kohelet (SBAB 26), Stuttgart 1998, 151–165.
Lohfink, N., Kohelet und die Banken: Zur Übersetzung von Kohelet v 12–16, in: Ders., Studien zu Kohelet (SBAB 26), Stuttgart 1998, 143–150.
Lohfink, N., melek, šallîṭ und môšēl bei Kohelet und die Abfassungszeit des Buchs, in: Ders., Studien zu Kohelet (SBAB 26), Stuttgart 1998, 71–82.
Lohfink, N., Studien zu Kohelet (SBAB 26), Stuttgart 1998.
Longman III, T., The Book of Ecclesiastes (NICOT), Grand Rapids/Cambridge 1998.
Luchsinger, J., Poetik der alttestamentlichen Spruchweisheit (Poetologische Studien zum Alten Testament 3), Stuttgart u. a. 2010.

Lyotard, J.-F., Beantwortung der Frage: Was ist postmodern?, in: Postmoderne und Dekonstruktion. Texte französischer Philosophen der Gegenwart. Mit einer Einführung herausgegeben von P. Engelmann, Stuttgart 1990, 33–48.
Marböck, J., Kohelet und Sirach, in: L. Schwienhorst-Schönberger (Hg.), Das Buch Kohelet. Studien zur Struktur, Geschichte, Rezeption und Theologie (BZAW 254), Berlin/New York 1997, 275–301.
Márquez Rowe, I., Scribes, Sages, and Seers in Ugarit, in: L. G. Perdue (Hg.), Scribes, Sages, and Seers. The Sage in the Eastern Mediterranean World (FRLANT 219), Göttingen 2008, 95–108.
Maul, S. M., Der assyrische König – Hüter der Weltordnung, in: J. Assmann u.a. (Hg.), Gerechtigkeit. Richten und Retten in der abendländischen Tradition und ihren altorientalischen Ursprüngen, München 1998, 65–77.
Meissner, M., Ein altbabylonisches Fragment des Gilgamosepos (Mitteilungen der Vorderasiatischen Gesellschaft 7), Berlin 1902.
Michel, D., Qohelet (EdF 258), Darmstadt 1988.
Michel, D., Untersuchungen zur Eigenart des Buches Qohelet (BZAW 183), Berlin/New York 1989.
Muilenberg, J., A Qoheleth Scroll from Qumran, in: BASOR 135 (1954), 20–28.
Müller, H.-P., Neige der althebräischen ‚Weisheit'. Zum Denken Qōhälǟts, in: ZAW 90 (1978), 238–264.
Müller, H.-P., Der unheimliche Gast. Zum Denken Kohelets, in: ZThK 84 (1987), 440–464.
Müller, H.-P., Das Ganze und seine Teile. Anschlußerörterungen zum Wirklichkeitsverständnis Kohelets, in: ZThK 97 (2000), 147–163.
Müller, H.-P., Kohelet im Lichte der frühgriechischen Philosophie, in: D. J. A. Clines u.a. (Hg.), Weisheit in Israel (ATM 12), Münster u.a. 2003, 67–80.
Murphy, R. E., Ecclesiastes (WBC 23 A), Dallas 1992.
Niehr, H., Weisheit in den Königsepen aus Ugarit, in: T. M. Oshima (Hg.), Teaching Morality in Antiquity. Wisdom Texts, Oral Traditions, and Images (ORA 29), Tübingen 2018, 70–91.
van Oorschot, J., Grenzen der Erkenntnis als Quellen der Erkenntnis. Ein alttestamentlicher Beitrag zu Weisheit und Wissenschaft, in: ThLZ 132 (2007), 1277–1292.
van Oorschot, J., König und Mensch. Biografie und Autobiografie bei Kohelet und in der alttestamentlichen Literaturgeschichte, in: A. Berlejung/R. Heckl (Hg.), Mensch und König. Studien zur Anthropologie des Alten Testaments. Rüdiger Lux zum 60. Geburtstag (HBS 53), Freiburg im Breisgau u.a. 2008, 109–122.
Pahk, J. Y.-S., Il canto della gioia in Dio. L'itinerario sapienziale espresso dall'unità letteraria in Qohelet 8,16–9,10 e il parallelo di Gilgameš Me. iii (SMDSA 52), Napoli 1996.
Pfeifer, G., Rechtsgeschichte, in: M. Witte (Hg.), Gerechtigkeit (Themen der Theologie 6), Tübingen 2012, 15–35.
Preuß, H. D., Einführung in die alttestamentliche Weisheitsliteratur, Stuttgart 1987.
von Rad, G., Theologie des Alten Testaments. Band I. Die Theologie der geschichtlichen Überlieferungen Israels, München 1957, 368–457.
von Rad, G., Weisheit in Israel, Neukirchen-Vluyn 1970.
Reinert, A., Die Salomofiktion. Studien zu Struktur und Komposition des Koheletbuches (WMANT 126), Neukirchen-Vluyn 2010.
Renan, E., L'Ecclésiaste. Traduit de l'hébreu. Etude sur l'âge et le caractère du livre (1882), in: Ders., Œuvres complètes VII (hg. v. H. Psichari), Paris 1955, 529–597.
Ribichini, S., Les mentalités, in: V. Krings (Hg.), La civilisation phénicienne et punique. Manuel de recherche (HdO I/20), Leiden u.a. 1995, 334–344.
Riede, P., Art. Hund (2010), in: https://www.bibelwissenschaft.de/stichwort/21622/ (aufgerufen am 21.10.2022).

Rohls, J., Theologie reformierter Bekenntnisschriften. Von Zürich bis Barmen (UTB 1453), Göttingen 1987.
Röllig, W., L'alphabet, in: V. Krings (Hg.), La civilisation phénicienne et punique. Manuel de recherche (HdO I/20), Leiden u. a. 1995, 193–214.
Rose, M., Rien de nouveau. Nouvelles approches du livre de Qohélét (OBO 168), Göttingen/Fribourg 1999.
Rudman, D., The Use of הבל as an Indicator of Chaos in Ecclesiastes, in: A. Berlejung/P. van Hecke (Hg.), The Language of Qohelet in its Context. Essays in Honour of Prof. A. Schoors on the Occasion of his Seventieth Birthday (OLA 164), Leuven u. a. 2007, 121–141.
Sæbø, M., Sprüche (ATD 16,1), Göttingen 2012.
Saur, M., Der Tyroszyklus des Ezechielbuches (BZAW 386), Berlin/New York 2008.
Saur, M., Sapientia discursiva. Die alttestamentliche Weisheitsliteratur als theologischer Diskurs, in: ZAW 123 (2011), 236–249.
Saur, M., Prophetie, Weisheit und Gebet. Überlegungen zu den Worten Agurs in Prov 30,1–9, in: ZAW 126 (2014), 570–583.
Saur, M., Die Weisheitspsalmen Ps 49 und Ps 73 und ihre Bedeutung für die theologische Architektur des Psalters, in: M. Saur (Hg.), Die kleine Biblia. Beiträge zur Theologie der Psalmen und des Psalters (BThSt 148), Neukirchen-Vluyn 2014, 121–149.
Saur, M., Der Blick in den Abgrund. Bilder des Bösen in der alttestamentlichen Weisheitsliteratur, in: J. Dochhorn u. a. (Hg.), Das Böse, der Teufel und Dämonen – Evil, the Devil, and Demons (WUNT II/412), Tübingen 2015, 21–42.
Saur, M., Frevler und Gerechte. Überlegungen zum theologischen Ort von Psalm 37, in: H. Jenni/M. Saur (Hg.), Nächstenliebe und Gottesfurcht. Beiträge aus alttestamentlicher, semitistischer und altorientalistischer Wissenschaft für Hans-Peter Mathys zum 65. Geburtstag (AOAT 439), Münster 2016, 375–392.
Saur, M., Beständige Gerechtigkeit. Zum Zusammenhang von Theologie, Anthropologie und Weisheit in Psalm 111–112, in: S. Grätz u. a. (Hg.), Ein Freund des Wortes. Festschrift Udo Rüterswörden, Göttingen 2019, 263–285.
Saur, M., Qohelet as a Reader of Proverbs, in: K. Dell/W. Kynes (Hg.), Reading Proverbs Intertextually (LHB/OTS 629), London/New York 2019, 129–138.
Saur, M., Dynamische Ordnung. Natur und Schöpfung zwischen *physis* und *ṣædæq*, in: B. Janowski/G. Thomas (Hg.), Natur und Schöpfung (JBTh 34 [2019]), Göttingen 2020, 65–90.
Saur, M., *ṣædæq* oder von der Ordnung der Welt, in: A. Schellenberg u. a. (Hg.), Menschsein in Weisheit und Freiheit. Festschrift für Thomas Krüger (OBO 296), Leuven u. a. 2022, 379–396.
Saur, M., Discussing Wisdom. The Reception of Wisdom Topics in the Psalms, in: BN (2023) (*im Druck*).
Schellenberg, A., Erkenntnis als Problem. Qohelet und die alttestamentliche Diskussion um das menschliche Erkennen (OBO 188), Freiburg Schweiz/Göttingen 2002.
Schellenberg, A., Kohelet (ZBK.AT 17), Zürich 2013.
Schiffer, S., Das Buch Kohelet nach der Auffassung der Weisen des Talmud und Midrasch und der jüdischen Erklärer des Mittelalters, Frankfurt am Main/Leipzig 1884.
Schipper, B. U., Hermeneutik der Tora. Studien zur Traditionsgeschichte von Prov 2 und zur Komposition von Prov 1–9 (BZAW 432), Berlin/Boston 2012.
Schipper, B. U., Sprüche (Proverbia). Teilband 1: Proverbien 1,1–15,33 (BKAT XVII/1), Göttingen 2018.
Schmid, H. H., Gerechtigkeit als Weltordnung. Hintergrund und Geschichte des alttestamentlichen Gerechtigkeitsbegriffes (BHTh 40), Tübingen 1968.

Schmid, K., Die Unteilbarkeit der Weisheit. Überlegungen zur sogenannten Paradieserzählung Gen 2f. und ihrer theologischen Tendenz, in: ZAW 114 (2002), 21–39.
Schmid, K., Literaturgeschichte des Alten Testaments. Eine Einführung, Darmstadt ²2014.
Schoors, A., The Preacher Sought to Find Pleasing Words. A Study of the Language of Qoheleth. Part I. Grammar (OLA 41), Leuven 1992.
Schoors, A., The Preacher Sought to Find Pleasing Words. A Study of the Language of Qoheleth. Part II. Vocabulary (OLA 143), Leuven u. a. 2004.
Schoors, A., Ecclesiastes (HCOT), Leuven u. a. 2013.
Schöpflin, K., מָשָׁל – ein eigentümlicher Begriff der hebräischen Literatur, in: BZ 46 (2002), 1–24.
Schwienhorst-Schönberger, L., Kohelet: Stand und Perspektiven, in: Ders. (Hg.), Das Buch Kohelet. Studien zur Struktur, Geschichte, Rezeption und Theologie (BZAW 254), Berlin/New York 1997, 5–38.
Schwienhorst-Schönberger, L., Kohelet (HThKAT), Freiburg im Breisgau u. a. ²2011.
Schwienhorst-Schönberger, L., Alttestamentliche Weisheit im Diskurs, in: ZAW 125 (2013), 118–142.
Seow, C. L., Ecclesiastes. A New Translation with Introduction and Commentary (AncB 18C), New York 1997.
Seow, C.-L., The Social World of Ecclesiastes, in: L. G. Perdue (Hg.), Scribes, Sages, and Seers. The Sage in the Eastern Mediterranean World (FRLANT 219), Göttingen 2008, 189–217.
Seybold, K., Art. הֶבֶל, in: ThWAT II (1977), 334–343.
Sneed, M., (Dis)closure in Qohelet: Qohelet Deconstructed, in: JSOT 27 (2002), 115–126.
Sneed, M., Is the „Wisdom Tradition" a Tradition?, in: CBQ 73 (2011), 50–71.
Sneed, M. (Hg.), Was There a Wisdom Tradition? New Prospects in Israelite Wisdom Studies (Ancient Israel and Its Literature 23), Atlanta 2015.
Sneed, M., הבל as ‚Worthless' in Qoheleth: A Critique of Michael V. Fox's ‚Absurd' Thesis, in: JBL 136 (2017), 879–894.
Taylor, S., Sources of the Self. The Making of the Modern Identity, Cambridge 1989.
Uehlinger, C., Qohelet im Horizont mesopotamischer, levantinischer und ägyptischer Weisheitsliteratur der persischen und hellenistischen Zeit, in: L. Schwienhorst-Schönberger (Hg.), Das Buch Kohelet. Studien zur Struktur, Geschichte, Rezeption und Theologie (BZAW 254), Berlin/New York 1997, 155–247.
Vayntrub, J., The Book of Proverbs and the Idea of Ancient Israelite Education, in: ZAW 128 (2016), 96–114.
Vayntrub, J., Beyond Orality. Biblical Poetry on its Own Terms (The Ancient World), London/New York 2019.
Vischer, W., Der Prediger Salomo im Spiegel Michel de Montaigne's, in: Jahrbuch der Theologischen Schule Bethel 4 (1933), 27–124.
Vogel, T., Andreas Gryphius, ‚Es ist alles eitell': Eine biblisch-intertextuelle Relektüre, in: Wolfenbütteler Barock-Nachrichten 35 (2008), 23–35.
Vonach, A., Nähere dich um zu hören. Gottesvorstellungen und Glaubensvermittlung im Koheletbuch (BBB 125), Berlin u. a. 1999.
Wechsler, M. G., Art. Book of Ecclesiastes III. Judaism D. Medieval and Modern Judaism: Liturgy, in: EBR 7 (2013), 288–290.
Weeks, S., Ecclesiastes and Scepticism (LHB.OTS 541), New York u. a. 2012.
Weeks, S., Ecclesiastes. Volume 1. Introduction and Commentary on Ecclesiastes 1.1–5.6 (ICC), London u. a. 2020.

Whybray, R. N., The Identification and Use of Quotations in Ecclesiastes, in: J. A. Emerton (Hg.), Congress Volume Vienna 1980 (VT.S 32), Leiden 1981, 435–451.

Winkler, M., Das Salomonische des Sprichwörterbuchs. Intertextuelle Verbindungen zwischen 1Kön 1–11 und dem Sprichwörterbuch (HBS 87), Freiburg im Breisgau u. a. 2017.

Witte, M., Das Koheletbuch (Der Prediger Salomo), in: J. C. Gertz (Hg.), Grundinformation Altes Testament. Eine Einführung in Literatur, Religion und Geschichte des Alten Testaments. In Zusammenarbeit mit A. Berlejung, K. Schmid und M. Witte (UTB 2745), Göttingen ⁶2019, 468–476.

Witte, M., Das Buch Hiob (ATD 13), Göttingen 2021, 26–34.

Wölfel, E., Luther und die Skepsis. Eine Studie zur Kohelet-Exegese Luthers (Forschungen zur Geschichte und Lehre des Protestantismus. Zehnte Reihe. Band XII), München 1958.

Wulf, C. (Hg.), Vom Menschen. Handbuch Historische Anthropologie, Weinheim/Basel 1997.

Zimmer, T., Zwischen Tod und Lebensglück. Eine Untersuchung zur Anthropologie Kohelets (BZAW 286), Berlin/New York 1999.

Zimmerli, W., Zur Struktur der alttestamentlichen Weisheit, in: ZAW 51 (1933), 177–204.

Zimmerli, W., Das Buch des Predigers Salomo (ATD 16), Göttingen 1962.

Zimmerli, W., Das Buch Kohelet – Traktat oder Sentenzensammlung?, in: VT 24 (1974), 221–230.

Zimmerli, W., ‚Unveränderbare Welt' oder ‚Gott ist Gott'? Ein Plädoyer für die Unaufgebbarkeit des Predigerbuches in der Bibel, in: H.-G. Geyer u. a. (Hg.), „Wenn nicht jetzt, wann dann?" Aufsätze für Hans-Joachim Kraus zum 65. Geburtstag, Neukirchen-Vluyn 1983, 103–114.

Zorn, D.-P., Die Krise des Absoluten. Was die Postmoderne hätte sein können, Stuttgart 2022.

Stellenregister (in Auswahl)

Genesis

1–11   224
1–3   18, 224
1,1–2,4a   224
1   272
1,26 f.   248
1,31   97

2 f.   224, 229, 248, 272 f.
2,7   106, 229
3,19   106, 229
6,5   180
8,21   180

2. Könige

18,19   181

Jesaja

30,7   67
36,4   181
49,4   67

57,13   66
65,17   71
66,22   71

Jeremia

16,19   67

Ezechiel

3,16b-21   237

33,1–9   237

Psalmen

1   239
1,2   175
8   272
8,6   248
19   243
49   13, 243

73   13, 173, 243
111 f.   239
119   239
144   249, 272 f.
144,4   248

Hiob

2,10 150, 251	28 15, 102, 157, 160, 243
4–27 15	32–37 15
5,27 233	38,1–42,6 243

Proverbien

1–9 8, 15, 25, 102, 159–161, 238	10,4f. 215
1,1 21, 64, 75, 235	10,4 9
2 238	10,12 9
7 159	25,1 235
8,15f. 17	26,27 9, 195, 202
8,22–31 243	30f. 8, 25
9,13–18 159	30,1–9 12, 102, 157, 161, 206, 243, 266
9,14 200	30,4 205
10–29 25, 160f.	30,18f. 30
10,1 235	30,21–23 201

Kohelet

1–3 39, 43, 46, 107, 130, 230	2,13 92, 232, 261
1,1 19, 21, 38f., 41f., 66, 68, 75, 232, 235	2,14f. 258
1,2–12,8 43, 46, 244	2,14 26, 138
1,2–3,22 245	2,17 109
1,2–11 72, 228	2,18–23 106
1,2 39, 61, 66, 68, 75, 87, 220, 231f., 245, 247, 249, 272	2,24 100, 131, 178
	2,26 23, 34, 91
1,3–3,22 38	3 116, 157, 187
1,3–3,15 41, 43	3,1–9 34f., 39, 187, 245
1,3–11 39, 42, 68, 94, 101, 140, 157, 205	3,1–8 63, 165
1,3 70, 92, 95, 128, 232, 250, 261	3,1 75, 93, 106
1,4 230, 257	3,9 128, 232, 261
1,9–11 71, 101	3,10–15 39, 140, 157, 160, 166, 171, 175f., 213, 215, 239, 245, 258
1,9 83, 92, 94, 118	
1,11 84, 106, 182	3,10 91, 103
1,12–2,26 21, 23f., 39, 175, 245, 274	3,11 106, 150, 175, 187, 254, 256f., 259
1,12–14 23	3,12f. 109, 178
1,12 19	3,12 62
1,13 70, 92, 97, 157	3,13 62, 131, 141, 182, 259
1,15 150	3,14 123, 150, 260
2,1 157	3,15 106, 150, 213, 230, 240, 256f., 261, 271
2,3 92	3,16–22 39, 166, 245
2,5 24, 54	3,16f. 107, 124
2,11 92, 232, 261	3,16 43
2,13–17 94, 138	3,17 223, 239

3,19–22	62	7,16	176
3,19	180, 187, 258f.	7,18	260
3,20f.	216	7,23–29	175f., 246
3,20	135	7,27	19
3,22	109, 131, 178, 205, 214	7,29	244, 254
4–12*	46	8,1–9	246
4,1–12,7	38	8,4	210
4,1–6,12	245	8,7	205
4,1–3	62, 124, 138, 245	8,10–15	246
4,1	103	8,11	24, 54
4,4–6	113, 115, 245	8,12	260
4,6	27	8,15	62, 80, 85, 178
4,7–12	183, 245	8,16–9,10	36
4,9–12	30f.	8,16f.	180, 246
4,13–16	124, 245	8,16	179
4,14–5,6	141, 245	8,17	254
4,17–5,6	141	9,1–10	246
4,17	56	9,2f.	258f.
5,1	252, 260	9,4f.	216
5,6	260	9,7–10	29, 187, 209, 213f.
5,7f.	245	9,7–9	48f.
5,8	261	9,7f.	56
5,9–16	245	9,7	62, 80, 85
5,9	137	9,9	150, 158, 214
5,12–14	131	9,10	213–216
5,12	134	9,11f.	246
5,15	134, 232, 261	9,11	39
5,16	132	9,13–16	246
5,17–19	135, 137, 141, 246	9,17–12,8	245, 247
5,17f.	173, 178, 214	9,17–10,20	212, 247
6,1–6	246	10,8f.	56
6,1	131	10,10f.	261
6,7–9	143, 246	10,10	217, 263
6,8	141	10,17	28
6,9	127	10,18	56
6,10–12	143, 246	11,1–6	195, 247
6,11f.	205	11,2	30, 58
7,1–9,16	245f.	11,4	27, 56
7,1–14	246	11,5	254
7,3	39	11,7–12,8	195, 216, 247
7,9	28, 39	11,8	234
7,11f.	186	11,9	239
7,12	39, 261	12,1–8	42
7,13f.	254	12,1	254
7,13	239, 257	12,4	56
7,15–22	175f., 210, 246	12,6	56
7,15	143	12,7	247, 254, 271

12,8–10   19
12,8   39, 66, 68, 247, 249, 271
12,9–11   15, 38f., 41f., 64
12,9   39, 242, 262

12,11   21, 39, 235
12,12–14   15, 21, 38f., 41f.
12,12   70
12,13   260

Esra

2,55   19

2,57   19

Nehemia

7,57   19

7,59   19

Sachregister

Anthropologie   1f., 17, 52, 69, 89, 91, 98, 106, 115f., 155, 187, 230, 239, 241, 254, 257f., 274, 277
- essentialistische   1, 4, 18
- historische   2–4, 258, 273
- Kohelets   77, 87, 116, 130f., 150, 166, 216
- niedrige   155, 187, 273
- relationale   116, 124
Armenfrömmigkeit   139
Armut   118, 127, 139, 138–140, 190

Berechnung / berechnend   156–159, 215, 217, 247
Besser-als-Spruch   27f., 30, 108–110, 114, 117, 122, 129, 138, 143–147, 181f., 189, 191, 195f., 243
Böses   9, 35, 109, 145, 150, 154f., 166f., 170f., 180f., 223, 233, 239, 248
Brüchigkeit   250, 273–275
- des Tun-Ergehen-Zusammenhangs   152, 172f.

Ethik   54, 81, 133, 152–155, 165, 180, 261, 263, 275, 277

Fehlgeburt   135, 144
Flüchtigkeit   61f., 67, 76, 80, 128, 151, 167, 184, 223, 231, 257f., 267
Fragilität   3, 267, 271, 273
Frau   49, 56, 158–160, 183–185
- und Mann   115, 184, 248
Frevel / Frevler   8, 35, 89, 103f., 152–154, 157, 169–172, 180, 239, 243, 246, 250, 259
Furcht Gottes / Gottesfurcht   35, 39, 70, 100f., 120, 123, 152–154, 157, 160f., 169, 171–173, 232, 238f., 245, 252, 260f., 263f., 270, 275
Fürsorge   208
- Gottes   104, 230, 261f.
Fürst   194, 200, 207–209

Geburt   2, 144f., 216
Gelassenheit   80f., 116, 124, 132, 154, 167, 176, 199, 252, 256, 263f., 266, 270f., 273–275
gelasz / gelâz   116, 251

gelingendes Leben   8, 112, 130f., 133, 135f., 146, 153, 165, 173, 183f., 217, 220, 231, 245f., 251f., 254–256, 259–261, 271, 273f.
gelingendes Menschsein   91, 116, 275
gelingendes Tun   110, 136
Gerechtigkeit   10, 103f., 124f., 150, 152f.
Gilgamesch-Epos   48f., 185

Hirte   21, 39, 235, 237

Kosmologie   16, 42, 52, 69, 95, 241, 249, 254, 257f., 260–262
Kult   120–123, 180

Lebensfreude   48, 50, 54, 59, 61, 85, 88, 90, 100, 106, 109, 112, 131–133, 135–137, 144f., 147, 158, 173, 175, 178f., 182–184, 187, 209, 213f., 221–223, 246, 251, 257–259, 263f., 270, 272, 274f.
Leid   12, 63, 97, 109
Licht   27, 73, 84, 219–221, 223, 225f.

Mann   134f., 159, 189
- junger   117f., 221–224, 239, 247
- und Frau   115, 184, 248

Nichtigkeit(s)   61, 67, 70f., 85, 87, 90, 94, 110, 114, 123, 135f., 141, 152, 230f., 245, 258, 271
- aussage   33, 35, 71, 75–77, 80, 82–84, 86–89, 91, 113, 117, 120, 127, 130, 134, 136f., 143f., 147, 168f.
- formel   137
- des Gewinns   33, 90, 130
- theorem   230
- urteil   69, 86f., 172
- der Welt   88, 90, 254f.
- der Wirklichkeit   67–69, 76
Nihilismus   67, 267

Ökonomie   39, 55, 149, 186
Opfer   120f., 180, 259
Optimismus   55, 80, 102

Paradies   106, 229
Pessimismus   48, 52, 54, 106, 265

Reichtum   81, 113, 127–131, 134 f., 137 f., 140, 149, 186, 188, 190, 245 f.

Salomo   19–22, 38, 58, 60, 64 f., 81 f., 233, 235–237
– tradition   65
Schöpfer   215, 222–224, 231, 241, 253 f., 257
Schöpfung(s)   17 f., 97, 100, 151, 175 f., 229, 243, 248 f., 254, 256–260, 264, 272
– bericht   97
– handeln   224, 239, 254
– des Menschen   18
– psalmen   18
– theologie   18, 160, 222, 243
Sexualität   94, 115, 183
Skeptiker   43, 54, 265
Sünde   89, 155, 158, 170 f., 180, 274

Thron   64, 76, 78, 200 f.
Tod(es)   2, 48, 60, 84, 93, 108, 135, 146, 150, 152 f., 158 f., 167, 169, 179–182, 184, 228, 245 f., 250, 275
– tag   144 f., 166
– verfallenheit   216, 229
Tora   238 f.
Torheit / Tor   27–29, 78, 81 f., 84–86, 111, 121 f., 138, 141, 146 f., 152 f., 157–159, 194, 196–198, 200 f., 204–208, 210 f.

Tun-Ergehen-Zusammenhang   9–12, 17, 53, 152, 161, 169–174, 242 f.

Unverfügbarkeit   134, 186, 271
– Gottes   135, 254, 271
– der Zeit   95, 148, 187, 245

Vergänglichkeit   61, 67, 90, 184, 231, 246, 257, 263
– des Menschen   116, 179, 184, 246
– des Reichtums   131
– des Seins   257
– der Welt   257 f., 270

Wissen   7 f., 11, 26, 29, 59, 80, 97–99, 106, 140, 149, 154, 177, 182, 203, 231, 236, 243 f., 246 f., 250, 255, 258, 261, 266, 271, 273
– Nicht-   98 f., 102, 155, 176

Hebräische und griechische Begriffe
הֶבֶל   52, 59, 66 f., 71, 76, 79, 87, 89, 103, 105, 110, 127 f., 139, 151 f., 169–173, 184, 220, 230, 245, 247–249, 254, 256–258, 260 f., 263 f., 266–268, 271, 273, 277
מָשָׁל   247, 262 f., 269, 276
צֶדֶק   10, 16, 103

μηδὲν ἄγαν   153–155, 237, 273 f.

www.ingramcontent.com/pod-product-compliance
Lightning Source LLC
Chambersburg PA
CBHW020222170426
43201CB00007B/291